Evaluationspraxis

Susanne Giel, Katharina Klockgether,
Susanne Mäder (Hrsg.)

Evaluationspraxis

Professionalisierung –
Ansätze –
Methoden

Waxmann 2016
Münster • New York

Bibliografische Informationen der Deutschen Nationalbibliothek
Die Deutsche Nationalbibliothek verzeichnet diese Publikation in
der Deutschen Nationalbibliografie; detaillierte bibliografische
Daten sind im Internet über http://dnb.d-nb.de abrufbar.

2. korrigierte und ergänzte Auflage

Print-ISBN 978-3-8309-3528-5
E-Book-ISBN 978-3-8309-8528-0

© Waxmann Verlag GmbH, Münster 2016
Steinfurter Straße 555, 48159 Münster

www.waxmann.com
info@waxmann.com

Umschlaggestaltung: Inna Ponomareva, Jena
Titelbild: © Fictionalhead, Fotolia.de
Satz: Sven Solterbeck, Münster

Gedruckt auf alterungsbeständigem Papier,
säurefrei gemäß ISO 9706

Printed in Germany

Alle Rechte vorbehalten. Nachdruck, auch auszugsweise, verboten.
Kein Teil dieses Werkes darf ohne schriftliche Genehmigung des
Verlages in irgendeiner Form reproduziert oder unter Verwendung
elektronischer Systeme verarbeitet, vervielfältigt oder verbreitet werden.

Vorwort zur 2. Auflage

Mit der Herausgabe unseres Bandes zur Evaluationspraxis (2015) wollten wir eine Lücke in der deutschsprachigen Evaluationsliteratur schließen. Rückmeldungen im Rahmen von Rezensionen sowie der Buchvernissagen in Köln und Berlin zeigen: Die Verknüpfung von praktischen Erfahrungen mit einer theoretischen Reflexion wird als wichtig betrachtet:

> „Es gibt zwar etliche Handreichungen und Leitfäden zur Durchführung von Evaluationen, doch es mangelt an jener Literaturkategorie, die Erkenntnisse und Erfahrungen aus der Evaluationspraxis vor einem fundierten theoretischen und forschungsmethodischen Hintergrund bündelt und problem- bzw. nutzungsorientiert an die im praktischen Evaluationsfeld stehenden Akteure adressiert." Prof. Dr. Helga Marburger (TU Berlin)

Uns freut es sehr, dass Leserinnen und Leser dem Band ein hohes Nutzungspotenzial zubilligen:

> „Was verbirgt sich hinter dem bescheidenen Titel „Evaluationspraxis"? In der Tat eine Schatztruhe und ein Handwerkskoffer zugleich: Was die Leserin findet, ist das geballte klassische wie innovative Wissen der Top-Evaluationsinstanz „Univation" in komprimierter und anwender*innen-freundlicher Form." Prof. Dr. Lilo Schmitz (Hochschule Düsseldorf)

Bestätigt fühlen wir uns darüber hinaus, dass Leserinnen und Leser in den Beiträgen des Bandes einen Beitrag zur Professionalisierung ausmachen:

> „Insgesamt betrachtet liegt ein Werk vor, das einen instruktiven Einblick in vielfältige Formen der Evaluationspraxis gibt, die in den Beiträgen vor dem Hintergrund von Evaluationsansätzen und methodologischen Entscheidungen systematisch reflektiert werden. […] Der ohne Einschränkung lesenswerte Band leistet alles in allem einen sehr wertvollen Beitrag zur Profilbildung von Evaluation und sollte in den einschlägigen Diskursen in der Evaluationscommunity rezipiert und diskutiert werden." Jessica Prigge (HTW Saar)

Die vielen Leserinnen und Leser ermöglichen uns, eine zweite Auflage zu erstellen. Wir haben diese Gelegenheit genutzt, um Fehler zu korrigieren und einzelne Passagen inhaltlich zu aktualisieren. Wir möchten Wolfgang Beywl in diesem Zusammenhang für seine zahlreichen hilfreichen Hinweise danken!

Die Hervorhebung der Glossarbegriffe ist in der ersten Auflage leider grafisch nicht zufriedenstellend gelungen. Hier haben wir uns neben der Hervorhebung in grau zu einem zusätzlichen Fettdruck und einem Hinweispfeil entschieden. Wir hoffen, die Glossarbegriffe auf diese Weise mehr hervorzuheben, ohne den Lesefluss zu stark zu beeinträchtigen.

Neu hinzugekommen ist der Index im Anhang des Buches. Dort können zentrale Begriffe nachgeschlagen werden.

Köln, den 28.06.2016
Die Herausgeberinnen Susanne Giel, Katharina Klockgether und Susanne Mäder

Inhalt

Evaluationspraxis reflektieren – Einleitung und Überblick 9
Susanne Giel/Katharina Klockgether/Susanne Mäder

Professionalisierungsinstrumente

Beitrag zu einer konsistenten Evaluationsterminologie –
das Glossar von Univation 21
Melanie Niestroj/Wolfgang Beywl/Berthold Schobert

Checklisten zur Planung und Steuerung von Evaluationen 31
Katharina Klockgether

Informationssicherheit in der Evaluation 43
Marc Jelitto

Interkulturelle Kompetenz – ein weiterer Baustein
für das professionelle Handeln in Evaluationen 55
Schahrzad Farrokhzad

Schwarm-Evaluation als Steuerungsansatz 73
Dörte Schott und Wolfgang Beywl

Evaluationsansätze

Der Programmbaum als Evaluationsinstrument 89
Samera Bartsch/Wolfgang Beywl/Melanie Niestroj

Wirkungen auf der Spur mit Programmtheorien 113
Susanne Giel

Developmental Evaluation nach Michael Patton
Begriffsbestimmung und Reflexion der praktischen Anwendung 133
Maria Gutknecht-Gmeiner

Evaluationsmethoden

Nutzen einer wirkungsorientierten Zielsystematik
Bindeglied zwischen Evaluation und Programmsteuerung 159
Stefan Schmidt

Der Umgang mit Monitoring in der Evaluation 177
Katharina Klockgether

Interviews mit Jugendlichen
Herausforderungen in der Planung und Umsetzung 199
Matthias Sperling

Mit Gruppendiskussionen kollektive Orientierungen rekonstruieren 219
Ute B. Schröder

Die Anwendung der Grounded Theory in Evaluationen 237
Marianne Lück-Filsinger

Evaluation und das Web 255
Elitsa Uzunova

Bewertungsverfahren in der Evaluation
Vorgehensweisen und Praxisbeispiele 279
Susanne Mäder

Autorinnen und Autoren 299

Index 303

Die in diesem Band verwendeten Evaluationsfachbegriffe sind im Glossar der wirkungsorientierten Evaluation von Univation definiert. Die Begriffe sind → **mit Pfeil, in grau und fett** gekennzeichnet und können unter www.eval-wiki.org eingesehen werden.

Evaluationspraxis reflektieren – Einleitung und Überblick

Susanne Giel/Katharina Klockgether/Susanne Mäder

Anliegen des Buches

→ Evaluation, als wissenschaftliche Dienstleistung, die insbesondere öffentlich verantwortete bzw. finanzierte Politiken, → Programme, → Projekte oder → Maßnahmen systematisch und datengestützt beschreibt und → bewertet, steht kontinuierlich vor der Aufgabe, angemessene und überzeugende Vorgehensweisen einzusetzen. In der Evaluation, wie in jeder angewandten Wissenschaft, geht es nicht darum, theoretische Kenntnisse in Bezug auf den → Evaluationsgegenstand zu erweitern, „sondern wissenschaftliche Verfahren und Erkenntnisse einzubringen, um sie für den zu evaluierenden Gegenstand nutzbar zu machen" (Kromrey 2001, S. 113). Evaluationen müssen den → Nutzungsabsichten, den → Bedingungen und → Stakeholdern der Programme gerecht werden. Dies drückt sich u. a. in den → Standards für Evaluation (DeGEval 2008a), insbesondere in den Standardgruppen → Nützlichkeit, → Durchführbarkeit und → Fairness, aus. Da Evaluationen eine Grundlage für Entscheidungen in und über Programme sind, kommt es wesentlich darauf an, nachvollziehbare und glaubwürdige → Ergebnisse zu liefern. Dementsprechend sind → Evaluatorinnen und Evaluatoren einem systematischen, transparenten und begründeten Vorgehen verpflichtet, so wie es in den → Genauigkeitsstandards niedergelegt ist.

Dass professionelle Evaluationen auf feldspezifischen Kenntnissen, konkreten Erfahrungen und ihrer Reflektion basieren, formuliert auch der Arbeitskreis ‚Aus- und Weiterbildung in der Evaluation' der DeGEval in seinen Empfehlungen.

> „Evaluation zeichnet sich dadurch aus, dass sie spezifische Kompetenzen voraussetzt, diese aber mehr als in anderen sozialwissenschaftlichen Feldern erst durch ihre spezifische Zusammenführung und → *Interpretation* in der Praxis zu hinreichenden Evaluationskompetenzen werden." (DeGEval 2008b, S. 27).

Dementsprechend kann die Kompetenzentwicklung für Evaluatorinnen und Evaluatoren als ein kontinuierlicher Prozess aufgefasst werden, bei dem entsprechend der Anforderungen von → Auftraggebenden und Erfordernissen in Programmen Lösungen entwickelt, erprobt und reflektiert werden.

Eine typische Herausforderung, der wir in unserer Evaluationspraxis häufig begegnen, bieten Evaluationsgegenstände, die als Antwort auf aktuelle Entwicklungen Neues erproben, wie modellhafte Ansätze zur Prävention in der Gesundheitspolitik oder der Jugendarbeit, innovative Ausbildungsformen oder Arbeitsmarktkonzepte. Diese Programme zeichnen sich durch ihren experimentierenden Charakter aus, der sich in Zielverschiebungen oder in im Prozess entwickelten und fortlaufend angepassten → Interventionen zeigen kann. Ebenso treffen wir auf Programme, die neue Wege in der Umsetzung beschreiten, indem sie in Netzwerken realisiert werden. Hier entstehen → Programmresultate nicht nur durch die → Aktivitäten Einzelner, vielmehr wird erwartet, dass gerade im Zusammenwirken verschiedener Netzwerkakteure sogenannte Synergieeffekte entstehen, die durch die Evaluation adäquat erfasst werden sollen. Einer standardisierten Vorgehensweise sind gerade im Umgang mit solchen und anderen Neuerungen deutliche Grenzen gesetzt. Vielmehr müssen in weit höherem Maße kontinuierliche Klärungsprozesse mit den Auftraggebenden, → Beteiligten oder auch → Zielgruppen erfolgen, um die gesamte Evaluation auf die sich stetig verändernde Programmwirklichkeit zuzuschneiden. Das → Design der Evaluation muss dafür offen sein und die → Methoden müssen flexibel auf die Anforderungen abgestimmt werden können.

Nicht nur auf innovative Programme, sondern auch auf allgemeine gesellschaftliche Entwicklungen müssen Evaluationen angemessen reagieren. Beispielhaft seien folgende Tendenzen genannt: Seit einiger Zeit wird eine interkulturelle Öffnung in gesellschaftlichen Institutionen und Organisationen vorangetrieben, die ihren Widerhall in unterschiedlichsten Programmen und Projekten findet. Auch Evaluatorinnen und Evaluatoren sind herausgefordert, Vielfalt und Diversität in ihre Praxis zu integrieren. Eine nicht mehr ganz so neue Entwicklung, die jedoch gerade den Umgang mit Informationen und Wissen kontinuierlich und tiefgreifend verändert, ist die zunehmende Digitalisierung und Internetbasierung in allen gesellschaftlichen Bereichen, damit auch in der Evaluationspraxis. Es ergeben sich hiermit völlig neue Möglichkeiten der Informationsbeschaffung, der Datenverarbeitung und Ergebnispräsentation, jedoch auch neue Herausforderungen, wie z. B. ein erweiterter → Datenschutz.

An diesen Ausführungen wird deutlich, dass zur Gestaltung einer angemessenen Evaluationspraxis vielfältige Entscheidungen zu treffen sind. Die konkrete Evaluationspraxis – und damit Entscheidungen über → Evaluationsansätze, → Evaluationsmethoden und die Steuerung der Evaluation – basiert in jedem einzelnen Fall auf einem innovativen und kreativen Prozess, in dem immer eine situativ passende Antwort auf aktuelle Herausforderungen gefunden werden muss.

Zentrales Anliegen dieses Buches ist, die kreativen und situativen Entscheidungen, die sich in der Praxis stellen, sichtbar zu machen, um so einerseits für die Vielschichtigkeit und die Herausforderungen in der Evaluationspraxis zu sensibilisieren und andererseits Anregungen für einen kompetenten Umgang mit ihnen zu liefern. Zu diesem Zweck wurden die Autorinnen und Autoren dieses Bands aufgefordert, ihr Handeln gezielt auf diese kontinuierlichen Entscheidungsprozesse hin zu reflektieren. Die Beiträge sollen damit die professionellen Überlegungen von Evaluierenden offenlegen und der Leserin bzw. dem Leser die Handlungsspielräume, -alternativen und dahinterliegenden Begründungen für das jeweilige Vorgehen vermitteln.

Das Buch versteht sich damit als ein Beitrag zur Professionalisierung. Professionalisierung bezieht sich in diesem Kontext auf kompetentes, fachgerechtes Handeln von Evaluierenden und → Evaluationsteams (Brand 2009, S. 26 ff.). Sie gelingt aus unserer Sicht, wenn ein fortlaufender Abgleich zwischen Praxis und Theorie stattfindet und die praktischen Herausforderungen sowie die gefundenen Lösungen reflektiert werden.

Als Herausgeberinnen dieses Sammelbands hoffen wir, dass aus den vorliegenden Artikeln eine Bandbreite an Anregungen für zukünftige Evaluationsvorhaben gewonnen werden kann. Die Vorstellung innovativer Ansätze und Methoden soll zum eigenständigen Erproben in neuen Kontexten und Bedingungen ermutigen, zur Reflexion des vielleicht schon zur Routine gewordenen Vorgehens anregen und zur Weiterentwicklung von Ideen beitragen.

Mit diesem Band möchten wir Evaluationsinteressierte, Evaluationspraktikerinnen und -praktiker sowie Studierende, die sich mit dem Thema Evaluation befassen, ansprechen. Der Band soll sowohl Evaluationsnovizinnen und -novizen als auch erfahrenen Evaluierenden neue Erkenntnisse bieten.

Die Rolle von Univation als fachlicher Bezugspunkt

Die Herausgeberinnen dieses Buchs sind Mitarbeiterinnen von Univation, einem Institut für Evaluation, das 1997 von Wolfgang Beywl und Berthold Schobert gegründet wurde. Auch die Beiträge sind weitgehend von Personen geschrieben, die als feste oder freie Mitarbeiterinnen bzw. Mitarbeiter von Univation Evaluationen realisiert haben. Sie teilen das Evaluationsverständnis des Instituts, kennen die institutionellen Abläufe und arbeiten an verschiedenen ,internen Projekten' mit, wie der Entwicklung des Glossars der wirkungsorientierten Evaluation, der Betreuung der Webseite zur Selbstevaluation, der Übersetzung von Checklisten etc. Die Herausgeberinnen und viele der Autorinnen und Autoren sind somit eng mit dem Institut Univation verbunden, weshalb die Themen und Inhalte dieses Buchs stark von der Evaluationspraxis, wie sie durch Univation gestaltet wird, geprägt sind. Aus diesem Grund soll hier kurz auf die Besonderheiten oder Spezifika des Instituts und seiner Evaluationen eingegangen werden.

Kennzeichnend für Univation ist, dass große Programmevaluationen häufig in multidisziplinären Teams durchgeführt und dabei gezielt Freiberuflerinnen und -berufler sowie Kooperationspartnerinnen und -partner einbezogen werden. Diese Teamkonstellationen sind mit einem erhöhten Abstimmungsbedarf verbunden und ziehen häufig Diskussionen um Evaluationsfachbegriffe sowie geeignete Methoden und Vorgehensweisen nach sich. Die damit einhergehende Explikation der jeweils eigenen Überlegungen und der damit verbundenen fachlichen Annahmen fördert eine professionelle Kommunikationskultur und Evaluationspraxis. Typisch für Univation ist weiterhin seine feldübergreifende Verortung. Die Evaluationsgegenstände kommen aus verschiedenen Bereichen wie der Bildungs-, Jugend-, Arbeitsmarkt- und Gesundheitspolitik. Bei der Teamzusammenstellung wird darauf geachtet, dass für jede Evaluation eine fundierte Feldkompetenz gewährleistet ist.

Das Evaluationsverständnis von Univation ist stark durch seinen wissenschaftlichen Leiter, Wolfgang Beywl, geprägt. Wichtige Anregungen für die Entwicklung seiner Evaluationsphilosophie resultieren aus Workshops, die zusammen mit Robert Stake, dem Begründer der → Responsiven Evaluation (Stake 1995) und Michael Patton, Protagonist der → Nutzungsfokussierten Evaluation (Patton 1997), veranstaltet wurden. In den 2000er Jahren fand – nun gemeinsam mit dem Kernteam von Univation – eine intensive Auseinandersetzung mit Verfahren zur → Wirkungsmodellierung statt. Daraus ging der → Programmbaum als Instrument für die Evaluationsplanung und -umsetzung hervor (Beywl/Niestroj 2009). Zudem wurden Stärken und Schwächen theoriebasierter Ansätze untersucht (Giel 2013). Die kontinuierliche Beschäftigung mit verschiedenen → Evaluationsmodellen zieht sich durch die Institutsgeschichte (Beywl 1988, Beywl/Speer/Kehr 2003, Beywl 2006).

Ein weiteres Anliegen von Univation ist es, die fachliche Reflexion über Evaluation zu fördern und damit zu einer Weiterentwicklung der Evaluationskultur beizutragen. Dies geschieht über die Reflexion der eigenen Praxis, die Arbeit an einer geteilten Evaluationsfachsprache (insbesondere in Form des Glossars der wirkungsorientierten Evaluation), den fachlichen Austausch innerhalb der Gesellschaft für Evaluation, die Verbreitung der Standards für Evaluation (Widmer/Beywl 2000) und die Umsetzung von Evaluationsforschung (Beywl/Speer 2004, Giel 2013, Mäder 2013).

Zudem leistete Univation von Beginn an einen Beitrag dazu, Evaluationswissen und -kompetenzen bspw. mit Fachpublikationen und Handreichungen praxisorientiert zu vermitteln (Beywl u. a. 2007, Beywl/Schepp-Winter 2000, Keller-Ebert/Kißler/Schobert 2005, Farrokzhad/Mäder 2014) und so insbesondere die Weiterbildung von Praktikerinnen und Praktikern sowie Personen, die Evaluationen in Auftrag geben, zu unterstützen. Längere Zeit lag dabei ein Schwerpunkt auch auf der Weiterbildung im Bereich der Selbstevaluation (Beywl/Bestvater/Friedrich 2011). Als langjähriger Leiter der Weiterbildungsstudiengänge zur Evaluation des Zentrums für universitäre Weiterbildung der Universität Bern baute Wolfgang Beywl ein umfangreiches Qualifizierungsangebot auf. Ergänzend wird nun auch der Aufbau von internem → Evaluationsvermögen in den Blick genommen, verbunden mit einem darauf abgestimmten Weiterbildungskonzept (Balzer/Beywl 2015).

Zum Aufbau des Buches

Der vorliegende Band präsentiert Aufsätze aus drei inhaltlichen Bereichen: Professionalisierungsinstrumente, Evaluationsansätze und Evaluationsmethoden. Nachfolgend werden die drei inhaltlichen Schwerpunkte kurz vorgestellt.

Professionalisierungsinstrumente: In den Handbüchern und Lehrbüchern zur Evaluation liegt der Schwerpunkt meist auf theoretischen, methodologischen und methodischen Fragen. Über die professionelle Planung, Organisation und Umsetzung von Evaluationen wird weniger berichtet. In der Praxis zeigt sich jedoch, dass Aspekte der Steuerung und die damit verbundene Professionalisierung wie die Auswahl des Personals, die Arbeitsformen und -organisation sowie die Kommunikation untereinander für den Projekterfolg ebenso entscheidend sind. Oft werden Evaluationen von einer Gruppe von Evaluierenden geplant und durchgeführt, was für die Steuerung komplexer → Programmevaluationen immer wieder neue Herausforderungen mit sich bringt. Wir haben dieses Thema als eigenen inhaltlichen Bereich an den Anfang dieses Bands gestellt, um seine Bedeutung für die Durchführung professioneller Evaluation zu betonen. Dabei verstehen wir unter Steuerung in einem weiten Sinn nicht nur das konkrete Management einzelner Evaluationen, sondern weitergehend auch Quellen, Ansätze, Instrumente für die Professionalisierung der Steuerung von Evaluationen. Hierzu zählen aus unserer Sicht u. a. die Potenziale einer konsistenten Begriffsverwendung, die Orientierung an geprüften und hochwertigen Arbeitshilfen wie Checklisten, Strategien zur Förderung des Datenschutzes, die kreative Nutzung heterogener Kompetenzen in multiprofessionellen Teams und die Chancen einer interkulturellen Öffnung von Evaluationsteams.

Evaluationsansätze: Die in diesem Band vorgestellten Evaluationsansätze haben in besonderem Maße den Nutzen und die → Nutzung von Evaluationen im Blick. Sie intendieren in erster Linie, die betrachtete Praxis weiterzuentwickeln. Dabei denken sie Evaluation von einer komplexen und sich entwickelnden Programmrealität aus. Gerade der von Univation entwickelte Programmbaum bietet einen Zugang zur Komplexität und Veränderlichkeit von Evaluationsgegenständen. Zudem eignen sich die vorgestellten Evaluationsansätze für die Evaluation von experimentierenden und unausgereiften Programmen. Unserer Ansicht nach stellt diese Art von Programmen die Evaluation vor besondere Herausforderungen, wie sich schnell verändernde → Kontexte und Programmumsetzungen, nicht explizierte → Wirkannahmen, eine Vielzahl an Programmebenen und Projekten. Nützliche Lösungen bieten hier aus unserer Sicht insbesondere die Developmental Evaluation sowie die Wirkungsmodellierung in Rahmen theoriebasierter Evaluationsansätze.

Evaluationsmethoden: Der dritte Teil des Bands stellt Evaluationsmethoden in der Praxis vor. Bei diesem Thema war es uns wichtig, neben klassischen → Datenerhebungs- und Auswertungsmethoden besonders auch für die Phase der → Gegenstandsbestimmung sowie die der Ableitung von → Schlussfolgerungen und Bewertungen methodische Herangehensweisen vorzustellen. Aus unserer Sicht sollte der gesamte → Evaluationsprozess methodisch gerahmt sein. Aufholbedarf zeigt sich dabei vor allem für die Phasen der Gegenstandsbestimmung und → Ergebnisvermittlung. Wir möchten daher den Teil zu Evaluationsmethoden dafür nutzen, zusätzlich zu neuen Erkenntnissen im Rahmen der → Datenerhebung und → -auswertung insbesondere auch Verfahren für die methodische Bearbeitung dieser Phasen vorzustellen. So wird für die Phase der Gegenstandsbestimmung präsentiert, wie → Ziele so entwickelt werden können, dass sie für die Programmsteuerung und Evaluation nützlich sind. Weiterhin werden für die Bewertung des → Programmerfolgs partizipative methodische Verfahrensweisen präsentiert. Für den Bereich der Datenerhebung und -auswertung wurden Beiträge gewählt, die Antworten auf spezielle Herausforderungen liefern, wie hochkomplexe Programme oder schwierig zugängliche Zielgruppen. Nicht zuletzt beinhaltet der Methodenabschnitt einen

Beitrag zur Analyse und Interpretation qualitativer → Daten wie auch der Einbezug webbasierter Technologien für die Informationsbeschaffung, Datenauswertung und Ergebnispräsentation.

Im Folgenden werden die einzelnen Artikel in den drei inhaltlichen Bereichen kurz präsentiert. Im ersten Teil „Professionalisierungsinstrumente" finden sich fünf Beiträge.

Den Anfang machen *Melanie Niestroj, Wolfgang Beywl* und *Berthold Schobert*, die Chancen der Verwendung eindeutig definierter Begriffe anhand eines Glossars (Eval-Wiki: Glossar der Evaluation) präsentieren. Im Artikel wird dargestellt, wie das Eval-Wiki entwickelt wurde, wieso ein konsistentes Vokabular in der Evaluation wichtig ist und welchen Beitrag das Glossar zur weiteren Professionalisierung leisten kann.

Im Anschluss präsentiert *Katharina Klockgether*, ausgehend von dem Evaluation Checklist Project der Western Michigan University, verschiedene Checklisten sowie deren Anwendungsspektrum. Sie reflektiert deren Nützlichkeit für den Evaluationsalltag sowie die Risiken ihrer Nutzung. Anhand einer Literaturrecherche und einer Umfrage in der Evaluationscommunity wird über die Verbreitung und Nutzung von Checklisten in der deutschsprachigen Evaluation berichtet.

Marc Jelitto widmet sich mit dem Datenschutz einem für Evaluationen besonders brisanten Thema. Er klärt darüber auf, welche Gefahren die Datensicherheit insbesondere in Evaluationen bedrohen, und stellt Schutzmaßnahmen vor. Dabei werden viele Beispiele aus der Praxis aufgezeigt und praktische Anwendungshinweise gegeben, bspw. zur Speicherung und Versendung personenbezogener Daten.

Der Artikel von *Schahrzad Farrokhzad* beschäftigt sich mit interkulturellen Kompetenzen in Evaluationen. Sie unterstreicht die Wichtigkeit einer interkulturellen Öffnung und stellt verschiedene Strategien vor, wie diese im Rahmen von Evaluationsprojekten angegangen werden kann. Die Autorin stellt ein Kompetenzmodell vor, das für die Ausbildung interkultureller Kompetenzen bei Evaluierenden genutzt werden kann.

Im letzten Artikel in diesem ersten Bereich beschreiben *Dörte Schott* und *Wolfgang Beywl* den Steuerungsansatz der Schwarmevaluation. Der Artikel zeigt, wie durch die Kollaboration mehrerer Evaluierender im Rahmen von parallelen → Mikro-Evaluationen Effizienzgewinne und eine hohe → Nützlichkeit erzielt werden. Die Prinzipien einer Schwarmevaluation werden anhand eines Fallbeispiels aufgezeigt und förderliche Bedingungen für ihre Umsetzung präsentiert.

Im zweiten Abschnitt des Bandes geht es um Evaluationsansätze.
Samera Bartsch, Wolfgang Beywl und *Melanie Niestroj* stellen den ‚Programmbaum' von Univation vor; ein → logisches Modell, das Programme wirkungsorientiert abbildet und Evaluationen konzeptionell strukturieren kann. Der Progammbaum stellt keinen eigenen Evaluationsansatz dar, sondern einen unterstützenden Schlüsselbestandteil verschiedener Evaluationsansätze. Die Entstehungsgeschichte des

Programmbaums wird aufgezeigt und seine Elemente werden erläutert. Der Beitrag möchte deutlich machen, wie der Programmbaum dabei hilft, den Evaluationsgegenstand systematisch darzustellen und so besser verständlich und untersuchbar zu machen.

Susanne Giel geht der Frage nach, wie Evaluationen → **Wirkungen von Programmen** erfassen können, wenn klassische Wirkungsforschungsdesigns nicht anwendbar sind. Hierzu schlägt sie das Konzept einer theoriebasierten Evaluation vor, die → **Programmtheorien** in den Mittelpunkt stellt. Die praktische Umsetzung wird anhand der Evaluation von Modellprogrammen zur Prävention von Rechtsextremismus, Antisemitismus und Rassismus illustriert.

Maria Gutknecht-Gmeiner erläutert das von Michael Q. Patton publizierte Konzept der Developmental Evaluation, das eine Rahmung für Evaluationen bietet, welche die Aufgabe haben, Programme in ständiger Entwicklung aktiv zu begleiten. Sie reflektiert die Potenziale dieses Vorgehens am Beispiel der Evaluation eines innovativen Ausbildungsprogramms, das den Zugang für Mädchen und junge Frauen zu technischen Berufen ebnen soll.

Im dritten Teil des Buches finden sich sieben Beiträge zu Evaluationsmethoden. *Stefan Schmidt* präsentiert eine wirkungsorientierte Zielsystematik, die sowohl für die Steuerung der Evaluation als auch für die Programmsteuerung Nutzen erzeugt. Er entwickelt Anforderungen an eine Ordnung von Zielen und deren Formulierung und beschreibt diese anhand ihres praktischen Einsatzes in einem Bildungsnetzwerk.

Katharina Klockgether beschäftigt sich in ihrem Artikel mit den Chancen und Risiken von Monitorings in der Evaluation. Anhand von zwei verschiedenen Monitoring-Instrumenten aus einem Demokratie- bzw. Arbeitsmarktprogramm werden relevante Schritte bei der Planung, Implementierung und Auswertung der jeweiligen Instrumente veranschaulicht. Zudem werden bestehende Monitorings aus den Bereichen Gesundheit, Arbeitsmarkt, Bildung und Landwirtschaft vorgestellt, auf die Evaluierende zurückgreifen können.

Einen Einblick in die Durchführung von Face-to-Face-Interviews mit Jugendlichen liefert der Beitrag von *Matthias Sperling*. Er zeigt auf, welche Potenziale und Herausforderungen mit der Befragung von Jugendlichen in Evaluationen verbunden sind und wie diesen begegnet werden kann. Thematisiert werden entwicklungspsychologische Besonderheiten von Jugendlichen, ihre Sprache und ihr Verhalten in Interviewsituationen. Davon ausgehend werden Hinweise für zentrale Aufgaben wie die Gestaltung der Interviewatmosphäre oder die Leitfadenentwicklung gegeben.

Die Potenziale von Gruppendiskussionen für die Ermittlung von implizitem Wissen beschreibt der Aufsatz von *Ute B. Schröder*. Im Fokus stehen die Rekonstruktion von kollektiven Orientierungen mittels der dokumentarischen Methode und deren Bedeutung für die Evaluation. Gezeigt wird, wie Änderungen von Einstellungen und Werthaltungen bei den Zielgruppen von Programmen durch eine sorgfältige Analyse des Diskurses erfasst werden können.

Marianne Lück-Filsinger arbeitet den Nutzen der Grounded Theory für die Konzeption und Auswertung von Erhebungen in der Evaluation heraus. Ihr Beitrag fokussiert auf die Produktivität dieses Forschungsstils und seiner Kodierverfahren für qualitative Fragestellungen in Evaluationen. Anhand eines Pilotprojekts zur Übergangsgestaltung zwischen Kindergarten und Grundschule werden die Schritte des Offenen, Axialen und Selektiven Kodierens veranschaulicht.

Im Beitrag ‚Evaluation und das Web' präsentiert *Elitsa Uzunova* die Chancen von Internettechnologien für zentrale Evaluationsaufgaben. Sie beschreibt neue Möglichkeiten für die Datengenerierung, -erhebung und -auswertung sowie die Präsentation von Ergebnissen. Zudem zeigt sie den Nutzen webbasierter Lösungen für den Wissenstransfer in der Evaluationscommunity auf.

Susanne Mäder geht in ihrem Aufsatz der Frage nach, wie Evaluationen zu Bewertungen gelangen können. Nach einem kurzen Überblick über den Umgang mit Bewertung in Evaluationstheorie und -praxis präsentiert sie zwei Bewertungsverfahren, die in der Evaluation von Modellausbildungen in der beruflichen Bildung entwickelt wurden. Im ersten Beispiel dienen → **Wirkmodelle** als Ausgangspunkte für → **Bewertungskriterien**. Im zweiten Beispiel steht die partizipative Festlegung von → **Erfolgspunkten** im Vordergrund.

Hinweis für Leserinnen und Leser

Klarheit und Transparenz in der Evaluationsfachsprache sind aus Sicht der Herausgeberinnen zentrale Voraussetzungen für die produktive Verständigung über Herausforderungen und Lösungen in der Evaluationspraxis. Uns ist es daher ein Anliegen, eine eindeutige und geteilte Definition von Evaluationsbegriffen zu fördern. Aus diesem Grund wurde bei der Redaktion und dem Lektorat der eingereichten Beiträge auf eine konsistente Nutzung zentraler Evaluationstermini geachtet. Als Bezugspunkt für die einheitliche Begriffsverwendung wurde das Glossar der wirkungsorientierten Evaluation von Univation genutzt, das über 400 Begriffe und ihre Definitionen enthält. Das Glossar wurde erstmals Ende 2004 als Printmedium veröffentlicht und ist seit 2010 auch online kostenfrei unter www.eval-wiki.org/glossar zugänglich. Die Begriffsdefinitionen des Glossars bilden eine verbindliche Grundlage für die Beiträge in diesem Band. Für jeden einzelnen Beitrag sind jeweils die im Eval-Wiki definierten Begriffe bei ihrer jeweils ersten Nennung markiert: In der Printausgabe sind sie mit einem Pfeil markiert sowie fett und grau gedruckt, in der E-Book-Ausgabe sind die Begriffe mit dem Eval-Wiki direkt verlinkt.

Wir möchten uns an dieser Stelle bei Kolleginnen und Kollegen für ihre tatkräftige Unterstützung bedanken: bei Jeyhun Alizade für die technische Umsetzung der Links zu den Glossarbegriffen, bei Melanie Niestroj sowohl für die Identifizierung der Glossarbegriffe in den Artikeln und die Überprüfung ihrer definitionsgemäßen Verwendung als auch für viele wichtige inhaltliche Hinweise und bei Wolfgang Beywl für die vielen inspirierenden Anregungen.

Literatur

Balzer, Lars/Beywl, Wolfgang (2015): evaluiert – Planungsbuch für Evaluationen im Bildungsbereich. Bern: hep verlag.

Beywl, Wolfgang (1988): Zur Weiterentwicklung der Evaluationsmethodologie. Frankfurt: Lang.

Beywl, Wolfgang (2006): Evaluationsmodelle und der Stellenwert qualitativer Methoden. In: Flick, Uwe (Hrsg.): Qualitative Evaluationsforschung. Konzepte – Methoden – Umsetzung. Reinbek: Rowohlt, S. 92–116.

Beywl, Wolfgang/Bestvater, Hanne/Friedrich, Verena (2011): Selbstevaluation in der Lehre. Münster: Waxmann.

Beywl, Wolfgang/Kehr, Jochen/Mäder, Susanne/Niestroj, Melanie (2007): Evaluation. Schritt für Schritt: Planung von Evaluationen. Darmstadt: hiba.

Beywl, Wolfgang/Niestroj, Melanie (2009): Der Programmbaum. Landmarke wirkungsorientierter Evaluation. In: Univation (Hrsg.): Das A-B-C der wirkungsorientierten Evaluation. 2. Aufl., Köln: Univation – Institut für Evaluation GmbH, S. 137–149.

Beywl, Wolfgang/Schepp-Winter, Ellen (2000): Materialien zur Qualitätsentwicklung, Zielgeführte Evaluation von Programmen, Materialien zur Qualitätssicherung in der Kinder- und Jugendhilfe, hg. vom Bundesministerium für Familie, Senioren, Frauen und Jugend, Heft Nr. 29, Berlin. http://univation.org/download/QS_29.pdf [Stand: 24.06.2015]

Beywl, Wolfgang/Speer, Sandra (2004): Standards for Evaluation Practices, On the Way to Develop Standards for Program Evaluation in Vocational Education and Training Contexts. In: Descy, Pascaline/Tessaring, Manfred (Hrsg.): Third Research Report on Vocational Education and Training. CEDEFOP, Luxembourg.

Beywl, Wolfgang/Speer, Sandra/Kehr, Jochen (2003): Ansätze zur Wirkungskontrolle im Rahmen der Armuts- und Reichtumsberichterstattung, Bundesministerium für Gesundheit und Soziale Sicherung (BMGS) (Hrsg.). Bonn.

Brand, Tasso (2009): Evaluation in Deutschland. Professionalisierungsstand und -perspektiven. Münster u. a.: Waxmann.

DeGEval – Gesellschaft für Evaluation e.V. (2008a): Standards für Evaluation. http://www.degeval.de/fileadmin/user_upload/Sonstiges/STANDARDS_2008-12.pdf [Stand: 27.05.2015].

DeGEval – Gesellschaft für Evaluation e.V. (2008b): Empfehlungen für die Aus- und Weiterbildung in der Evaluation. Anforderungsprofile an Evaluatorinnen und Evaluatoren. http://www.degeval.de/fileadmin/Publikationen/Publikationen_Homepage/DeGEval_-_Empfehlungen_Aus-_und_Weiterbildung.pdf [Stand: 21.05.2015]

Farrokhzad, Schahrzad/Mäder, Susanne, (2014): Nutzenorientierte Evaluation: Ein Leitfaden für die Arbeitsfelder Integration, Vielfalt und Toleranz. Münster: Waxmann.

Giel, Susanne (2013): Theoriebasierte Evaluation. Konzepte und methodische Umsetzung. Münster: Waxmann.

Keller-Ebert, Cornelia/Kißler, Mechtilde/Schobert, Berthold (2005): Evaluation praktisch! Wirkung überprüfen, Maßnahmen optimieren, Berichtsqualität verbessern. Darmstadt: hiba.

Kromrey, Helmut (2001): Evaluation – ein vielschichtiges Konzept. Begriff und Methodik von Evaluierung und Evaluationsforschung. Empfehlungen für die Praxis. In: Sozialwissenschaften und Berufspraxis. Bd. 24., S. 105–131.

Mäder, Susanne (2013): Die Gruppendiskussion als Evaluationsmethode – Entwicklungsgeschichte, Potenziale und Formen. In: Zeitschrift für Evaluation. 12. Jg., Heft 1, Münster: Waxmann. S. 23–51.
Patton, Michael Q. (1997): Utilization-focused Evaluation. Thousand Oaks (Calif.): Sage.
Stake, Robert E. (1995): The art of case study research. Thousand Oaks (Calif.): Sage.
Widmer, Thomas/Beywl, Wolfgang (2000): Die Übertragbarkeit der Evaluationsstandards auf unterschiedliche Anwendungsfelder. In: Joint Committee on Standards for Educational Evaluation (Hrsg.): Handbuch der Evaluationsstandards. Opladen: Leske und Budrich, S. 243–257.

Professionalisierungsinstrumente

Beitrag zu einer konsistenten Evaluationsterminologie – das Glossar von Univation

Melanie Niestroj/Wolfgang Beywl/Berthold Schobert

1. Babylon ist überall

Dokumente (über-)staatlicher Organisationen oder Qualitätshandbücher von Unternehmen enthalten zahlreiche für → Evaluationen wichtige Begriffe. Wenn es z. B. darum geht zu bezeichnen, was ein → operationalisiert festgelegter Zustand ist, der durch ein → Programm ausgelöst werden soll, so wird dieser Zustand wie folgt oder anders bezeichnet: Soll-, Kenn-, Mess- oder Zielgröße, Qualitäts- oder Erfolgskriterium, Ziel- oder Schwellenwert, (Mindest-)Standard, Rubric, Indikator. Dabei werden die Begriffe – oft sogar im selben Dokument – synonym und nicht selten auch noch zur Bezeichnung ganz anderer Sachverhalte verwendet. Schließlich werden sogar Sätze formuliert, welche diese an anderen Textstellen synonym verwendeten Bezeichnungen miteinander in unterschiedliche Verbindungen bringen, als Ober- und Unterbegriff, Veranschaulichung o. Ä. Schließlich werden die Bezeichnungen durch andere spezifiziert, z. B. als ‚qualitative' und ‚quantitative' Indikatoren, Ziele, Messgrößen usw., und es bleibt der Intuition der Lesenden überlassen, was darunter zu verstehen ist, da auch diese Attribute nirgends definiert sind. Es fällt überdies auf, dass gelegentlich selbst für zentrale Begriffe – die z. B. in der Überschrift eines Grundlagenpapiers oder dem Titel eines Buches genannt sind – keine explizite Definition gegeben wird.

Während eine solche babylonische Sprachverwirrung auf der Ebene von Programmen alleine bereits verstören kann, gewinnt sie an Brisanz, sobald eine Evaluation hinzukommt, die bspw. über das Programm berichtet. Dabei entsteht die zusätzliche Anforderung auseinanderzuhalten, ob mit einem Begriff ein Sachverhalt auf der Ebene des Programms (dem Untersuchten) oder der Evaluation (der Untersuchung) angesprochen ist. Ein typisches Beispiel: Werden im Englischen zwei ganz unterschiedliche und klar zugeordnete Begriffe, nämlich ‚results' (of the program) und ‚findings' (of the evaluation), genutzt, sprechen deutschsprachige Evaluationsberichte nicht selten lediglich von ‚Ergebnissen'. Um die Interpretation zu erleichtern haben wir die Konvention eingeführt, zum einen von → ‚Resultaten' (eines Programms) und zum anderen von → ‚Ergebnissen' (einer Evaluation) zu sprechen und zu schreiben. Wir versuchen diese wie zahlreiche andere fachsprachliche Konventionen, in unseren Texten konsequent umzusetzen. Unterstützt werden wir dabei durch das ‚Eval-Wiki: Glossar der Evaluation' (www.eval-wiki.org/glossar), ein Online-Glossar, in dem aktuell 427 evaluationsrelevante Begriffe definiert sind und das allen Interessierten kostenfrei zur Verfügung steht.

2. Zielsetzung des Beitrags

Das Team von Univation besteht von Anfang an aus Personen mit sehr unterschiedlichen professionellen Hintergründen. Mit dem Wachsen des Teams nimmt diese professionelle Heterogenität zu. Darüber hinaus arbeiten wir intensiv mit zahlreichen Partnerinnen und Partnern zusammen, die als externe Fachpersonen vertiefte Kenntnisse aus → Feldern mit eignen Fachsprachen, jedoch nicht notwendig eigene Evaluationsexpertise einbringen. So befruchtend eine solche Zusammenarbeit in vielerlei Hinsicht ist, treten dabei immer wieder Herausforderungen gerade auch auf der Ebene der sprachlichen Verständigung auf.

Univation verfolgt einen dezidiert an der Erzeugung von → Nutzen orientierten → Evaluationsansatz und setzt dabei unterschiedliche → Evaluationsmodelle sowie verschiedenste → Methoden und Instrumente u. a. zur Steuerung von Evaluationen, zur → Datenerhebung oder → -auswertung ein. (In den Beiträgen dieses Bandes finden sich detaillierte Informationen dazu.) Diese Grundlagen müssen innerhalb immer wieder ergänzter und wechselnder Teams sowie gegenüber externen Mitarbeitenden vermittelt werden. Besonders in unseren Evaluationsangeboten, in → Evaluationsberichten, aber auch in internen Prozessbeschreibungen, Checklisten (vgl. Klockgether zu Checklisten in diesem Band) und anderen Publikationen ist ein einheitlicher Wortgebrauch sehr wichtig, um mit den jeweiligen Adressaten klar und konsistent zu kommunizieren. Wir haben die Erfahrung gemacht, dass ein einheitlich genutztes und verbindliches Vokabular dabei eine wertvolle Basis ist.

Da es Univation ein Anliegen ist, zur Weiterentwicklung von Theorie und Methodik der Evaluation beizutragen, ermöglichen wir allen interessierten Personen die Nutzung unseres ‚Wort-Schatzes' (fachsprachlich: Thesaurus), was dazu beigetragen hat, dass die Terminologie in den letzten Jahren auch über unser Team hinaus zunehmend Anwendung findet. Dieser Beitrag zeichnet die Entwicklung des heutigen ‚Eval-Wiki: Glossar der Evaluation' nach und zeigt auf, welchen Niederschlag die Terminologie in unserer Arbeit und unseren Produkten findet, wie sie in der deutschsprachigen Evaluationscommunity genutzt wird, welchen Beitrag sie zur weiteren Professionalisierung leisten kann und welche Mitgestaltungsmöglichkeiten Mitglieder der Community wahrnehmen können.

3. Entstehung des Eval-Wiki: Glossar der Evaluation

Die Initiative der bis heute intensiv betriebenen Auseinandersetzung mit Evaluationsterminologie bei Univation ging von Wolfgang Beywl, dem wissenschaftlichen Leiter des Instituts, aus. Bereits im Zuge seiner Dissertation Ende der 1980er Jahre beschäftigte er sich mit der US-amerikanischen Evaluationstheorie und -geschichte (Beywl 1988). Dabei musste er die englischen Originaltexte in Teilen übersetzen und für Fachtermini angemessene deutsche Entsprechungen finden – zum damaligen Zeitpunkt gab es kaum originäre deutschsprachige Fachliteratur zur Evaluation. In der Vorbereitung von Seminaren, die Ende der 1990er Jahre in Deutschland mit Michael Q. Patton stattfanden, wurden Begriffe mit Erläuterungen aus Pattons damals dritter Auflage von Utilization-Focused Evaluation (1997) als Vorbereitungsmaterial für die Teilnehmenden übersetzt. Dies setzte sich bspw. fort in der Übersetzung der → **Evaluationsstandards** des US-amerikanischen Joint Committee on Standards for Educational Evaluation (gemeinsam mit Thomas Widmer; JCSEE/Sanders 2000), deren deutschsprachige Buchpublikation bereits ein ausführliches Glossar enthält. Aus der kontinuierlichen Auseinandersetzung mit der englischsprachigen Evaluationsliteratur und der Wolfgang Beywl eigenen Leidenschaft für Sprache entstanden dabei auch neue deutsche bzw. eingedeutschte Fachbegriffe, die sich bis heute in unserem Sprachgebrauch gehalten haben (z. B. der → ‚Kriterienpunkt' als eine Übersetzung für das englische ‚standard', welches viele sehr unterschiedliche, in den deutschen Übersetzungen dann aufgelöste Bedeutungen hat, oder → ‚Incomes' als Komplement zu → ‚Outcomes').

Neben der Nutzung in verschiedenen Fachpublikationen Wolfgang Beywls erfuhr die Terminologie eine erste für die deutsche Evaluationscommunity relevante Anwendung bei der Erarbeitung der Standards für Evaluation der DeGEval, die bis 2001 koordiniert durch Wolfgang Beywl erfolgte. Die Ergebnisse des partizipativ angelegten Prozesses erschienen u. a. als Printversion (DeGEval 2002). In den Fußnoten des Kapitels ‚Begleitmaterialien zu den Standards für Evaluation' finden sich darin Anmerkungen zu den gewählten Begriffen, wie bspw. → ‚Zwecke der Evaluation' vs. → ‚Ziele des Programms' (ebd., S. 13).

Mit dem Team von Univation wurde die Terminologiearbeit fortgeführt. Anfang 2004 erschien im Bericht zum Forschungsprojekt ‚Wirkungsorientierte Evaluation im Rahmen der Armuts- und Reichtumsberichterstattung' (Beywl/Speer/Kehr 2004), der u. a. verschiedene Evaluationsmodelle vorstellt und ihre Nutzbarkeit für Evaluationen in der Armuts- und Reichtumsberichterstattung diskutiert, ein rund 50 Einträge umfassendes Glossar. Auf dessen Basis gab Univation Ende 2004 eine erste, auf rund 160 Einträge erweiterte Printversion des ‚Glossars – Deutsch/Englisch – der wirkungsorientierten Evaluation' im Eigenverlag heraus (Univation 2004). Nicht nur wurden dabei die Begriffsdefinitionen um den Verweis auf die englischen Fachbegriffe erweitert, auch wurde im Vorwort erstmals der Anspruch formuliert, ein „konsistentes begriffliches Instrumentarium" zu entwickeln, das zentrale Begriffe der Evaluation sowie wichtige Begriffe, die Programme als unsere Gegenstände betreffen, aufgreift und die vielfältigen inhaltlichen Verknüpfungen der Begriffe durch Querverweise aufzeigt. Der Anspruch dabei war und ist, ein kontrolliertes Vokabular zu erstellen. Das beinhaltet u. a. die Anforderung, dass die Glossarbegriffe selbst, werden sie in den Definitionen anderer Glossarbegriffe genutzt, in der im Glossar definierten Bedeutung genutzt werden müssen. Andernfalls muss der betreffende Begriff durch ein alltagssprachliches Synonym ersetzt werden. Gleichzeitig wurde nach außen hin betont, in den Begriffsdefinitionen keine Allgemeingültigkeit beanspruchen zu wollen, da sich zu manchen der enthaltenen Begriffe in der Literatur

Differenzen bis hin zu direkten Widersprüchlichkeiten finden.[1] Schon damals wurde eine erste – einfache – Online-Version des Glossars über die Univations-Homepage kostenfrei zur Verfügung gestellt, Mitglieder der Evaluationscommunity wurden um Ergänzungshinweise und Anmerkungen gebeten.

Zu dieser ersten Glossarpublikation erhielten wir von Personen aus der deutschsprachigen Evaluationscommunity sehr positive und zur Weiterarbeit ermunternde Rückmeldungen. Unter anderem stellten sie das Potenzial für die Weiterentwicklung der – insbesondere in Deutschland – immer noch jungen Profession Evaluation bspw. durch die Nutzung des Glossars in der Aus- und Weiterbildung von Evaluierenden heraus. Auch die damaligen Präsidenten der Rechnungshöfe im deutschsprachigen Raum, denen wir ein Exemplar der Broschüre zuschickten, reagierten positiv.

Eine auf 370 Begriffe erweiterte Printversion des Glossars erschien im Jahr 2009 (Univation 2009). Dabei flossen Erfahrungen aus weiteren Jahren der Evaluationsforschung und -praxis, der Weiterbildung von Evaluatorinnen und Evaluatoren[2] sowie intensive Auseinandersetzungen über einzelne Begriffe mit Fachkolleginnen und -kollegen ein. Auch wurden den Definitionen vieler Begriffe erstmals Literaturverweise zur tiefergehenden Auseinandersetzung mit der jeweiligen Thematik angefügt. Im Vorwort dieser 2. Auflage wurden der Entstehungshintergrund und der bereits genannte Anspruch des Glossars sowie die Grenzen seines Begriffsraumes detaillierter erläutert und es wurde auf weitere Glossare verwiesen.[3] Zudem wurde im Rahmen eines abschließenden Artikels der Programmbaum als ein zentrales Instrument unserer Arbeit, in dem sich viele zentrale Begriffe im Zusammenhang wiederfinden, vorgestellt (vgl. Bartsch/Beywl/Niestroj in diesem Band). Das Printglossar 2009 wurde in einer Auflage von 1.000 Exemplaren gedruckt. Es konnte bei Univation direkt bestellt werden, wurde durch das Team jedoch auch bei vielen (Weiterbildungs-)Veranstaltungen und bei persönlichen Kontakten mit Evaluierenden, → **Auftraggebenden** und weiteren an Evaluation interessierten Personen verteilt.

Uns war zu diesem Zeitpunkt klar, dass es eine weitere Printversion aufgrund des hohen damit verbundenen Aufwandes und der fehlenden Aktualisierungsmöglichkeiten nicht geben würde. Mit der Wiki-Technologie ergab sich aus unserer Sicht eine Möglichkeit, das Glossar in ein Online-Angebot zu verwandeln, das eine hohe Nutzerfreundlichkeit und breite Verfügbarkeit bietet sowie optimale Bearbeitungs- und Weiterentwicklungsmöglichkeiten eröffnet. Im September 2010 wurde der interessierten Öffentlichkeit das ‚Eval-Wiki: Glossar der Evaluation' (http://www.eval-wiki.org/glossar) präsentiert. Als Neuerung fanden sich diesmal neben

---

1 Bspw. im Falle der Begriffe → ‚**Outputs**', ‚Outcomes', → ‚**Impacts**', die bspw. in Lehrbüchern der Schul- (bspw. Strahm 2008, S. 20) bzw. Politikevaluation (bspw. Thom/Ritz 2008, S. 221 f.) sehr unterschiedlich verwendet werden.
2 U. a. im Rahmen der Weiterbildungsstudiengänge ‚Evaluation' des Zentrums für universitäre Weiterbildung der Universität Bern.
3 Vgl. PDF der Einleitung unter http://www.univation.org/download/Univation_glossar_leseprobe.pdf [Stand: 19.02.2015]

den englischen (bedingt durch Wolfgang Beywls Tätigkeit in der Schweiz) auch die französischen Entsprechungen der Fachbegriffe. Die ergänzenden Literaturangaben wurden deutlich erweitert. Über die im Glossar der Evaluation gegebenen Diskussionsmöglichkeiten der Begriffe hinaus wollten wir insbesondere die Entwicklung neuer Begriffsdefinitionen für Fachpersonen über unseren Kreis hinaus öffnen. Mit der ‚Eval-Wiki: Glossar-Werkstatt' (http://eval-wiki.org/werkstatt) wurde dazu ein zweites Wiki angelegt, in dem Nutzende Begriffe vorschlagen und an Begriffsdefinitionen arbeiten können. Fertig definierte Begriffe daraus werden nach einer Endredaktion (v. a. um den Anspruch des konsistenten begrifflichen Instrumentariums zu schützen) in das Eval-Wiki: Glossar der Evaluation übertragen. Aktuell umfasst das Glossar der Evaluation 427 Begriffe, in der Glossar-Werkstatt finden sich 106 Einträge (mit unterschiedlichem Bearbeitungsgrad).

Die Begriffsdefinitionen im Hauptglossar sind relativ stabil, aber nicht unveränderlich. Mit zeitlichem Abstand gelingt es oft besser, den gemeinten Sachverhalt klar zu stellen, was zu leichten Anpassungen führt. Teils fallen aber auch Brüche bis hin zu missverständlichen Formulierungen auf, die korrigiert werden. Insofern spiegelt das Glossar auch unseren evaluationsfachlichen Lernprozess wider. Der Zeitpunkt der letzten Bearbeitung jeder Begriffsdefinition ist auf der jeweiligen Seite festgehalten und sollte beim Zitieren von Glossardefinitionen mit genannt werden.

Als jüngster Spin-off des Eval-Wiki entstand durch Wolfgang Beywl und Mitarbeitende seiner Professur an der Pädagogischen Hochschule FHNW ein Wiki als Begleitmedium zu den Veröffentlichungen von John Hattie (z. B. 2013). Es ist erreichbar über das Portal www.lernensichtbarmachen.net. Kern sind die Kurzfassungen der ca. 150 Faktoren, die nach Hattie in unterschiedlich starkem Ausmaß Einfluss auf Lernleistungen (von Schülerinnen und Schülern) nehmen. Darüber hinaus enthält dieses Wiki ca. 220 Glossarbegriffe, die – auch für fachliche Laien verständlich – Fachterme der Bildungs- und Lernforschung erläutern. Da John Hatties Kernthese ist, dass Lehrpersonen dann besonders wirkfähigen Unterricht machen, wenn sie dessen Wirkungen auf das Lernen der Schülerinnen und Schüler ‚evaluieren', gibt es zahlreiche Querverbindungen zwischen den beiden Glossaren.[4]

2015 wurden dem Glossar der Evaluation im Eval-Wiki weitere Ressourcen zur Seite gestellt. Es finden sich hier nun neben deutschsprachigen Evaluations-Checklisten (vgl. Klockgether in diesem Band) u. a. Hinweise zum Instrument Programmbaum, zu Evaluationsstandards sowie der Beginn einer weiterreichenden Quellensammlung zu Informations- und Selbstlernmöglichkeiten zur Evaluation

---

[4] Für die Geschichtsschreibung sei auf eine gemeinsame Quelle verwiesen: John Hatties Frau Janet Clinton ist Programmevaluatorin, hat vielfach mit ihm gemeinsam (z. B. 2012) und eigenständig (z. B. 2014) veröffentlicht und sein Denken zu Evaluation offensichtlich stark beeinflusst. Einer ihrer akademischen Lehrer ist Michael Scriven, der zugleich geniale wie bei seinen Wortschöpfungen offensichtlich unerschöpfliche Mitbegründer der Evaluation als ‚Transdisziplin'. Sein Evaluationsthesaurus (Scriven 1991), und die Key-Evaluation Checklist (Scriven 2007) sind wichtige Quellen für unser Eval-Wiki: Glossar der Evaluation.

im Internet. Wir haben den Anspruch, das Eval-Wiki systematisch zu pflegen und auszuweiten, um Evaluierenden, Auftraggebenden und weiteren Interessierten eine umfassende Ressourcensammlung zur Evaluation zu bieten. (Alle Informationen und Materialien sind erreichbar über www.eval-wiki.org.)

4. Nutzung des Glossars

Univation selbst bemüht sich, in allen Arbeitsdokumenten und Veröffentlichungen – Evaluationsberichten, unserer Homepage sowie Fachveröffentlichungen wie die Artikel dieses Sammelbands – um die durchgängige Verwendung der Begriffe wie im Glossar definiert. Als eine Art von Produkten, in denen auf die durchgängige Anwendung der Glossarbegriffe geachtet wird, seien bspw. die deutschen Übersetzungen von Checklisten des ‚Evaluation Checklist Project' des Evaluation Center der Western Michigan University genannt (vgl. Klockgether zu Checklisten in diesem Band). Buchpublikationen, die von Mitgliedern des Univations-Teams (mit-)herausgegeben werden, enthalten zudem mitunter Auszüge des Glossars, basierend auf der jeweils aktuellen Online-Version (bspw. Farrokhzad/Mäder 2014; Balzer/Beywl 2015).

Es muss kaum erwähnt werden, dass die sprachliche Konsistenz angesichts der vielen verschiedenen jeweils beteiligten Autorinnen und Autoren nicht immer einfach zu realisieren ist, insbesondere wenn diese Produkte (auch) durch Personen erstellt werden, die nicht zum Kernteam gehören. Eine ‚Qualitätskontrolle' ist unerlässlich. Diese gelingt am besten, wenn das Online-Glossar beim Schreiben von Texten in einem eigenen Fenster geöffnet ist und es ähnlich wie ein Online-Wörterbuch bei Übersetzungsarbeiten genutzt wird. Beim Schreiben von Texten wie beim Lesen von Evaluationsfachliteratur stoßen wir jedoch selbst immer wieder auf neue begriffliche Herausforderungen, die zu Ergänzungen oder Veränderungen der Glossardefinitionen führen.

Im Folgenden soll skizziert werden, welche Hinweise uns dazu vorliegen, wie das Glossar über unser Team hinaus, also in der deutschsprachigen Evaluationscommunity, genutzt wird, und wie damit unser Anspruch, zur Professionalisierung der Evaluation beizutragen, bisher erreicht werden konnte.

Im Rahmen der Jahrestagung der DeGEval 2011 in Linz (unter dem Titel ‚Partizipation – dabei sein ist alles!?') stellten wir in einer Session des AK Aus- und Weiterbildung in der Evaluation (heute AK Professionalisierung) erste Nutzungsdaten zum Eval-Wiki: Glossar der Evaluation vor (das damals ein Jahr online zur Verfügung stand).[5] In den Monaten März bis August 2011 verbuchten wir ca. 720 Besuche monatlich, darunter etwa 160 wiederkehrende Besuche von Personen v. a. aus Deutschland (ganz überwiegend), Österreich und der Schweiz. Die damalige Gesamtzahl von Abrufen der Startseite betrug rund 3.600. Heute (Mai 2016, also

---

5 Download der Präsentation unter http://www.degeval.de/images/stories/Jahrestagungen/Linz_2011/Dokumentation/B1_Niestroj_Uzunova.pdf [Stand: 19.02.2015].

fünf Jahre später) wurde die Startseite des Eval-Wiki: Glossar der Evaluation gut 136.500 Mal aufgerufen (womit Glossar-Nutzende nicht erfasst werden, die direkt auf eine weiterführende Seite des Wikis, bspw. eine Begriffsdefinition zugreifen). In den letzten vier Monaten lag die Anzahl von monatlichen Besuchen im Mittel bei knapp 1.300, davon im Mittel knapp 180 wiederkehrende Besuche. (Bei allen Zahlen werden natürlich auch unsere eigenen Zugriffe erfasst.)

Zwischen Juli und September 2011 wurde außerdem eine kurze Online-Befragung zum Glossar unter Nutzenden durchgeführt (Aufruf und Link zum Online-Fragebogen wurden auf der Startseite des Eval-Wiki eingestellt), über die wir etwas über die Nutzenden und ihre Bewertung des Angebots herausfinden wollten. Es beteiligten sich 38 Personen, gut drei Viertel von ihnen Evaluierende und Personen aus Wissenschaft und Forschung, einzelne Studierende, eine Person aus der Gruppe der Auftraggebenden von Evaluation. Die meisten von ihnen besuchten das Glossar sporadisch (monatlich oder seltener). Ihre Interessen beim Besuch waren v. a. die Suche nach Klarheit über Begriffsdefinitionen (17 Mal genannt), die Nutzung von Verweisen für Lehre, Weiterbildungen etc. (5), die eigene Information/Weiterbildung (4), die Nutzung beim Schreiben von Texten (4) oder die Suche nach Übersetzungen der Begriffe (3). Die Stärken der Wikis lagen aus der Sicht der Antwortenden darin, Begriffsdefinitionen zu liefern/als Nachschlagewerk zu dienen (9 Nennungen), aktuell/schnell/übersichtlich, umfangreich bzw. verständlich zu sein (13), redigierte bzw. fachlich geprüfte Informationen zu liefern (3), kostenfrei zur Verfügung zu stehen (2) sowie eine Quelle für Übersetzungen, Literaturhinweise und inhaltliche Verlinkungen zwischen den Begriffen zu sein (jeweils 2). Lediglich eine Person sprach die Möglichkeit, sich an der Erarbeitung von Begriffsdefinitionen zu beteiligen, als eine Stärke des Angebots an. Verbesserungshinweise von einzelnen Antwortenden bezogen sich auf eine kritischere Diskussion der Begriffe bspw. über die Angabe von Alternativdefinitionen mit entsprechenden Quellen (welche in einzelnen Fällen im Online-Glossar angegeben sind, vgl. bspw. die ‚Variantentafel' zu verschiedenen Resultatsarten von Programmen unter http://www.eval-wiki.org/glossar/Resultate_%28eines_Programms%29). Mehr als die Hälfte der Antwortenden hatte das Online-Glossar schon weiterempfohlen.

Über dieses Blitzlicht hinaus erreichen uns aus der Evaluationscommunity informell immer wieder – zumeist wohlwollende und ermutigende – Rückmeldungen zum Glossar und Hinweise dazu, wo dieses eingesetzt wird (bspw. in der Lehre). Auch im Internet finden sich an verschiedenen Stellen von Seiten öffentlicher Institutionen Verweise auf unser Glossar, wie bspw. beim Bildungsserver Rheinland-Pfalz[6] oder dem Niedersächsischen Bildungsserver (NiBiS)[7], dem Schweizerischen Bundesamt für Gesundheit (BAG)[8] oder dem Deutschen Bundesamt für Wirtschaft

---
6   Siehe Verweis unter http://ines.bildung-rp.de/evaluation-und-qualitaetsentwicklung/ines-glossar.html [Stand: 23.02.2015] ergänzend zu einzelnen eigenen Definitionen.
7   Siehe http://portal.eval.nibis.de/nibis.php?menid=138 [Stand: 23.02.2015]
8   Siehe Verweis unter http://www.bag.admin.ch/evaluation/02357/02603/index.html?lang=de [Stand: 23.02.2015] ergänzend zu eigenen Definitionen.

und Ausfuhrkontrolle (BAFA)[9]. Auch einzelne Kolleginnen und Kollegen im Feld berufen sich auf das Eval-Wiki und verweisen darauf von ihren Webseiten.[10]

Schlussfolgern könnte man aufgrund der aufgeführten Hinweise, dass das Eval-Wiki: Glossar der Evaluation in der Community der Evaluierenden im deutschsprachigen Raum Beachtung findet und auf einem guten Weg ist, einen Beitrag zur Professionalisierung der Evaluation zu leisten. Allerdings haben wir mit dem Online-Glossar im Wiki-Format noch einen weiteren Anspruch verbunden: Die *partizipative* Weiterentwicklung der Evaluationsterminologie in der Form, dass sich Fachpersonen aktiv an den Begriffsdefinitionen beteiligen bzw. diese diskutieren. Dieser Anspruch konnte bis heute nicht eingelöst werden. In den seltenen Fällen, in denen sich Personen außerhalb des Univationsteams an der (Weiter-)Entwicklung einer Begriffsdefinition beteiligen, handelt es sich i.d.R. um externe Kolleginnen/Kollegen, mit denen wir gerade am betreffenden Thema arbeiten.

Es stellt sich in diesem Zusammenhang die Frage, ob es in der deutschsprachigen Evaluationscommunity den Wunsch gibt, einen Vorstoß zu einem einheitlichen Vokabular zu unternehmen. Deutlich wurde ein solcher während der partizipativen Erarbeitung der DeGEval-Standards für Evaluation 1999–2001 zumindest in der Gruppe von Expertinnen und Experten, die an der Entwicklung der Standards beteiligt waren. Von Seiten der DeGEval oder auch der Schweizerischen Evaluationsgesellschaft SEVAL, als den beiden Fachgesellschaften für den deutschsprachigen Raum, gibt es bis heute – über die bereits angesprochenen einzelnen Begriffsdefinitionen in den Anmerkungen zu den DeGEval-Standards hinaus – keine Bemühungen zur Vereinheitlichung der Terminologie. In den beiden fachlich sehr heterogen zusammengesetzten Gesellschaften wäre eine solche mit sehr langen und intensiven Klärungsprozessen verbunden. Jedoch könnte gerade hier eine Klärung die echte interdisziplinäre Verständigung befördern, die durch nebeneinander genutzte – und meist auch intern sehr wenig standardisierte – Fachsprachen der Disziplinen (u.a. Psychologie, Soziologie, Politikwissenschaft, Erziehungswissenschaft, Volks- und Betriebswirtschaftslehre, Verwaltungswissenschaften, Geographie) behindert wird.[11]

Sollte es von ‚offizieller Seite' einen Vorstoß zur Begriffsklärung geben, könnte sich das Univations-Glossar als Ausgangspunkt anbieten. Solange verstehen wir es

---

9 Siehe http://www.bafa.de/bafa/de/weitere_aufgaben/evaluierung/links/eval_wiki_glossar_der_evaluation.html [Stand: 23.02.2015]

10 Siehe bspw. EvalueLab – Gesellschaft für empirische Sozialforschung mbH (http://www.evaluelab.de/unsere-leistungen/evaluation), WiDi-Kontor: Wissenschaftliche Dienstleistungen & Forschungsservice Dr. Eva Hampel (http://www.widi-kontor.de/links.html) oder Evaluationskultur Gabriela Dömötör (http://www.evaluationskultur.ch/).

11 Anfang 2015 informierte die DeGEval ihre Mitglieder darüber, dass zu der revidierten Fassung der Standards für Evaluation ein Glossar erstellt werden soll. Zwischenzeitlich liegt eine Abstimmungsfassung des Glossars mit knapp 60 Begriffen vor, deren Definitionen sich teils deutlich von denen des Eval-Wiki: Glossar der Evaluation unterscheiden (bspw. bei verschiedenen Resultaten eines Programms). Eine Verabschiedung nach einer erneuten Bearbeitung auf Grundlage von Kommentaren durch DeGEval-Mitglieder ist für die Mitgliederversammlung 2016 geplant.

– wie es im Vorwort zur zweiten Printversion (Univation 2009, S. 8) heißt – „als [einen] Wettbewerber auf einem Markt um Klärung in der Kommunikation in und über Evaluation". Wettbewerber deshalb, weil unser Glossar – neben Erläuterungen in der Evaluationsfachliteratur – im deutschsprachigen Raum nicht das einzige Angebot in dieser Hinsicht ist (jedoch das umfangreichste). Es gibt verschiedene kleinere Glossare, die sich zumeist auf die Evaluation in ausgewählten Gegenstandsfeldern beziehen, wie bspw. das Glossar zu Evaluationsbegriffen des Schweizerischen Bundesamtes für Gesundheit (2005)[12] oder das Glossar entwicklungspolitischer Schlüsselbegriffe aus den Bereichen Evaluierung und ergebnisorientiertes Management der OECD (2009)[13], wobei es sich bei Letzterem um eine Übersetzung des englischsprachigen Originals handelt. Eine umfangreichere Quelle stellt das ‚Online-Wörterbuch Evaluation' von Jan Hense dar, der darin auch einige zentrale Evaluatorinnen/Evaluatoren mit ihren Beiträgen zur Theorie und Methodologie der Evaluation vorstellt und häufig deren – untereinander teils inkompatible – Begriffsprägungen gewissermaßen werktreu und damit historisierend nutzt.[14]

5. Ausblick und Einladung zur Mitarbeit

Das Eval-Wiki: Glossar der Evaluation wird durch uns kontinuierlich gepflegt und immer wieder um neue Begriffe aus der Eval-Wiki: Glossar Werkstatt erweitert. Geplant ist zudem, das Eval-Wiki insgesamt auszubauen und weitere Werkzeuge und Ressourcen für Evaluierende und Evaluationsinteressierte zu ergänzen (bspw. Checklisten zur Evaluation, Informationen zur Selbstevaluation). Wir weisen in unseren Produkten und im Rahmen unserer Arbeit immer wieder auf das Eval-Wiki hin und bemühen uns um eine hohe Sichtbarkeit der Ressource, um dem Anspruch, die Profession Evaluation weiterzuentwickeln, gerecht zu werden.

Wir möchten Sie als Evaluierende bzw. Evaluationsinteressierte ganz ausdrücklich ermuntern und einladen, sich an der Terminologiearbeit zu beteiligen! Schlagen Sie bspw. Begriffe vor, die definiert werden sollten, oder kommentieren Sie bestehende Definitionen. Sie können dazu die Möglichkeiten im Eval-Wiki: Glossar der Evaluation oder in der Glossar-Werkstatt nutzen (Informationen zu Beteiligungs-

---

12 Downloadmöglichkeit unter http://www.bag.admin.ch/evaluation/02357/02603/index.html?lang=de [Stand: 19.02.2015]; hier wird auch auf das Eval-Wiki: Glossar der Evaluation als weitere Quelle verwiesen.
13 Siehe http://www.oecd.org/development/evaluation/dcdndep/43184177.pdf [Stand: 19.02.2015]
14 Siehe http://www.evoluation.de/glossary [Stand: 23.02.2015]. Einen Überblick über weitere Evaluationsglossare aus unterschiedlichen Sprachräumen gibt die Linksammlung von Lars Balzer unter http://www.evaluation.lars-balzer.name/links/glossaries-dictionaries/ [Stand: 19.02.2015]. Englischsprachige Glossare, teils aus Fachpublikationen, sind aufgelistet in der Einleitung zum Printglossar 2009 (PDF unter http://www.univation.org/download/Univation_glossar_leseprobe.pdf [Stand: 19.02.2015]).

möglichkeiten finden Sie in den Portalen) oder auch die Diskussionsliste ‚forum evaluation', die durch Univation betreut wird.[15] Wir freuen uns über Ihre Beiträge!

Literatur

Balzer, Lars/Beywl, Wolfgang (2015): evaluiert. Planungsbuch für Evaluationen im Bildungsbereich. Bern: hep verlag.

Beywl, Wolfgang (1988): Zur Weiterentwicklung der Evaluationsmethodologie. Grundlagen, Konzeption und Anwendung eines Modells der responsiven Evaluation. Franfurt/M. u. a.: Verlag Peter Lang.

Beywl, Wolfgang/Speer, Sandra/Kehr, Jochen (2004): Wirkungsorientierte Evaluation im Rahmen der Armuts- und Reichtumsberichterstattung. Perspektivstudie. Im Auftrag des Bundesministeriums für Gesundheit und Soziale Sicherung (BMGS). Köln. PDF-Download des Berichts: http://www.univation.org/download/Evaluation_der_Armuts-_und_Reichtumsberichterstattung.pdf [Stand: 18.02.2015]

Clinton, Janet (2014): The True Impact of Evaluation: Motivation for ECB. In: American Journal of Evaluation, Jg. 35, 1. S. 120–127.

DeGEval (2002): Standards für Evaluation. Köln.

Farrokhzad, Schahrzad/Mäder, Susanne (2014): Nutzenorientierte Evaluation. Ein Leitfaden für die Arbeitsfelder Integration, Vielfalt und Toleranz. Münster: Waxmann.

Hattie, John A. C. (2013): Lernen sichtbar machen. Überarbeitete deutschsprachige Ausgabe von Visible Learning. Übersetzt und überarbeitet von Wolfgang Beywl und Klaus Zierer. Baltmannsweiler: Schneider Verlag.

Hattie, John A. C./Clinton, Janet (2012): Physical activity is not related to performance at school. In: Arch Pediatr Adolesc Med, Jg. 166(7):678–9; author reply 679.

Joint Committee on Standards for Educational Evaluation (JCSEE)/Sanders, James R. (Hrsg.) (2000): Handbuch der Evaluationsstandards. 2. Aufl. Opladen: Leske + Budrich.

Patton, Michael Q. (1997): Utilization-focused evaluation. The new century text. 3rd ed. Thousand Oaks: Sage.

Scriven, Michael (1991): Evaluation Thesaurus. Newbury Park: Sage.

Scriven, Michael (2007): The Key Evaluation checklist. Western Michigan University. http://www.wmich.edu/evalctr/archive_checklists/kec_feb07.pdf [Stand: 04.03.2015]; in Deutsche übersetzt und kommentiert von Wolfgang Beywl und Daniela Schroeter unter http://www.univation.org/download/Key_Evaluation_Checklist_ger.pdf [Stand: 04.03.2015]

Strahm, Peter (2008): Qualität durch systematisches Feedback: Grundlagen, Einblicke und Werkzeuge. Impulse zur Schulentwicklung. Bern: Schulverlag blmv.

Thom, Norbert/Ritz, Adrian (2008): Public Management,. Innovative Konzepte zur Führung im öffentlichen Sektor. 4., aktualisierte Auflage. Wiesbaden: Gabler.

Univation (Hrsg.) (2004): Das A-B-C der wirkungsorientierten Evaluation. Glossar – Deutsch/Englisch – der wirkungsorientierten Evaluation. Köln.

Univation (Hrsg.) (2009): Das A-B-C der wirkungsorientierten Evaluation. Glossar – Deutsch/Englisch – der wirkungsorientierten Evaluation. 2., vollständig bearbeitete und ergänzte Auflage. Köln.

---

15 Informationen zum ‚forum evaluation' finden sich unter http://www.univation.org/forum-evaluation [Stand: 23.02.2015]

Checklisten zur Planung und Steuerung von Evaluationen

Katharina Klockgether

Häufig wird von unerfahrenen Evaluierenden der Wunsch nach einem „Rezept" für die Planung und Durchführung einer → Evaluation geäußert. So etwas gibt es nicht. Was es jedoch gibt – bisher in der deutschsprachigen Evaluations-Community noch nahezu unbeachtet – sind evaluationsspezifische Checklisten.

Checklisten retten bei Einsatz in der Passagierluftfahrt regelmäßig Menschenleben. Sie helfen Piloten und Pilotinnen in seltenen, gefährlichen Notsituationen die richtigen Entscheidungen zu treffen und lebensrettende Schritte nicht zu vergessen (Gawande 2009). Wie Checklisten in der Evaluation hingegen zwar nicht Leben retten, aber durchaus die Möglichkeit bieten, die Qualität von Evaluationsvorhaben zu steigern, welche Schwierigkeiten dabei auftreten können und welche Tücken beachtet werden müssen, soll dieser Artikel verdeutlichen. Durch eine Kooperation der Western Michigan University (WMU) und Univation sind einige der unten beschriebenen Evaluations-Checklisten, welche auf der Webseite der WMU veröffentlicht sind,[1] auch bei Univation im regelmäßigen Gebrauch. Die Erfahrung zeigt, dass die Verwendung von Evaluations-Checklisten eine systematische Herangehensweise bietet, um einerseits Schritte der Evaluation zu planen und zu prüfen, und um andererseits als Bewertungsinstrument die → Güte, → Bedeutsamkeit und → Tauglichkeit eines → Evaluationsgegenstands, bspw. eines → Programms, zu bestimmen.

1. Welche Arten von Checklisten gibt es?

In der Literatur werden Checklisten allgemein als Erinnerungshilfe umschrieben. Sie bezeichnen eine systematische Sammlung von Faktoren, welche berücksichtigt werden müssen, um eine Aufgabe gut erledigen zu können bzw. ein bestimmtes Ziel zu erreichen (Scriven 2000). Checklisten liefern Hinweise, was bei der Planung, Ausführung und → Berichterstattung beachtet werden muss. Sie listen auf, was beachtet werden muss, wenn ein bestimmtes → Evaluationsmodell angewendet werden soll (bspw. Utilization Focused Evaluation) oder unterstützen bei der → Bewertung des Evaluationsgegenstands. In der Evaluation können Checklisten von einzelnen Evaluierenden zur Vorbereitung und Durchführung von Evaluationen genutzt werden (formative Orientierung). Es kann jedoch auch im Team damit gearbeitet werden. Eine weitere Gruppe von potenziellen Nutzenden sind Personen

---

1 Die Checklisten sind hier abrufbar: http://www.wmich.edu/evaluation/checklists [Stand: 19.06.2015]. Deutsche Übersetzungen von achtzehn dieser Listen können hier abgerufen werden: http://www.univation.org/checklisten [Stand: 19.06.2015]

oder Institutionen, die eine Evaluation in Auftrag gegeben haben und die Güte der Evaluation bewerten wollen (summative Orientierung) (Stufflebeam 2001). Darüber hinaus können Checklisten als erste Orientierung in der Aus- und Weiterbildung von Evaluierenden genutzt werden.

Die Sammlung von Evaluations-Checklisten haben sich Arlen Gullickson, Daniel Stufflebeam, Dale Farland und Lori A. Wingate mit dem „Evaluation Checklist Project" des Evaluation Center der Western Michigan University (WMU) zur Aufgabe gemacht. Im Rahmen dieses Projekts wurden in den letzten Jahren bereits bestehende, neue themenübergreifende Checklisten und solche zu verschiedenen Aspekten der Evaluation gesammelt und einem kritischen Review-Prozess unterzogen (Wingate 2002). Sie werden kostenfrei zum Herunterladen im Internet angeboten und richten sich in erster Linie an Evaluatorinnen und Evaluatoren. Auf der Webseite des Evaluation Center heißt es: „Die Zwecksetzung dieser Seite ist es, die Qualität und die Konsistenz von Evaluationen zu verbessern und Evaluationskapazitäten zu erhöhen, indem die Anwendung qualitativ hochwertiger Checklisten vorangetrieben wird, die sich auf bestimmte Evaluationsaufgaben und → **Evaluationsansätze** beziehen." (Übersetzung durch die Autorin)

Die Zahl der Evaluations-Checklisten auf der Webseite der Western Michigan University hat sich von acht zu Beginn des Projekts im Juli 2000 auf aktuell (Februar 2015) 35 verschiedene Checklisten ausgeweitet. Die Listen, die nach sechs Themenbereichen geordnet präsentiert werden,[2] bieten Hilfestellungen zu einer großen Bandbreite von Themen der Evaluation, u. a. zur Nutzenfokussierten Evaluation, zur Verfassung von Evaluationsberichten oder zum → **Aufbau von Evaluationsvermögen** in Organisationen.

Eine weitere Quelle von Checklisten sind deutschsprachige Organisationen, Forschungseinrichtungen o. Ä., die sich mit Evaluation beschäftigen. So werden beispielsweise (in erster Linie für interne Mitarbeitende gedachte) Checklisten für die → **Berichterstellung** im Rahmen von Evaluationen erstellt.

2. Beispiele von Checklisten

Im Folgenden sollen beispielhaft einige verschiedenartige Checklisten aus dem Evaluationsbereich kurz vorgestellt werden, damit Lesende einen Einblick in die vorhandenen Instrumente bekommen.

---

2   Evaluation Design & Management, Evaluation Models, Evaluation Values and Criteria, Metaevaluation, Evaluation Capacity Building/Institutionalization, Checklist Creation.

a) Daniel L. Stufflebeam: Die → **Programmevaluation** Meta-Evaluation Checkliste[3]
Bei der „Program Evaluations Meataevaluation Checklist (short version)" von Stufflebeam (1999) handelt es sich um eine sogenannte „comlist", eine ‚Gütekriterien-Liste' (criteria of merit = Gütekriterien), mit deren Hilfe die Güte einer Evaluation bewertet werden kann.[4] Die Checkliste orientiert sich dabei an der zweiten Ausgabe der US-amerikanischen Program Evaluation Standards des Joint Committee on Standards for Educational Evaluation, veröffentlicht im Jahr 1994 (1994, Joint Committee on Standards for Educational Evaluations).[5] Für jeden der 30 Evaluationsstandards beinhaltet die Liste sechs Checkpunkte, die bei der Durchführung von → **summativen Meta-Evaluationen** herangezogen werden können, um zu überprüfen, ob die zu untersuchende Evaluation diesen → **Evaluationsstandards** in ausreichendem Maße genügt.[6] Die sechs Checkpunkte eines Standards können jeweils erfüllt oder nicht erfüllt sein (= Häkchen setzen oder kein Häkchen setzen). Je nach Anzahl der erfüllten Checkpunkte innerhalb eines Standards wird eine Bewertung auf einer fünfstufigen Skala zwischen „excellent" (bei Erfüllung aller sechs Checkpunkte) bis „poor" (bei Erfüllung von zwei Checkpunkten oder weniger) vorgenommen. Zu Beginn der Checkliste werden vier der 30 Standards hervorgehoben, die als besonders sensibel gelten. Es wird vorgeschlagen, eine Evaluation als gescheitert zu betrachten, wenn einer dieser Standards mit „poor" bewertet wird (→ **K.-o.-Kriterienpunkt**).

Nachfolgend werden einige ausgewählte Checklisten aus dem deutschsprachigen Raum vorgestellt:

---

[3] Hier kann die Checkliste in Originalversion abgerufen werden: http://www.wmich.edu/sites/default/files/attachments/u350/2014/program_metaeval_short.pdf [Stand: 19.06.2015] Die deutsche Fassung liegt hier vor: http://www.univation.org/download/Checkliste_Metaeval_kurz_ger.pdf [Stand: 19.06.2015] Eine Langversion der Program Evaluation Checklist liegt ebenfalls vor: http://www.wmich.edu/sites/default/files/attachments/u350/2014/program_metaeval_long.pdf [Stand: 19.06.2015]
[4] Gütekriterien-Listen („comlist") werden von Scriven (2000) als die wichtigste Art der Checklisten im Bereich der Evaluation angesehen.
[5] Hier sind die amerikanischen Standards samt Anleitungen und Beispielen übersetzt. Wolfgang Beywl und Thomas Widmer untersuchen die Übertragbarkeit der Standards auf unterschiedliche Anwendungsfelder: Joint Committee on Standards for Educational Evaluation James R. Sanders (Hrsg.) (2000): Handbuch der Evaluationsstandards, 2. Aufl. Leske + Budrich: Opladen.
[6] Auch der Printfassung der ‚Standards für Evaluation' der DeGEval (DeGEval 2002) ist eine Checkliste zur Anwendung der Standards enthalten (loses Blatt in eine Tasche der Rückklappe des Heftes eingelegt), die hier verfügbar ist: http://www.degeval.de/fileadmin/DeGEval-Standards/Checkliste.pdf [Stand: 04.08.2015]. Hier wird die Anwendung der einzelnen Standards jedoch nicht über den Originalwortlaut des jeweiligen Standards hinaus operationalisiert, sondern es soll lediglich global eingeschätzt werden, in welchem Maße der Standard eingehalten wurde bzw. es kann unter Angabe von Gründen festgehalten werden, dass der Standard nicht angewendet werden konnte.

b) Bundesamt für Gesundheit (BAG, Schweiz): Leitfaden für die Planung von Projekt- und Programmevaluation[7]
Das schweizerische Bundesamt für Gesundheit (BAG, Fachbereich Evaluation) hat in seinem 1997 veröffentlichten Leitfaden vier Checklisten zur Planung, fünf zur Begleitung, zwei zur Berichterstattung von Evaluationen und eine zur Verbreitung von Evaluationsergebnissen veröffentlicht. Eine Besonderheit dieser Checklisten besteht darin, dass sie sich teils an Auftraggebende von Evaluationen richten. Es handelt sich bei allen um ‚schwach sequenzielle' Checklisten, bei denen die Einhaltung der Reihenfolge der Checkpunkte nicht unbedingt notwendig ist. Die Checklisten zur Planung richten sich einerseits an Projekte des BAG selbst, die vorerst entscheiden sollen, ob eine externe Evaluation durch Dritte durchgeführt werden soll (2.1.) und im Weiteren eine Beauftragung formulieren müssen (2.2). Die dritte und vierte Checkliste (2.3, 2.4) sind hingegen Hilfen bei Selbst-Evaluationen. Das Kapitel zur Begleitung von Evaluationen enthält einerseits eine Checkliste zur Formulierung von Evaluationsbeauftragung (3.1), andererseits eine Checkliste für Evaluierende, welche von Personen genutzt werden kann, die als Externe ein Angebot für eine Evaluation eines Projektes des BAG einreichen wollen (3.2). Eine dritte Checkliste beschäftigt sich mit der Beurteilung von eingegangenen Evaluationsangeboten (3.3). Es folgt eine Checkliste zur Beurteilung und Auswahl von Evaluierenden für ein ausgeschriebenes Evaluationsprojekt (3.4). Diese letztgenannten drei Checklisten sind in großen Teilen übertragbar auf andere Evaluationsvorhaben und können praktizierende Evaluierende in der Angebotsphase unterstützen. Checkliste 3.5 soll den Mitarbeitenden von extern evaluierten Projekten des BAG eine Unterstützung bei der Begleitung des Evaluationsvorhabens sein. Sie dient der Qualitätskontrolle während der laufenden Evaluation. In Kapitel 4 sind zwei Checklisten zur Erstellung (4.1) und Bewertung (4.2) von Evaluationsberichten enthalten. Auch diese können nicht nur BAG-Internen Hilfestellung während der Berichtsphase geben. Die BAG-Checklisten weisen die Schwäche auf, dass Anweisungen zum Umgang mit den Listen fehlen. So bleibt unklar, ab wie vielen angekreuzten Checkpunkten eine Entscheidung in welche Richtung getroffen werden soll (K.-o.-Kriterienpunkt). Zudem ist zu berücksichtigen, dass die Checklisten teilweise spezifisch für die Schweiz und für die Evaluation von Aus- und Weiterbildungsprojekten sind. Dass sich ein Teil der Checklisten an Auftraggebende bzw. Begleitende externer Evaluationen richtet, werten wir als Stärke, denn Handreichungen für diese Personengruppe sind nach unserer Wahrnehmung spärlich. Insgesamt können auch Evaluierende hieraus einen Nutzen ziehen, da transparent wird, welche Anforderungen von Seiten der Auftraggebenden bestehen.

---

7 Hier kann das PDF-Dokument heruntergeladen werden: http://www.bag.admin.ch/evaluation/02357/02362/index.html?lang=de [Stand: 19.06.2015]

c) Bundeministerium für wirtschaftliche Zusammenarbeit und Entwicklung: Qualitätsstandards für Evaluierungsberichte und Raster für die Qualitätsbeurteilung von Evaluierungsberichten[8]

Die Checkliste zur Beurteilung von Evaluierungsberichten ist auf Grundlage der Standards für Evaluation (DeGEval 2008) und der Qualitätsstandards für die Entwicklungsevaluierung (OECD 2010) erstellt worden. Es handelt sich dabei ebenfalls um eine schwach sequenzielle Checkliste, die nicht zwingend von vorne nach hinten durchgearbeitet werden muss. Sie soll ein einfach handhabbares Instrument zur Beurteilung von Evaluationsberichten und eine Unterstützung beim Geben von Feedback in der Entwurfsphase sein. Die Erfüllung der einzelnen Checkpunkte, sortiert nach Qualitätsthemen der Standards, ist jeweils auf einer vierstufigen Skala von „vorbildlich" über „gut", „schwach" bis „unakzeptabel" einzuschätzen. Eine Fußnote erläutert, was unter den Skalenoptionen zu verstehen ist. Bei den einzelnen Checkpunkten, formuliert als Fragen, sind jeweils Referenzen zu den Qualitätsstandards der OECD angegeben sowie bei den meisten auch zu den Standards der Evaluation. Dabei wird auf Nützlichkeit, Fairness und Genauigkeit des Berichts eingegangen. Darüber hinaus ist Raum für die Einschätzung des Nachbesserungsbedarfs, und es ist ein Checkpunkt, ob Kommentare berücksichtigt wurden, vorhanden. Schließlich ist eine Gesamtbeurteilung auf derselben Skala wie oben abzugeben. Das Instrument kann von praktizierenden Evaluierenden in der Berichtsphase herangezogen werden. Es richtet sich insbesondere an die Entwicklungsevaluation, ist jedoch auch in anderen Bereichen anwendbar. Schwieriger ist es allerdings, mit Hilfe der Checkliste eine Gesamtbeurteilung des untersuchten Berichts abzugeben. Es fehlen Angaben zu Gewichtung der einzelnen Checkpunkte und zur Berechnung der Beurteilung (Soll der Durchschnitt aller Checkpunkte gebildet werden?).

3. Wie verbreitet sind Checklisten?

Betrachtet man die Besucherzahlen der Checklisten der WMU-Webseite, wurde allein in den ersten zwei Jahren 21.500 Mal die Menü-Seite aufgerufen (Wingate 2002). Wingate kommt zu dem Schluss, dass die Checklisten das Potenzial haben, grundsätzlich eine breite Zielgruppe auch über die USA hinaus anzusprechen, ohne genauere Aussagen zur Verbreitung und Nutzung der Checklisten treffen zu können. Dies begründet sie auf den Nutzungsdaten, einer Übersicht von sehr unterschiedlichen anderen Webseiten, die auf die Homepage des Checklist Project verweisen sowie auf einzelnen Anfragen, die sie zu den verfügbaren Checklisten aus dem US-Bundesgebiet sowie darüber hinaus erhalten hat.

Um einen aktuelleren Eindruck von der Verbreitung der Evaluations-Checklisten der Western Michigan University in der evaluationsspezifischen Fachliteratur

---

8 https://www.giz.de/de/downloads/giz2010-de-meta-evaluation-synthese-lernen-aus-evaluierungen.pdf, S. 118 f. [Stand: 19.06.2015]

im US-amerikanischen Raum zu gewinnen, wurde durch die Autorin eine Analyse der erschienen Artikel des American Journal of Evaluation vorgenommen. Es zeigt sich, dass im Zeitraum von 1981 bis Anfang 2013 die Evaluations-Checklisten der Western Michigan University insgesamt 16-mal zitiert wurden (und nur vier davon vor 2007). Sechs dieser Artikel bezogen sich auf die „Checklist for Building Organizational Evaluation Capacity" von Volkov und King (2007).

Um die Verbreitung der WMU-Checklisten im deutschsprachigen Raum zu untersuchen, wurden durch die Autorin wiederum die bis Anfang 2013 erschienenen Veröffentlichungen in der Zeitschrift für Evaluation erfolglos nach Zitierungen der Evaluations-Checklisten durchsucht. Kurze Hinweise auf weitere Checklisten, i. e. Checklisten des Bundesamts für Gesundheit der Schweiz (BAG 1997), eine Checkliste von Beywl u. a. (2007) sowie eine Checkliste von Stufflebeam und Shinkfield (2007) finden sich jedoch in einem Artikel über „Wissensmanagement und Evaluation" von Hense und Mandl (2011).

Die deutsche Version der Checkliste zur Nutzungsfokussierten Evaluation von Michael Q. Patton (2013), eine Checkliste zur Entscheidung für oder gegen die Durchführung einer Selbstevaluation (Beywl/Schepp-Winter 2000) und die ins Deutsche übersetzte Checkliste Evaluationsplan (Stufflebeam 2004a) finden sich im Werk „Nutzenorientierte Evaluation. Ein Leitfaden für die Arbeitsfelder Integration, Vielfalt und Toleranz" (Farrokhzad/Mäder 2014).

Weitere Hinweise über die Bekanntheit und Nutzung von Checklisten in der deutschsprachigen Evaluationsgemeinschaft sollten sich aus einer Anfrage ergeben, die im September 2013 mit einigen gezielten Fragen hierzu an die Mitglieder der Mailingliste forum evaluation (Mitgliederzahl: ca. 770) mit der Bitte gerichtet wurde, die Fragen zu beantworten und an die Autorin zu senden. Konkret wurde gefragt, welche Evaluatorinnen und Evaluatoren im deutschsprachigen Raum mit Checklisten arbeiten, mit welchen Checklisten sie arbeiten, welchen Nutzen ihnen die Checklisten bringen sowie welche Veränderungen/Verbesserungen sich die Nutzenden wünschen. Die geringe Zahl von nur vier Antwortenden lässt *vermuten*,[9] dass das Thema Checklisten vielen fremd ist und dass in der deutschsprachigen Evaluationsgemeinschaft Evaluations-Checklisten bisher seltener als Hilfsmittel für Evaluation angesehen werden. Zwei der vier Antwortenden haben selbst noch nicht mit Checklisten gearbeitet, interessieren sich jedoch für das Thema. Eine Person erwähnt, schon mit der Checkliste Evaluationsplan (in der deutschen Übersetzung) von Stufflebeam (2004a) gearbeitet zu haben. Die Checkliste helfe ihr, erstellte → **Evaluationspläne** auf ihre Vollständigkeit zu prüfen und damit eine Qualitätssicherung durchzuführen. Die Person gibt an, durch die Anwendung einige Male auf Dinge gestoßen zu sein, die sie in der Evaluationsplanung vorher noch nicht berücksichtigt hatte. Die andere Person nutzt Checklisten eher in der Lehre sowie

---

9   Selbstverständlich kann aus den vorliegenden Ergebnissen nicht auf die tatsächliche Verbreitung der Checklistennutzung unter den Forum-evaluation-Listenmitgliedern geschlossen werden.

in der Aus- und Weiterbildung. Beispielsweise werden Checklisten als Hilfsmittel in studentischen Evaluationsprojekten im Rahmen eines Seminars herangezogen. Außerdem nennt sie das Stichwort Wissensmanagement im Zusammenhang mit dem Thema. Checklisten können aus Sicht dieser Person eine gewisse Grundorientierung für Lernende sein sowie generell eine Möglichkeit bieten, vorhandenes Wissen in komprimierter Form zu sichern und somit leichter zugänglich für sich selbst und andere zu machen. Die befragte Person nennt als vorrangig genutzte Checklisten die Key Evaluation Checklist (Scriven 2007), die Utilization-Focused Evaluation (U-FE) Checklist (Patton 2013), die CIPP Evaluation Model Checklist (Stufflebeam 2007), die Evaluation Contracts Checklist (Stufflebeam 1999), die Evaluation Report Checklist (Miron 2004) sowie die Evaluation Design Checklist (Stufflebeam 2004b) (jeweils in der englischen Originalversion).

Somit gibt es zwar Hinweise, dass die Checklisten die bereits angesprochenen Nutzen entfalten können, es fällt jedoch ausgesprochen schwer einzuschätzen, in welchem Maße eine tatsächliche Nutzung der verfügbaren Checklisten durch Evaluierende oder andere Personengruppen erfolgt.

4. Was sind die Vorteile und Tücken von Checklisten?

Evaluationen sind häufig sehr komplexe Vorhaben. Durch die Zuhilfenahme einer Evaluations-Checkliste vermeidet eine Evaluatorin bzw. ein Evaluator, wichtige Schritte zu vernachlässigen, die für eine hohe Qualität und die erfolgreiche Durchführung der Evaluation ausschlaggebend sein können (Stufflebeam 2001). Auch in einem Artikel über „Wissensmanagement und Evaluation" von Jan Hense und Heinz Mandl (2011) wird auf die Vorteile von Checklisten hingewiesen. Die Autoren sehen in der Angebotsphase einer Evaluation einen hohen Nutzen der Verwendung einer Checkliste. Sie vereinfache eine Prüfung der Vollständigkeit eines Evaluationsangebots, bevor es den potenziellen Auftraggebenden übergeben wird. Auch für die Planungsphase einer Evaluation werden Checklisten als leicht handhabbare Hilfsmittel empfohlen. Sie verhindern, dass Evaluierende bei jedem neuen Projekt wieder bei null anfangen müssen, indem sie vorhandenes Wissen bündeln und leicht zugänglich zur Verfügung stellen. In Kombination mit dem Zurückgreifen auf Konzepte aus bereits erfolgreich durchgeführten Evaluationsprojekten können Evaluatorinnen und Evaluatoren durch die Verwendung von Checklisten die Planung effizienter gestalten.

Auch Michael Scriven (2005) betont, dass fachspezifische Checklisten zu einer fundierten Evaluation beitragen können. Bei korrekter Anwendung reduzierten sie die Wahrscheinlichkeit, bestimmte Aspekte zu stark hervorzuheben und wichtige Aspekte zu vergessen. Außerdem vermindern sie aus seiner Sicht den Halo-Effekt (Übertragung der Bewertung eines Aspekts auf einen anderen Aspekt, ohne diesen genauer zu prüfen) sowie den Effekt, genau das zu sehen, was man sich erhofft. Die Evaluierenden werden angehalten, die Kriterien der Checkliste durchzuarbeiten, jedem einzelnen Kriterium Beachtung zu schenken und sie einzeln zu überprüfen. So unterliegen sie weniger wahrscheinlich kognitiven Verzerrungen und anderen Fehlern. Besonders die sogenannten ‚comlists' (Gütekriterien-Listen), die bspw. vorliegende Evaluationsstandards operationalisieren und ihre Anwendung auf konkrete Evaluationsprojekte unterstützen,[10] hebt Scriven als potenziell nützlich hervor. Hierbei ergebe sich u. a. der Vorteil, dass vermieden wird, einzelne Kriterien zu stark oder doppelt zu gewichten. Schließlich ist laut Scriven ein weiterer Vorteil von Evaluations-Checklisten, → **Stakeholdern** einen einfachen Zugang zum Verständnis von Evaluationsvorgängen zu ermöglichen.

Es bestehen jedoch auch Zweifel an der Nützlichkeit von Checklisten. Es könnte sein, dass einige Evaluierende Abneigungen gegenüber Checklisten hegen, da sie davon überzeugt sind, ein erfahrener Praktiker bzw. eine erfahrene Praktikerin brauche keine Checkliste, um zu wissen, was zu tun ist. Diese Annahme speist sich aus den Schilderungen aus einem anderen Arbeitsbereich. Atul Gawande (2009) berichtet aus seine Erfahrungen beim Einsatz von Checklisten in Krankenhäusern. Manche Ärzte und Ärztinnen fühlten sich durch den Vorschlag, sie sollten Checklisten zur Qualitätssicherung ihrer Arbeit nutzen, angegriffen. Der Autor – selbst praktizierender Chirurg – mutmaßt, dass die Abneigung gegenüber Checklisten von der Überzeugung herrühren könnte, dass wahrhaft „Große" mit Wagemut und Improvisation an besonders anspruchsvolle und komplexe Situationen herangehen und das Verwenden einer Checkliste als Hilfsmittel unter ihrer Würde sei (S. 210 f.). Häufiger auftauchende Zweifel an Checklisten im Zusammenhang mit Evaluation sind, dass eine Checkliste Zeit stehle, dass sie kaum den von Projekt zu Projekt individuellen Bedingungen gerecht werden könne und die eigene Erfahrung mehr zähle.

Auch in den Antworten auf die Anfrage an die Mitglieder der Mailingsliste forum evaluation werden einige Kritikpunkte an Evaluations-Checklisten der WMU angebracht: Es sei unbedingt zu berücksichtigen, dass der kulturelle Hintergrund in den USA ein anderer als in Europa sei, was dazu führe, dass die US-amerikanischen Checklisten nicht eins zu eins in den deutschsprachigen Raum übertragen werden könnten. Vorsicht sei bei einigen Checklisten (z. B. der Key Evaluation Checklist) geboten, die einen „Allgemeingültigkeitsanspruch" haben, während sie jedoch eine sehr spezifische Perspektive auf Evaluation widerspiegeln. Herausforderungen stellten außerdem die Fälle dar, in denen eine Evaluation nicht „normal" verläuft. Hier könne eine Checkliste nur wenig helfen: „Oft sinnvolle Abweichungen von dieser Norm haben aber keinen Platz". Ein letzter Kritikpunkt bezieht sich auf vereinzelte Checklisten, die zu umfangreich seien, um überhaupt dem Anspruch auf Kürze, dem eigentlichen Mehrwert einer Checkliste, gerecht zu werden.

Auch Wes Martz (2013) äußert auf seinem Blog Bedenken über unreflektierte Verwendung von Checklisten bei der Evaluation in Organisationen. Er vertritt die Meinung, dass Evaluationen durch die Anwendung unnötig verkompliziert werden und

---

10 Wie die oben im Text vorgestellte Program Evaluations Meataevaluation Checklist von Stufflebeam.

Evaluierende Schritte vornehmen, die nach gegebenen Umständen überflüssig wären. Dies führe zu ineffizientem Vorgehen. Außerdem sieht er die Gefahr, dass zu rigide nach den Listen vorgegangen wird und dadurch Nebeneffekte unsichtbar bleiben.

Es ist nicht von der Hand zu weisen ist, dass rigides Handeln nach einer (Evaluations-)Checkliste in bestimmten Situationen unpassend sein, zu Fehlern führen und die handelnde Person unglaubwürdig und/oder unprofessionell wirken lassen kann. Es stellt sich dabei die Frage, über welche eigene Professionalität bzw. Expertise Evaluierende verfügen müssen, um überhaupt entscheiden zu können, wann nach Checkliste vorzugehen ist bzw. wann besser davon abgewichen werden sollte. So ließe sich fragen: Können Anfängerinnen/Anfänger der Evaluation überhaupt von der Nutzung von Checklisten profitieren bzw. unter welchen Umständen/bei welcher Verwendung der Checklisten entsteht am wahrscheinlichsten der erwünschte Nutzen? Und wie müssen die Checklisten selbst beschaffen sein, um dies zu unterstützen? Der folgende Abschnitt versucht, sich einer Antwort auf die letzte Frage zu nähern.

5. Welche Eigenschaften hat eine gute Checkliste?

Die Voraussetzung für den erfolgreichen Einsatz einer Checkliste ist in erster Linie eine hohe Qualität der Checkliste selbst. Die einzelnen Checkpunkte sollen dabei möglichst konkret, genau, prägnant sowie kurz und verständlich formuliert sein. Wichtig ist außerdem, dass die Checkpunkte in der Praxis gut prüfbar sind. Für die Erstellung und dadurch auch Bewertung von Evaluations-Checklisten bieten die „Guidelines for developing evaluation checklists: the checklists development checklist" von Daniel Stufflebeam (2000) eine Orientierung. Hier wird insbesondere auf die Erstellung von Kategorien eingegangen, die der besseren Handhabung von Checklisten dienen. Sind die Checkpunkte nach Kategorien geordnet, kann u. a auf einen Blick deutlich werden, in welchen Bereichen Schwachpunkte der Checkliste bestehen.

Michael Scriven nennt im „Evaluation Thesaurus" (1991) weitere Eigenschaften, die eine Evaluations-Checkliste besitzen sollte. Generell:

- Sie sollte darauf ausgerichtet sein, als Erinnerungshilfe zu dienen.
- Sie sollte Hinweise zu Mindestanforderungen enthalten: Wann ist der zu checkende Gegenstand/Arbeitsschritt als erledigt anzusehen? Wie viele der Punkte müssen zutreffen, um die Anforderungen als erfüllt anzusehen?

Und bei einer Checkliste, die zur Bewertung eines Evaluationsgegenstands genutzt wird:

- Alle wichtigen Bewertungsdimensionen sollen in messbarer Weise enthalten sein, möglichst ohne Schnittmengen untereinander, und sie sollten nach Relevanz gewichtet sein.
- Sie sollte unterstützen, ein reliables Urteil in komplexitätsreduzierter Weise zu fällen.

Möchte man bspw. einen spezifischen Evaluationsgegenstand systematisch auf bestimmte Kriterien prüfen oder eine individuelle Vorgehensweise bei der Planung von Evaluationsschritten für die Zukunft festhalten, kann es auch hilfreich sein, eine eigene Checkliste zu entwickeln. Um eine selbst erstellte Checkliste, auf ihre Validität zu prüfen, empfiehlt Michael Scriven „hypothetische Fälle" (2005, S. 57) zu konstruieren, in denen die Eigenschaften der zu untersuchenden Einheit so beschaffen sind, dass die → Kriterien zwar erfüllt sind, trotzdem aber noch wichtige Eigenschaften fehlen. So kann kritisch hinterfragt werden, ob die Checkliste erschöpfend ist oder noch wichtige Punkte fehlen.

Je nach Art der Checkliste wird sie von vorne bis hinten durchgearbeitet oder es wird zwischen den Punkten hin und her gesprungen. Eine gute Checkliste enthält entsprechende Hinweise zum korrekten Umgang mit ihr. Wichtig ist jedoch nahezu immer, die gesamte Checkliste durchzuarbeiten.

Um Missverständnisse zu vermeiden, sollte deutlich gemacht werden, dass die Evaluations-Checklisten nicht als rigides Instrument angesehen werden dürfen (Stufflebeam 2001). Ein an das jeweilige Vorhaben und die vorherrschenden Rahmenbedingungen angepasstes Vorgehen ist vielmehr wünschenswert und notwendig, was in den Nutzungshinweisen der jeweiligen Checkliste ggf. bezogen auf den betreffenden Gegenstandsbereich konkretisiert werden sollte. So enthalten bspw. alle Checklisten, die auf der Webseite der Western Michigan University abrufbar sind, am Ende einen Hinweis, dass sie nicht auf einen spezifischen Bedarf zugeschnitten worden sind und dass die Anwendung nach eigenem Ermessen und Urteil geschehen soll. Berücksichtigt man diesen Hinweis, können diese Checklisten bei reflektierter Anwendung in vielen Phasen der Evaluation hilfreich sein und neuen Input geben.

6. Fazit und Ausblick

Wie gezeigt, existiert eine große Bandbreite an Checklisten. Es gibt nicht die eine Art Checkliste oder allgemein anerkannte Regeln zur Erstellung von Checklisten. Deshalb ist es auch nicht möglich, ein allgemeingültiges Urteil über die Nützlichkeit von Checklisten zu fällen. Betrachtet man die Evaluations-Checklisten des Checklist Projects der Western Michigan University isoliert, zeigt sich, dass einheitliche Richtlinien bei der Erstellung eingehalten werden und ein Review-Verfahren zur Sicherstellung einer hohen Qualität eingesetzt wird. Die vorhandene Literatur zum Thema kann viele Vorteile der Nutzung von Checklisten in der Evaluation aufzeigen. Zu beachten ist jedoch, dass ein kritisches Hinterfragen der Checkliste selbst und ein reflektierter Umgang damit unbedingt notwendig sind.

Die sehr geringe Rückmeldung von den Lesenden der deutschsprachigen Mailingliste forum evaluation sowie das weitgehende Fehlen von Verweisen auf die Checklisten in Artikeln der Zeitschrift für Evaluation lässt eine (noch) schwache Verbreitung und Nutzung von Evaluations-Checklisten in der deutschen Evaluations-Community vermuten. Da die Checklisten der WMU jedoch zahlreich heruntergeladen und vereinzelt in Artikeln des American Journal of Evaluation zitiert werden, scheinen US-amerikanische Evaluierende den Checklisten mehr Beachtung zu schenken. Ob auch im deutschsprachigen Raum eine stärkere Verbreitung von Evaluations-Checklisten voranschreiten wird, bleibt abzuwarten.

Meine Empfehlung für Evaluierende ist, die vorgestellten Checklisten, die zum Thema Evaluation vorhanden sind, in das Repertoire aufzunehmen, auf das normalerweise bei der Erstellung und Durchführung von Evaluationen zurückgegriffen wird. Sie können einen regelmäßigen Einsatz finden und damit gewährleisten, dass man die üblichen Schritte nicht vergisst. Sie können aber auch eingesehen werden, wenn man vor Hürden steht oder Unsicherheiten bestehen. Eine Reduktion von Fehlern kann aus meiner Sicht jedoch nur erreicht werden, wenn die Checkliste kritisch hinterfragt wird. Checklisten können insbesondere eine Unterstützung für Personen sein, die tendenziell wenig strukturiert arbeiten. Als Strukturierungshilfe sind sie in meinen Augen gut geeignet.

Abzuraten ist hingegen vom alleinigen Gebrauch einer Checkliste durch unerfahrene Evaluierende. Eine Checkliste kann kein Erfahrungswissen ersetzen und ist nicht ausreichend, um eine Evaluation in allen ihren Facetten fachgerecht und den Standards für Evaluation entsprechend zu planen und durchzuführen. Um auf das Angebot und die Möglichkeiten der Evaluations-Checklisten aufmerksam zu machen, plädiere ich dafür, einzelne Checklisten zu prüfen (bspw. die ins Deutsche übersetzten Evaluations-Checklisten auf der Webseite von Univation), diese in der Community zu diskutieren und leicht zugänglich zu machen.

Literatur

BAG – Bundesamt für Gesundheit (1997): Leitfaden für die Planung von Projekt- und Programmevaluation. Bern: BAG. http://www.bag.admin.ch/evaluation/02357/02362/index.html [Stand: 19.06.2015]

Beywl, Wolfgang/Kehr, Jochen/Mäder, Susanne/Niestroj, Melanie (2007): Evaluation Schritt für Schritt. Planung von Evaluationen (hiba-Weiterbildung, 20/26). Darmstadt: hiba.

Beywl, Wolfgang/Schepp-Winter, Ellen (2000): Checkliste zur Entscheidungsfindung bei Selbstevaluation. In: Bundesministerium für Familie, Senioren, Frauen und Jugend (Hrsg.): Zielgeführte Evaluation von Programmen – ein Leitfaden – Materialien zur Qualitätssicherung in der Kinder- und Jugendhilfe, QS 29. Berlin. S. 35.

Deutsche Gesellschaft für Evaluation e. V. (DeGEval) (2002): Standards für Evaluation. Köln.

Farrokhzad, Schahrzad/Mäder, Susanne (2014): Nutzenorientierte Evaluation – Ein Leitfaden für die Arbeitsfelder Integration, Vielfalt und Toleranz. Münster: Waxmann.

Gawande, Atul (2009): Checklist-Strategie – Wie Sie Dinge in den Griff bekommen. München: btb.

Hense, Jan/Mandl, Heinz (2011): Wissensmanagement und Evaluation. In: Zeitschrift für Evaluation. 10. Jg., Heft 2, S. 267–301.

Joint Committee on Standards for Educational Evaluations (1994): The program evaluation standards: How to assess evaluations of educational programs. Newbury Park, CA: Sage.

Joint Committee on Standards for Educational Evaluation (2011): The Program Evaluation Standards. Newbury Park, CA: Sage Publications.

Martz, Wes (2013): The dark side of checklists. http://www.evaluativeorganization.com/2013/05/07/dark-side/ [Stand: 19.06.2015]

Miron, Gary (2004): Evaluation Report Checklist. Western Michigan University. http://www.wmich.edu/evaluation/checklists [Stand: 19.06.2015]

Organisation für wirtschaftliche Zusammenarbeit und Entwicklung (OECD) (2010): Qualitätsstandards für die Entwicklungsevaluierung. http://www.oecd.org/dac/evaluation/dcdndep/45263677.pdf [Stand: 19.06.2015]

Patton, Michael Quinn (2013): Utilization-Focused Evaluation (U-FE) Checklist. Western Michigan University. http://www.wmich.edu/sites/default/files/attachments/u350/2014/UFE_checklist_2013.pdf [Stand: 19.06.2015]

Scriven, Michael (2000): The logic and methodology of checklists. Western Michigan University. http://www.wmich.edu/sites/default/files/attachments/u350/2014/logic%26methodology_dec07.pdf [Stand: 19.06.2015]

Scriven, Michael (2007): The Key Evaluation checklist. Western Michigan University. http://www.wmich.edu/sites/default/files/attachments/u350/2014/key%20evaluation%20checklist.pdf [Stand: 19.06.2015]

Scriven, Michael (1991): Evaluation Thesaurus. Newbury Park, CA: Sage Publications.

Scriven Michael (2005): Checklists. In: Mathison, Sandra (Hrsg.): Encyclopedia of Evaluation. Newbury Park, CA: Sage Publications.

Stufflebeam, Daniel L. (1999): Evaluation Contract Checklist. Western Michigan University. http://www.wmich.edu/sites/default/files/attachments/u350/2014/contracts.pdf [Stand: 19.06.2015]

Stufflebeam, Daniel L. (2001): Evaluation checklists: Practical tools for guiding and judging evaluations. American Journal of Evaluation. 22. Jg., Heft 1, S. 71–79.

Stufflebeam, Daniel L. (2000): Guidelines for developing evaluation checklistes: the checklists development checklist (CDC). Western Michigan University. http://www.wmich.edu/sites/default/files/attachments/u350/2014/guidelines_cdc.pdf [Stand: 19.06.2015]

Stufflebeam, Daniel L. (2004a): Checkliste Evaluationsplan. (deutsche Übersetzung von Wolfgang Beywl) http://www.univation.org/download/Checkliste_Evaluationsplan_ger.pdf [Stand: 19.06.2015]

Stufflebeam, Daniel L. (2004b): Evaluation Design Checklist. Western Michigan University. http://www.wmich.edu/sites/default/files/attachments/u350/2014/evaldesign.pdf [Stand: 19.06.2015]

Stufflebeam, Daniel L. (2007): CIPP Evaluation Model Checklist. Western Michigan University. http://www.wmich.edu/sites/default/files/attachments/u350/2014/cippchecklist_mar07.pdf [Stand: 19.06.2015]

Stufflebeam, Daniel L./Shinkfield, Anthony J. (2007): Evaluation theory, models, and applications. San Francisco: Jossey-Bass.

Volkov, Boris B./King, Jean A. (2007) A Checklist for Building Evaluational Capacity. Western Michigan University. http://www.wmich.edu/sites/default/files/attachments/u350/2014/organiziationevalcapacity.pdf [Stand: 19.06.2015]

Wingate, Lori A. (2002): The Evaluation Checklist Project: The Inside Scoop on Content, Process, Policies, Impact, and Challenges. Western Michigan University. http://www.wmich.edu/sites/default/files/attachments/u350/2014/insidescoop.pdf [Stand: 19.06.2015]

Informationssicherheit in der Evaluation

Marc Jelitto

Laut den → **Standards** der DeGEval Gesellschaft für Evaluation e. V. sollen „Evaluationen so geplant und durchgeführt werden, dass Sicherheit, Würde und Rechte der in eine Evaluation einbezogenen Personen geschützt werden" (Abschnitt → **Fairness** F2: Schutz individueller Rechte). Dazu gehört auch der Schutz erhobener → **Daten** der befragten Personen und aller → **Beteiligten** einer Evaluation. Alle *Evaluationsmitarbeitenden* sollten daher das Themenfeld → **Datenschutz** kennen und in ihrer Arbeit berücksichtigen. In Deutschland hat der Datenschutz eine langjährige Geschichte, die Gesetze schreiben einen sorgfältigen Umgang mit personenbezogenen Daten vor. Namen von → **Stakeholdern**, deren Adressdaten und in der Evaluation gewonnene Daten werden sicher verwahrt und landen z. B. nicht im Altpapier, sondern im Reißwolf bzw. werden separat sicher entsorgt. Bei Umfragen werden → **Ergebnisse** von Nutzerdaten getrennt → **erhoben** bzw. gespeichert, Details werden anonymisiert oder so umformuliert, dass eine interviewte Person im Endbericht nicht wieder erkannt werden kann. Bei Online-Erhebungen werden IP-Adressen von Webseitenbesuchern nur verkürzt abgespeichert und ggf. auf den Einsatz von Webanalyse-Werkzeugen hingewiesen. Zu einem solchen Vorgehen sind → **Evaluierende** gesetzlich und ethisch verpflichtet. Allerdings arbeiten sie neben Daten in einem engen Sinne mit weiteren Informationen, die einen hohen Schutzbedarf haben. Daher widmet sich dieser Beitrag dem *breiter gefassten Begriff Informationssicherheit*, also der sensiblen Behandlung aller schützenswerten Informationen.

Während im zwanzigsten Jahrhundert Gefahren für Informationsdiebstähle in der Regel eine körperliche Anwesenheit vor Ort (wie durch einen Einbruch) erforderten, schafft die immer intensivere Computer-Vernetzung sowie die verstärkte Nutzung von Online-Diensten zum Datenaustausch neue Gefahren. Hinzu kommt, dass Irrtum und Nachlässigkeit am PC größere Auswirkungen haben können, wie z. B. das Löschen eines falschen Ordners. Nach dem ‚Bericht über die Evaluation des Bundesgesetzes über den Datenschutz' des Schweizerischen Bundesrates (2011, S. 350) sollten „betroffene Personen [ ] verstärkt für die mit technologischen Entwicklungen einhergehenden Risiken sensibilisiert werden". Zu den Betroffenen gehören auch Evaluatorinnen und Evaluatoren.

Dieser Buchbeitrag soll im Evaluationsbereich für eine ähnliche Sensibilisierung beim Thema Informationssicherheit sorgen, wie sie beispielsweise durch eine Initiative der Bundesakademie für öffentliche Verwaltung (BAKöV) vorbildlich initiiert wurde: 2009 bis 2012 führte die BAKöV Schulungen für ca. 80.000 Bundesbediensteten durch. Die dreistündigen Sensibilisierungsmaßnahmen mit Vorträgen, Videos und Kurzdiskussionen wurden bei über 150 Behörden wie Ministerien, Hauptzollämtern usw. durchgeführt. Live-Hacking-Veranstaltungen, in denen vor den Augen der Zuschauenden in Computer und Handys eingebrochen wurde, zeigten mögliche Angriffspunkte und Gegenmaßnahmen auf. Begleitet wurden diese Maßnahmen durch die Bereitstellung organisationsspezifisch angepasster schriftlicher Unterlagen (Bundesakademie für öffentliche Verwaltung 2013, S. 6; BAKöV 2014, S. 1).

Sensibilisierungsmaßnahmen, wie sie z. B. von der BAköV durchgeführt wurden, sollten regelmäßig wiederholt werden, um eingefahrene Verhaltensweisen reflektieren und ändern zu können. Weiterhin ist es sinnvoll, das eigene Wissen über Bedrohungen regelmäßig auf einen aktuellen Stand zu bringen. Während elementare Gefahren aus der Umwelt ähnlich bedrohlich bleiben, ändern sich die Gefahren bei elektronischen Geräten wie Computern, Smartphones und Tablet-PCs beinahe täglich.

1. Welche Gefahren Expertenteams sehen:

Beim Bundesamt für Sicherheit in der Informationstechnik (BSI) werden jährlich umfangreiche IT-Grundschutz-Kataloge aktualisiert. In diesen werden über 500 Gefährdungslagen und mögliche Gegenmaßnahmen beschrieben. Das PDF-Dokument mit den Aktualisierungen hat inzwischen einen Umfang von über fünftausend Seiten (Bundesamt für Sicherheit in der Informationstechnik 2016). Zu den beschriebenen Gefahren gehören in der Rubrik ‚elementare Gefährdungen' Gefährdungslagen wie Einbruch, Feuer durch elektrische Geräte und Wasserschäden sowie der Identitätsdiebstahl, bei dem Namen und Daten einer fremden Person für ein Verbrechen genutzt werden. Bei der ‚höheren Gewalt' handelt es sich um Bedrohungen, die z. B. durch den Ausfall von eigenem Personal, IT-Systemen oder eines Dienstleisters verursacht werden. Zu den ‚organisatorischen Mängeln' gehören fehlende oder nicht befolgte Regelungen, mangelhafte Zugriffskontrollen und ungeeignete Verwaltung von Zugriffsrechten. ‚Menschliche Fehlhandlungen' durch Mitarbeitende oder Reinigungspersonal können zur Zerstörung von Geräten oder Daten führen. Technisches Versagen reicht von ausgenutzten Software-Schwachstellen bis zum Verlust gespeicherter Daten, während bei ‚vorsätzlichen Handlungen' Geräte, Informationen oder Software manipuliert bzw. gestohlen werden, u. a. mit Trojanischen Pferden (kurz Trojaner) und Viren (Bundesamt für Sicherheit in der Informationstechnik 2014, siehe dort die Gefährdungskataloge).

Die Gefahrenlage ändert sich im Laufe der Jahre, wie die „Top 10 der größten Internet-Gefahren" jedes Jahr zeigt (z. B. BITKOM 2015). Laufend kommen neue Bedrohungen hinzu, auch die Gewichtung bestehender Gefahren ändert sich. So werden ungewünschte E-Mails (Spam) inzwischen als wenig bedrohlich eingeschätzt, Viren für Smartphones hingegen gewinnen langsam an Bedeutung.

2. Welche Informationen bei Evaluationen in Gefahr sind:

Im Evaluationsalltag arbeiten alle Beteiligten auf vielfältige Weise mit Informationen. Auftraggebende stellen Daten zur Verfügung, in Evaluationsteams werden diese bearbeitet, neue Daten werden erhoben und kombiniert → **ausgewertet**. Die folgende Übersicht nennt Beispiele für möglicherweise gefährdete Informationen:

- *Adressdaten* (→ **Auftraggebende**, Ansprechpartner, befragte Personen)
- Aktuelle *Angebote auf Ausschreibungen* (Höhe Gesamtbetrag, Tagessatz, Methodenmix, besondere methodische Feinheiten, Kooperationseinrichtungen, freie Mitarbeitende) sind für Mitbewerberinnen und Mitbewerber auf dieselbe Ausschreibung von hohem Interesse.
- Noch nicht anonymisierte *Erhebungsergebnisse* (wer wurde befragt, was haben die Personen gesagt), können für Auftraggebende aufschlussreich sein.
- *Erhobene Rohdaten* aus der Erhebungsphase können ohne passendes Hintergrundwissen falsch → **interpretiert** werden.
- → *Evaluationsberichte* können finanzielle, soziale, aber auch politische Auswirkungen haben, wenn sie vorzeitig bzw. unautorisiert an die Öffentlichkeit gelangen.
- *Unterlagen der Auftraggebenden* (Berichte, Statistiken, Mitteilungen, Interviewprotokolle etc.) sind für deren Konkurrenten von Interesse.
- *Zugangsdaten* sind für vielfältige negative Aspekte einsetzbar, z. B. für Identitätsdiebstahl, Rufschädigung oder Verursachung finanzieller Schäden. Diese existieren für Webseiten, Facebook-Accounts, Webanalyse-Werkzeuge, Online-Befragungswerkzeuge, Zugänge zu E-Plattformen für Ausschreibungen und zur Angebotseinreichung, Online-Shopping, Online-Speicher sowie gemeinsame virtuelle Arbeitsplätze.
- *Informationen* über die *Evaluationseinrichtung* (Organisation, Mitarbeitende) sowie privat veröffentlichte Details von *Mitarbeitenden* können zur sozialen Manipulation (dem sogenannten Social Engineering) sowie zur Gewinnung weiterer Daten genutzt werden.

Gezielte Gefährdungen für die Informationssicherheit können von Mitbewerbenden in Evaluationseinrichtungen, an Universitäten usw., einzelnen Mitarbeitenden von Auftraggebenden, Konkurrenten der evaluierten Auftraggebenden und kriminellen Einzeltäterinnen oder Einzeltätern wie Hackerinnen oder Hackern bzw. kriminellen Organisationen ausgehen, welche ein hohes Interesse an den Informationen haben.

Verursachende für Gefahren oder Angriffspunkte sind Mitarbeitende im Evaluationsteam, Reinigungspersonal, externe Mitarbeitende oder beauftragte Firmen. Diese können aktiv oder passiv Probleme verursachen. Auch die allgemeine Umwelt eines Unternehmens kann zu Sicherheitsgefährdungen wie durch Unwetter, Blitzeinschlag oder Hochwasser führen.

3. Welche Ziele beim Informationsschutz verfolgt werden:

In der Informationssicherheit werden die drei *Schutzziele* → **Vertraulichkeit**, Integrität und Verfügbarkeit verfolgt. In der Evaluation bedeutet das Folgendes:

Vertraulichkeit besagt, dass viele Informationen nicht an unberechtigte Dritte gelangen dürfen. Um zu verhindern, dass Fremde Einsicht nehmen, sollte beispielsweise bei Zugfahrten zu Ergebnispräsentationen von Evaluationen nicht unter Nennung der Namen von Stakeholdern diskutiert, nach einem Geschäftstermin im Café um die Ecke nicht mithörbar „gelästert" oder im Flugzeug auf dem Laptop an den Präsentationen gearbeitet werden. Generell sollte man bei allen Arten der Kommunikation Vorsicht walten lassen, auch bei Telefonaten oder im E-Mail-Verkehr.

Die Sicherstellung der *Integrität* sorgt dafür, dass Originaldaten zu einem späteren Zeitpunkt unverändert vorliegen. Bei der Bearbeitung bestehender digitaler Dokumente sollte darauf geachtet werden, dass zuerst eine Kopie erstellt wird, mit der dann weitergearbeitet wird. Ansonsten kann es passieren, dass nicht mehr wichtig erscheinende Textpassagen oder Zahlen gelöscht werden, die später benötigt werden. Damit der → **Evaluationsprozess** langfristig nachvollziehbar bleibt, wie u. a. für eine → **Meta-Evaluation**, müssen auch einige Jahre später die ausgewerteten Daten noch zur Verfügung stehen.

Um mit den Daten und Dokumenten arbeiten zu können, muss man darauf reibungslos zugreifen können. Eine Sicherstellung der *Verfügbarkeit* sorgt dafür, dass auch im Falle eines Diebstahls, Feuers oder einer defekten Festplatte ein Zugriff möglich ist. Daher ist es wichtig, regelmäßig externe Sicherheitskopien anzulegen und ihre Funktionsfähigkeit zu überprüfen.

4. In welchen Bereichen ein Schutz besonders wichtig ist:

Dem Erreichen der Schutzziele drohen in vier *Schutzbereichen* besondere Gefahren. Der *Virenschutz* sorgt dafür, dass Angriffe aus dem Internet abgewehrt oder durch besonnenes Verhalten vermieden werden. Attacken erfolgen durch das Öffnen von E-Mails (insbesondere Anhänge), den Besuch von infizierten Webseiten, direkte Angriffe auf den PC, die (un-)beabsichtigte Installation von Software und Handy-Apps, unbedachte Verfolgung von Verweisen (Links) in Social Media etc.

Ein *Zugriffsschutz* wird für besonders sensible oder wertvolle Daten benötigt. Vertrauliche Dokumente sollten digital (ggf. auf speziellen Servern) in einem mit einem Passwort geschützten Ordner liegen, welches nicht jeder mitarbeitenden Person, wie bspw. einer Aushilfe, bekannt ist. Besonders schützenswerte Daten dürfen nur verschlüsselt auf USB-Sticks und Laptops gespeichert bzw. müssen sofort vom Drucker oder Kopierer entfernt werden.

Beim *Datenabflussschutz* ist immer zu prüfen, ob Informationen zu verschlüsseln sind, die den PC per E-Mail, Hochladen auf einen externen Computer (Server) oder auf einem Transportmedium wie einen USB-Stick verlassen, z. B. wenn man Daten mit einem Auftraggebenden einer Evaluation austauscht.

Nicht nur elektronische Informationen unterliegen dem *Informationsschutz*. Ausgedruckte sensible Dateien oder Passwörter/Passwortlisten gehören in einen abgeschlossenen Schrank oder in einen Safe, auf keinen Fall auf den Schreibtisch oder in einem Buch versteckt. Zu berücksichtigen ist außerdem, dass Informationen während Gesprächen und Telefonaten abgehört werden können.

5. Welche Faktoren eine wichtige Rolle spielen:

Bei der Planung von Informationssicherheit in einem Unternehmen oder einer Abteilung, das oder die sich mit Evaluation befasst, sind zahlreiche Faktoren zu berücksichtigen. Dabei kann man – entlehnt aus der IT-Sicherheit – zwischen harten und weichen Faktoren unterscheiden. In großen Unternehmen ist die IT-Abteilung für die *harten Faktoren* zuständig. Im Bereich *Technik* müssen alle technischen Geräte wie PCs, Laptops, Handys, WLAN-Router, DSL-Router etc. sicher ins Netzwerk eingebunden und vor Angriffen geschützt sein. Bei der *Infrastruktur* sind das Betriebssystem, Gerätetreiber und die PC-Software auf einem sicheren aktuellen Stand zu halten, im Internetbereich müssen neben dem Internetbrowser die dazugehörigen Plug-ins (u. a. PDF und Flash) stets aktualisiert werden. Neben PCs müssen Laptops, Tablet-PCs und auch Apps auf dem Smartphone gepflegt werden.

Zu den *weichen Faktoren* gehört die *Organisation*. Diese stellt Richtlinien auf und hat eine gelebte Sicherheitskultur (u. a. eine Vorbildfunktion bei den Vorgesetzten). Beim *Personal* ist für einen hohen Wissensstand zu Gefahren und Abwehrmöglichkeiten zu sorgen, um die Handlungsfähigkeit im beruflichen Alltag zu gewährleisten.

6. Grundlegende Praxisvorschläge für den Evaluationsalltag

Nach dieser eher allgemeinen Beschreibung der Elemente der Informationssicherheit bieten folgende Darstellungen praktische Anregungen zur Überprüfung und Optimierung des eigenen Handelns. Die beschriebenen Praxisprobleme stammen aus unterschiedlichen Quellen, wie Diskussionen auf der interaktiven Frühjahrstagung ‚Datenschutz in Evaluationen' am 03. Mai 2013 in Bonn (DeGEval 2013), aus Berichten aus dem Alltag als Dozent im Bereich Informationssicherheit und meinen eigenen Berufserfahrungen als Evaluator. Die Lösungen liefern Denkanstöße und Diskussionsanregungen – die genaue Umsetzbarkeit hängt teilweise vom organisatorischen Umfeld ab.

Umgang mit Passwörtern

Gefährlich sind Altlasten wie teilweise *seit Jahrzehnten verwendete unsichere Passwörter*. So sollte man die eigenen Passwörter auf ihre Sicherheit hin überprüfen, welche bei Diensten wie E-Mail, Chat-Programmen wie Skype, Plattformen wie XING, Facebook etc. oder auf Einkauf-Webseiten eingesetzt werden. Sichere Passwörter sind mindestens 10 Zeichen lang und beinhalten Klein- und Großbuchstaben, Zahlen, Satz- und Sonderzeichen wie @ oder &. Leerzeichen und Umlaute können Probleme bereiten, letztere besonders wenn man z. B. vergeblich ein Ä auf einer ausländischen Tastatur auf einer Geschäftsreise oder im Urlaub sucht. Es gibt verschiedene Tricks, sichere Passwörter zu konstruieren (Schmidt 2013). Manche setzen einen Passwortgenerator ein, um sichere und zufällig erzeugte Passwörter zu erhalten, andere arbeiten lieber mit einer Passwortkarte[1] (Muth 2011) oder entwickeln ein generelles System mit einem Grundbegriff und Variablen[2] (Weigandt 2010).

Handschriftlich erstellte oder *ausgedruckte Passwortlisten* für die Anmeldung an Computern sind praktisch für den Alltag, sollten aber nicht auf dem Schreibtisch zu finden sein, sondern gehören in einen Tresor. Alternativ liegen sie in einem Passworttresor (s. u.) auf dem Server, so dass man sich anmelden muss, um sie einsehen zu können – eine sinnvolle Hürde gegen Einbrecher. Eingescannte handschriftliche Listen mit Passwörtern sind dagegen nicht sicher – Hacker bzw. Hackerinnen holen sich auch alle Grafiken von einem gehackten PC und werten diese per Hand oder automatisch aus.

Eine Gefahr ist die Bequemlichkeit, durch die sich unauffällig Schwachstellen in den Berufsalltag einschleichen. Wenn man sich im Internet bei einem Web-Auftritt anmeldet, bieten Browser wie z. B. Firefox oder Internet Explorer an, das dazugehörige Passwort zu speichern. Wer diese Möglichkeit nutzt, erlaubt jedem Nutzenden des Computers (bspw. Kollege, studentische Hilfskraft) einen Zugriff auf die geschützte Seite. Etwas wird die Sicherheit der *Passwortspeicherung im Browser* erhöht, wenn man ein Masterpasswort vergibt. Allerdings gelingt es Hackern bzw. Hackerinnen aus dem Internet mit spezieller Software trotzdem, die geschützten Daten der Passwortmerkfunktion auszulesen. Eine relativ bequeme Lösung ist der Einsatz einer Passwortverwaltung für den Browser, wie sie verschiedene Antiviren-Software-Hersteller in ihrer Software integriert haben. Für Dienste im Internet, deren Missbrauch keinen (finanziellen) Schaden anrichten kann, wie einer Anmeldung, um eine Software oder Dokumente herunterladen zu können, kann der Browserspeicher allerdings weiterhin eingesetzt werden.

Eine sicherere Möglichkeit, Passwörter zu speichern, ist ein digitaler *Passwort-Tresor* wie die kostenlose Software KeePass[3]. In dieser Software speichert man den

---

1 https://www.dsin-blog.de/die-passwortkarte [14.05.2016]
2 https://wlabs.de/347/systematisch-passwoerter-ausdenken-und-merken/[14.05.2016]
3 http://keepass.info/[14.05.2016]

Namen einer Anwendung oder Webseite, den Nutzernamen und das Passwort, welches sehr lang, kompliziert und mit Sonderzeichen versehen sein sollte. Teilweise erzeugen diese Programme auch Passwörter. Je nach Software müssen die Passwörter ggf. per Hand in die Anmeldeformulare am PC oder im Browser einkopiert werden. Allerdings besitzen diese Programme ebenfalls Nachteile. Falls jemand das Masterpasswort beim Eingeben mitliest, hat diese Person den Zugriff zu allen Passwörtern. Auch wenn man die Software geöffnet lässt, wenn man sich kurz vom PC entfernt, können die Daten gestohlen werden.

Datenverschlüsselung

Bei Laptops und Computern kann man die gesamte Festplatte oder einzelne Partitionen *verschlüsseln*, womit die Daten bei Diebstahl des Gerätes geschützt sind. Dateien können zwar einzeln verschlüsselt werden, leichter in der Handhabung ist es jedoch, dies mit ganzen Ordnerbäumen und den darin enthaltenen Dateien durchzuführen. Dazu können unterschiedliche Programme wie z. B. *Datentresore* eingesetzt werden.

Einzeln verschlüsselt werden Dateien vor der Weitergabe an Dritte, da die empfangene Person ein separates Passwort erhalten muss. Beim Hochladen auf einen Server sollte eine automatische Verschlüsselung erfolgen.

Datentransport und -austausch

Man darf nie vergessen, dass *E-Mails wie Postkarten* von jeder Person lesbar sind, die Zugang zum Verbreitungsweg hat. Dabei wird sogenannte Sniffer-Software eingesetzt, welche den Datenverkehr aufzeichnet und auswertet. Es ist bequem, Zugangsdaten wie *Benutzernamen und Passwort in einer E-Mail* zu versenden, aber sehr unsicher. Sinnvoller ist es, ein verschlüsseltes Word-Dokument mit den Daten per E-Mail zu versenden und das dazugehörige Passwort dafür per SMS zu übermitteln.

Der Aufwand im Alltag für einen sicheren *Datenaustausch per E-Mail* erscheint vielen Beteiligten als zu hoch. An Universitäten erhält der Evaluationsnachwuchs manchmal für eine Auswertung personenbezogene Daten unverschlüsselt per E-Mail. Aber auch im Alltag werden leichtfertig Adressdaten zusammen mit Ergebnissen versendet. Generell könnten diese Daten im Vorfeld vom Versendenden anonymisiert und somit entschärft werden. Wenn dies nicht möglich ist, sind die Daten vor dem Versand zu verschlüsseln. Evaluationsteams, welche z. B. die Ergebnisse einer Online-Befragung per Excel-Tabelle von einem Sub-Unternehmen oder vertrauliche Daten von Auftraggebenden erhalten, sollten für ein standardisiertes Verschlüsselungsverfahren sorgen. Eine Möglichkeit ist z. B., nach dem Versand der verschlüsselten Datei das Passwort telefonisch durchgeben. Im universitären Umfeld kann eine durchnummerierte Liste mit sicheren Passwörtern als Ausgangspunkt eingesetzt werden. Das nötige Passwort erhalten die Nachwuchskräfte zusammen mit einer Identifikationsnummer beim ersten Seminar oder der Vorbesprechung und können die Daten dann mit der ID anfordern. Der Dozent oder die Dozentin versendet die Daten mit dem passenden Passwort verschlüsselt – dies kann entweder dokumentenbasiert geschehen, z. B. als passwortgeschütztes Word-Dokument, oder mehrere Dateien werden eingepackt in einer verschlüsselten ZIP-Datei versendet.

Beim *Datentransport per USB-Stick, CD-ROM oder DVD* sollten vertrauliche Dateien oder die kompletten Medien verschlüsselt sein, für den Fall, dass diese verloren gehen oder gestohlen werden.

Bei der Instituts- oder länderübergreifenden Zusammenarbeit, z. B. bei der Evaluation von EU-Projekten, müssen zahlreiche Dateien ausgetauscht werden. Personen, die zeitweise oder immer zu Hause an Dokumenten arbeiten, müssen diese transportieren. Dazu werden immer häufiger *Online-Speicher* wie Dropbox genutzt. Da diese jedoch Schwachstellen aufweisen können oder zu primitive Passwörter verwendet werden, kommt es immer wieder zu Zwischenfällen. Wenn ein externer Dienst verwendet wird, sollte man sichere Passwörter einsetzen und Daten stets verschlüsselt hochladen (z. B. mit Software wie Cloudfogger[4] oder BoxCryptor[5]). Bei Großprojekten kann für verschiedene Dienste ein Passwort-Tresor eingesetzt werden, der Schlüssel wird z. B. bei der Auftaktveranstaltung mitgeteilt. Alternativ sollte man überlegen, einen sicheren aber kostenpflichtigen Dienst wie TeamDrive[6] zu nutzen oder einen eigenen Server zum Dateiaustausch zu verwenden, z. B. mit der Open-Source-Software ownCloud[7].

Die Weitergabe von elektronischen Dokumenten birgt eine weitere Gefahr. Evaluationsteams arbeiten beim gemeinsamen Erstellen von Texten häufig mit der *Funktion „Änderungen verfolgen"* in Word. Um zu vermeiden, dass peinliche Kommentare, aus Datenschutzgründen gelöschte Passagen oder andere Änderungen von Empfängern bzw. Empfängerinnen dieser Dokumente gelesen werden können, sollten vor dem Versand unter „Überprüfen/Annehmen/Alle Änderungen im Dokument annehmen" die Verbesserungen akzeptiert sowie unter „Überprüfen/Kommentar-Symbol mit rotem Kreuz/Alle Kommentare im Dokument löschen" möglicherweise versteckte Anmerkungen beseitigt werden (die genaue Benennung hängt vom Programm und seiner Version ab). Dies ist besonders wichtig, da die Sichtbarkeit ausgeschaltet werden kann (Funktion „Endgültige Version enthält Markups" ändern), so dass die versendende Person Kommentare nicht sehen kann, obwohl sie vorhanden sind. Siehe dazu auch Abbildung 1.

Wenn die Zielperson mit der Datei nicht mehr arbeiten muss, ist die Umwandlung in ein PDF-Dokument zu empfehlen, bei der Kommentare und Änderungen automatisch entfernt werden.

---

4 https://www.cloudfogger.com/de/ [14.05.2016]
5 https://www.boxcryptor.com/de [14.05.2016]
6 http://www.plesnik.de/produkte/dropbox-alternative-mit-verschluesselung-teamdrive/ [14.05.2016]
7 https://owncloud.org/ [14.05.2016]

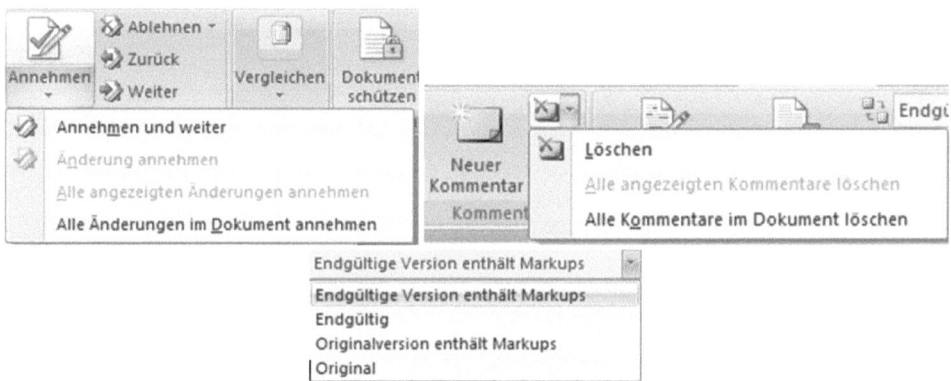

Abbildung 1: Unsichtbare Änderungen und Kommentare in Word 2007-Dokumenten (Microsoft Office)

7. Grundlegender Schutz der Computer

Beim Schutz vor Bedrohungen wie *Viren, Würmern und Trojanern* hilft zuerst der gesunde Menschenverstand. So sollte man weder einen gefundenen USB-Stick an den ungesicherten PC einstöpseln (könnte als Einbruchshilfe präpariert sein) noch jeden Anhang einer E-Mail öffnen (ggf. beim Absendenden der E-Mail per Telefon fragen, ob sie vielleicht von einem Virus verschickt wurde; oder Mahnungen und Rechnungen online im Benutzeraccount des betreffenden Anbieters überprüfen). Auch bei Links in Social Media zu Filmen und Videos sollte man vorsichtig sein – sie könnten zu einer verseuchten Webseite führen, bei deren Aufruf automatisch ein Schadprogramm installiert wird. Da fast jeder Web-Auftritt mit einem Content-Management-System, z. B. der der DeGEval Gesellschaft für Evaluation e. V., gehackt und mit Schadsoftware verseucht werden kann, führt kein Weg an einer kostenpflichtigen Antiviren-Software vorbei, um den eigenen PC zu schützen.

Zum Schutz gegen die Bedrohungen ist ein kommerzielles Antivirenprogramm bzw. besser ein *Internetsicherheitspaket* aus einer „Top 10" getesteter Produkte zwingend einzusetzen. Die Rangfolge ändert sich jedes Jahr. Die endgültige Auswahl hängt auch von den eigenen Ansprüchen an Geschwindigkeit, Belastung des PCs etc. ab.

Hacker bzw. Hackerinnen nutzen gezielt *Schwachstellen in Software* zu Angriffen. Daher ist das Betriebssystem stets auf dem aktuellen Stand zu halten. Browser, deren Plug-ins und E-Mail-Programme sowie zahlreiche andere Programme wie PDF-Lesesoftware, Bildverarbeitungsprogramme oder Abspielsoftware für Videos und Musik wurden schon gezielt angegriffen. Um die Vielzahl der Programme auf einem aktuellem Stand zu halten, sollte eine automatische Aktualisierung, soweit möglich, immer eingeschaltet werden. Um die Vielzahl der verschiedenen Programme im Blick zu behalten, kann eine Überwachungs-Software wie der Secunia Personal

Software Inspector (PSI)[8] eingesetzt werden, welcher über veraltete Versionen berichtet und teilweise bei der Aktualisierung hilft (Linkangabe bzw. Downloadhilfe). Diese Maßnahmen können in Evaluationsfirmen von Administratoren bzw. Administratorinnen durchgeführt werden, einzelne Evaluatorinnen und Evaluatoren sollten ebenfalls aktiv werden.

Eine besondere Gefahr besteht in *veralteter Software*. So wird vermutet, dass für Windows XP gefundene Schwachstellen bis zum Auslaufen der Unterstützung durch Microsoft im April 2014 geheim gehalten wurden – um anschließend PCs in Ruhe angreifen zu können, ohne Gegenmaßnahmen fürchten zu müssen. Hier hilft nur der Umstieg auf ein modernes Betriebssystem. Um die *Installation verseuchter Software* zu vermeiden, sollten kostenlose Versionen von Computerprogrammen von Portalen solcher Fachzeitschriften heruntergeladen werden, die im Vorfeld Virenprogramme zur Überprüfung einsetzen (z. B. c't[9], Chip[10] oder Computerbild[11]).

Im Evaluationsbereich werden Tablets und Handys immer häufiger eingesetzt, z. B. als Eingabegerät für Befragungen vor Ort sowie zum Lesen von E-Mails und Bearbeiten von Dokumenten unterwegs. Die modernen Handys in Form von *Smartphones* sind Computer im Taschenformat. Damit erben sie dieselben Gefahren. Apps wie Spiele spionieren die Telefonbücher aus, daher sollte man bei der Installation stets die angeforderten Rechte prüfen und ggf. auf eine kostenpflichtige Version ausweichen. Viren geben gespeicherte Passwörter und SMS mit Bank-PINs weiter, daher ist hier ebenfalls eine Antivirensoftware wichtig.

Gefahren wie *Einbruch, Feuer oder Wasser* in Büro- und Serverräumen mit Verlust der kompletten Hardware oder das Löschen von Daten durch entlassene Mitarbeitende kann die Existenz einer Institution bedrohen. Daher sind Sicherheitskopien (online, externe Festplatte, DVDs) zusätzlich außerhalb der Arbeitsräume zu lagern, z. B. zu Hause oder in einem Schließfach in einer Bank. Die Backup-Strategie sollte tägliche Kopien beinhalten (z. B. durch die Speicherung verschiedener Stände auf dem PC oder auf zwei internen Festplatten), welche dann mindestens wöchentlich auf einem externen Datenträger gespeichert werden. Dieser darf nicht ständig am PC angeschlossen sein, damit Viren nicht alle Daten auf einmal löschen können.

8. Vertiefte strategische Sicherheit

Die Betreibenden eines mit Evaluation befassten Unternehmens sollten systematisch für die Informationssicherheit sorgen. Eine Risikoanalyse mit individuellen Sicherheitsmaßnahmen ist gründlich, aber zeit- und kostenaufwendig. Der IT-Grundschutz des Bundesamts für Sicherheit in der Informationstechnik (BSI 2012,

---

8 http://www.flexerasoftware.com/enterprise/products/software-vulnerability-management/personal-software-inspector/[14.05.2016]
9 http://www.heise.de/ct/[14.05.2016]
10 http://www.chip.de/[14.05.2016]
11 http://www.computerbild.de/[14.05.2016]

S. 63–70) basiert auf der Analyse ähnlicher Arbeitsumgebungen und kann daher effizienter als eine Risikoanalyse eingesetzt werden. Es ist anschließend möglich, die eigenen Anstrengungen mit einer ISO 27001-Zertifizierung auf der Basis von IT-Grundschutz zu belegen (BSI 2012, S. 72–75) und somit das Vertrauen bei den eigenen Kunden zu verstärken.

Beim *IT-Grundschutz* wird ein Sicherheitskonzept für die Bereiche Infrastruktur, Organisation, Personal, Technik und Notfallvorsorge entwickelt. Dabei hilft eine pragmatische Analyse aufgrund typischer Probleme aus anderen Unternehmen und Behörden (BSI 2014). Anschließend werden angemessene Sicherheitsmaßnahmen identifiziert und realisiert. Dazu gehören auch Schulungen aller festen und freien Mitarbeitenden. Ein Zertifikat kann die eigenen Anstrengungen nach außen hin dokumentieren (BSI o. J.).

Eine Mahnung zum Schluss: IT-Sicherheit ist ein *Prozess, kein Projekt* (Lange 2014). Dies bedeutet, dass die Umsetzung im Alltag jährlich gemeinsam reflektiert werden sollte und Sensibilisierungsschulungen nach zwei bis drei Jahren zu wiederholen sind. Neue Mitarbeitende (auch Praktikantinnen und Praktikanten sowie studentische Hilfskräfte) sollten die wichtigsten Regeln zu Informationssicherheit kennen und sinnvolle Maßnahmen befolgen können. Somit sollten Informationen und Daten der Kunden langfristig sicher sein.

Abschließend sei der „Leitfaden Informationssicherheit" (Bundesamt für Sicherheit in der Informationstechnik 2012) empfohlen. Er bietet einen verständlich geschriebenen Einstieg in das Thema mit zahlreichen Praxisbeispielen und einer Checkliste. Um sich über aktuelle Bedrohungen und laufende Entwicklungen zu informieren, kann man sich auf folgenden Portalen informieren: www.bsi-fuer-buerger.de, www.buerger-cert.de/, www.heise.de/security/.

Literatur

BITKOM (2015): Die zehn größten Gefahren im Internet. BITKOM Presseinformation 27.03.2015. https://www.bitkom.org/Presse/Presseinformation/Die-zehn-groessten-Gefahren-im-Internet.html [Stand: 14.05.2016]

BSI für Bürger (o. J.): Passwörter. https://www.bsi-fuer-buerger.de/BSIFB/DE/Empfehlungen/Passwoerter/Umgang/umgang.html [Stand: 14.05.2016]

Bundesakademie für öffentliche Verwaltung (2013): Akademiebrief 02/2013. http://www.bakoev.bund.de/SharedDocs/Publikationen/Akademiebrief/AB_2013/AB_02_2013.pdf [Stand: 14.05.2016]

Bundesakademie für öffentliche Verwaltung (2014): „Sicher gewinnt" geht weiter – Neue Rahmenverträge abgeschlossen. http://www.bakoev.bund.de/SharedDocs/Downloads/LG_5/Sicher_gewinnt_Beitrag_AB_02_14.pdf [Stand: 14.05.2016]

Bundesamt für Sicherheit in der Informationstechnik (BSI) (2012): Leitfaden Informationssicherheit. https://www.bsi.bund.de/SharedDocs/Downloads/DE/BSI/Grundschutz/Leitfaden/GS-Leitfaden_pdf.html [Stand: 14.05.2016]

Bundesamt für Sicherheit in der Informationstechnik (BSI) (2016): IT-Grundschutz-Kataloge – 15. Ergänzungslieferung – 2016. https://download.gsb.bund.de/BSI/ITGSK/IT-Grundschutz-Kataloge_2016_EL15_DE.pdf [Stand: 14.05.2016]

Bundesamt für Sicherheit in der Informationstechnik (BSI) (2014): IT-Grundschutz-Kataloge. https://www.bsi.bund.de/IT-Grundschutz-Kataloge.html [Stand: 14.05.2016]

Bundesamt für Sicherheit in der Informationstechnik (BSI) (o. J.): IT-Grundschutz-Zertifikat. https://www.bsi.bund.de/DE/Themen/ITGrundschutz/ITGrundschutzZertifikat/itgrundschutzzertifikat_node.html [Stand: 14.05.2016]

DeGEval 2013: „Datenschutz in Evaluationen" – Interaktive Frühjahrstagung des AK Aus- und Weiterbildung in der Evaluation der DeGEval – Gesellschaft für Evaluation e. V.

Lange, Jens (2014): IT-Sicherheit: Schrittweise umsetzen. In: Kommune21 Heft 1/2014, S. 48 f. http://www.kommune21.de/meldung_17774_Schrittweise+umsetzen.html [Stand: 14.05.2016]

Muth, Reinhard (2011): Die Passwortkarte. Sichere Passwörter, einfach zu merken. https://www.dsin-blog.de/die-passwortkarte [Stand: 14.05.2016]

Schmidt, Jürgen (2013): Passwort-Schutz für jeden. Sicherheit mit System und trotzdem unberechenbar. In: c't 03/2013. http://www.heise.de/security/artikel/Passwort-Schutz-fuer-jeden-1792413.html [Stand: 14.05.2016]

Schüßler, Jan (2014): Support ins Ungewisse. Signaturen für Virenscanner unter Windows XP nach April 2014. In: c't 3/14. http://www.heise.de/ct/heft/2014-3-Signaturen-fuer-Virenscanner-unter-Windows-XP-nach-April-2014-2085393.html [Stand: 14.05.2016]

Schweizerischer Bundesrat (2011): Bericht über die Evaluation des Bundesgesetzes über den Datenschutz. http://www.datenschutzbeauftragter-info.de/schweizerischer-bundesrat-veroeffentlicht-bericht-ueber-die-evaluation-des-bundesgesetzes-ueber-den-datenschutz/ [Stand: 14.05.2016]

Weigandt, Artur (2010): Systematisch Passwörter ausdenken und merken. https://wlabs.de/347/systematisch-passwoerter-ausdenken-und-merken/ [Stand: 14.05.2016]

Interkulturelle Kompetenz – ein weiterer Baustein für das professionelle Handeln in Evaluationen

Schahrzad Farrokhzad

Interkulturelle Kompetenzen werden seit geraumer Zeit von verschiedensten Berufsgruppen gefordert. Seit Jahren werden interkulturelle und diversitätsorientierte Fortbildungen nachgefragt und angeboten, u. a. für den Bildungs- und Sozialbereich, die öffentliche Verwaltung, die Entwicklungszusammenarbeit, aber auch für Wirtschaftsunternehmen. Gleichzeitig haben in der Bundesrepublik, oft gefördert von Bund, Ländern, Kommunen oder Stiftungen, Modellprogramme und -projekte rund um die Themen Migration, Integration, Vielfalt und interkulturelle Öffnung Hochkonjunktur. Entsprechend nehmen die zu diesen Themenfeldern ausgeschriebenen → Evaluationen weiter zu.

Doch wie steht es eigentlich um die interkulturellen Kompetenzen von Evaluatorinnen und → Evaluatoren? Sind solche Kompetenzen nicht nur für die Akteursgruppen der praktischen Projektarbeit in diesen Gegenstandsfeldern, sondern auch für professionell Evaluierende nützlich und sinnvoll? In diesem Beitrag wird der Frage nachgegangen, ob und inwiefern interkulturelle Kompetenzen in Evaluationen von Vorteil sein können. Entlang eines Modells interkultureller Kompetenzentwicklung werden verschiedene Dimensionen interkultureller Kompetenz und ihre Bedeutung für die professionelle Evaluationspraxis behandelt. Dies wird anhand von Beispielen aus verschiedenen Evaluationsprojekten veranschaulicht.

Kompetenzanforderungen an Evaluatorinnen und Evaluatoren – Vorbemerkungen

Welche Kompetenzen sind für professionelle Evaluationen notwendig und wünschenswert? Die Professionalisierung von Evaluationen ist weiterhin ein aktuelles und zentrales Thema. Die Gesellschaft für Evaluation (DeGEval) widmete im Jahre 2014 ihre Jahrestagung unter dem Titel „Professionalisierung in und für Evaluationen" diesem Thema. Hierbei ging es u. a. um die → Standards für Evaluationen[1], die Qualität von Aus- und Fortbildungen im Bereich der Evaluationen und deren Zertifizierung. Darüber hinaus wurde das Selbstverständnis von Evaluatorinnen und Evaluatoren als Akteure im Kontext gesellschaftlicher Entwicklungen verhandelt.

In den von der Gesellschaft für Evaluation herausgegebenen „Empfehlungen für die → Aus- und Weiterbildung in der Evaluation" (DeGEval 2008a, S. 9 ff.) wird

---

[1] http://www.degeval.de/images/stories/Publikationen/DeGEval_-_Standards.pdf [Stand: 18.03.2015]

beispielsweise herausgearbeitet, dass Evaluatorinnen und Evaluatoren folgende Kompetenzen benötigen:

- Kenntnis über Theorie und Geschichte der Evaluation (z. B. zentrale Begriffe und Konzepte in der Evaluation, Theorie und Methodologie, das eigene Rollenverständnis in Evaluationen);
- Methodenkompetenzen (z. B. angemessener Umgang mit → Methoden der empirischen Sozialforschung, → Datenerhebung, -verarbeitung, → -auswertung und → -interpretation sowie Projektorganisation und Ressourcenverwaltung);
- Organisations- und Feldkenntnisse (z. B. Wissen über Merkmale und Funktionsweisen von Organisationen, allgemeine Feldkenntnisse wie Rechts- und Verwaltungskenntnisse, spezifische Feldkenntnisse mit Blick auf → Evaluationsgegenstände);
- Sozial- und Selbstkompetenzen (z. B. Kommunikationskompetenz, Kooperationskompetenz, Problemlösekompetenz).

Diese Ausführungen machen deutlich, dass die Anforderungen an das Kompetenzprofil einer Evaluatorin oder eines Evaluators recht komplex sind. Dies legen auch die Qualitätsstandards für Evaluationen der DeGEval nahe.[2]

Im Folgenden werden exemplarisch die Selbst- und Sozialkompetenzen, die elementarer Bestandteil interkultureller Kompetenzentwicklung sind, näher betrachtet. Unter Selbstkompetenzen werden in der Regel Kompetenzen auf der Ebene der eigenen Haltung verstanden, z. B. Offenheit, Verantwortungsbewusstsein, Bereitschaft zur eigenen Weiterentwicklung und Reflexionsfähigkeit. Für Evaluationen ergeben sich daraus Fragen wie: Trete ich offen und ohne irgendwelche Vorurteile an den Evaluationsgegenstand heran? Habe ich eine persönliche Meinung zu dem Gegenstand, den ich evaluiere? Behalte ich die unterschiedlichen → Interessen der → Beteiligten und → Betroffenen im Blick?

Unter Sozialkompetenzen werden Kompetenzen gefasst, die sich auf den zwischenmenschlichen Umgang beziehen, z. B. Kommunikationsfähigkeit (in der Evaluation mit Beteiligten und Betroffenen und ggf. dem → Evaluationsteam), in diesem Zusammenhang auch strategisches Geschick und „Fingerspitzengefühl"

---

2 Eine Kurzform der Standards der DeGEval befindet sich unter http://www.degeval. de/?id=135 [Stand: 18.03.2015]. Die Standards enthalten vier inhaltliche Bereiche (N=→ Nützlichkeit, D=→ Durchführbarkeit, F=→ Fairness und G=→ Genauigkeit) mit je mehreren Qualitätsstandards. Die Glaubwürdigkeit und Kompetenz des Evaluators bzw. der Evaluatorin ist ein eigenes Qualitätsstandardelement (N3) (Fußnote zu den Abkürzungen), darüber hinaus beziehen sich viele Standards auf Methodenkompetenzen (z. B. N4-Auswahl und Umfang der Informationen, D1-Angemessene Verfahren oder G7-Analyse qualitativer und quantitativer Informationen). Einige der Standards beziehen sich auch auf Selbst- und Sozialkompetenzen wie etwa F4-Unparteiische Durchführung und Berichterstattung, F3-Vollständige und faire Überprüfung oder D2-Diplomatisches Vorgehen.

(z. B. in der Auftragsklärung, im Umgang mit zu Befragenden etc.), Konfliktfähigkeit, Empathiefähigkeit mit Beteiligten und Betroffenen und ihren Interessen sowie Kooperationsbereitschaft und Kritikfähigkeit. Gleichzeitig findet man in den Erläuterungen der Selbst- und Sozialkompetenzen in der DeGEval-Broschüre einen Querverweis zum Thema Vielfaltsorientierung und konstruktiver Umgang mit Heterogenität. So wird an einer Stelle hervorgehoben, soziale Kompetenzen in interkulturellen Arbeitszusammenhängen seien wichtig, um konstruktiv mit Mehrsprachigkeit und unterschiedlichen kulturellen Orientierungen umgehen zu können und eine nutzenorientierte und gleichzeitig respektvolle Arbeitsbeziehung aufzubauen (DeGEval 2008a, S. 23 f.).

Somit wird in der Broschüre bereits deutlich, dass es zwischen den für Evaluatorinnen und Evaluatoren geforderten und bereits hier beschriebenen Kompetenzanforderungen und relevanten interkulturellen Kompetenzbereichen Schnittmengen gibt und damit eine hohe Anschlussfähigkeit erkennbar ist. Dies verweist zudem darauf, dass interkulturelle Kompetenzen keine „Sonderkompetenzen" sind, sondern vor allem eine Erweiterung des bereits bestehenden Kompetenzprofils, welches von Evaluatorinnen und Evaluatoren ohnehin gefordert wird.

1. Interkulturelle Kompetenzen – hilfreich in der Evaluation?

Inwiefern und auf welche Weise können nun interkulturelle Kompetenzen die professionelle Handlungsfähigkeit in Evaluationen unterstützen? Es sei vorweggeschickt, dass das Gebiet der Interkulturellen Kompetenzentwicklung ein kontroverses Diskursfeld ist.[3] Es gibt beispielsweise Debatten darüber, was überhaupt Ziele interkultureller Kompetenzentwicklung sein sollen, welche Rolle Kultur und/oder andere Aspekte dabei spielen und welcher Kulturbegriff zugrunde liegt. Unter Kultur wird in diesem Text „… ein bestimmtes Repertoire von Bedeutungsmustern und Zeichensystemen (Werte, Normen, Bräuche und andere Verhaltensregeln, allgemeine Wissensbestände und ‚Selbstverständlichkeiten', Traditionen, Rituale, Routinen, Glaubensvorstellungen, Mythen usw.), über das Gruppen oder Gesellschaften verfügen." (Leiprecht 2012, S. 56) verstanden. Kultur stellt ein Orientierungssystem dar (Auernheimer 2012). Zentral für die interkulturelle Bildungsarbeit ist, dass Kultur dynamisch ist und sich verändert. Zudem ist Kultur nicht auf Nationalkultur reduzierbar – es gibt z. B. Jugendsubkulturen, Berufskulturen, Regionalkulturen usw. Darüber hinaus ist Kultur nichts Essentialistisches – denn Kultur wird in der Interaktion zwischen Individuen und in gesellschaftlichen Diskursen gestaltet und immer wieder (neu) hergestellt. Das Individuum ist nicht „Gefangener" seiner Kultur, sondern setzt sich aktiv mit Kultur auseinander (zum Begriff der kulturellen

---

3 Vgl. zu den Debatten um interkulturelle Bildung und interkulturelle Kompetenz exemplarisch den Text von Rathje (2006), den Sammelband zu interkultureller Kompetenz von Auernheimer (2008) und die Zeitschrift „Erwägen Wissen Ethik" (Ausgaben Jg. 14, Heft 1/2003 und Jg. 21/2010, Heft 2).

Praxen siehe auch Hall 1994). Außerdem gibt es arbeitsfeldbezogen unterschiedliche Vorstellungen darüber, was interkulturelle Kompetenzen beinhalten sollen und ob interkulturelle Kompetenzen eigentlich vorwiegend kulturspezifische bzw. vorwiegend universelle Kompetenzen oder beides sind. Neben grundlegenden Auseinandersetzungen über „Philosophien" interkultureller Kompetenzentwicklung und ähnlicher Konzepte (wie z. B. Diversity) zeigen die Kontroversen u. a., dass sich im Prinzip jedes Arbeitsfeld mit Bezug auf den eigenen Kontext die Frage stellen müsste, welcher Zuschnitt von interkultureller Kompetenzentwicklung, oder von interkultureller Aus- und -fortbildung für dieses Feld hilfreich und zielführend ist.

Allgemein gehalten und arbeitsfeldübergreifend soll hier interkulturelle Kompetenz verstanden werden als Bündel von Haltungen, Fähigkeiten, Fertigkeiten und Wissensbeständen, die dabei helfen, konstruktiv mit ethnisch-kultureller bzw. migrationsbedingter Vielfalt umzugehen und Vielfalt als gesellschaftliche Normalität anzuerkennen.

Was bedeutet dies konkret? Am Beispiel der in der Definition genannten Wissensbestände (oder „Feldkenntnisse", wie es in der Evaluationsprofession genannt wird) soll dies einmal exemplarisch deutlich gemacht werden.

Die Autorin ist und war verschiedentlich an der Evaluation von → **Programmen** zur Unterstützung der Arbeitsmarktintegration beteiligt. Um diese Programme, ihre Architektur und ihre Funktionsweisen sowie identifizierbare förderliche und hinderliche Rahmenbedingungen besser verstehen und deuten zu können, haben sich beispielsweise bei der Gewinnung und Interpretation von Daten die folgenden „Wissensbestände" als hilfreich erwiesen: Kenntnisse über Arbeitslosenquoten bei Menschen mit Migrationshintergrund, Kenntnisse über vielfältige mögliche Ursachen von Arbeitslosigkeit bei Migrantinnen und Migranten, Wissen über die Offenheit oder Nicht-Offenheit bestimmter beruflicher Branchen und beruflicher Statuspositionen für Migrantinnen und Migranten, Kenntnisse über spezielle → **Zielgruppen** (z. B. die Bedeutung von Traumata für die Arbeitsmarktintegration von Flüchtlingen). Solche Kenntnisse unterstützen eine differenziertere und der sozialen Realität angemessenere Ausgestaltung von Erhebungsinstrumenten. Ergebnisse differenzierter Befragungen (hier aus der Evaluation des Arbeitsmarktprogramms für Bleibeberechtigte und andere Flüchtlinge) waren beispielsweise konkret: die Bedeutung struktureller Rahmenbedingungen wie die strukturelle Benachteiligung von Menschen mit Migrationshintergrund im Bildungssystem, arbeits- und aufenthaltsrechtliche Einschränkungen, die Nicht-Anerkennung ausländischer Abschlüsse, mangelndes ökonomisches Kapital zur Selbstfinanzierung von Aus- und Weiterbildungen und stereotype Vorstellungen mancher arbeitsmarktrelevanter Akteure spielten oft eine bedeutende Rolle. Kulturelle Orientierungen von Migrantinnen und Migranten als mögliches Integrationshindernis in den Arbeitsmarkt wurden von den befragten Projektverantwortlichen deutlich seltener genannt (Lawaetz-Stiftung/Univation/Wirtschafts- und Sozialforschung Friedrich 2011).

Ein weiteres Beispiel: Im Angebot für die Evaluation des Bundesprogramms „Integration durch Qualifizierung" haben die Autorin und andere an der Bewerbung

Beteiligte einen Text zusammengestellt, der die Wissensbestände zum Evaluationsgegenstand belegen soll. Es zeigt sich, dass angemessenes Know-how nicht nur wichtig für die fair ausgestaltete und nutzbringende Evaluation ist, sondern auch für die Erhöhung der Chance, den Zuschlag für Evaluationsaufträge zu erhalten.

Zum Thema Arbeitsmarktintegration sind im Einzelnen folgende Befunde von Bedeutung: (…) Die Erwerbslosigkeit ist zwischen 2006 und 2009 zwar in allen Gruppen gesunken, die Bevölkerung mit Migrationshintergrund ist aber nach wie vor nahezu doppelt so häufig erwerbslos (in 2009 13,1% mit, 6,6% ohne Migrationshintergrund). Dieser Umstand verweist auf die strukturelle Benachteiligung dieser Personengruppe, die einschlägig nachgewiesen ist. (…) Generell gilt für den Arbeitsmarkt, dass manche Arbeitsmarktsegmente für Personen mit Migrationshintergrund tendenziell aufgeschlossener sind (z. B. Gastgewerbe, Handwerk, freie Berufe) als andere (z. B. Kredit- und Versicherungswesen, öffentliche Verwaltung). Auch hier gilt es, Ausschließungsmechanismen aufzuspüren (…).

Quelle: Angebot zur Evaluation des Programms „Integration durch Qualifizierung" (Univation 2011)

Abbildung 1:   Beispiel für Wissensbestände bzw. Feldkompetenzen zu einem Evaluationsgegenstand

Das im Folgenden eingeführte Kompetenzmodell bietet die Möglichkeit, systematischer zu betrachten und zu reflektieren, welche Kompetenzdimensionen im interkulturellen Kontext relevant sein können und was dies für Evaluationen bedeutet. Für diesen Beitrag ist als konzeptionelle Basis das interkulturelle Kompetenzmodell von Veronika Fischer (2006, 2011) ausgewählt worden, da es aus folgenden Gründen nutzbringend in der Evaluationspraxis einsetzbar ist: Es ist a) bezüglich seiner Systematik gut nachvollziehbar und macht anschaulich, welche Anknüpfungspunkte es hinsichtlich des Kompetenzprofils von Evaluatorinnen und Evaluatoren gibt. Zudem legt es b) ein ähnlich komplexes und umfassendes Kompetenzverständnis zugrunde, wie es in der Evaluation ebenfalls gefordert wird. Darüber hinaus ist es c) aus dem Bildungs- und Sozialbereich (genauer: der Sozialen Arbeit) heraus mit Blick auf Migrationsgesellschaften entwickelt worden und damit besonders gut auf das Kompetenzprofil von Evaluierenden übertragbar, die sich mit Fragen von Diversität im Kontext von Migrations- und Integrationsprogrammen sowie Programmen zur Förderung eines konstruktiven Verständnisses von Vielfalt und zum Abbau von Rassismus und Rechtsextremismus befassen.[4] Es ist aber auch für Evaluationen in Programmen und Projekten mit anderen Schwerpunktthemen nützlich. Wenn bei-

---

4   Evaluierende, die in internationalen Arbeitsfeldern wie der Entwicklungszusammenarbeit oder internationalen Wirtschaftsbeziehungen tätig sind, wo es vielfach um die Vorbereitung von Auslandsaufenthalten geht, können dieses Modell ebenfalls nutzen, statt der Migrations- und Integrationsthematik stünden dann aber – je nach Kontext zu überprüfen – ggf. internationale und kulturbezogene Kompetenzaspekte im engeren Sinn (z. B. Wissen über geografische und kulturelle Besonderheiten in sog. „Entwicklungsländern") stärker im Vordergrund.

spielsweise der Anspruch besteht, die Vielfalt in unserer Migrationsgesellschaft in Programmstrukturen und bei den Zielgruppen von Programmen und Projekten in Evaluationen systematisch zu berücksichtigen, können interkulturelle Kompetenzen immer hilfreich sein.

Nach Fischer (2006, 2011) ist die interkulturelle Kompetenzentwicklung eine komplexe Angelegenheit. Grundsätzlich fordert sie für die Soziale Arbeit ein Verständnis von interkultureller Kompetenz, welches gleichermaßen „differenzsensibel und dominanzkritisch" (Fischer 2011, S. 344) ist. Auf Basis eines flexiblen und dynamischen Verständnisses von Kultur (vgl. einem solchen Kulturverständnis die Fußnote 3 in diesem Beitrag) fordert sie als *differenzsensible* Haltung ein, mögliche Differenzen (auch wenn es „nur" Resultate von Selbst- und Fremdzuschreibungen sind) im beruflichen Handeln angemessen zu berücksichtigen (z. B. Mehrsprachigkeit) – ohne sie jedoch überzubetonen und ggf. andere wichtige Differenzlinien außer Acht zu lassen. Dies erfordert eine „personenzentrierte Haltung und Offenheit" (Fischer 2011, S. 344). Fachkenntnisse, z. B. über Religionen, Bildungssysteme in anderen Ländern, unterschiedliche Familienkonzepte und Milieus, können situationsbezogen hilfreich sein, sind aber als vorübergehend zu betrachten, da sie sich weiterentwickeln. Solches Fachwissen muss daher immer wieder überprüft werden. Mit *dominanzkritisch* ist gemeint, dass wir in gesellschaftlichen Macht- und Dominanzverhältnissen leben, in denen Menschen mit Migrationshintergrund im Schnitt mit weniger Macht und anerkanntem kulturellem und sozialem Kapital (Bourdieu 1992) ausgestattet sind, und dies im beruflichen Handeln kritisch zu reflektieren ist. So können Status- und Machtunterschiede den Kontakt zwischen Fachkräften der Sozialen Arbeit und Klientinnen und Klienten mit Migrationshintergrund beeinflussen. Das gleiche gilt für Wissenschaftlerinnen bzw. Wissenschaftler und zu Befragende mit Migrationshintergrund in Evaluationen. Fischer (2011) unterscheidet – in Anlehnung an das sozialökologische Modell von Bronfenbrenner (1981) – vier verschiedene Ebenen interkultureller Kompetenzentwicklung, die im Folgenden näher erläutert und mit Beispielen aus der Evaluationspraxis unterlegt werden: a) die Mikroebene – als Ebene der individuellen, zwischenmenschlichen Interaktion, b) die Mesoebene – als Ebene der gesellschaftlichen Institutionen, c) die Makroebene – als Ebene der Verfasstheit von Gesellschaften in Nationalstaaten und d) die globale Ebene – als Ebene der Weltgesellschaft (z. B. im Kontext von Internationalisierung).

Im Folgenden werden diese Ebenen und ihre Bedeutung für Evaluationen differenzierter betrachtet. Dabei wird auf die Ausführungen von Fischer (2006, 2011) zurückgegriffen und weitere Aspekte aus der eigenen Forschungs- und Evaluationserfahrungen werden hinzugefügt.

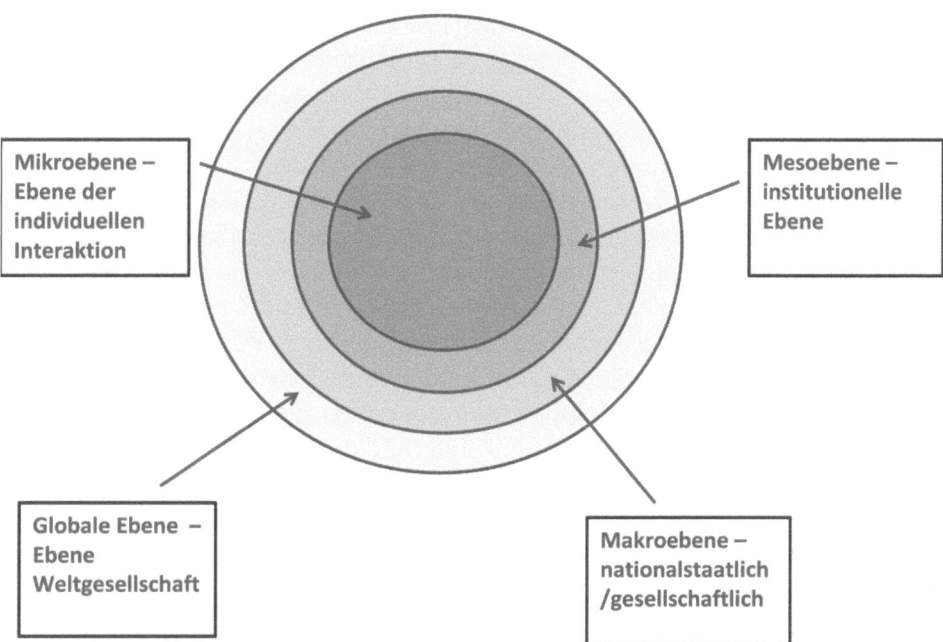

Abbildung 2: Modell zu interkulturellen Kompetenzen auf vier Ebenen, Quelle: orientiert an den Ausführungen von Fischer (2006, 2011)

1.1 Anforderungen interkultureller Kompetenzentwicklung – Mikroebene

Mit Blick auf ein interkulturelles Kompetenzprofil beinhaltet die Mikroebene vor allem Kompetenzen im Bereich der *Haltungen/Einstellungen* und der *sozialen Kompetenzen* im Bereich der zwischenmenschlichen Interaktion (Fischer 2011, S. 351 ff.). Dazu gehören vor allem:

- Offenheit und Wertschätzung (gegenüber den „Anderen");
- Fähigkeit zur Selbstreflexion (z. B. kritische Überprüfung eigener möglicher Stereotypen, differenzsensible und dominanzkritische Haltung);
- Frustrations- und Ambiguitätstoleranz (z. B. die Fähigkeit, Widersprüche auszuhalten, etwa im Bereich unterschiedlicher Wertevorstellungen, Familienkonzepte, Vorstellungen zu Integration – unterschiedlicher lebensweltlicher Erfahrungen in verschiedenerlei Hinsicht);
- (mehrsprachige) Kommunikationskompetenz, Konflikt- und Kooperationsfähigkeit.

Was bedeutet das für Evaluationen? Am Beispiel von Gruppendiskussionen mit Flüchtlingen im Rahmen der Evaluation des Bundesprogramms „Arbeitsmarktliche Unterstützung von Bleibeberechtigten und anderen Flüchtlingen" (Lawaetz-Stiftung/

Univation/Wirtschafts- und Sozialforschung Friedrich 2011) soll dies exemplarisch verdeutlicht werden. Nach der vorliegenden Erfahrung ist für Gruppendiskussionen (vgl. Schröder in diesem Band; Mäder 2013) mit Flüchtlingen eine hohe Sensibilität für die Zielgruppe erforderlich – aufgrund ihrer oft vielfältigen negativen biografischen Erfahrungen im Herkunftsland, aber auch im Einwanderungsland. Hierzu gehört auch, z. B. Diskriminierungserfahrungen, von denen sie berichten, ernst zu nehmen und sie nicht zu verharmlosen oder „vom Tisch zu wischen". Schnell ist das Vertrauen sonst beeinträchtigt, zumal bei dieser Zielgruppe fast immer eine Machtasymmetrie zwischen Befragenden und Befragten vorliegt. Zudem sind Empathie und auch Reflexionsfähigkeit (z. B. kritische Reflexion und Überprüfung eigener Fremdbilder zu Flüchtlingen) hilfreich und aufschlussgebend. Das gilt nicht nur für die Kommunikationssituation selbst, sondern auch bereits für die Entwicklung von Diskussionsleitfäden in Gruppendiskussionen. Ein weiterer wichtiger Aspekt: Flüchtlinge haben in der Bundesrepublik aufgrund der in der Regel stattfindenden behördlichen sog. „Anhörungen" (zu Fluchtgründen etc.) verhörähnliche Erfahrungen gemacht, die sehr unangenehm sein können. Daher hat es sich als hilfreich herausgestellt, die Gruppendiskussionen nicht nur offen und wertschätzend zu gestalten, sondern den Flüchtlingen explizit eine Expertenrolle einzuräumen. Als die Verfasserin in den Gruppendiskussionen dies immer wieder kommunizierte, wurde die Gesprächsatmosphäre nach und nach offener und schließlich gaben die Flüchtlinge eine Fülle von Hinweisen, wie das zu evaluierende Bundesprogramm für Flüchtlinge verbessert werden kann. In der Feedbackrunde zur Gruppendiskussion wurde dann positiv zurückgemeldet, dass die Freude darüber groß war, das erste Mal nach der eigenen Meinung zu den Lebensbedingungen als Flüchtling gefragt zu werden.

Darüber hinaus ist es für die Gewinnung und Motivation der Flüchtlinge zentral, die Datenschutzgarantie nicht nur mündlich, sondern auch schriftlich (idealerweise mit offiziellem Stempel) auszuhändigen – denn Flüchtlinge sind verständlicherweise sehr vorsichtig mit der Weitergabe persönlicher Daten und Informationen und möchten genau wissen, in wessen Hände sie übergeben werden bzw. ob und wann sie gelöscht werden, wo und wie sie veröffentlicht werden etc. Daher ist hier die Gewährleistung großer Transparenz über die Verwertung der Daten für die Schaffung von Vertrauen elementar. Denn manche Informationen können tatsächlich ihren Aufenthalt gefährden oder sie anderweitig in Schwierigkeiten bringen (z. B. bei einer Verletzung der Residenzpflicht, um an einer Gruppendiskussion teilnehmen zu können). Ein weiterer relevanter Aspekt in den Gruppendiskussionen war die Notwendigkeit von Empathie, Kommunikations- und Konfliktlösungsfähigkeit seitens der Evaluation, als bei Befragten traumatisierende Erlebnisse zum Vorschein kamen. Dies kann Tränen, Trauer und Wut während der Gespräche auslösen, mit denen professionell umgegangen werden muss (hilfreich sind hier u. a. Gesprächspausen, nachfragen, ob das Thema überhaupt weiter besprochen werden soll etc.). Das kann auch bedeuten, dass manches Mal seitens der Evaluation aus ethischen

Gründen und mit Respekt vor traumatischen Erfahrungen von Flüchtlingen auf einzelne Informationen verzichtet werden muss.

Diese Beispiele zeigen, dass interkulturelle Kompetenzen auf der Mikroebene vor allem eines sind: eine Erweiterung der ohnehin von Evaluatorinnen und Evaluatoren erforderlichen Haltungen, Fähigkeiten und Fertigkeiten in Interaktionen (z. B. Kooperationskompetenz, Empathie, Kommunikationskompetenz, Konfliktfähigkeit) – erweitert um interkulturelle und migrationssensible Perspektiven. Herwartz-Emden (2000) hat – neben den auch in diesem Beitrag bereits erwähnten Aspekten der Machtasymmetrien in Interviewsituationen – noch weitere Aspekte identifiziert, die es gilt, bei Interviews im Migrationskontext zu beachten:

- Ethnisierungs-/Kulturalisierungsfallen: Manchmal fließen ethnisierende/kulturalisierende Stereotypen von Evaluatorinnen und Evaluatoren in ihre eigenen Evaluationen ein. Beispiel: Wenn in einer Studie zu Lebenslagen und Orientierungen von Jugendlichen (mit und ohne Migrationshintergrund) ausschließlich die Jugendlichen mit Migrationshintergrund nach der Bedeutung von Religion in ihrem Lebensalltag gefragt werden, wird von vorneherein pauschal unterstellt, dass diese für sie eine höhere Bedeutung hat als für Jugendliche ohne Migrationshintergrund. Das Ergebnis solcher Arbeiten kann man dann als „self fulfilling prophecy" bezeichnen. Ähnliches gilt, so Herwartz-Emden (2000), für den sog. „Gender-Effekt".
- Paternalismuseffekt: Darunter ist eine Art mitleidsvolle Zuwendung zu verstehen, die oftmals ebenfalls mit Stereotypen arbeitet (z. B. die Unterstellung, dass Menschen mit Migrationshintergrund per se zwischen zwei Kulturen „zerrissen" seien). Der Paternalismuseffekt kann Empörung hervorrufen, kann auslösen, sich „zurückgesetzt" oder „minderbemittelt" zu fühlen, und ist damit für wertschätzende und nutzbringende Erhebungen kontraproduktiv und zudem u. U. manipulativ.
- Effekt der adressatenspezifischen Argumentation: Wie in allen Evaluationen ist auch im Bereich der Themen Migration, Integration und Interkulturalität eine gewisse Gefahr gegeben, Erhebungsinstrumente und Interpretationen von Ergebnissen zu liefern, die den vorhandenen Meinungsbildern von Adressierten (hier sind v. a. → **Auftraggebende** gemeint) entsprechen – weil sie dann evtl. aus Sicht von manchen Auftraggebenden erst „veröffentlichungsfähig" sind. Bei diesen Themenfeldern ist dies besonders heikel, da zu interkulturellen Themen und zur Gruppe der Menschen mit Migrationshintergrund ohnehin viele Vorurteile und Stereotypen existieren, die die Realität verzerren (auch in den Köpfen mancher Mittelgebenden). Hier gilt es, mit den Auftraggebenden hartnäckig und mit guten Argumenten zu verhandeln, um anhand solider, wissenschaftlich fundierter Argumentationen Forschungs- und Evaluationssettings entwickeln zu können, die der Komplexität der sozialen Realitäten gerecht werden – das Gleiche gilt für die Interpretation und Darstellung der Ergebnisse. Hierbei ist eine gut fundierte und gleichzeitig sensible und wertschätzende Kommunika-

tion mit den Auftraggebenden erforderlich, die zudem immer wieder auf den Nutzen möglichst differenzierter und fundierter Ergebnisse hinweist, ohne aber dabei die Nutzugsinteressen der Adressatinnen und Adressaten der Evaluation aus dem Blick zu verlieren. Die Praxiserfahrungen zeigen, dass dieses Vorgehen lohnenswert ist und die Zufriedenheit aller Beteiligten mit dem → **Evaluationsdesign** und mit der Veranschaulichung der Ergebnisse im günstigen Fall erhöhen kann.

- Tabuisierungseffekt: Der Tabuisierungseffekt ist wohl der Effekt, der im Rahmen von Befragungen am schwierigsten zu „bezwingen" ist. Hier geht es darum, dass manche Themen (je nach Kontext, z. B. Gesprächssituation, Anwesende und ihre „Differenzmerkmale" (Geschlechtszugehörigkeit, lebensweltliche Orientierungen der zu Befragenden)) von zu Befragenden nur ungerne ausgebreitet werden. Ein solches Thema sind beispielsweise Rassismus- und andere Diskriminierungserfahrungen. Es gibt Hinweise darauf, dass sie noch eher Interviewerinnen und Interviewern mit Migrationshintergrund erzählt werden (Baros 2001). Die Interviewten gehen möglicherweise von einer gemeinsam geteilten Erfahrungswelt aus (selbst wenn dies nicht zutreffen sollte), und manches Mal wird Interviewenden ohne Migrationshintergrund unterstellt, dass diese ihre Erlebnisse und Erfahrungen nicht nachvollziehen können. Es hängt aber insgesamt stark vom Selbstverständnis der zu Befragenden ab, ob sie über ihre persönlichen Erfahrungen etwas sprechen möchten und wie sie das oben Beschriebene bewerten. Interviewpartnerinnen und -partner, die es auf Basis ihres biografisch hergestellten Selbstbildes generell ablehnen, in irgendeiner Form als Opfer wahrgenommen zu werden, wird man nur schwer dazu bewegen können, über Erfahrungen von Benachteiligungen zu sprechen. Eine Möglichkeit kann sein, indirekt nach etwaigen Benachteiligungen zu fragen bzw. relativ offen narrative Erzählpassagen zu generieren und im Gespräch den Fokus auf die Handlungsstrategien von zu Befragenden zu legen. Damit kann verdeutlicht werden, dass es für die Befragung wichtig ist zu erfahren, wie Befragte bestimmte (thematisch für die Evaluation relevante) Probleme in ihrem Leben „gemeistert" haben. So kann implizit die Handlungsfähigkeit der zu befragenden Person in den Vordergrund gestellt werden.

Um eine interkulturelle Sensibilität und Reflexivität in Evaluationen zu gewährleisten, sind zudem einige Voraussetzungen auf der Ebene von Institutionen (Mesoebene) hilfreich, die im Folgenden näher erläutert werden.

1.2 Anforderungen interkultureller Kompetenzentwicklung – Mesoebene

Die interkulturellen Kompetenzanforderungen auf der Mesoebene beziehen sich vor allem auf Wissensbestände und strategische Kompetenzen in institutionellen/ organisationsbezogenen Zusammenhängen und auf methodische Kompetenzen im Rahmen professionellen Handelns. Mit Blick auf die Soziale Arbeit bezieht sich Fischer (2011, S. 350 f.) dabei vor allem auf den Abbau von Zugangsbarrieren im Bereich der sozialen Dienstleistungen gegenüber Menschen mit Migrationshintergrund, die eine interkulturelle Öffnung[5] sozialer Organisationen nach sich ziehen sollte. Hierbei geht es um die Anerkennung migrationsbedingter und ethnisch-kultureller Vielfalt in der Gesellschaft als Normalität sowie die interkulturelle Orientierung als Querschnittsthema. Beides sollten sich soziale Organisationen zum Ziel setzen nach (Fischer 2011). Analog können auch Evaluationsinstitute dazu angeregt werden, sich interkulturell zu öffnen – denn auch sie bieten ihre Dienstleistungen in der gleichen, durch Diversität geprägten Gesellschaft an. Praktisch kann das beispielsweise bedeuten, dass Evaluationsinstitute überprüfen, ob sich die Diversität der Gesellschaft auch in ihrem Personal widerspiegelt oder welche Sprachen im Evaluationsteam gesprochen werden, um die Vielfalt ggf. zu erhöhen. Genauso können interkulturelle/diversitätsorientierte Personalschulungen Bestandteil solch einer Strategie sein. Dies gilt ganz besonders dann, wenn ein thematischer Schwerpunkt der Evaluationen eines Instituts in den Bereichen Migration, Integration, Interkulturalität und angrenzenden Themenfeldern liegt. Als Kompetenzen lassen sich also in diesem Zusammenhang vor allem Wissen und strategische Handlungskompetenzen beschreiben, wie man die eigenen Organisationen interkulturell öffnen kann, und wie man das beispielsweise strategisch in Evaluationsdesigns berücksichtigt.

Ein Beispiel soll dies konkret veranschaulichen: In einem von der Verfasserin zusammen mit anderen Forscherinnen und Forschern durchgeführten Forschungsprojekt[6] (Farrokhzad u. a. 2010) wurde seitens der beteiligten Organisationen, die ein Konsortium bildeten, das Thema Mehrsprachigkeit systematisch diskutiert und in der Folge wurden Handlungsstrategien für das Forschungsdesign entwickelt. Die Forschungsarbeit handelte von Geschlechterarrangements im intergenerativen und interkulturellen Vergleich. Zielgruppen von Befragungen (qualitative Interviews) waren Personen mit türkischem Migrationshintergrund, Personen mit Familien aus den Gebieten der ehemaligen Sowjetunion und Personen ohne Migrationshintergrund – und in allen drei Gruppen sollten Mutter-Tochter und Vater-Sohn-Tandems befragt werden, um intergenerative Aspekte aufzuspüren. Die Forschergruppe vermutete, dass mehrsprachige Interviewerinnen und Interviewer insbesondere bei Teilen der jeweils älteren Generation von Migrantinnen und Migranten situationsbezogen vorhandene Sprachbarrieren abbauen würden, aber auch insgesamt die Kommunikation mit allen zu Befragenden mit Migrationshintergrund flexibler gestaltet werden könnte. Zudem mussten nicht ganze Gruppen mit geringen Deutschkenntnissen von vornherein ausgeschlossen werden. Die Vermutungen

---

5   Interkulturelle Öffnung meint die Ausrichtung von Organisationen und ihren Strukturen, Abläufen, Kompetenzen und Dienstleistungen auf die Herausforderungen und Bedingungen einer Einwanderungsgesellschaft (Schröer 2007).
6   Diese Arbeit war zwar kein Evaluationsprojekt, sondern ein Forschungsprojekt – die dort gemachten Erfahrungen im interkulturellen Kontext sind jedoch für Evaluationsprojekte nützlich, daher wurde das Beispiel hier aufgenommen.

haben sich bestätigt. Methodische Grundlage dabei war die Übereinkunft, dass die Interviewenden die zu Befragenden zu Beginn der Gespräche fragten, in welcher Sprache sie sprechen möchten. Auch ein „Switchen" zwischen verschiedenen Sprachen während des Gesprächs wurde ermöglicht, dadurch wurde Vertrauen geschaffen und der Informationsfluss deutlich erhöht und vereinfacht. Ein weiterer Aspekt: Schriftliche mehrsprachige Kurzinformationen zu einem Evaluationsvorhaben und zum Datenschutz können dabei unterstützen, Zugangsbarrieren zu Zielgruppen mit Migrationshintergrund, die man gewinnen möchte, abzubauen. Auf Organisationsebene konnten die im Beispiel oben drei beteiligten Organisationen alle bereits „diverse" Teams vorweisen. Zudem wurden aufgrund der notwendigen Anzahl von Interviewerinnen und Interviewer weitere Personen im Umfeld der Organisationen recherchiert und rekrutiert. Hierbei waren wiederum die bereits vorhandenen Teammitglieder mit Migrationshintergrund (aber nicht nur diese) eine große Hilfe. Die Rekrutierung mehrsprachiger Interviewerinnen und Interviewer als Teammitglieder im Forschungsprojekt hat hier die Qualität der Forschungsergebnisse mit hoher Wahrscheinlichkeit erhöht. Dieses Beispiel beschreibt eine passgenaue Personalrekrutierung im interkulturellen Kontext als eine Maßnahme interkultureller Öffnung. Weitere Maßnahmen wären z. B. interkulturelle Kompetenzschulungen für Teams in Evaluationsinstituten und die systematische Überprüfung von Evaluationsangeboten auf mögliche migrationsspezifische und/oder interkulturelle Aspekte.

1.3 Anforderungen interkultureller Kompetenzentwicklung – Makroebene und globale Ebene

Die Anforderungen interkultureller Kompetenzentwicklung auf der Makroebene und auf der globalen Ebene werden im Folgenden gemeinsam behandelt, da diese bezüglich ihrer Verfasstheit große Ähnlichkeiten aufweisen: Beide Kompetenzebenen beziehen sich vor allem auf Wissensbestände bzw. Feldkenntnisse, und zwar in gesellschaftlichen Zusammenhängen – sowohl im nationalstaatlichen als auch im internationalen Bereich (Fischer 2011, S. 348 ff.). Diese Feldkenntnisse können wiederum die Selbst- und Sozialkompetenzen erhöhen und durch kritische Reflexionen auf Basis dieser Wissensbestände beispielsweise zu einem differenzierteren und/oder dem Gegenstand angemesseneren Evaluationsdesign führen. So wären als Kompetenzanforderungen auf der Makroebene bzw. nationalstaatlichen Ebene etwa die Folgenden zu nennen:

- Wissen über die Migrationsgeschichte, Macht- und Ungleichheitsverhältnisse, rechtliche, soziale, ökonomische und politische Rahmenbedingungen im Aufnahmeland bzw. in der Mehrheitsgesellschaft (z. B. arbeits- und aufenthaltsrechtliche Einschränkungen, Nichtanerkennung von Abschlüssen auf dem Arbeitsmarkt),

- Kenntnisse über Lebenslagen von Menschen mit Migrationshintergrund sowie Unterschiede, aber auch Gemeinsamkeiten mit Menschen ohne Migrationshintergrund,
- Bewusstsein über die Bedeutung unterschiedlicher kultureller, milieuspezifischer und anderer lebensweltlicher Orientierungen (bei Bevölkerungsgruppen mit *und* ohne Migrationshintergrund),
- Kenntnisse über den bundesdeutschen Einwanderungsdiskurs,
- Wissen über Existenz und Auswirkungen von Selbst- und Fremdbildern, Ethnisierungs- und Kulturalisierungsfallen, Rassismus- und Diskriminierungsmechanismen.

Auf der globalen Ebene lassen sich analog u. a. folgende Kompetenzanforderungen formulieren:

- Kenntnis über internationale Migrationsbewegungen und deren Auswirkungen,
- Ursachen und Folgen internationaler Migration kennen und analysieren können,
- Know-how über transnationale Netzwerke,
- Prozesse der Globalisierung kritisch und differenziert bewerten können.

Wichtig ist zudem, dass dieses interkulturelle Kompetenzmodell weit über interkulturelle Kompetenzen im engeren Wortsinn hinausgeht und damit einer Kulturalisierung in einem engen Sinne entgangen wird. Es enthält z. B. auch die Reflexion von Machtasymmetrien, strukturellen und sozialen Ungleichheiten sowie Ursachen und Folgen von Migration und die Beachtung der Heterogenität sowohl der Menschen mit als auch ohne Migrationshintergrund.

Die im interkulturellen Kompetenzmodell genannten Aspekte sind nur Beispiele hilfreicher Kenntnisse, die besonders bedeutsam sind, immer wieder eine Rolle spielen und daher wichtig sind als Interpretationsfolien z. B. bei der Auswertung quantitativer und qualitativer Daten. Es ist einleuchtend, dass in der Regel nicht alle dieser hohen Kompetenzanforderungen von Evaluatorinnen und Evaluatoren (auch nicht von anderen Fachkräften in anderen Arbeitsfeldern) in gleichem Ausmaß erfüllt werden können – aber bereits die Berücksichtigung einiger dieser Kompetenzanforderungen kann die Aussagekraft, die Realitätsnähe und eine angemessene Differenziertheit von Forschungs- und → **Evaluationsergebnissen** verstärken. Was bedeutet das konkret für Evaluationen? Einige Beispiele, bei denen der günstige Einfluss von Wissensbeständen über Migration und Integration in arbeitsmarktlichen Zusammenhängen deutlich wurde, habe ich bereits unter Punkt 2 zu Wissensbeständen bzw. Feldkenntnissen ausgeführt. Weitere Beispiele sind:

a) → **Erhebungsinstrumente**: Wenn etwa nach dem Bildungshintergrund von Personen mit Migrationshintergrund gefragt wird: Wird zwischen Bildungsabschlüssen im Inland und im Ausland differenziert bzw. auch nach Letzteren ausdrücklich gefragt? Wenn dies nicht der Fall ist, kann es passieren, dass man von vorhandenen Bildungsabschlüssen nichts erfährt, weil die Befragten ggf. glauben, dass für die Befragung nur „deutsche" Abschlüsse relevant sind. Oder wenn etwa Motive und Möglichkeiten zur Arbeitsaufnahme herausgearbeitet werden sollen: Ist bekannt, ob die Befragten eine Arbeitserlaubnis haben? Denn nur dann können sie ja überhaupt eine Arbeit aufnehmen. Mit solch differenzierten Vorgehensweisen entgeht man auch eher Ethnisierungs- und Kulturalisierungsfallen in Form vorschneller und pauschalisierender Interpretationen. Thesen wie etwa die Annahme, dass vergleichsweise niedrige Erwerbsquoten bei Frauen mit Migrationshintergrund vorwiegend kulturellen Traditionen geschuldet sind, sind dann schnell ad acta gelegt – denn differenziertere Betrachtungsweisen aufgrund von interkulturellen Kompetenzen entlarven solche Annahmen oft als simplizistische Erklärungsmuster.

b) Datenauswertung: Dieser Punkt knüpft unmittelbar an den vorangegangenen Punkt an. Entsprechend ist es strategisch hilfreich, während der Datenauswertung mögliche Ethnisierungs- und Kulturalisierungsfallen zu identifizieren und (idealerweise) in einem Evaluationsteam oder mit Kolleginnen und Kollegen kommunikativ zu validieren.

c) → **Berichterstattung**: Hierbei ist besonders zu beachten, an wen sich die Berichte richten und wer sie lesen und verstehen können soll. Das ist natürlich einerseits eine allgemeine Empfehlung aus dem Kompetenzportfolio von Evaluatorinnen und Evaluatoren (Farrokhzad/Mäder 2014) – andererseits kommen aber Aspekte von Mehrsprachigkeit ins Spiel, wenn auch Personen mit Migrationshintergrund und evtl. unzureichenden deutschen Sprachkenntnissen die Evaluationsergebnisse verstehen können sollen. Dann stehen Überlegungen an, wie dies ermöglicht wird (mehrsprachige Kurzberichte oder Power Point Präsentationen oder Ähnliches). Darüber hinaus muss kritisch überprüft werden, ob zu einseitig auftraggeberzentriert argumentiert wird (siehe 2.1). Schließlich ist zudem etwa bei Programmen im Bereich Migration, Integration, Interkulturalität wichtig zu überprüfen, ob die Perspektive von Menschen mit Migrationshintergrund angemessen berücksichtigt ist (je nach Programmzuschnitt ihre Perspektive als Fachkräfte, Zielgruppen etc.).

2. Fazit

Die vorangegangenen Ausführungen und die dazugehörigen Beispiele haben veranschaulicht, dass besonders (aber nicht nur) bei Evaluationsprojekten rund um die Themen Migration, Integration und Teilhabe, Diversität und Interkulturalität interkulturelle Kompetenzen von großem Vorteil sein können. Dies zeigt sich zusammenfassend in den folgenden Punkten:

- Migrationsspezifische und differenzierte interkulturelle Wissensbestände bewahren vor Ethnisierungs- und Kulturalisierungsfallen (z. B. bei der Datenerhebung und -auswertung) und unterstützen die kritische Hinterfragung eigener Stereotypen zu manchen Herkunftsgruppen.
- Solche Wissensbestände unterstützen beim sensiblen Umgang mit Machtasymmetrien und sozialen Ungleichheiten.
- Interkulturelle Kompetenzen unterstützen dabei, bei zu Befragenden mit Migrationshintergrund Vertrauen zu schaffen und Kommunikationsbarrieren abzubauen.
- Interkulturelle Kompetenzen bei den Evaluatorinnen und Evaluatoren werden nicht nur von Beteiligten und Betroffenen mit Migrationshintergrund geschätzt, sondern auch von anderen Akteuren (v. a. von Fachleuten aus dem Migrations- und Integrationsbereich).
- Durch den Erwerb interkultureller Kompetenzen wird die eigene Kommunikations- und Selbstreflexionsfähigkeit erhöht. Dies erhöht wiederum die Aufmerksamkeit bei der Erhebung und Interpretation von Daten (nicht nur in interkulturellen und migrationsspezifischen Programmen).

Gleichzeitig ist veranschaulicht worden, dass interkulturelle Kompetenzen keine „Sonderkompetenzen" sind, sondern vor allem eine Erweiterung bereits vorhandener allgemeiner Selbst-, Sozial- und Methodenkompetenzen sowie von Feldkenntnissen, wie sie bereits in der DeGEval-Broschüre (DeGEval 2008a) gefordert werden. Es geht also für Evaluatorinnen und Evaluatoren darum, diese Kompetenzen auszubauen und zumindest stellenweise um interkulturelle und migrationssensible Perspektiven zu erweitern. Das zugegebenermaßen in dieser Hinsicht umfassende und daher anspruchsvolle interkulturelle Kompetenzmodell von Fischer (2006, 2011) und dessen hier vorgenommenen Erweiterungen können dabei eine nützliche Orientierungshilfe sein – es ist an jeder Evaluatorin und jedem Evaluator, mit dem Ausbau einzelner Kompetenzen zu beginnen, evtl. mit für die jeweilige Auftragslage aktuellen Kompetenzbereichen. Denn nicht zuletzt kann dies auch ein Marktvorteil sein, da interkulturelle Kompetenzen bei möglichen Auftraggebenden Aufmerksamkeit wecken können. Zudem besteht die Chance, dadurch die Qualität von Evaluationen zu sichern und zu steigern. Letzteres wird auch bei einem Blick auf die bereits erwähnten Evaluationsstandards offenkundig: In den genannten thematischen Bereichen, aber auch im Bereich internationaler Arbeitszusammenhänge, ermöglichen solche Haltungen, Fähigkeiten und Fertigkeiten beispielsweise eine umfassendere und differenziertere Analyse des → **Kontextes** des Evaluationsgegenstandes (→ **Kontextanalyse** – Standard G2). Sie erhöhen außerdem die Möglichkeit, angemessen diplomatisch vorzugehen (diplomatisches Vorgehen – Standard D2), was zu einer höheren Akzeptanz bei verschiedenen Beteiligten- und Betroffenengruppen führen kann. Schließlich wird die → **Validität** (Gültigkeit) und Reliabilität (Zuverlässigkeit) von Informationen optimiert (valide und reliable Informationen – Standard G5). Somit wäre es mit Blick auf die Weiterentwicklung der Evaluationsprofession eine Überlegung wert, über die Verankerung interkultureller Fortbildungen in die Curricula von Evaluationsstudiengängen, -fort- und -weiterbildungen nachzudenken.

Literatur

Auernheimer, Georg (2012): Einführung in die Interkulturelle Pädagogik. 7. Aufl. Darmstadt: Wiss. Buchgesellschaft.
Auernheimer, Georg (Hrsg.) (2008): Interkulturelle Kompetenz und pädagogische Professionalität. 2. akt. u. erw. Aufl., Wiesbaden: VS Verlag.
Baros, Wassilios (2001): Familien in der Migration. Eine qualitative Analyse zum Beziehungsgefüge zwischen griechischen Adoleszenten und ihren Eltern im Migrationskontext. Frankfurt/M.: Peter Lang.
Bronfenbrenner, Urie (1981): Die Ökologie der menschlichen Entwicklung. Natürliche und geplante Experimente. Stuttgart: Klett-Cotta Verlag.
Bourdieu, Pierre (1992): Die verborgenen Mechanismen der Macht. Hamburg: VSA-Verlag
DeGEval (2008a): Empfehlungen für die Aus- und Weiterbildung in der Evaluation. Anforderungsprofile an Evaluatorinnen und Evaluatoren. Quelle: http://www.degeval.de/images/stories/Arbeitskreise/AK_AUWE/DeGEval_Empfehlungen_Aus-_und_Weiterbildung.pdf [Stand: 11.10.2014]
DeGEval (2008b) (Hrsg.): Standards für Evaluation, 4. unveränderte Auflage. Mainz. Quelle: http://www.degeval.de/images/stories/Publikationen/DeGEval_-_Standards.pdf [Stand: 18.03.2015]
Farrokhzad, Schahrzad/Mäder, Susanne (2014): Nutzenorientierte Evaluation. Ein Leitfaden für die Arbeitsfelder Integration, Vielfalt und Toleranz. Münster/New York: Waxmann Verlag.
Farrokhzad, Schahrzad/Ottersbach, Markus/Tunc, Michael/Meuer-Willuweit, Anne (2010): Verschieden – Gleich – Anders? Geschlechterarrangements im intergenerativen und interkulturellen Vergleich. Wiesbaden: VS Verlag.
Fischer, Veronika (2006): Interkulturelle Kompetenz – Ein neues Anforderungsprofil für die pädagogische Profession. In: Veronika Fischer/Monika Springer/Ioanna Zacharaki (Hrsg.): Interkulturelle Kompetenz. Fortbildung – Transfer – Organisationsentwicklung. Schwalbach/Taunus: Wochenschau Verlag, S. 33–47.
Fischer, Veronika (2011): Interkulturelle Kompetenz. In: Fischer, Veronika/Springer, Monika (Hrsg.): Handbuch Migration und Familie. Schwalbach/Taunus: Wochenschau Verlag, S. 334–358.
Hall, Stuart (1994). Rassismus und kulturelle Identität. Hamburg: Argument Verlag.
Herwartz-Emden, Leonie (Hrsg.) (2000): Einwandererfamilien. Osnabrück: Universitätsverlag Rasch.
Lawaetz-Stiftung/Univation/Wirtschafts- und Sozialforschung Friedrich (2011): Evaluation des ESF-Bundesprogramms zur arbeitsmarktlichen Unterstützung für Bleibeberechtigte und Flüchtlinge mit Zugang zum Arbeitsmarkt. Hamburg/Köln/Berlin. Quelle: http://www.esf.de/portal/generator/15724/property=data/2011__02__23__evaluationsbericht.pdf [Stand: 06.08.2014]

Leiprecht, Rudolf (2012): Auf dem langen Weg zu einer diversitätsbewussten und subjektorientierten Sozialpädagogik. In: Leiprecht, Rudolf (Hrsg.): Diversitätsbewusste Soziale Arbeit. Schwalbach/Taunus, S. 15–44.

Mäder, Susanne (2013): „Die Gruppendiskussion als Evaluationsmethode – Entwicklungsgeschichte, Potenziale und Formen". In: Zeitschrift für Evaluation. 12 (1), S. 23–51.

Rathje, Stephanie (2006): Interkulturelle Kompetenz – Zustand und Zukunft eines umstrittenen Konzepts. Quelle: http://www2.uni-jena.de/philosophie/iwk/publikationen/interkulturelle_kompetenz_rathje.pdf [Stand: 06.05.2013]

Schröer, Hubertus (2007): Interkulturelle Öffnung und Diversity Management. Konzepte und Handlungsstrategien zur Arbeitsmarktintegration von Migrantinnen und Migranten. Schriftenreihe IQ Band I. Düsseldorf.

Univation (2011): Angebot zur Evaluation des Bundesprogramms „Integration durch Qualifizierung" (unveröffentlicht).

Schwarm-Evaluation als Steuerungsansatz

Dörte Schott und Wolfgang Beywl

„… our world is becoming so complex that it cannot be comprehended by any single human being. Swarm intelligence offers an alternative way of designing ‚intelligent' systems in which autonomy, emergence, and the ability to distribute tasks replace control, preprogramming, and centralization …" (Gloor 2006, S. 21)

In den letzten Jahren sind steigende Ansprüche an geförderte – und zu evaluierende – → **Programme** mit zunehmend komplexen Programmstrukturen bei zugleich zunehmendem Kostendruck zu beobachten. Sowohl der Kostendruck als auch die gestiegenen Ansprüche werden teilweise an die Anbieter von Evaluationen weitergegeben. Große, zentral aufgesetzte Förderprogramme für eine Vielzahl paralleler → **Projekte**, häufig mit innovativer Zielrichtung, haben nicht selten ein immenses finanzielles Gesamtvolumen, von dem aber oft nur ein sehr geringer Anteil auf das einzelne Projekt – und damit auch auf die Evaluation dieses Projekts – entfällt. Für die Evaluation solcher Projekte wird in diesem Beitrag ein Ansatz zur Steuerung vorgestellt: der Schwarm-Evaluations-Ansatz (SEA).

Der Steuerungsansatz ist vor dem Hintergrund von 14 parallelen small-scale Evaluationen (vgl. Abschnitt 2.2) entstanden, welche zwischen 2005 und 2008 für Entwicklungspartnerschaften der zweiten Europäischen EQUAL-Initiative (vgl. Abschnitt 2.1) durch oder in Kooperation mit Univation Institut für Evaluation Dr. Beywl & Associates durchgeführt wurden.

Als besonders herausfordernd stellten sich dabei die hohen Anforderungen an die Evaluation bei gleichzeitig knapper Budgetierung dar. Die Anforderungen ergaben sich zum einen aus den Leitfäden des Programms EQUAL und zum anderen aus der Komplexität und Emergenz der Evaluationsgegenstände. Beispielsweise sollten im vorliegenden Fall Netzwerke aufgebaut werden, was bei Erfolg zahlreiche Interaktionsbeziehungen zwischen den beteiligten Teilprojekten nach sich zieht. Dies erhöht für die Evaluation nicht nur den Aufwand im Rahmen der Datenerhebungen, sondern auch jenen für evaluationsbegleitende Abstimmungs- und Aushandlungsprozesse. Eine weitere Herausforderung bestand darin, den Projekterfolg zu definieren, da aus den Netzwerken innovative Lösungen für den Arbeitsmarkt hervorgehen sollten, welche bei Projektstart noch weitgehend unklar oder unbekannt waren. Für alle Evaluierenden stellte sich entsprechend die Frage: Wie kann unter diesen Bedingungen eine fachlich gute Evaluation mit einer hohen → **Nützlichkeit** für die → **Stakeholder** aussehen?

Gesucht war daher ein Kreativität und Effizienz fördernder Steuerungsansatz für Evaluation. Derzeit bieten das Internet und die moderne Kommunikationstechnologie günstige Voraussetzungen für kollaborative Kreativität und effiziente Zusammenarbeit durch globale und zeitnahe Kommunikationsmöglichkeiten (vgl. Uzunova in diesem Band). Laut Gloor (2006) befindet sich kollaborative Kreativität insbesondere aufgrund der Möglichkeiten des Internets ‚at the tipping point' – an dem Punkt, ab dem sie sich epidemisch ausbreitet und die Welt mit Sicherheit radikal verändern wird.

Der vorliegende Beitrag befasst sich mit dem Potenzial des ‚Schwarms' für Evaluationen, die *trotz unabhängiger Beauftragung* durch unterschiedliche → **Auftraggebende** die *Kollaboration* mehrerer Evaluierender unterstützen und sich dabei unter anderem webbasierte Kommunikationsmöglichkeiten zu Nutze machen. Der zu beschreibende Steuerungsansatz bedient sich der Metapher des Schwarms, um auf die beobachtete Intelligenz und Kreativität eines ‚Schwarms' Evaluierender anzuspielen, welche hier nutzbar gemacht werden sollen. Wie zu zeigen sein wird, kann dieser Ansatz die Kosten-Nutzen-Relation von small-scale Evaluationen innerhalb innovativer Programme oder komplexer emergenter → **Evaluationsgegenstände**, wie sie bei Bundes- oder EU-weiten (Innovations-)Förderprogrammen üblich sind, optimieren. In einem solchen Kontext ist der Ansatz erstmalig für die Steuerung von nutzenorientierten formativen *parallelen* small-scale Evaluationen erprobt worden. Interessant ist der Steuerungsansatz vermutlich ebenfalls für Evaluationsaufträge vergebende Institutionen, die eine große Zahl kleinerer Projekte, geographisch weit verstreut, fördern und hierfür mehrere unabhängige Evaluationen beauftragen wollen. Wir denken hier zum Beispiel an Stiftungen, welche größere (Innovations-)Förderprogramme aufsetzen (möchten).

Möglicherweise inspiriert dieser Beitrag andere Institute und Organisationen, welche small-scale Evaluationen anbieten, zu neuen Formen der Steuerung. Als Arbeitsform ist der beschriebene Ansatz allerdings auch – vielleicht sogar besonders – geeignet für freiberufliche Evaluierende, welche mit anderen Evaluierenden in Netzwerken zusammenarbeiten (möchten), um die Qualität ihrer Evaluationen effizient zu erhöhen.

Im Folgenden wird zunächst die theoretische Basis für die Namensgebung gelegt (Abschnitt 1). Anschließend wird das Fallbeispiel mit den dort gewonnenen Erkenntnissen näher beschrieben (Abschnitt 2), woraufhin es vor dem theoretischen Hintergrund analysiert (Abschnitt 3) und auf Grundlage der praktischen Erfahrungen diskutiert (Abschnitt 4) wird.

1. Intelligenz und Kreativität von Schwärmen

„Auf diese Weise lernte das Kollektiv nicht nur ständig dazu, die Verschmelzung sorgte überdies für einen ständigen Informationsgleichstand. Jedes neue Wissen Einzelner bereicherte die Gesamterfahrung des Kollektivs." (aus ‚Der Schwarm', Frank Schätzing 2004, S. 836)

Das Zitat aus Frank Schätzings Bestseller ‚Der Schwarm' beschreibt eine wesentliche Grundlage sowohl der Intelligenz (Bonabeau/Meyer 2001) als auch der Kreativität (Gloor 2006) von Schwärmen: den Effekt des Informationsaustausches zwischen den Akteuren oder Agenten eines Schwarms. Bonabeau und Meyer (2001) sprechen zunächst von der Schwarmintelligenz sozialer Insekten wie Ameisen. Sie postulieren, dass Gruppen sozialer Insekten, also recht einfacher Agenten, auf der Grundlage einfacher selbst organisierter Interaktion in der Lage sind, vergleichsweise *komplexe Probleme effizient zu lösen*. „Although these interactions might be primitive (one ant merely following the trail left by another, for instance), taken together they result in efficient solutions to difficult problems (such as finding the shortest route to a food source among myriad possible paths)" (Bonabeau/Meyer 2001, S. 114). Ein wesentliches Kennzeichen der einfachen selbst organisierten Interaktion ist die fehlende Zentralisierung von Verantwortung bzw. deren Übertragung an andere. Jeder Agent handelt eigenverantwortlich; niemand von ihnen organisiert die Interaktion. Als Beispiel aus dem Reich der sozialen Insekten wird die ‚Königin einer Kolonie' genannt, welche nicht das individuelle Verhalten des Einzelnen dirigiert; sondern lediglich ihre ‚Marke'[1] auf die Mitglieder der Kolonie überträgt. Miller (2007) bringt die Grundlage für die Intelligenz von Schwärmen entsprechend wie folgt auf den Punkt:

> „Crowds tend to be wise only if individual members act responsibly and make their own decisions. A group won't be smart if its members imitate one another, slavishly follow fads, or wait for someone to tell them what to do. When a group is being intelligent, whether it's made up of ants or attorneys, it relies on its members to do their own part. For those of us who sometimes wonder if it's really worth recycling that extra bottle to lighten our impact on the planet, the bottom line is that our actions matter, even if we don't see how."[2]

Gruppen tendieren dann dazu, weise zu sein, wenn die individuellen Mitglieder verantwortungsvoll handeln und ihre eigenen Entscheidungen fällen. Der scheinbare Widerspruch zur Intelligenz besteht darin, dass die einzelnen Akteure dabei *nicht* das ‚große Ganze' im Blick haben, sondern lediglich das – aus ihrer individuellen Wahrnehmung heraus – Sinnvolle tun.

Gloor (2006) erweitert den Begriff der Schwarmintelligenz zur *Schwarmkreativität*, indem er den Aspekt des Informationsaustausches um die Aspekte des Austausches von Ideen *und* Arbeit ergänzt. Sein Motto fasst zugleich das Wesen von und den Gewinn durch Schwarmkreativität zusammen: „If you and I swap a dollar, you and I still each have a dollar. If you and I swap an idea, you and I have two ideas each." (Gloor 2006, S. 22). Er erforscht Collaborative Innovation Networks (COINs), worunter er folgendes versteht: „A COIN is a cyberteam of self-motivated people with a collective vision, enabled by the Web to collaborate in achieving a common goal by sharing ideas, information and work" (Gloor 2006, S. 4). Die Teams zeichnen sich dadurch aus, dass sie eigenmotiviert sind, eine gemeinsame Vision haben und mit

---

[1] Die Eigenschaften und Konsequenzen der ‚Marke' erläutert Miller leider nicht. Vermutlich handelt es sich in diesem Zusammenhang primär um das gegenseitige Erkennungszeichen für die gemeinsame Gruppenzugehörigkeit.
[2] Peter Miller (2007): ‚Swarm Theory', siehe http://ngm.nationalgeographic.com/2007/07/swarms/miller-text [Stand: 21.05.2015]

Hilfe des Internets auf ein gemeinsames Ziel hinarbeiten. Drei Merkmale sind aus seiner Sicht charakteristisch für COINs:

- Sie bringen über kollaborative Kreativität Innovationen hervor.
- Die Kollaboration unterliegt einem Set ethischer Prinzipien.
- Die Kommunikation in den Netzwerken läuft über direkte Kontakte.

Die Vorteile einer Zusammenarbeit in derartigen Netzwerken sind laut Gloor nicht nur Kosteneffizienz und Synergieeffekte, sondern auch die Möglichkeit, flexibel auf Anforderungen oder Veränderungen zu reagieren sowie Verbindungen und Synergien direkt zu nutzen.

Der direkte Informationsaustausch und die direkte Zusammenarbeit sind Merkmale, welche die Erscheinung der Schwarmintelligenz oder der Schwarmkreativität abheben von dem, was unter dem Titel ‚Weisheit der Vielen' (wisdom of crowds, z. B. Mollick & Nanda 2015; Larrick u. a. 2012; Surowiecki 2004) diskutiert und erforscht wird. In der Regel geht es hier um Urteile, Bewertungen, Schätzungen oder Vorhersagen durch große Gruppen im Vergleich zu einzelnen Experten. Auch hier zeigen sich jedoch Vorteile von Gruppen gegenüber Einzelnen. Mollick & Nanda (2015) vergleichen Förderentscheidungen für Theaterprojekte, welche durch Gruppen potenzieller Zuschauerinnen/Zuschauer per Internetportal entstehen, mit jenen von Expertinnen/Experten spezialisierter Fördermittelgeber. Sie beobachten, dass die von den Fachpersonen ‚empfohlenen' Projekte in der Regel auch von den Nutzenden des Internetportals finanziert werden; während die Nutzenden des Internetportals zusätzlich Projekte finanzieren, welche die Expertengruppe nicht empfohlen hätte, deren Umsetzung jedoch von Erfolg gekrönt ist. Sie kommen zu den Schluss, dass die Bewertung durch Viele Innovation mehren kann, die Vielfalt von Ideen fördert sowie Eintrittshürden mindert und damit den Förderprozess demokratisieren kann.

Eine mögliche Grundlage für diese Weisheit der Vielen, welche für die vorliegende Fallstudie zur Schwarmkreativität zutrifft, wird von Larrick u. a. (2012) benannt: Wenn ‚crowds' diverse Informationsquellen und Expertise in einem Problembereich haben, können sie gemeinsam akkuratere Vorhersagen machen als gut informierte Individuen. Diese Aussage setzt allerdings voraus, dass es ein eindeutiges Ergebnis oder einen eindeutig bestimmbaren korrekten Wert gibt, dem es mit der Vorhersage oder Schätzung nahe zu kommen gilt. Im Fall von Theaterprojekten und vielen anderen kreativen oder innovativen Vorhaben jedoch gilt das nicht. Gerade hier könnte sich das Potenzial von Gruppen oder Schwärmen, ihren vielfältigen Informationsquellen und ihrer Kommunikation und Zusammenarbeit jedoch erst richtig entfalten. Das Warum und Wie gilt es noch weiter zu erforschen; einige grundlegende Überlegungen jedoch wurden zu der Frage benannt: *Unter welchen Bedingungen* sind Gruppen weise oder intelligent? Gegenbeispiele für intelligente Gruppen sind schließlich ebenso durch Forschung dokumentiert worden (vgl. Surowiecki 2004).

Eine zentrale Voraussetzung, welche mehrfach auftaucht, ist: Die individuellen Mitglieder der betrachteten Gruppe müssen ihrer eigenen Weisheit folgen, um als

Gruppe weise zu sein. Wer also Schwarmkreativität fördern möchte, tut gut daran, genau dies zu ermöglichen: „As Managers, we need to shift our thinking from command and control to coordinate and cultivate – the best way to gain power is sometimes to give it away" (Malone, zitiert nach Gloor 2006, S. 3).

Vor der ausführlichen Beschreibung des Ansatzes zur Steuerung von Evaluation wird zunächst der Hintergrund beschrieben, vor dem dieser entstanden bzw. entwickelt worden ist.

2. Fallbeispiel: Herausforderungen, Antwort und gewonnene Erkenntnisse

2.1 Kontext

Entstanden ist der zu beschreibende Steuerungsansatz für Evaluationen vor dem Hintergrund von 14 parallelen small-scale Evaluationen, welche zwischen 2005 und 2008 über einen Zeitraum von ungefähr 30 Monaten durch und in Kooperation mit Univation geplant und umgesetzt wurden. Die Evaluationen wurden beauftragt von und durchgeführt für 14 geförderte Entwicklungspartnerschaften (EPen) der Zweiten Europäischen EQUAL-Initiative. Die Gemeinschaftsinitiative EQUAL der Europäischen Union (2002–2008) diente der Förderung neuer Wege der Bekämpfung von Diskriminierungen und Ungleichheiten auf dem Arbeitsmarkt durch transnationale Zusammenarbeit und die Begünstigung der sozialen und beruflichen Eingliederung Benachteiligter. Wesentliche Prinzipien von EQUAL sind die branchen-, regions- und organisationsübergreifende Zusammenarbeit von Akteuren im Rahmen so genannter Entwicklungspartnerschaften und Innovation hinsichtlich Methoden, Instrumenten und Themen. In den EPen schlossen sich jeweils mehrere Partner (freie und öffentliche Einrichtungen, Unternehmen, Kommunen, Bildungsträger, Verbände und Forschungseinrichtungen) zusammen, um für die Dauer der Förderphase (und evtl. darüber hinaus) verschiedene Maßnahmen gegen Diskriminierung und Ungleichheiten von Arbeitenden und Arbeitssuchenden auf dem Arbeitsmarkt (weiter) zu entwickeln und zu erproben.

Die Fördersumme für eine EP betrug maximal 5 Mio. Euro für die Förderzeit von zweieinhalb Jahren (d.h. max. 2 Mio. Euro pro Jahr) als Kofinanzierung[3], welche für die Umsetzung der geplanten Maßnahmen unter den beteiligten operativ tätigen Partnern aufgeteilt wurde. Zusätzlich zu den operativen Partnern hatte jede EP strategische Partner und transnationale Partner in ihre Arbeit einzubinden. Die Förderung war unter anderem mit den Verpflichtungen verbunden, ein Partner-

---

3 Zuwendung aus dem Europäischen Strukturfonds (ESF) als Fehlbedarfsfinanzierung nach dem Erstattungsprinzip, welche eine Finanzierung aus (öffentlichen und/oder privaten) nationalen Mitteln ergänzt. Zuschussfähige Gesamtausgaben im Rahmen der Kofinanzierung (ESF und national) dürfen in der Regel 5 Mio. Euro insgesamt nicht übersteigen (EQUAL Förderrichtlinie 2004).

netzwerk aufzubauen, innovative Lösungen zu entwickeln und zu implementieren, einen transnationalen Erfahrungsaustausch zu initiieren oder einzugehen, an die nationale Programmsteuerung zu berichten sowie eine Evaluation durchzuführen oder extern zu beauftragen. Insbesondere durch die vielen und vielfältigen Partner einer EP konnte der Evaluationsgegenstand fast beliebig komplexe Formen annehmen, was für die beauftragten Evaluierenden jedoch nur eine der Herausforderungen im Hinblick auf eine fachlich angemessene Evaluation darstellte.

2.2 Durchgeführte Evaluationen

Insgesamt stellten sich die Evaluationsgegenstände als sehr herausfordernd dar, da es sich nicht nur um komplexe Netzwerkformationen handelte, sondern die Evaluationen zudem schwerpunktmäßig → formativ angelegt waren. Gestartet sind die Evaluationen zum → Zweck der → Verbesserung der EPen; im Nachhinein betrachtet lag der Fokus der Evaluationen im Sinne eines → Entwicklungszweckes stark auf der Unterstützung von Innovation und Programmentwicklung (vgl. Gutknecht-Gmeiner in diesem Band). Dies erforderte von der Evaluation eine gewisse Flexibilität in Bezug auf → Fragestellungen und Design, um angemessen auf die sich im Zeitverlauf verändernden Evaluationsfragestellungen antworten zu können. Der – eigentlich sekundäre – → summative Teil der Evaluation bezog sich auf die Fragestellung der → Wirksamkeit der erprobten Maßnahmen (auf der Ebene von → Outcomes). Für das angestrebte europäische Mainstreaming der erprobten Vorgehensweisen gegen Diskriminierung am Arbeitsmarkt sollte dies Hinweise auf deren → Effektivität und → Effizienz generieren.

Das beschriebene Setting der Evaluationen hatte zur Folge, dass sie in Anlehnung an Robson (2000) als *small-scale Evaluationen* einzustufen sind: Es stehen begrenzte Ressourcen von durchschnittlich 1.500 Euro pro Monat (45.600 € für 30 Monate, min. 16.000 €, max. 78.000 €) für die jeweilige EP-Evaluation zur Verfügung, welche von einzelnen Evaluierenden oder einem kleinen Team mit regelmäßig deutlich weniger als der Arbeitskapazität einer halben Vollzeitstelle übernommen wurde. Gleichwohl betrafen die Evaluationsgegenstände durch ihren netzwerkartigen Aufbau stets mehrere Standorte und nicht nur einen oder wenige verbundene. Die Mehrzahl der EPen war allerdings regional konzentriert; einige sektorale EPen erstreckten sich über ganz Deutschland. Die geringen Evaluationskapazitäten standen im Kontrast zu der komplexen Aufbau- und Ablauforganisation im Umfeld der Evaluationsgegenstände.

Folgende Evaluationsaufgaben wurden von allen Evaluierenden in Zusammenarbeit mit den jeweiligen EPen bearbeitet: eine Zielklärung mit der EP im Rahmen eines Workshops anlässlich der stattfindenden EP-Treffen; eine Netzwerkanalyse (in der Regel mit ein- oder zweimaligem Follow-Up); eine Beschreibung der → Ausgangslage sowie das → Monitoring von → Bedingungen rund um die EP-Arbeit; die logische Modellierung von erwarteten oder eingetretenen → Resultaten der → Aktivitäten der EP (→ Outputs und Outcomes).

Dabei kamen verschiedene → Evaluationsmethoden zum Einsatz bzw. wurden im Verlauf der Evaluation entwickelt: ein → dreigliedriges Zielsystem (siehe Schmidt in diesem Band), ein Instrument zur Netzwerkanalyse (siehe Neugebauer/Beywl 2006), ein Instrument zur Beschreibung der Ausgangslage sowie in adaptierter Form zum Monitoring der sich im Projektverlauf ändernden Bedingungen (vgl. Klockgether zum Monitoring in diesem Band), ein generisches → Logisches Modell in Form des → Programmbaums von Univation (siehe Bartsch/Beywl/Niestroj in diesem Band sowie Beywl u. a. 2007).

Eine Besonderheit des Steuerungssettings war, dass etwas mehr als die Hälfte der zwölf Evaluierenden freie Mitarbeitende oder Kooperationspartner von Univation waren und somit zum einen zwar für die vertraglich vereinbarte Leistung verantwortlich, jedoch nicht im engeren Sinne der Geschäftsführenden Leitung unterstellt waren. Zum anderen bestand eine räumliche Distanz dieser Evaluierenden zum Institut. Für die Geschäftsführende Leitung wie für das gesamte Institut stand daher die Frage, inwiefern eine solch ‚bunt gemischte' und weit gestreute Gruppe erfolgreich zu steuern sei.

2.3 Kollaboration als Antwort auf die Herausforderungen

Es wurden regelmäßige Treffen der zwölf Evaluierenden plus Geschäftsführende Leitung von Univation vereinbart, welche zunächst monatlich – später in Anpassung an den Bedarf zwei- bis dreimonatlich – stattfanden. Bei Bedarf und für Weichenstellungen wurde die Wissenschaftliche Leitung beratend hinzugezogen. Auf den Treffen wurde unter anderem diskutiert, wie die Zielklärung mit den noch jungen Partnerschaften sinnvoll und effizient durchgeführt werden kann, welche Methoden sich zur Bearbeitung der anstehenden Fragestellungen am besten eignen oder wie die → Nützlichkeit der Evaluation für die EP und andere primäre Stakeholder unter den gegebenen Umständen gesichert werden kann.

Zum Eingang eines Treffens wurden der Stand der einzelnen Evaluationen und aufkommende Problemstellungen oder Fragen ausgetauscht. Im Verlaufe des ersten Jahres wurde unterstützend dazu eine Übersicht entwickelt, anhand welcher die Geschäftsführende Leitung im Vorfeld der Treffen den Status allgemein geteilter Leistungsschritte tabellarisch abfragte (Monitoring des Projektfortschritts), um sichtbar zu machen, an welcher Stelle schon Erfahrungen und Ideen gesammelt wurden, von denen andere Evaluierende profitieren können. Die Übersicht diente demnach dazu, Informationsquellen und -potenzial sichtbar und damit der Gruppe zugänglich zu machen und letztlich den Lernzuwachs der Gruppe zu beschleunigen. Auf Grundlage dieser Übersicht wurden einzelne Gruppenmitglieder gebeten, bei Treffen von ihren Erfahrungen und Ideen zu berichten.

Aus den Treffen heraus bildeten sich zudem nach Bedarf und entsprechend der anstehenden Aufgaben ad-hoc Arbeitsgruppen auf Zeit, welche bspw. Erhebungskonzepte und Instrumente entwickelten, ihr Arbeitsergebnis in die große Gruppe (den ‚Schwarm') zurückspielten und ggf. nach Rückmeldung der Gruppenmitglieder anpassten. Dies trifft beispielsweise auf die Instrumente zur Netzwerkanalyse und zum Bedingungsmonitoring zu.

Zur Kommunikation zwischen den Treffen wurde ein spezifisches E-Mail-Forum eingerichtet, über welches nicht nur Rückmeldungen zu Arbeitsergebnissen eingeholt, sondern auch offene Fragen diskutiert wurden – teilweise ergänzt durch spontane Telefonkontakte. Auf diese Weise entstanden zum Beispiel eine Checkliste für im Sinne der EQUAL-Initiative umfassende Zielsysteme oder eine Vorlage für prägnante Management → Summaries in → Evaluationsberichten, welche daraufhin von allen Evaluierenden für ihre Arbeit verwendet werden konnten. Außerdem wurden Fragen zur Eignung von Methoden in spezifischen Fällen und andere Themen über das E-Mail-Forum diskutiert.

2.4   Gewonnene Erkenntnisse

Der professionelle Austausch nahe an den jeweils drängenden Fragen der laufenden Evaluationen förderte die Qualität jeder einzelnen Evaluation. Auftretende Probleme konnten effizient gelöst und Herausforderungen auf hohem fachlichem Niveau bearbeitet werden. Der geteilte Arbeitsaufwand durch die gemeinsame Nutzung von Instrumenten, Checklisten und Templates kompensierte bis zu einem gewissen Grad die geringen Budgets. Es gab verschiedenste Synergieeffekte.

Wir schließen daraus, dass der beschriebene Steuerungsansatz kreative und effiziente Lösungen fördert und von den Einzelnen nicht ohne weiteres allein zu bewältigende – oft konzeptionelle – Aufgaben leistbar macht. Insbesondere in der Kombination von komplexen und emergenten Evaluationsgegenständen, welche in zahlreichen small-scale Evaluationsaufträgen bearbeitet werden, können durch die Kollaboration von mehreren eigenverantwortlichen Evaluierenden Effizienzgewinne und eine vergleichsweise hohe Nützlichkeit erzielt werden.

Vor dem Hintergrund der oben dargestellten theoretischen Grundlagen (Abschnitt 1) wird im Folgenden analysiert, wie der Schwarm der Evaluierenden aus dem Fallbeispiel funktioniert und durch welche Merkmale er sich auszeichnet.

3.   Analyse: Der Schwarm-Evaluations-Ansatz (SEA)

Welche Prinzipien eines Schwarmes lassen sich am beschriebenen Fallbeispiel herausarbeiten? Zwölf Evaluierende arbeiteten zusammen an Evaluationsaufgaben in einer netzwerkartigen Formation (vgl. Gloor 2006). Es wurden Ideen, Informationen (Wissen) und (Zwischen-)Arbeitsergebnisse (Produkte/Produktteile) ausgetauscht. In Abweichung zu den Netzwerken, die Gloor beschreibt, wurde die Interaktion durch die Geschäftsführende Leitung von Univation moderiert und es wurden mit terminierten Treffen und dem E-Mail-Forum gezielt Anlässe und Möglichkeiten zum Austausch geschaffen. Die Treffen wurden im moderierenden Sinne vorbereitet (u. a. Abfragen zum Stand der Evaluationsprojekte und Austauschbedarf) sowie strukturiert und in der Regel mit der Erstellung eines Maßnahmenplanes (wer macht was bis wann?) abgeschlossen.

Die Interaktion zwischen allen Evaluierenden geschah dabei *in großen Teilen selbst organisiert*. E-Mail-Kontakte wurden spontan von einzelnen Evaluierenden initiiert. Ad-hoc-Arbeitsgruppen wurden nicht geleitet oder fremdgesteuert, sondern lediglich (auf den gemeinsamen Treffen) angestoßen. Die Treffen wurden von der Geschäftsführenden Leitung zwar wie beschrieben moderiert, aber nicht inhaltlich beeinflusst oder direktiv gesteuert. Die Wissenschaftliche Leitung wurde bei Bedarf beratend hinzugezogen – selten persönlich im Rahmen der Treffen, meist per E-Mail-Kontakt, manchmal indirekt per Anfrage im Forum.

Der Austausch zwischen den Evaluierenden erfolgte *direkt*, d. h. nicht über Hierarchien oder Umwege. Sowohl auf den Treffen, als auch im E-Mail-Forum wurden in die Gruppe gegebene Fragen von allen denjenigen beantwortet, die eine relevante Information beisteuern konnten (und anwesend bzw. erreichbar waren).

Im Austausch untereinander wurden Evaluationsinstrumente und Arbeitshilfen neu entwickelt, das Logische Modell ‚Programmbaum' wurde weiterentwickelt. Wir meinen daher, dass in diesem Zusammenhang tatsächlich *Innovationen* entstanden, die auch auf die beschriebene Form der Kollaboration von Evaluierenden zurückführbar sind. Auf Basis der direkten Interaktion wurden unseren Beobachtungen nach zahlreiche auftretende Schwierigkeiten bewältigt und kreative sowie effiziente *Problemlösungen* für methodische und evaluationspraktische Herausforderungen hervorgebracht (vgl. Abschnitte 2.2 und 4).

Eine weitere Beobachtung bestätigt die Nähe zum Konzept des Schwarms: Gloor bescheinigt diesen Netzwerken die Fähigkeit, flexibel auf Anforderungen oder Veränderungen zu reagieren. In unserem Fallbeispiel stellten wir fest, dass der Austausch im E-Mail-Forum spontan intensiver wurde, wenn neue Probleme auftauchen. In Übereinstimmung damit ist der spontane Austausch zu Beginn der Evaluationsvorhaben, wo sich aller Erfahrung nach besonders viele Probleme als neu herausstellen, am intensivsten und flacht im weiteren Verlauf deutlich ab (siehe Abbildung 1).

Was darüber hinaus stark an einen Schwarm erinnert, ist die Beobachtung, dass in den Diskussionen auf den Treffen regelmäßig ein Konsens zum weiteren Vorgehen erzielt wurde, also anschließend tatsächlich alle Evaluierenden ‚in die gleiche Richtung liefen', ohne dazu gezwungen gewesen zu sein. Eine Voraussetzung hierfür mag die hohe Transparenz über die inhaltlichen Argumente sein, welche im Rahmen der Diskussionen und des Informationsaustausches hergestellt wurde. Das soll heißen: Es war auf der Basis der geteilten Informationen und fachlichen Argumente allen ersichtlich, warum eine bestimmte Richtung zu bevorzugen war. Das gemeinsame Grundverständnis über die Richtung wurde anschließend durch

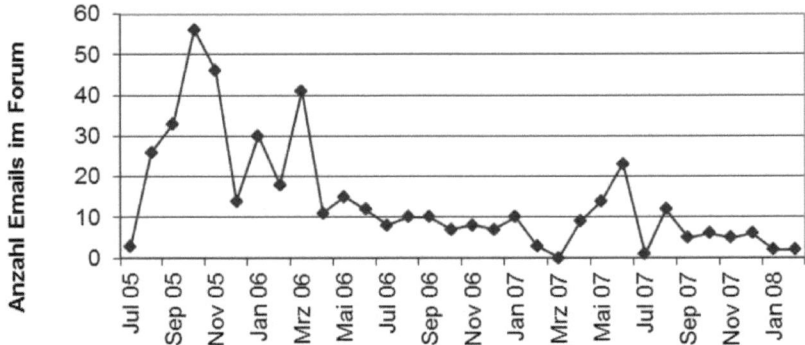

Abbildung 1: Intensität des spontanen Austausches im E-Mail-Forum (Quelle: eigene Darstellung)

die Evaluierenden noch im Detail auf die Bedarfe der jeweiligen Entwicklungspartnerschaft abgestimmt.

Die Ergebnisse der einzelnen Evaluationen basierten damit – neben der Intelligenz des oder der jeweiligen Evaluierenden – auf der Intelligenz und Kreativität des ‚Schwarms' von Evaluierenden. Daher verwenden wir die Schwarm-Metapher für diesen Evaluationssteuerungsansatz[4], welcher die Intelligenz und Kreativität mehrerer Evaluierender bei der Planung und Durchführung von Evaluationen nutzbar macht. Bei dem Steuerungsansatz handelt es sich um einen zur Steuerung des Prozesses und nicht des Ergebnisses, vergleichbar einer (Gruppen-)Moderation.

Sicher funktioniert der beschriebene Steuerungsansatz nicht immer und überall, weshalb im folgenden Abschnitt die Bedingungen diskutiert werden, unter denen ein ‚Evaluations-Schwarm' funktionieren kann, und auf welche Evaluationskontexte er eventuell übertragbar ist.

4. Diskussion: Möglichkeiten und Grenzen des SEA

Für interessierte Anbietende oder Auftraggebende von Evaluation stellen sich nach dieser Lektüre vermutlich eine Reihe von Fragen: Wie kann sichergestellt werden, dass die Interaktion zwischen den Evaluierenden selbst organisiert und direkt erfolgt und sich beispielsweise ad-hoc Arbeitsgruppen auf Zeit bilden, um Vorschläge zu erarbeiten oder Instrumente zu entwickeln? Wie ist es zu schaffen, dass (spezifisches) Wissen wie Fach- oder Feldkenntnisse, Ideen und Arbeitsergebnisse ausgetauscht und in allen parallel durchgeführten Evaluationen genutzt werden? Wie kommt es dazu, dass die Gruppe – aufkommende Fragen und Probleme diskutierend – einen

---

4 Der Schwarm-Evaluations-Ansatz erreicht nicht die Geschlossenheit der Merkmalszüge eines → **Evaluationsmodells**, ist aber doch mehr als ein Evaluationsschema (vgl. Stufflebeam & Shinkfield 2007).

angemessenen Konsens findet, wie in den Evaluationen vorzugehen ist? Wann ist Schwarm-Evaluation überhaupt sinnvoll und von Nutzen?

Zur letzten Frage zuerst: Wir sind der Auffassung, dass der Schwarm-Evaluations-Ansatz besonders nützlich und effizient ist, wenn nutzenorientierte, → **responsive** und/oder formative Evaluationen (insbesondere mit Entwicklungszweck) gefordert sind, bei denen …

- … kreative und zugleich effiziente Lösungen insbesondere für Erhebungen gefragt sind sowie
- … die Evaluationsgegenstände herausfordernd oder gar anfangs noch unklar und ständig veränderlich sind.

Nicht vergessen darf man sicherlich, dass die Kollaboration erst dadurch ermöglicht wurde, dass eine Vielzahl kleiner (geographisch weit gestreuter) Projekte oder Maßnahmen innerhalb eines groß aufgesetzten Programms evaluiert werden sollte. Dadurch war für alle Evaluationen ein ähnlicher Rahmen gegeben bis hin zu Umrissen eines Evaluationsauftrags, welcher den EPen in betreffenden Leitfäden übermittelt bzw. vorgegeben wurde. Dies ermöglichte zusammen mit der Parallelität in der Umsetzung der EPen überdies, dass bereits bei der Angebotserstellung die Grundlage für ähnliche Leistungsschritte und damit für die später gemeinsam entwickelten Instrumente und Vorgehensweisen gelegt werden konnte.

Wie kann sichergestellt werden, dass die Interaktion zwischen den Evaluierenden selbst organisiert und direkt erfolgt? Voraussetzung für die selbst organisierte Interaktion ist wohl, dass die einzelnen Evaluierenden ein gemeinsam geteiltes Ziel verfolgen – und zwar eine fachlich gute Evaluation effizient zu erbringen – und sich selbst für das Ergebnis (trotz ungünstiger Rahmenbedingungen) voll verantwortlich fühlen[5]. Nicht unwesentlich für eine direkte Interaktion ist, dass die Evaluierenden sich persönlich kennen (lernen) und ein gewisses Grundvertrauen aufbauen können. Hierzu hat sich im beschriebenen Fall ein längeres Kick-off oder Auftakt-Treffen bewährt. Dies führt sogleich zum wichtigsten Punkt, nämlich dass eine passende Kommunikationsinfrastruktur (real und virtuell) zur Verfügung gestellt oder geschaffen werden muss. Dies kann, wie in unserem Fall, von einer moderierenden Figur oder Prozesssteuerung übernommen werden. Es muss jedoch nicht zwangsläufig eine moderierende Figur geben; es sind auch andere Grundlagen für eine Kollaboration denkbar, wie etablierte persönliche Kontakte oder ein gewisser fachlicher ‚Verhaltenskodex' (vgl. Gloor 2006) oder ähnliches. Förderlich ist es sicherlich, wenn nicht nur gute virtuelle Möglichkeiten, sondern auch (soziale) Anlässe zur Kommunikation geschaffen werden, wie dies im beschriebenen Fall über die regelmäßigen Treffen (Jour fixe zu teilweise vorausgeplanten Themen) geschehen ist. Es muss darauf vertraut werden können, dass bei auftauchenden Problemen oder Fragen der Austausch seitens der Evaluierenden mög-

---

5 Grundlage dafür sind – über den eigenen professionellen Anspruch hinaus – bei den freien Mitarbeitenden und Kooperationspartnern die vertraglichen Vereinbarungen und bei den Festangestellten der institutionelle Rahmen.

lich ist und auch gesucht wird. Auf der Ebene der einzelnen Evaluierenden braucht es hierzu eine bestimmte Grundhaltung, welche die Erkenntnis einschließt, gemeinsam weiter zu kommen als alleine, und eine gewisse Offenheit für die Beiträge aller anderen beteiligten Evaluierenden.

Wie ist es zu schaffen, dass (spezifisches) Wissen wie Fach- oder Feldkenntnisse, Ideen und Arbeitsergebnisse ausgetauscht und in allen parallel durchgeführten Evaluationen genutzt werden? Die Antwort schließt an die obige an, dass es den Evaluierenden hierfür möglich sein muss, ihr Wissen, ihre Ideen und ihre Arbeitsergebnisse niederschwellig auszutauschen. An der Möglichkeit sich auszutauschen, scheitert es angesichts der vielfältigen und weitverbreiteten Kommunikationstechnologien heute wohl kaum. Jedoch sollte z. B. durch die ‚Schwarm-Mitglieder' auf die Nutzung sehr spezifischer Software verzichtet werden, die nicht allen zur Verfügung stünde.

Sinnvoll ist es, ein Kommunikationskonzept zu entwerfen, welches den Anforderungen durch das Programm/die Projekte und dem Informationsbedarf der beteiligten Evaluierenden gerecht wird und die Kommunikation so weit wie möglich erleichtert. All dies erfordert eine Vertrauensbasis, welche laut Gloor (2006) über ein Set ethischer Prinzipien hergestellt werden kann. Im beschriebenen Fall hat hierzu beigetragen, dass die Beauftragung sämtlicher Evaluationen durch oder in Kooperation mit Univation erfolgte, was dem Austausch über die erfolgten vertraglichen Vereinbarungen einen Rahmen gegeben hat.

Wie kommt es dazu, dass die Gruppe aufkommende Fragen und Probleme diskutierend einen Konsens findet, wie in den Evaluationen vorzugehen ist? Begünstigend sind diesbezüglich eine zielorientierte sachbezogene Diskussionskultur und eine hohe interne Transparenz, welche es allen beteiligten Evaluierenden ermöglicht nachzuvollziehen, welche Gründe für ein bestimmtes Vorgehen sprechen. Für die Effizienz der Diskussion auf den Treffen war es von Vorteil, dass diese moderiert wurden bzw. die Geschäftsführende Leitung der Diskussion durch Einwürfe an entscheidender Stelle (insb. bei ökonomischen Grenzen) eine bestimmte Richtung gegeben hat. Insbesondere ab einer gewissen Gruppengröße sollte aus unserer Sicht eine Moderation eingerichtet werden, welche nicht für eine der Evaluationen verantwortlich ist. Eine Moderation, mit auf diese Weise gemindertem Interessenkonflikt, erleichtert die sachbezogene Auseinandersetzung und hält womöglich auseinanderlaufende Diskussionsstränge zusammen. Eine Moderation wird von Gloor (2006) nicht als erforderlich für das Funktionieren von COINs erwähnt, doch halten wir sie je nach Rahmen für die Zusammenarbeit für förderlich im Hinblick auf die Ermöglichung eines gezielten, effizienten Austausches und die Sicherung geeigneter Kollaborationsbedingungen.

Ein Achtungszeichen möchten wir an dieser Stelle in Bezug auf den Datenschutz setzen, da bei hoher Transparenz stark darauf geachtet werden muss, welche Informationen in die Gruppe weitergegeben werden. Aus eigener Erfahrung stellt dies jedoch keine gravierende Schwierigkeit dar, solange sich die Kollaboration auf Vorgehensweisen, Instrumente und Arbeitshilfen bezieht.

Förderlich für die Konsensfindung – wenn auch vermutlich nicht zwingend notwendig – ist ein ähnliches oder einigungsfähiges Evaluationsverständnis, welches im vorliegenden Fall auf der Grundlage vorausgegangener Veröffentlichungen des Institutes, vor allem der Wissenschaftlichen Leitung, gegeben war (u. a. Beywl 2006a, 2006b; Beywl u. a. 2004; Beywl 1988). Als Verständigungsbasis diente zudem das Fachvokabular des Glossars der Evaluation von Univation (2004).[6] (siehe Schobert/Beywl/Niestroj in diesem Band)

In Abgrenzung zur → **Cluster-Evaluation** bezieht sich die Schwarm-Evaluation zwar ebenfalls auf autonome Projekte (EPen) mit gemeinsamen ‚Themen' bzw. zu ähnlichen Problemstellungen, dient jedoch anders als diese nicht dem Programm, sondern den einzelnen Projekten. Als Schlüsselmerkmale einer Cluster-Evaluation benennt Haubrich (2009, 2013): Ziel sei es, nicht nur zu klären, was in den Projekten erreicht wurde, sondern warum es erreicht wurde und durch eine vergleichende Betrachtung auf Programmebene gemeinsame Themen zu identifizieren. Dabei würde partizipativ vorgegangen und die Nutzungsinteressen der Projektbeteiligten würden berücksichtigt. Bei der hier beschriebenen Schwarm-Evaluation wurden die Nutzungsinteressen der Projektbeteiligten nicht nur berücksichtigt, sie standen im Zentrum. Im Fokus der Evaluation steht beim SEA zudem nicht die vergleichende Betrachtung auf Programmebene, sondern die formative Unterstützung der einzelnen EPen (mittels datenbasierter Informationen). Zwar waren die Evaluierenden der beschriebenen Evaluationen berichtspflichtig gegenüber der EQUAL Programmevaluation (mehrstufiges Evaluationssystem), sie waren jedoch nicht in deren Interesse unterwegs, sondern hatten sich auf ihre jeweils auftraggebende EP zu konzentrieren.

5. Fazit und Ausblick

Der Ansatz der Schwarm-Evaluation kann helfen, in ressourcenschonender Art optimale Lösungen zu entwickeln, wenn es weder klare Prototypen für Evaluationsdesigns und Instrumente noch Erfahrung mit dem Evaluationsgegenstand gibt.

Die Erprobung des Ansatzes bezog sich schwerpunktmäßig auf die Evaluation von → **Konzepten** und Aktivitäten. Offen bleibt daher zunächst die Frage, welche Effizienz der Ansatz bei wirkungsfeststellenden Outcome-Messungen entfalten kann, bei denen sich die eingesetzten Instrumente zwangsläufig stärker unterscheiden, weil sie sich auf die Resultate unterschiedlicher Projekte beziehen. Da der Steuerungsansatz erstmalig erprobt wurde, ist außerdem weiter zu konkretisieren, hinsichtlich welcher Merkmale sich Evaluationsgegenstände oder evaluierte Organisationen/Programme wie stark ähneln müssen, damit eine derartige Kollaboration fruchtbar ist.

Alles in allem erscheint der Steuerungsansatz jedoch zukunftsweisend, wenn man bedenkt, dass es in einer zunehmend komplexen, durch vielfältige Akteure und Interaktionen geprägten Welt für einzelne Personen immer weniger möglich sein wird, den Überblick über alle Einzelheiten und Zusammenhänge zu wahren und auf dieser Grundlage optimal zu steuern.

---

6 Damals noch in einer Printfassung vorliegend, heute online als Eval-Wiki: Glossar der Evaluation (www.eval-wiki.org/glossar).

Literatur

Beywl, Wolfgang (1988): Zur Weiterentwicklung der Evaluationsmethodologie. Grundlegung, Konzeption und Anwendung eines Modells der responsiven Evaluation. Frankfurt/Main u. a.: Peter Lang.

Beywl, Wolfgang (2006a): Demokratie braucht wirkungsorientierte Evaluation – Entwicklungspfade im Kontext der Kinder und Jugendhilfe. In: DJI (Hrsg.): Wirkungsevaluation in der Kinder- und Jugendhilfe – Einblicke in die Evaluationspraxis. München: DJI. S. 25–46.

Beywl, Wolfgang (2006b): The Role of Evaluation in Democracy: Can it be Strengthened by Evaluation Standards? A European Perspective. Journal of MultiDisciplinary Evaluation, 6. S. 10–29. http://journals.sfu.ca/jmde/index.php/jmde_1/article/view/38/47 [Stand: 28.04.2015]

Beywl, Wolfgang/Speer, Sandra/Kehr, Jochen (2004): Wirkungsorientierte Evaluation im Rahmen der Armuts- und Reichtumsberichterstattung. Perspektivstudie im Auftrag des Bundesministeriums für Gesundheit und Soziale Sicherung. http://www.univation.org/download/Evaluation_der_Armuts-_und_Reichtumsberichterstattung.pdf [Stand: 20.05.2015]

Beywl, Wolfgang/Kehr, Jochen/Mäder, Susanne/Niestroj, Melanie (2007): Evaluation Schritt für Schritt: Planung von Evaluationen. hiba-Weiterbildung Band 20/26. Münster u. a.: hiba.

Bonabeau, Eric/Meyer, C. (2001): Swarm Intelligence: A Whole New Way to Think about Business. Harvard Business Review, 79 (5). S. 106–114.

Gloor, Peter (2006): Swarm Creativity. Oxford: Oxford University Press.

Haubrich, Karin (2009): Sozialpolitische Innovation ermöglichen: Die Entwicklung der rekonstruktiven Programmtheorie-Evaluation am Beispiel der Modellförderung in der Kinder- und Jugendhilfe. Münster u. a.: Waxmann.

Haubrich, Karin (2013): Rekonstruktive Programmtheorie-Evaluation zweier multizentrischer Entwicklungsprogramme. Vortrag auf der Frühjahrstagung des Nachwuchsnetzwerkes im Arbeitskreis Aus- und Weiterbildung in der Evaluation der DeGEval, Bonn, Mai 2013.

Larrick, Richard/Mannes, A./Soll, J. (2012): The social psychology of the wisdom of crowds. Frontiers in Social Psychology: Social Judgment and Decision Making, S. 227–242.

Miller, Peter (2007): Swarm Theory. National Geographic, Vol. 212 (Iss. 1). http://ngm.nationalgeographic.com/2007/07/swarms/miller-text [Stand: 20.05.2015]

Mollick, Ethan/Nanda, Ramana (2015): Wisdom or Madness? Comparing Crowds with Expert Evaluation in Funding the Arts. Working Paper 14–116. Harvard Business School.

Neugebauer, Uwe/Beywl, Wolfgang (2006): Methoden zur Netzwerkanalyse. Zeitschrift für Evaluation, 2/2006, S. 249–286.

Robson, Colin (2000): Small-scale evaluation principles and practice. London: Sage.

Stufflebeam, Daniel L./Shinkfield, Anthony J. (2007): Evaluation theory, models, and applications. San Francisco: Jossey-Bass.

Schätzing, Frank (2004): Der Schwarm. Köln: Kiepenheuer & Witsch.

Surowiecki, James (2004). Die Weisheit der Vielen: Warum Gruppen klüger sind als Einzelne und wie wir das kollektive Wissen für unser wirtschaftliches, soziales und politisches Handeln nutzen können. München: Bertelsmann.

Univation (Hrsg.) (2004): Das A-B-C der wirkungsorientierten Evaluation. Glossar – Deutsch/Englisch – der wirkungsorientierten Evaluation. Köln.

Evaluationsansätze

Der Programmbaum als Evaluationsinstrument[1]

Samera Bartsch/Wolfgang Beywl/Melanie Niestroj

Der von Univation entwickelte → Programmbaum hat sich ob seiner Anschaulichkeit und ‚didaktischen Anleitungskraft' zu einem weit verbreiteten Hilfsmittel für die Planung und Durchführung von → Evaluationen entwickelt. Er wird in zahlreichen Feldern nicht nur von → Evaluierenden, sondern auch von Programmverantwortlichen und -mitarbeitenden angewendet.[2] Dieser Beitrag stellt den Programmbaum vor und erläutert ihn anhand von Beispielen. Seine möglichen Beiträge für die Arbeit der Programmverantwortlichen wie der Evaluationsverantwortlichen werden dargestellt. Abschließend wird auf Grenzen der Nutzung des Programmbaums eingegangen.

1. Zielsetzung des Beitrags

Zu Beginn einer Evaluation, oft sogar schon früher, bei der Angebotserstellung, bietet sich eine teils überraschend schwierige Aufgabe: den → Gegenstand der geplanten Evaluation, also das → Programm, welches evaluiert werden soll, zu verstehen und zu beschreiben. Fragen wie folgende sind zu klären: Aus welchen Elementen besteht das Programm und wie sind diese miteinander verbunden? Von wem wird

---

1 Dieser Beitrag basiert auf folgenden bereits publizierten Beiträgen: Beywl, Wolfgang (2006): Demokratie braucht wirkungsorientierte Evaluation – Entwicklungspfade im Kontext der Kinder- und Jugendhilfe. In: Projekt eXe (Hrsg.): Wirkungsevaluation in der Kinder- und Jugendhilfe. Einblicke in die Evaluationspraxis, S. 25–46; und Beywl, Wolfgang/Niestroj, Melanie (2009): Der Programmbaum. Landmarke wirkungsorientierter Evaluation. In: Univation (Hrsg.): Das A-B-C der wirkungsorientierten Evaluation. 2. Aufl., Köln: Univation – Institution für Evaluation GmbH, S. 137–149.
2 Eine Google-Abfrage mit den Stichworten ‚Programmbaum' und ‚Evaluation' zeigt neben zahlreichen Publikationen und Tagungsdokumentationen von Univation und Kooperationspartnern, dass auch weitere Einrichtungen die Verwendung des Programmbaums zur Planung einer Evaluation empfehlen. Neben den Webseiten von öffentlichen Verwaltungen finden sich auch auf den Webseiten von Organisationsberatungen Erläuterungen zum Programmbaum. Siehe bspw. http://www.impulse.at/pages/deutsch/evaluation/programmtheorien-logische-modelle.php [Stand: 03.03.2015] oder http://www.systemblick.de/uploads/media/Evaluation-und-Erfolgskontrolle_systemblick.pdf [Stand: 03.03.2015]. Ein prominentes Beispiel bietet das Schweizerische Bundesamt für Gesundheit. Im Rahmen der Arbeit des Tabakpräventionsfonds wird der Programmbaum als Instrument der wirkungsorientierten Projektplanung empfohlen (siehe http://www.bag.admin.ch/tabak_praevention/07165/07167/index.html?lang=de) [Stand: 03.03.2015]. Der Programmbaum wurde auch bereits zur Durchführung einer → Meta-Evaluation eingesetzt (Michel 2015; s. u. im Text).

das Programm umgesetzt und finanziert? Was soll mit dem Programm erreicht werden? Welches sind die → Zielgruppen und was kennzeichnet sie?

Um Antworten auf diese Fragen zu finden, werden Auftraggebende um Konzeptdokumente, Dokumentationen und Berichte gebeten, mündliche Informationen bei Programmverantwortlichen und -durchführenden oder auch Zielpersonen des Programms eingeholt, die Webseite des Programms ausgewertet und es wird nach einschlägiger Fachliteratur gesucht. Nicht selten sind die verfügbaren Informationsquellen spärlich. Dennoch muss meist bereits in der Akquisephase ein → Evaluationsplan entwickelt werden, was eine hinreichend präzise Vorstellung vom Evaluationsgegenstand voraussetzt. Was hilft, die aufgefundenen Informationen zum Programm zu ordnen und zu verbinden, ist eine Art kognitives Schubladenschränkchen, das wir ‚Programmbaum' nennen.

Der Programmbaum ist ein visuell leicht erfassbares Analyseraster, mit dessen Hilfe ein nach seiner Ablauflogik gegliedertes Modell eines Programms erstellt werden kann. Er kann Evaluierende bei der Planung und Durchführung einer Evaluation sowie bei der → Berichterstattung unterstützen und Programmverantwortlichen sowie weiteren Beteiligten helfen, ihr eigenes Programm besser zu verstehen, seine Logik zu entschlüsseln und die darauf gerichtete Evaluation besser nachzuvollziehen. Zudem kann er – auch ganz unabhängig von einer Evaluation – dazu beitragen, Programme besser zu planen und damit ihre → Güte, → Tauglichkeit und → Bedeutsamkeit für Zielgruppen und Gesellschaft zu unterstützen.

Wir wollen im Folgenden unter ‚Programm' Folgendes verstehen: Ein Programm ist ein „beschriebenes und durchgeführtes, intentional aufeinander bezogenes Bündel von → Aktivitäten, → Interventionen, → Maßnahmen, → Projekten oder Teilprogrammen. Ein Programm besteht aus meist mehreren auf ausgewiesene → Ziele hin ausgerichteten Interventionen. Es wird auf der Basis von verfügbaren Ressourcen (→ Inputs) sowie beeinflusst durch weitere → Bedingungsfaktoren durchgeführt und ist darauf ausgerichtet, vermittels bereitgestellter Leistungen (→ Outputs) bestimmte Veränderungen/Stabilisierungen bei bezeichneten Zielgruppen (→ Outcomes) oder in Organisationen bzw. sozialen Systemen (→ Impacts) auszulösen. Evaluationsgegenstand können sowohl das → Konzept des Programms, als auch seine Umsetzung (Aktivitäten bzw. Interventionen) und seine → Resultate sein."[3]

Es wird deutlich: Diese Definition des für die Evaluation so zentralen Begriffs des Programms ist mit weiteren Fachbegriffen verknüpft. Der Programmbaum greift diese als → Programmelemente auf und verdeutlicht ihre Zusammenhänge. Das so definierte, systematisch verbundene Begriffsnetz bietet Orientierung für die komplexe und anspruchsvolle Evaluationspraxis.

Mit der Baum-Metapher wird eine für viele eingängige Symbolik gewählt: Wurzeln, Stamm, Krone und Früchte. Manche → Beteiligte und → Betroffene der Programme erfassen die damit ausgedrückte Symbolik sofort, für andere ist sie sperrig.

---

[3] Univation – Institut für Evaluation: Programm. In: Eval-Wiki: Glossar der Evaluation [http://eval-wiki.org/glossar/Programm]. Stand der Begriffsdefinition: 29.09.2014.

Es ist daher eine didaktische Aufgabe, die Elemente des Programmbaums, ihre Abgrenzung untereinander und ihren Zusammenhang zu vermitteln.

2. Entstehungshintergrund des Programmbaums

In der Geschichte der Evaluation gab es mehrfach Versuche, die Komplexität von Evaluationsgegenständen – hier Programme aus verschiedensten → **Gegenstandsfeldern** – durch Modellierung zu erfassen. Absicht ist jeweils, die relevanten Elemente und die Wirklogik des betreffenden Programms zu identifizieren, diese in ihrem Zusammenhang systematisch zu beschreiben und damit besser evaluierbar zu machen. Vielfach werden zu diesem Zweck visuelle Darstellungen genutzt, die bis zu einem Dutzend Elemente enthalten.

So begannen US-amerikanische Evaluationstheoretiker in den späten 1960er Jahren damit, richtungsweisende Modellierungen zu entwickeln: Bob Stake (1972, S. 98 ff.) unterscheidet in seinem an (schul-)didaktische Modelle angelehnten Countenance-Ansatz Voraussetzungen, Prozesse und Ergebnisse und kombiniert diese mit fünf Evaluationsdimensionen (Begründung, Intention, Beobachtungen, Normen, Urteile). Daniel Stufflebeam (1972) entwickelte das CIPP-Modell[4] (Context-Input-Process-Product).[5] Seit den 1980er Jahren werden solche Modellierungen von Evaluationsgegenständen als → **logische Modelle** bezeichnet. Sie stellen die (Ablauf-)Logik von Programmen textlich oder visuell dar und dienen als Strukturierungshilfe.

Ein sehr einfaches logisches Modell verbindet das Konzept, die Interventionen und Resultate eines Programms miteinander, indem beschrieben wird, was das Programm vorhat, was es tut und was dabei herauskommen soll. Ein Beispiel aus der Beschäftigungsförderung ist in der Abbildung 1 skizziert.

Diese Darstellung einer Programmlogik ist stark verkürzend. So bleibt z. B. offen, in welcher Ausgangslage sich die zu beratende Zielgruppe befindet (u. a. Lebenslage, Kompetenzen). Beispielsweise könnten in der Zielgruppe verbreitete gesundheitliche oder Suchtprobleme die Erfolgswahrscheinlichkeit einer Arbeitsaufnahme stark einschränken und ggf. eine Anpassung des Konzepts erforderlich machen. In stärker ausgearbeiteten Modellen, z. B. im CIPP-Modell, wird daher den Bedingungen große Aufmerksamkeit geschenkt, unter denen das Programm agiert und die einen Einfluss auf die Gestaltung von Konzept und Art der Umsetzung haben.

Als Vorläufer des Programmbaums setzte Univation seit Ende der 1990er Jahre den Programmzyklus ein. Der Programmzyklus basierte bereits auf den späteren Pro-

---

4 Eine Übersetzung der aktuellen CIPP-Checkliste findet sich auf: http://www.univation.org/download/CIPP%20model-de.pdf [Stand: 03.03.2015]
5 Einen geschichtlichen Abriss der logischen Modelle in der Evaluationstheorie bieten McLaughlin/Jordan (1999). Für neuere Auseinandersetzungen mit logischen Modellen seien empfohlen: Wyatt Knowlton/Phillips (2009) oder Frechtling (2007).

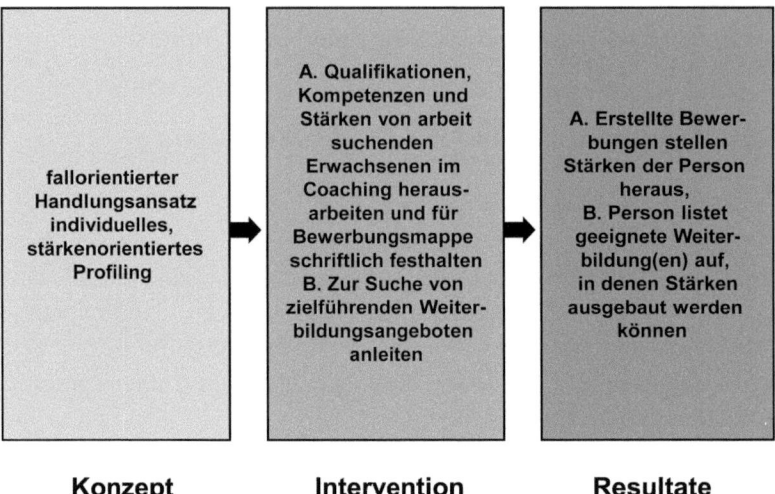

Abbildung 1: Einfaches logisches Modell mit einem Beispiel aus der Beschäftigungsförderung (Quelle: eigene Darstellung)

grammbaumdimensionen und -elementen, die von links nach rechts durch Pfeile dynamisch miteinander verknüpft sind (Bedingungen – Plan – Umsetzung – Resultate). Über die durch einen weiteren Pfeil angedeutete Rückkopplung von Resultaten zu den Bedingungen wird die Zyklizität des Programms visuell betont. Was im CIPP-Modell lediglich unter ‚C' (Context) gefasst wird, ist hier in vier Elemente ausdifferenziert: → Kontext, → Incomes, → Inputs und → Struktur.

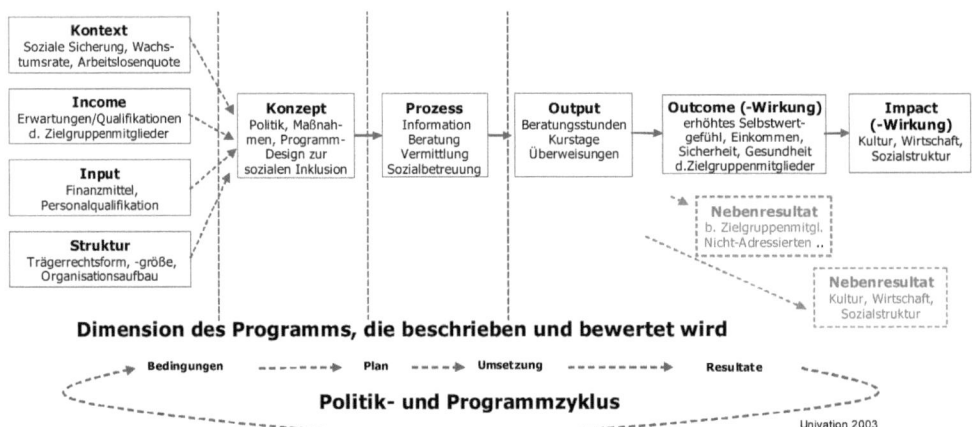

Abbildung 2: Erstveröffentlichung des ‚Programmbaums' 2004 im Rahmen der Perspektivstudie „Wirkungsorientierte Evaluation im Rahmen der Armuts- und Reichtumsberichterstattung" (Beywl/Speer/Kehr 2004, S. 24,

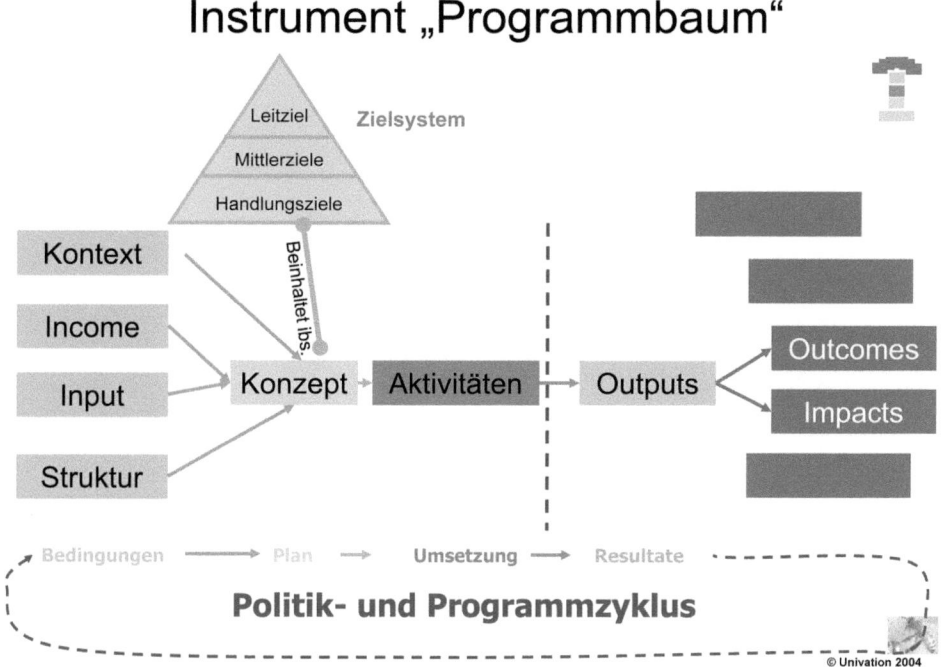

Abbildung 3: Der Programmbaum von Univation 2004

Dieses Modell setzte Univation fortan als logisches Programm-Modell ein und entwickelte es schrittweise auf der Basis von realisierten Evaluationen und dem Einsatz in Evaluationsausbildungen weiter. Kurz darauf wurde das Modell als Programmbaum bezeichnet, der vorerst weiterhin seitlich liegt und nur über ein kleines Symbol im Hintergrund als eigentlich stehend gedachter Baum angedeutet ist. Im liegenden Programmbaum fand sich bereits die Farbgebung, die auch den späteren vertikal ausgerichteten Programmbaum kennzeichnet.

Seit 2006 – nach professioneller grafischer Überarbeitung – nutzt Univation den Programmbaum in seiner heutigen Form (siehe Abbildung 4). Das Modell wird seitdem fortlaufend in Evaluationsprojekten eingesetzt und hat seine Tauglichkeit für die Praxis unter Beweis gestellt. Zwar wurden Begriffsdefinitionen ausgefeilt, das Grundmodell blieb jedoch bestehen.

3. Die Elemente des Programmbaums

Der Programmbaum stellt die gedachte Logik eines Programms textlich und visuell dar. Er verkettet die Bedingungen eines Programms in logischer Weise mit dem darauf bezogenen Programmkonzept, welches als zentrales Element Programmziele enthält, sowie die Beschreibung der zu ihrer Erreichung geplanten Interventionen samt Zeitplänen. Das Konzept kann auch Annahmen zu den Wirkmechanismen

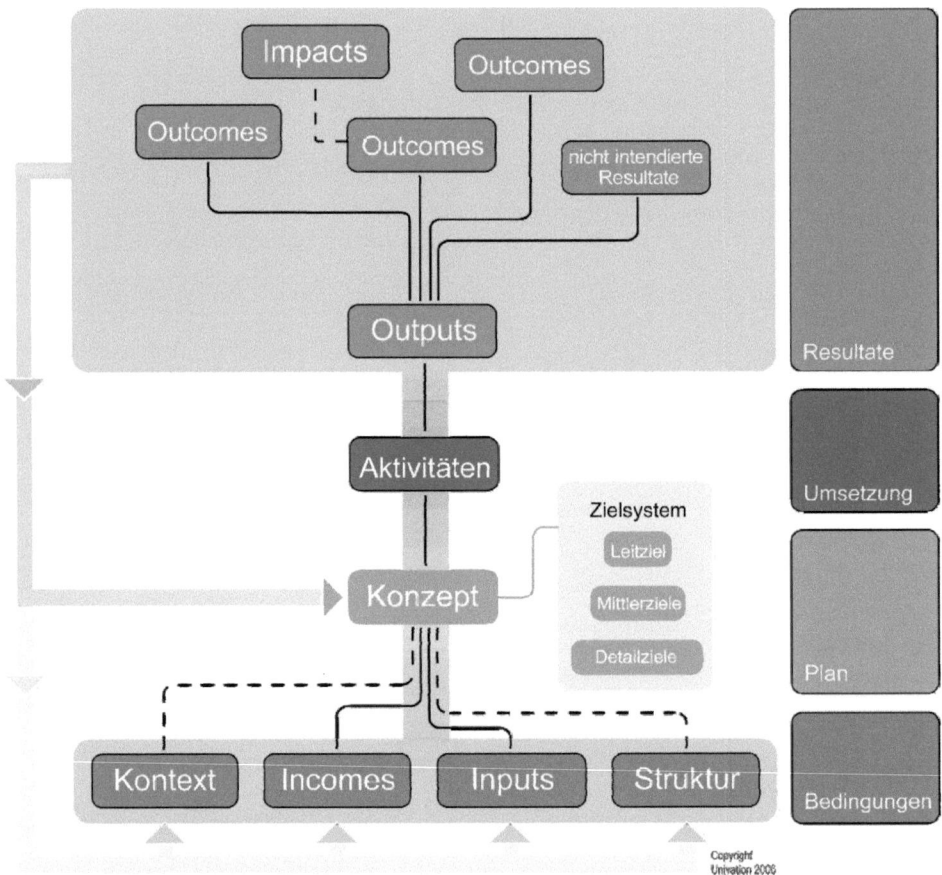

Abbildung 4: Der Programmbaum von Univation (seit 2006)

enthalten. Sind diese forschungsbasiert abgesichert und detailliert beschrieben, spricht man auch von einer → **Programmtheorie**.

Die Umsetzung des Konzepts erfolgt über Programmaktivitäten, die wiederum Resultate auf der Ebene von Produkten und Individuen (Outputs bzw. Outcomes) sowie auf der Ebene von Kontext/Strukturen (Impacts) hervorbringen (Beywl 2006).

In der Analogie zum Baum stehen die Bedingungen eines Programms für Wurzeln, die dem Programm Stabilität geben und Ressourcen zuführen, aber auch Instabilitäten aufweisen können. Das in Form von Aktivitäten umgesetzte Konzept wird durch den Stamm des Baums repräsentiert. Die Resultate des Programms befinden sich in der Krone, lassen sich als Früchte denken. Ebenfalls in Analogie zum Baum kann sich ein Programm entwickeln: Beispielsweise können sich Bedingungen verändern, unter anderem ausgelöst durch erzielte Resultate. Veränderte Bedingungen sollten sowohl auf konzeptioneller Ebene wie auch in der Umsetzung eines Programms zur Prüfung der weiteren Passung und ggf. Anpassungen und Veränderungen führen.

Die folgende Tabelle 1 gibt Erläuterungen zu den einzelnen Elementen des Programmbaums. Sie werden durch Beispiele aus dem Bereich der Beschäftigungsförderung veranschaulicht.

Tabelle 1: Erläuterung der Elemente des Programmbaums[6]

Element	Definition	Beispiele aus dem Bereich Beschäftigungsförderung
Kontext	Gesamtheit der umgebenden Systemumwelt eines Programms, je nach dessen Reichweite auf lokaler, nationaler und/oder internationaler Ebene. Kann sich auf geographische, rechtliche, soziale, demographische, politische, kulturelle oder andere Aspekte beziehen, die sich in der Regel langfristig und weitgehend unabhängig vom Programm selbst ändern.	Konjunkturelle Lage, Branchentypik einer Region, gesetzliche Grundlagen wie SGB II, Anteile von arbeitsuchenden Personen an der erwerbsfähigen Bevölkerung einer Region, regionales berufliches Bildungsangebot, gesellschaftliches Klima gegenüber Arbeitslosigkeit
Struktur	Bedingungen, die beim Träger (oder darüber hinausgehend in einem Verbundsystem) eines Programms vorliegen. Darüber hinaus weitere an einem Programm beteiligte Institutionen und/oder Personen mit ihren Beziehungen und Verantwortungsbereichen.	Rechtsform, Kapitalausstattung und Leitbild der das Programm tragenden Organisation; Kooperationen, bspw. arbeitsteilige Beratung von Arbeit suchenden Personen durch Jobcenter/Arbeitsagenturen und private Dienstleister, Beschäftigungsträger etc.; Gremien innerhalb des Programms (Beirat, Arbeitsgruppen u. Ä.)
Incomes	Charakteristika/Ressourcen, die Mitglieder der Zielgruppen in das Programm einbringen.	Eingangskompetenzen der Teilnehmenden von Qualifizierungsmaßnahmen (Vorwissen, Motivation etc.), gesundheitliche Beeinträchtigungen
Inputs	Finanzielle, personale oder andere Ressourcen, die in ein Programm investiert werden, teils als monetäre Kosten erfassbar.	Personal- und Sachaufwendungen, Anzahl und Qualifikationen der im Programm Tätigen, bspw. spezielle Fortbildungen in lösungsorientierter Beratung

---

6 Weitere Beispiele ausgearbeiteter ‚Programmbäume' finden sich bspw. in folgenden öffentlich zugänglichen Evaluationsberichten von Univation: Abschlussbericht zur Evaluation der EQUAL-Entwicklungspartnerschaft ‚Vieles ist möglich – Tandem-Partner in der Wissenschaft' (2008), siehe http://www.tandem-in-science.de/img/EP-Tandem_Evaluationsbericht_end.pdf; Gesamtbericht der Wissenschaftlichen Begleitung des Modellprojektclusters 4 ‚Früh ansetzende Prävention' im Bundesprogramm ‚Vielfalt tut gut. Jugend für Vielfalt, Toleranz und Demokratie' (2009), siehe http://www.migration-online.de/data/evaluation_frh_pdagogik.pdf.

Element	Definition	Beispiele aus dem Bereich Beschäftigungsförderung
Konzept	Gedanklicher (Grob-)Entwurf von Verantwortlichen eines Programms dazu, mit Hilfe welcher Interventionen welche Resultate bis wann, wo/bei wem ausgelöst werden sollen und wie der Programmprozess insgesamt gesteuert und überwacht werden soll.	Ziele, vorgesehene Interventionen und Wirkmodell gemäß Projekt-/Förderantrag für eine Qualifizierungsmaßnahme oder ein berufliches Profiling-Angebot, Curricula für Weiterbildungsangebote etc.
Zielsystem	Gesamtheit expliziter, schriftlich dargelegter Ziele für ein Programm auf den drei Konkretionsstufen Leitziele, Mittlerziele und Detailziele. Detailziele konkretisieren/spezifizieren Mittlerziele, Mittlerziele tun dies für Leitziele. Die Ziele einer niedrigeren Konkretionsstufe sind logisch darauf geprüft, dass ihre Erreichung zur Verwirklichung der Ziele auf der höheren Stufe beiträgt.	s. u.
Leitziel	Ein weit gestecktes, abstraktes Ziel, das durch ein Programm erreicht werden soll. Ein solches Leitziel bleibt über lange Zeit, oft mehrere Jahre stabil; es ist selten möglich, es in vollem Umfang zu erreichen.	‚Die Beschäftigungsfähigkeit von Jugendlichen nach dem Hauptschulabschluss ist erhöht und die Lehrstellensuche ist erfolgreich.'
Mittlerziele	Verbinden Leitziele mit den Detailzielen eines Programms und gliedern/konkretisieren Schwerpunkte im Bereich des Leitziels. Mittlerziele sind mittelfristig gültig und können in diesem Zeitraum verwirklicht werden.	‚Jugendliche nach dem Hauptschulabschluss meistern die für eine Bewerbung erforderlichen Schritte.'
Detailziele	Konkretisierte Mittlerziele, die im Idealfall spezifisch, messbar, akzeptabel, realistisch und terminiert (s.m.a.r.t.) sind.	‚Mindestens 90% der Jugendlichen in der Klasse haben vor Erhalt des Abschlusszeugnisses der Hauptschule eine aktuelle, die individuellen Stärken klar benennende Bewerbungsmappe erstellt.'

Element	Definition	Beispiele aus dem Bereich Beschäftigungsförderung
Aktivitäten	Handlungen der beruflich oder ehrenamtlich im Programm Tätigen: (a) *Interventionen*, die sich auf die Zielerreichung richten, (b) *Hilfsaktivitäten*, welche die Interventionen ermöglichen oder unterstützen, und (c) *Zielgruppen-Aktivitäten*, die eine aktive Beteiligung der Zielpersonen beinhalten.	Interventionen: Beratung, Profiling, … Hilfsaktivitäten: Teamaufbau, Einarbeiten neuer Mitarbeitender, … Zielgruppen-Aktivitäten: Lernen, Bewerben, …
Outputs	In unmittelbarem Zusammenhang mit den Interventionen eines Programms stehende Resultate in Form (zählbarer) Leistungen/Produkte, Teilnahme-/Benutzungsmengen sowie Zufriedenheit der Benutzenden/Zielgruppen.	Anzahl Teilnehmerstunden, verteilte Informationsbroschüren, Hits auf der Webseite des Programms, Anzahl der Beratungsgespräche/der Profilings
Outcomes	Intendierte Resultate bei Zielgruppen, wie z. B. Veränderungen bzw. Stabilisierungen im Wissen, den Einstellungen, sozialen Werten oder dem Können, im Verhalten oder in der Lebenslage/dem Status der Zielpersonen.	Erweitertes Wissen der Arbeitssuchenden über Bewerbungsmöglichkeiten, erhöhte Motivation zur Bewerbung oder zum Besuch einer Fortbildung, verstärkte Bewerbungstätigkeit, Integration in den Arbeitsmarkt
Impacts	Resultate eines Programms, die über die bei Zielgruppen auftretenden Outcomes hinausgehen, z. B. in Form von Merkmalen sozialer Systeme, einer Organisation, eines Sozialraums, eines regionalen Weiterbildungssystems, der Bildungspolitik eines Bundeslandes.	Verbesserte Zusammenarbeit der Arbeitsverwaltung mit Weiterbildungsanbietern, Ausbau eines bedarfsgerechten Angebots an Beratungsangeboten sowie Qualifizierungsmaßnahmen, gesenkte regionale Arbeitslosenquote; bedarfsgerechter öffentlicher Nahverkehr für Berufspendler
nichtintendierte Resultate	Resultate eines Programms auf verschiedenen möglichen Ebenen, die in dessen Konzept nicht als zu erzielend vorgesehen sind, also außerhalb der im Konzept festgehaltenen Ziele liegen.	Gesteigerte Wohn-Attraktivität eines Stadtteils, in dem intensiv Maßnahmen zur Beschäftigungsförderung betrieben werden, dadurch Beeinflussung von Wohnungsmarkt/Mietpreisen

Vom Kontext zu den Inputs ist die Stabilität der Bedingungen unterschiedlich ausgeprägt: Der Kontext existiert weitgehend unabhängig vom Programm und ist durch dieses – wenn überhaupt – nur längerfristig beeinflussbar. Je nachdem ist die Struktur ebenfalls sehr stabil und eine kaum beeinflussbare Größe (im Falle eines den Kontext oder die Struktur verändernden Programm-Einflusses liegt mit einer veränderten Struktur/einem veränderten Kontext ein Impact vor).

Inputs und Incomes lassen sich hingegen mittel- oder gar kurzfristig beeinflussen, sei es durch zusätzliche Finanzierung, Personaleinstellungen oder -qualifizierungen oder durch die Gewinnung bzw. gezielte Auswahl von anderen Programmteilnehmenden.

Resultate lassen sich nach zeitlichen Aspekten und unterschiedlicher Komplexität ausdifferenzieren: einerseits in eng mit der Programmumsetzung verbundene Produkte und Leistungen (Outputs; im Beispiel: Anzahl der den Arbeitssuchenden ausgehändigten, von ihnen zu füllenden Bewerbungsmappen oder deren Teilnahmetage an Bewerbungstrainings), andererseits in Outcomes, d. h. erwünschte Veränderungen und Stabilisierungen bei Zielpersonen (im Beispiel: Kenntnisse zu eigenen Stärken oder Erstellung formgerechter und aussagekräftiger Bewerbungen) sowie meist länger- und langfristige Impacts, Veränderungen/Stabilisierungen in beteiligten Organisationen und im gesellschaftlichen Subsystem, in dem diese agieren (bspw. verbesserte Zusammenarbeit zwischen Arbeitsverwaltung und Weiterbildungseinrichtungen oder Senkung der regionalen Arbeitslosenquote).

Die Zuordnung eines konkreten Sachverhalts zu einem Element des Programmbaums ist nicht immer eindeutig möglich. So könnte das im Beispiel in der Tabelle bei Aktivitäten verortete ‚Lernen, Bewerben, …' auch ein Outcome sein. Was in dem einen Programm ein leicht zu erreichender Output ist (die Teilnahme von gut Qualifizierten an einem Aufstiegsassessment) ist in einem anderen ein anspruchsvoller Outcome (die freiwillige Teilnahme von Langzeitarbeitslosen an einem Volkshochschulkurs). Diese Einschätzungen sollten jeweils vor dem Hintergrund des konkreten Programms vorgenommen werden.

Nachdem verdeutlicht wurde, aus welchen Elementen der Programmbaum besteht und wie diese sinnvoll in Bezug zueinander gestellt werden können, soll im Folgenden dargelegt werden, welchen Nutzen diese Abstraktion mit sich bringt.

4. Nutzen des Programmbaums

Besonders von Evaluierenden und Programmverantwortlichen, also den beiden Hauptakteuren der Programmevaluation, kann der Programmbaum nutzbringend eingesetzt werden. Dabei ist aus Sicht der Evaluierenden zu beachten, dass eine (→ externe) → **Evaluation** (in Abhängigkeit von der ihr zugedachten Rolle, s. u.) bei allen Aufgaben, die im Zusammenhang mit der Nutzung des Programmbaums im Folgenden den Programmverantwortlichen zugeschrieben werden, Unterstützung leisten kann. Sie kann dabei behilflich sein, dort → **Daten** und → **Informationen** zur Verfügung zu stellen, wo es den Programmverantwortlichen nicht aus eigener Kenntnis, Erfahrung und Beobachtung gelingt, Programmbaumelemente zu füllen bzw. ihre Entwicklung im Blick zu halten. Die Aufgabe der Evaluierenden kann aber auch darin bestehen, ‚lediglich' Fragen zu stellen und auf bisher blinde Flecke hinzuweisen.

4.1 Nutzen für Programmverantwortliche (bzw. die Programm- und Maßnahmenplanung)

Der Programmbaum unterstützt Programmverantwortliche wesentlich dabei, ihr Programm zu planen und zu steuern. Er expliziert den logischen Zusammenhang zwischen Bedingungen, Interventionen sowie erwünschten Resultaten und bringt dies in eine überschaubare Form. Die Programmbaumelemente haben Aufforderungscharakter: Programmverantwortliche werden angehalten, auf *alle* relevanten Aspekte eines Programms zu achten. Gerade weil das Denken in der Programmbaumlogik manchmal fremd ist, gelingt es ihnen in der Auseinandersetzung mit dem Modell, Distanz zum vertrauten Gegenstand einzunehmen. Dies beugt z. B. dem vor, dass Ziele, Aktivitäten und Resultate vermischt oder vertauscht werden. Der Programmbaum kann helfen, das betreffende Programm genauer zu konzeptualisieren, seine Umsetzung zu verfolgen und sowohl Konzept wie auch Umsetzung gegenüber Mittelgebenden und weiteren Beteiligten in einer leicht nachvollziehbaren Form zu kommunizieren. Die Aufforderung des Programmbaums, implizites Wissen der Programmverantwortlichen über ihren Gegenstand zu explizieren, wird ggf. als lästig empfunden, kann jedoch einen hohen → **Prozessnutzen** entfalten.

Der Programmbaum weist darauf hin, dass die *Bedingungen* des Handelns bei der Planung und Steuerung des Programms *laufend* zu berücksichtigen sind. So können beobachtete Änderungen in den Bedingungen auf der Grundlage des Programmbaums auf Konsequenzen für die gesamte Programmlogik geprüft werden.[7]

Programme werden vor dem Hintergrund spezifischer gesellschaftlicher Kontexte umgesetzt, die das Programm beeinflussen, in der Regel aber gar nicht oder bestenfalls längerfristig veränderbar sind. Den *Kontext* im Blick sind Programmverantwortliche dazu angehalten, sich das gesellschaftliche Klima bezüglich der Programmziele zu vergegenwärtigen, realistisch einzuschätzen, welche gesellschaftliche Bedeutung das Programm hat, und festzustellen, welche gesetzlichen Regelungen relevant sind. Die Feststellung eines spezifischen (häufig problematischen) Kontextes ist vielfach der Ausgangspunkt dafür, dass ein Programm überhaupt als erforderlich erachtet wird. Eine präzise Beschreibung des Kontextes kann Hinweise dafür liefern, welche Schwerpunkte im Programm gesetzt werden sollten, um gegebenenfalls hinderliche Kontextfaktoren ein Stück weit auszugleichen. Eine präzise Kontextbetrachtung kann außerdem den Blick für die Grenzen eines Programms schärfen. Sie kann aufzeigen, dass es für die gewünschte Zielerreichung eines Eingriffs des Gesetzgebers bedarf oder ein kurzfristig angelegtes oder niedrigschwel-

---

[7] Da Programme in der Praxis häufig mit sich verändernden Bedingungen konfrontiert sind (bspw. Änderungen in Gesetzeslagen, Wegbrechen von Fördermöglichkeiten oder aktuelle Ereignisse mit Einfluss auf die Wahrnehmung des Programms in Öffentlichkeit und Politik), die sich für das Programm und seine Zielerreichung als förderlich, häufiger aber als hinderlich erweisen können, hat Univation mit dem ‚Bedingungsmonitoring' ein Instrument entwickelt, das die für das Programm relevanten Bedingungsänderungen regelmäßig im Programmverlauf erhebt (vgl. Klockgether zu Monitoring in diesem Band).

liges Programm nicht dazu in der Lage ist, die gewünschten Veränderungen herbeizuführen. Beispielsweise können die Erfolgsaussichten eines Programms, welches auf die Beschäftigungsförderung von Migrantinnen und Migranten abzielt, dadurch eingeschränkt sein, dass durch Gesetze bedingte Zugangsbarrieren zum Arbeitsmarkt bestehen (z. B. Arbeitsmarktzugang in Abhängigkeit vom Aufenthaltstitel, Nichtanerkennung von Qualifikationsabschlüssen).

Eine weitere zu berücksichtigende Bedingung ist die *Struktur* des Programms. Die das Programm umsetzenden Organisationen sind in Gefüge von Behörden und Einrichtungen eingebunden. Zur Struktur gehören auch die vorhandenen Kooperationsbeziehungen mit externen Trägern und die Einbettung in Netzwerke, Verbünde und Gremien, die zur Umsetzung des Programms genutzt bzw. gebildet werden. Eine detaillierte Beschreibung der Struktur (ggf. visualisiert in Form einer Struktur-Landkarte, s. u.) kann Programmverantwortliche befähigen, sich einen Überblick über alle für das Programm relevanten Organisationen zu verschaffen und deren Beziehungen zueinander zu bestimmen. Sie kann gegebenenfalls besonders relevante Kooperationspartner identifizieren und den Blick auf Stärken und Schwächen der Kooperationen lenken. Die Identifizierung der wichtigsten Kooperationspartner als förderliche oder sogar notwendige Bedingung für den Programmerfolg kann Programmverantwortliche dazu anhalten zu berücksichtigen, an welchen Stellen Kontaktpflege und der Aufbau funktionierender Zusammenarbeitsformen besonders erforderlich sind und die entsprechenden Ressourcen einzuplanen (vgl. zur Netzwerkanalyse Neugebauer/Beywl 2006). Eine wiederholte Strukturanalyse mit ggf. überarbeiteter Struktur-Landkarte kann helfen, mögliche Impacts des Programms sichtbar zu machen.

Mit Blick auf die Bedingungen sollen Programmverantwortliche präzisieren, wer die beabsichtigten Zielgruppen sind, welche Kompetenzen und Einschränkungen diese mitbringen und inwiefern diese den Erfolg der geplanten Interventionen unterstützen oder auch erschweren können. Eine detaillierte Beschreibung der anvisierten Zielgruppen und deren Eingangsbedingungen (*Incomes*) trägt dazu bei, dass die Programmaktivitäten passgenau auf die Zielgruppen und ihre Bedarfe ausgerichtet, und gegebenenfalls die Strategien zur Zielgruppenerreichung verbessert werden. Sie kann darüber hinaus während der Programmlaufzeit die Aufmerksamkeit dafür erhöhen, dass bspw. andere Zielgruppen als geplant erreicht werden. Programmverantwortliche sind dann aufgerufen, bewusst zu entscheiden, ob diese Zielgruppenverschiebung erwünscht ist (und damit die Income-Beschreibungen für das Programm anzupassen sind) oder ob weitere Anstrengungen bzw. andere Strategien vonnöten sind, um die ursprüngliche Zielgruppe zu erreichen. Möglicherweise werden auch die geplanten Zielgruppen erreicht, diese bringen jedoch unvorhergesehene/zusätzliche Eingangsbedingungen mit. Auch in diesem Fall müssen Programmverantwortliche bewusst entscheiden, ob die Aktivitäten und erwünschten Resultate auf diese anders ausgeprägten Bedarfe der Zielgruppe anzupassen sind oder ob die Zielgruppe gewechselt werden soll.

Weitere Programmbedingungen betreffen die finanziellen und personellen Ressourcen, die in ein Programm investiert werden (*Inputs*). Die finanziellen Ressourcen sind in der Regel nicht ohne weiteres veränderbar, sondern hängen stark von Haushaltsvorgaben etc. ab. Eine Einwerbung von zusätzlichen Fördermitteln ist häufig mit hohem Aufwand für die Programmdurchführenden verbunden. Die personalen Ressourcen hingegen sind eher steuer- und veränderbar. Welche Qualifikationen sollen die vorgesehenen programmumsetzenden Personen haben? Welche Fähigkeiten, Erfahrungen, Haltungen oder anderen relevanten Eigenschaften sollten sie mitbringen, damit sie kompetent sind, die geplanten Aktivitäten in der erforderlichen Qualität umzusetzen, so dass die intendierten Resultate erzielt werden? Eine Analyse der in das Programm zu investierenden Inputs hilft, Chancen und auch Grenzen des Programms aufzuzeigen. Zudem kann sie dabei unterstützen, bei der Auswahl der Programmumsetzenden gezielt die programmspezifisch erforderlichen Kompetenzen und Erfahrungen zu berücksichtigen. Veränderungen in den Inputs in laufenden Programmen (v. a. Programme mit längerer Laufzeit) betreffen in den meisten Fällen personelle Veränderungen, also den Weggang von Mitarbeitenden und Stellenneubesetzungen. Damit wird die Frage nach den passenden Inputs häufig nochmals während der Programmumsetzung virulent, was Aufwand für die Personalsuche und Einarbeitung bedeutet, jedoch auch einen Mehrwert erbringen kann. Aber auch das kommt vor: Mit dem Wegfall einer Finanzierungsquelle muss ein Programm in Teilen oder auch komplett aufgegeben werden.

Auf der Grundlage einer präzisen Analyse der Programmbedingungen lässt sich ein darauf abgestimmtes, passendes *Konzept* formulieren. Dieses expliziert einen gedanklichen Entwurf dazu, welche Resultate bei welchen Zielgruppen ausgelöst werden sollen und wie hierfür vorzugehen ist. Die erwünschten Resultate werden dabei in Form eines → **Zielsystems** in einen logischen Zusammenhang gestellt (vgl. Schmidt in diesem Band). Das Konzept beinhaltet *Ziele* und Aussagen dazu, über welche *Aktivitäten* diese erreicht werden sollen. Zentral sind dabei weniger die von uns so genannten ‚Hilfsaktivitäten' (wie Teamsitzungen, Kooperationsgespräche, Anleitung von Programmmitarbeitenden), als vielmehr die *Interventionen*, die gezielt zur Auslösung von Resultaten eingesetzt werden (Beratung, Schulung etc.). Idealerweise geht aus dem Konzept *begründet* hervor, welche Wirklogik dem Konzept zugrunde liegt, also in welchem logischen Zusammenhang die Interventionen mit den erwünschten Resultaten stehen (vgl. Giel in diesem Band). Ein nach dieser Systematik entworfenes Konzept verspricht wirkungsvoll zu sein. Ob und in welchem Umfang die erhofften Wirkungen tatsächlich eintreffen, ist nicht garantiert, aber der Erfolg kann mit konsequenter Anwendung dieses Planungsinstruments wahrscheinlicher gemacht und besser nachvollzogen werden. Über ein am Programmbaum orientiertes Konzept werden Programmverantwortliche zudem darin unterstützt, über das Programm angemessen zu kommunizieren.

Es ist uns ein Anliegen, dass Programmverantwortliche bei der Planung und Zielformulierung *alle* diese Arten von Resultaten im Blick haben. Zu häufig finden wir, dass sich die Zielformulierung in einer Art Meilensteinplanung erschöpft, die im Wesentlichen *Output-Ziele* des Programms auflistet. Ein mit öffentlichen Mitteln gefördertes Programm, das auf Output-Ziele (bspw. Fachveranstaltung am

20.05. mit mind. 500 zufriedenen Teilnehmenden) beschränkt ist, darf zu Recht hinsichtlich seines Wertes für die Gesellschaft in Frage gestellt werden. Daher sollten Programmverantwortliche über Outputs hinaus stets beschreiben, welche *Outcome-* und ggf. *Impact-Ziele* im Sinne von erwünschten Veränderungen und/oder Stabilisierungen bei Zielgruppen bzw. in sozialen Systemen durch das Programm ausgelöst werden sollen.[8] Die Beschreibung intendierter Impacts des Programms ist zwar nicht so zwingend wie für die Outcomes, doch ist zu bedenken, dass Impacts häufig für die Legitimation sowie Rechenschaftslegung des Programms relevant sind. Oft verschaffen gerade Impact-Ziele dem Programm Unterstützung durch Politik und Gesellschaft. Erst die detaillierte Beschreibung der intendierten Resultate ermöglicht, zu einem späteren Zeitpunkt zu überprüfen, im welchem Ausmaß diese erreicht wurden. Sobald sie tatsächlich auftreten, materialisieren sie sich als Outcomes bzw. Impacts.

Die gedankliche Unterscheidung zwischen Konzept und Umsetzung (in Form von Aktivitäten/Interventionen) erinnert Programmverantwortliche daran, dass Konzepte sich selten eins zu eins umsetzen lassen. Wenn sich erwünschte Resultate nicht einstellen, mahnt diese Unterscheidung dazu, nach Ursachen zu suchen: Ist das Konzept wie geplant umgesetzt worden? Weist das Konzept in sich Unstimmigkeiten auf, wurden beispielsweise relevante Zwischenschritte vergessen? Haben sich Bedingungen verändert, die sich noch nicht in einer Konzeptanpassung und einer veränderten Umsetzung niedergeschlagen haben? Dies hilft Programmverantwortlichen, nach den Gründen für den möglicherweise ausbleibenden Erfolg zu suchen und die Anpassungen an der richtigen Stelle vorzunehmen.

Der Programmbaum lenkt den Blick schließlich auf die tatsächlich erreichten *Resultate*, die sich als ‚Früchte' in der Krone des Baums befinden. Diese können nach verschieden konkreten, näher- oder fernerliegenden Outputs, Outcomes und Impacts unterschieden werden. Es hängt von den Kenntnissen sowie verfügbaren Ressourcen der Programmverantwortlichen sowie der Art des Programms bzw. seinen Zielen ab, in welchem Umfang es den Programmmitarbeitenden alleine, ohne die Unterstützung einer → internen oder externen Evaluation gelingt, zu überprüfen, in welchem Maße die angezielten Resultate tatsächlich auftreten. Aus unserer Sicht gehört das → Monitoring von Outputs (also bspw. die Dokumentation von realisierten Interventionen, Produkten bis hin zu ersten Reaktionen darauf z. B. durch den Einsatz von → Feedbackinstrumenten) sowie leicht feststellbaren Outcomes bei den Zielgruppen zum Aufgabenbereich der Programmverantwortlichen[9] und

---

8   Diese Aussage soll nicht so verstanden sein, dass das Erreichen von Outputs als minderwertig zu betrachten ist. Mitunter ist es als eine besondere Leistung zu betrachten, bspw. ‚schwierige' Zielgruppen mit den Interventionen des Programms überhaupt zu erreichen (bspw. Jugendliche, die im Zusammenhang mit Drogenkonsum oder sexuellen Praktiken ein bestimmtes Risikoverhalten aufweisen). Wenn dies der Fall ist, gelingt es den Programmverantwortlichen jedoch im Programmkonzept, argumentativ zu belegen, weshalb Outcome-Ziele hier weniger im Vordergrund stehen.

9   Vgl. Klockgether zu Monitoring in diesem Band.

ist auch meist unverzichtbar für eine Sachberichterstattung bzw. die Rechenschaftslegung des Programms sowie Grundlage für eine weitergehende Überprüfung der → Zielerreichung im Rahmen von Evaluation. Nicht zuletzt dient das Monitoring der Früherkennung von Fehlentwicklungen im Programm bzw. als Hinweis auf Konzeptschwächen und sollte deshalb als Aufgabe nicht vernachlässigt werden.

Es lohnt sich, den Programmbaum im Vorfeld der Programmumsetzung mit seinen Elementen als Entwurf auszufüllen und auch deren gedachte Verbindungen untereinander auszuformulieren. Die so erstellte Programmbeschreibung kann dazu genutzt werden, während der Laufzeit die Realisierungen systematisch zu beschreiben und darauf basierend evtl. Anpassungen in Konzept und Umsetzung vorzunehmen. Wenn sich beispielsweise die Zielgruppe verändert hat, Aktivitäten nicht angenommen werden oder nicht die erwünschten Resultate auslösen, kann dies systematisch und auf Basis erhobener Daten nachverfolgt werden. Ebenso gut kann vor dieser Folie nachgezeichnet werden, wodurch eine verfolgte Strategie erfolgreich ist, wie Wirkungen entfaltet werden und welche Bedingungen das Gelingen ermöglichen oder begünstigen. Schließlich erhöht die Nutzung des Programmbaums durch Programmverantwortliche die Evaluierbarkeit des Programms.

4.2 Nutzen für Evaluierende

Für Evaluierende ist der Programmbaum in vielerlei Hinsicht hilfreich. Er unterstützt sie dabei, sich ein umfassendes Bild vom Evaluationsgegenstand zu machen, die Evaluation daraufhin zu planen, durchzuführen und Bericht zu erstatten.

Übergeordnete Ausgangspunkte für die Entwicklung eines Evaluationsplans sind der → Evaluationszweck und die → Evaluationsfragestellungen. Der gemeinsam mit den Auftraggebenden und im Idealfall – sofern nicht identisch – mit den primären intendierten → Nutzenden der → Evaluationsergebnisse erstellte Plan beschreibt den erwünschten → Ergebnisnutzen der Evaluation. Der visualisierte und textlich kommentierte Programmbaum erleichtert es, mit den betreffenden Personen zu kommunizieren und eine gemeinsame Sprache zu finden. Über die Programmbaumelemente kann konkretisiert werden, wo genau → Informationsbedarf besteht: Soll die Zielgruppe geschärft werden? Soll geprüft werden, welche Resultate erreicht werden? Soll rekonstruiert werden, ob die erreichten Resultate auf die Programmaktivitäten zurückzuführen sind? Ist das Konzept angemessen auf die Programmbedingungen abgestimmt? Wird das Konzept wie geplant umgesetzt? Sollen zur Überprüfung der Übertragbarkeit die genauen Bedingungen erfasst werden? Entlang des Programmbaums können diese Informationsbedarfe identifiziert werden.

Wie bereits oben vermerkt, kann eine Evaluation (in → formativer bzw. → evolutiver Rolle[10]) die Programmverantwortlichen bei allen der im vorhergehenden

---

10 Nimmt die Evaluation Pattons evolutive Rolle ein, muss davon ausgegangen werden, dass es im Vorfeld kein stabiles Programmmodell gibt und dass dieses erst im Zuge der

Abschnitt benannten Aufgaben der Programmplanung und -umsetzung durch die (möglichst zeitnahe) Bereitstellung von Daten und Informationen sowie die Formulierung geeigneter Nachfragen unterstützen. Dies erfordert in der Regel eine enge Zusammenarbeit zwischen Programmverantwortlichen und Evaluierenden, damit die Evaluation tatsächliche und aktuelle Informationsbedarfe bedient. Diese sind nicht immer voraussehbar, insbesondere wenn es sich um komplexe und emergente Vorhaben handelt, bei denen hinsichtlich des Vorgehens im Programm weder eine Gewissheit über einen Lösungsweg noch eine Einigkeit über die Lösung bei den beteiligten Akteuren besteht (Patton 2010). Solche Programme entwickeln sich während ihrer Laufzeit und stellen damit auch an eine Evaluation hohe Anforderungen. Aber auch bei ‚normalen' formativen Evaluationen muss von einem bestehenden Evaluationsplan ggf. im Verlaufe der Umsetzung der Evaluation (und des Programms) abgewichen werden, damit ein angestrebter hohen Nutzen der Evaluation erbracht werden kann, auch wenn dies von den Evaluierenden (und den → **Geldgebenden** der Evaluation) ein hohes Maß an Flexibilität erfordert. Das ‚Füllen der Programmbaumelemente' kann (in → **summativer Rolle**) natürlich auch nachträglich erfolgen. Der Nutzen besteht dann weniger für die laufende Programmdurchführung als für eine Entscheidungsfindung über das Programm/seine Bestandteile.

Aus evaluationstheoretischer Sicht ermöglicht es der Programmbaum grundsätzlich, verschieden anspruchsvolle Evaluationsniveaus zu unterscheiden. In einer fünfstufigen Folge (siehe Tabelle 2) nehmen dabei von Ebene zu Ebene Aufwand und evaluationskonzeptionelle Herausforderungen ebenso zu, wie das Potenzial, zu einer wirksamen und wirtschaftlichen, öffentlich verantworteten Programmpraxis beizutragen. Die höheren Niveaus setzen jeweils die Bearbeitung der je vorangehenden voraus[11]. Bei diesen Niveaus wirkungsvoller Evaluation werden jeweils mindestens zwei Elemente des Programmbaums in Bezug zueinander gesetzt. Welches dieser Niveaus in der Evaluation jeweils gewählt wird, hängt von den vorgängig geklärten Evaluationszwecken und Fragestellungen sowie vom für die Evaluation verfügbaren Budget ab.

    Programmumsetzung mit Unterstützung der Evaluation entwickelt wird (Patton 2010; vgl. Gutknecht-Gmeiner in diesem Band). Formative Evaluationen sollen als Prozess-/Ergebnisnutzen v. a. die Anpassung bzw. Weiterentwicklung eines vorliegenden Programmmodells erbringen.

11 In der Praxis ist dies ein oft verfehltes Ideal: Bei vielen Evaluationen des Niveaus 2 fehlen Angaben über Outputs, die mittels Monitoring bereitgestellt werden müssen. Noch mehr aber fehlen selbst rudimentäre Angaben zu den Kosten des Evaluationsgegenstands. Die Gewinnung dieser Daten ist insbesondere für Evaluierende in externen Evaluationen oft sehr schwierig. Sie sollten – zusammen mit den Geldgebenden – darauf drängen, dass die Programmverantwortlichen zumindest eine vereinfachte Form der → **Kosten-Leistungs-Analyse** als festen Bestandteil in ihren operativen Auftrag übernehmen, wenn dies nicht bereits mit Steuerungsverfahren, z. B. dem New Public Management, implementiert ist.

Tabelle 2: Fünf Niveaus wirkungsorientierter Evaluation (auf Basis von Beywl 2006, S. 39)[12]

1	Bestimmung der → Effizienz (der Input-Output-Relation) mittels Kosten-Leistungs-Analyse Es wird festgestellt, wie viele (geldwerte) Ressourcen eingesetzt wurden, um die gezählten Outputs zu produzieren (z. B. Rieder 2004). Dies ist eine prä-evaluative Aufgabe, d. h. wenn sich die Untersuchungen auf diesen Aspekt *beschränken*, kann noch nicht von Evaluation gesprochen werden.
2	Messung und Bewertung der (Outcome-)Zielerreichung Evaluation stellt fest, in welchem Ausmaß die im Zielsystem des Programms gesetzten Outcome-Ziele erreicht werden. Programme gelten dann als erfolgreich, wenn sie die gesetzten Outcome-Ziele in befriedigendem Maße erreichen (z. B. W. K. Kellogg Foundation 1998).
3	Messung und Bewertung der Income-Outcome-Relation Der Zuwachs an Wert oder Ertrag, den das Programm für die Zielgruppen geleistet hat, wird durch Evaluation festgestellt. Bestimmt wird über die Zielerreichung (also z. B. Ausprägung der Bewerbungsmotivation am Schluss der Teilnahme) hinaus der Unterschied, den das Programm bei den Zielgruppenmitgliedern auslöst (z. B. der Motivationszuwachs gegenüber der Einstiegssituation in das Profiling). Hierfür ist ein methodisch angemessener Evaluationsplan erforderlich, da der Messvorgang allein (z. B. ein Interview vor Beginn des Profilings) zu einem erhöhten Outcome führen kann (Motivation ist erhöht, da ein Interview als wertschätzende Aufmerksamkeit gewertet werden kann).
4	Feststellung und Bewertung der → Wirksamkeit des Programms Evaluation erbringt Belege, in welchem Maße empirisch nachgewiesene Resultate, insb. Outcomes (also z. B. abgeschlossene Lehrverträge Bildungsbenachteiligter) auf das Programm, insb. seine Interventionen zurückzuführen sind (bspw. ein Motivationstraining oder sozialpädagogische Begleitung). Dies kann jeweils unter Berücksichtigung identifizierter Einflussfaktoren aus dem Kontext des Programms mittels folgender drei Vorgehensweisen geleistet werden, wobei Zeit- und Kostenaufwand von (a) nach (c) steigen: (a) → *Wirkungseinschätzung*: Einschätzung des Programm-Beitrags zu den gemessenen Outcomes durch Feldexperten und -expertinnen, die weder Mitglieder des Programm- noch des Evaluationsteams sind, oder durch retrospektive Selbsteinschätzung der Ausgangssituation durch die Teilnehmenden (b) → *Wirkungsmodellierung*: Füllung des Programmbaums und Messungen bei den programmtheoretisch relevanten Elementen, insbesondere von Outcomes und Outputs (vgl. Giel in diesem Band) (c) → *empirischen Wirkungsnachweis*: empirische, statistisch abgesicherte Wirkungsmessungen im Rahmen → experimentaldesigngesteuerter Evaluation oder → quasi-experimentaldesigngesteuerter Evaluation unter Nutzung von → Experimentalgruppen und → Vergleichsgruppen bzw. → Kontrollgruppen (z. B. Bortz/Döring 2006)

---

12 Diese Tabelle hat nicht den Anspruch, alle möglichen Leistungen abzubilden, die Evaluation erbringen kann.

5	Bestimmung und Bewertung der → **Wirtschaftlichkeit** mittels → **Kosten-Wirkungs-Analyse**
	Evaluation überprüft, wie kostengünstig (Kosten im weitesten Sinne) der festgestellte Programmnutzen (bei Bilanzierung von Outcome-Wirkungen, erwünschten und unerwünschten nichtintendierten Resultaten) erbracht wird (Levin/McEwan 2001).

Eine Evaluation nutzt häufig unterschiedlichste Daten- und Informationsquellen und erhebt Daten auf verschiedene Weisen, um die Fragestellungen beantworten zu können: In der Regel werden in Evaluationen die Perspektiven verschiedener → **Stakeholder** einbezogen. In Abhängigkeit von den Informationsbedarfen, der Erreichbarkeit der Stakeholder, der geplanten Regelmäßigkeit der Erhebungen und nicht zuletzt auch den für die Evaluation zur Verfügung stehenden Ressourcen haben Evaluierende es schließlich nicht selten mit großen Datenmengen aus unterschiedlichen Quellen zu tun. Zu Programmleitlinien, Antragsunterlagen und Sachstandsberichten gesellen sich bspw. Protokolle unterschiedlicher qualitativer Erhebungen (face-to-face/telefonisch; Einzel- oder Gruppenerhebungen), quantitative Daten aus Online- oder Papierbefragungen, Beobachtungsprotokolle und weitere Daten. Für die → **Datenerhebung**, → **-auswertung** und Berichterstattung stellt der Programmbaum auch dann eine mögliche Gliederungsstruktur bereit, wenn es nicht explizit Aufgabe der Evaluation war, das Programmmodell zu füllen[13]. Er hilft, die gesammelten Daten systematisch zu beschreiben und dabei zentrale Elemente und Verknüpfungen zu identifizieren. So kann entlang der Programmbaumkategorien eine Programmbeschreibung erfolgen, welche im Verlauf der Evaluation ggf. mit Informationen aus den verschiedensten Quellen aufgefüllt und aktualisiert wird. Auf systematische Weise werden so Entwicklungen nachgezeichnet und die Programmumsetzung wird dokumentiert. Plan, Umsetzung und Resultate können laufend miteinander verglichen und in Bezug zueinander gesetzt werden.

Im Laufe der letzten Jahre sind beim Einsatz des Programmbaums in Evaluationsprojekten eine Reihe von Verfahren und Instrumenten entstanden, welche die Logik des Programmbaums mit seinen einzelnen Elementen aufnehmen und es ermöglichen, die Elemente im Verlauf einer Evaluation systematisch zu konkretisieren und angemessen einzubeziehen.

Eines dieser Instrumente ist die bereits erwähnte *Strukturlandkarte* als „eine grafische Darstellung der Organisationen, Gremien und Schlüsselpersonen, die an der Finanzierung, Steuerung, Trägerschaft und Umsetzung eines Programms maßgeblich beteiligt sind" (Beywl/Niestroj 2009, S. 97). Mitunter weisen Programme eine Vielzahl von beteiligten bzw. betroffenen Organisationen oder auch Personen auf, die in unterschiedlichster Beziehung zueinander stehen, sich an verschiedenen Gremien beteiligen oder im Programm vielfältige Aufgabenbereiche haben. Es kann

---

13 Nicht immer wird es gegenüber den Auftraggebenden bzw. Programmbeteiligten kommuniziert, dass der Programmbaum eine grundlegende Logik bildet, die unserer Arbeit zugrunde liegt (vgl. dazu auch das Kapitel zu Schwierigkeiten und Grenzen der Programmbaum-Anwendung unten).

nach unserer Erfahrung für alle Beteiligten eine Hilfe sein, sich dieses schwer zu überschauende Geflecht grafisch vor Augen zu führen. Solche Abbildungen, die die Beziehungen der Agierenden untereinander und ihre Funktionen im Zusammenhang mit dem Programm verdeutlichen, können auch nach außen gewinnbringend für die Kommunikation eingesetzt werden.

Das *Bedingungsmonitoring* bietet die Möglichkeit, relevante Änderungen gegenüber der Ausgangslage des Programms regelmäßig zu erheben und ihre Konsequenzen für das Konzept und die Programmumsetzung abzuschätzen (Beywl/Niestroj 2009, S. 18 f.; vgl. Klockgether zu Monitoring in diesem Band).

Zudem ist die *Zielklärung* zu nennen, die fast schon als klassische Aufgabe der Evaluation gilt, aus unserer Sicht jedoch genuin in den Aufgabenbereich der Programmverantwortlichen fällt. Wenn die Ziele eines zu evaluierenden Programms nicht ausreichend konkret bzw. explizert sind, können die Evaluierenden die Programmverantwortlichen bei der Klärung der Ziele bzw. der Erarbeitung eines Zielsystems und der Operationalisierung der Ziele unterstützen. Mit der Einbindung des Zielsystems in den Programmbaum wird die Zielklärung systematisch fundiert (vgl. Schmidt in diesem Band).

Und schließlich ein weiterer Nutzen des Programmbaums für die Evaluationspraxis: Nicht selten haben Evaluationsdurchführende unterschiedliche professionelle Hintergründe mit jeweils spezifischen Fachsprachen. So werden Evaluierende in verschiedenen Disziplinen sozialisiert, unter anderen in der Psychologie, den Erziehungs- und Politikwissenschaften, der Soziologie und ebenso der Medizin, den Wirtschafts- und Rechtswissenschaften oder auch in technischen Studiengängen. In den jeweiligen Disziplinen werden häufig eigenständige methodische Ansätze und wissenschaftstheoretische Paradigmen zu Grunde gelegt (Giel 2013, S. 28). Der Programmbaum mit seinen Begriffen stellt ein Angebot dar, über die Bereitstellung eines praktikablen heuristischen Modells eine gemeinsame Sprache zur Umsetzung einer Evaluation in multiprofessionellen Teams zu finden, und erleichtert es, als Team auf einer gemeinsamen Grundlage zu arbeiten.[14]

4.3 Nutzen für die Meta-Evaluation

Auch Evaluationen können als Eingriffe in die soziale Wirklichkeit aufgefasst und mit Hilfe des Programmbaums dargestellt werden. Sie verfolgen bestimmte Zwecke (z. B. → **Verbesserung** oder → **Rechenschaftslegung**) und setzen hierfür Interventionen ein (Erhebungen, Auswertungen, Berichterstattung und andere Formen der Ergebnisvermittlung). Sie stellen zählbare Produkte bereit, namentlich schriftliche Berichte. Im Erfolgsfall führen sie zu Outcomes z. B. bei den Auftraggebenden und anderen Adressierten, in Form von erweitertem Wissen und veränderten Einstellungen und Handlungen, und schließlich zu Impacts im Sinne verbesserter Systeme z. B. der Gesundheitsversorgung, der sozialen Sicherung oder der Forschung.

---

14 Vgl. zur Terminologie der Evaluation auch Niestroj/Beywl/Schobert in diesem Band.

Logische Modelle für die Evaluation zu entwerfen bedeutet, sich der Bedingungen zu vergewissern, in denen Evaluationen umgesetzt werden, die Evaluationsplanung darzulegen und die Durchführung ebenso zu beschreiben wie die Resultate der Evaluation. Evaluation kann an Glaubwürdigkeit gewinnen, wenn sie derartige Modelle, die sie von Programmverantwortlichen einfordert, auch für sich selbst erarbeitet und visuell darstellt. Zudem bietet eine solche Modellierung einen Ansatzpunkt für eine Meta-Evaluation, also eine Evaluation von Evaluationen zur Beschreibung und Bewertung ihrer Güte, Tauglichkeit und Bedeutsamkeit (z. B. unter Rückbezug auf → **Evaluationsstandards**).

Einen Versuch, dies mit dem Programmbaum zu lösen, leistet Iris Michel (2015). Sie nutzt den Programmbaum, um die Konzeptionen der externen Schulevaluation aus vier deutschschweizer Kantonen zu vergleichen. Hieran anschließen könnten sich sowohl formative wie summative Meta-Evaluationen, insbesondere dann, wenn sie – wie im Falle der externen Schulevaluation – einen hohen Grad der Standardisierung aufweisen.

5. Diskussion des Modells ‚Programmbaum' in Theorie und Praxis

In der Mehrzahl der Fälle, in denen der Programmbaum eingesetzt wird, erweist er sich sowohl für die Evaluierenden als auch die Stakeholder des evaluierten Programms, namentlich die Programmverantwortlichen, als hilfreich. In einzelnen Fällen erachten Auftraggebende und Programmbeteiligte das Modell jedoch als zu detailliert und in den verwendeten Termini von ihren jeweiligen Modellen abweichend, z. B. dem einfachen, dabei stark verbreiteten Modell „Struktur-Prozess-Ergebnis". Die Versuche, z. B. Kontext von Struktur, Input von Income oder (Hilfs-) Aktivitäten von Interventionen zu unterscheiden, erachten sie als zu spezifisch. In diesen Fällen nutzen wir das Modell für unsere Arbeit, kommunizieren aber einzelne Begriffsdefinitionen nicht nach außen.

In der Scientific Community hingegen wird das Modell bisweilen als zu wenig komplex erachtet – so Rückmeldungen an uns bei verschiedenen Gelegenheiten: Statt der vereinfachenden linearen Struktur sollten auch Rück- und Querbeziehungen visualisiert werden, wie sie in den Programmwirklichkeiten vermutlich oder tatsächlich auftreten. Obwohl der Programmbaum grundsätzlich zyklisch gedacht ist (metaphorisch: die erzeugten Früchte enthalten die Samen für den nächsten Zyklus), gerät dies durch die als starr wahrgenommene Baum-Metapher schnell in den Hintergrund. Weitere Einwände sind: Die Machtdimension werde ausgeblendet, ein Programm erscheine realitätswidrig als technologisch beherrschbar. Auch verführe die Darstellung zur Annahme, ein Programm sei stabil aus trennscharf abgrenzbaren Elementen zusammengesetzt. Schließlich fehlten die theoretisch bzw. durch Forschungsergebnisse begründeten Wirkmechanismen etwa zwischen Interventionen und Outcomes. An letztgenanntem Einwand werden die Begrenzungen von Evaluationen deutlich, die oft allein wegen der budgetären Rahmensetzungen auf eine extensive Theoriebasierung verzichten, wobei dies für viele Evaluationen qualitätssteigernd sein könnte.

Doch auch für recht pragmatische Absichten erweist sich das Modell manchmal als sperrig. So verliert es an Übersichtlichkeit, wenn wir auf → **Kaskadenprogramme** als Gegenstände treffen – ein im Bereich der Humandienstleistungen häufiger Fall. Dies bedeutet, dass das Programm sich mit seinen Interventionen an eine (oder mehrere hintereinander geordnete) → **Multiplikatorzielgruppe** richtet (bspw. Lehrkräfte oder Mitarbeitende der Arbeitsverwaltung). Diese sollen qualifiziert und motiviert werden, ihrerseits wirkfähige (Mini-)Programme umzusetzen (bspw. veränderten Unterricht, Beratung, Prävention), die intendierte Resultate bei einer → **Letztzielgruppe** (Schülerinnen/Schüler, Arbeitsuchende) auslösen. Die Outcomes bei der Multiplikatorzielgruppe sind dann zugleich ein Resultat des Programm wie eine Bedingung (in der Terminologie des Programmbaums: Input) dafür, dass die (für den Programmerfolg noch wichtigeren) Resultate bei der Letztzielgruppe erreicht werden (vgl. Schmidt in diesem Band). Es ist schwierig, diese Zusammenhänge im Konzept und der Visualisierung der Programmbaumlogik leicht nachvollziehbar zu machen.

Neben solchen Kaskadenprogrammen, die auch über drei oder vier Kaskaden verlaufend modelliert werden können, gibt es auch → **eingebettete Programme**. Damit z. B. ein bestimmter Output zustande kommen kann, bedarf es eines Subprogramms, das zunächst Outcomes hervorbringen muss. Schon klassisch ist das Output-Ziel, mit einem kompensatorischen Bildungsprogramm eine hohe Teilnahmequote Bildungsbenachteiligter zu erreichen. Damit dies gelingt, müssen Wissen, Einstellungen und Verhalten der für Teilnehmendengewinnung Verantwortlichen so verändert sein (Outcome), dass sie geeignete Interventionen umsetzen, diesen Output im Hauptprogramm auszulösen. Dieses Beispiel zeigt, wie wichtig es sein kann, von der einfachen auf eine komplexere Programmvisualisierung umzustellen bzw. kreative Lösungen zu finden.

Die so genannten Wirkstränge, die zur Beschreibung der Wirklogik von Modellprojekten im Rahmen der Bundesprogramme *Vielfalt tut gut. Jugend für Vielfalt, Toleranz und Demokratie* und *Toleranz fördern – Kompetenz stärken* entstanden sind, verknüpfen Interventionen und Resultate eines Programms bildlich außerhalb eines Gesamtmodells des Programms und bieten zudem Beispiele dafür, eine Visualisierung von Kaskaden- bzw. eingebetteten Programmen mit theoretisch begründeten Wirkannahmen zu verbinden.[15]

---

15 Vgl. Giel in diesem Band; Beispiele finden sich im Bericht der Wissenschaftlichen Begleitung der Modellprojekte im Cluster ‚Früh ansetzende Prävention' des Programms ‚Vielfalt tut gut. Jugend für Vielfalt, Toleranz und Demokratie' (Kapitel 5.2.7) unter: http://www.migration-online.de/data/evaluation_frh_pdagogik.pdf [Stand: 04.03.2015]

6. Schlussbemerkung

Der Programmbaum ist in Auseinandersetzung mit der Evaluationstheorie und der Evaluationspraxis entstanden. Das Modell wurde der Evaluationscommunity präsentiert und zur Diskussion gestellt. Grafiken sowie Begriffsdefinitionen stehen über die Univations-Homepage (s. u.) sowie das Eval-Wiki: Glossar der Evaluation (http://www.eval-wiki.org/glossar) bereit.

Der Programmbaum konnte seine Güte, Tauglichkeit und Bedeutsamkeit für Evaluationen sowie die Programmplanung und -steuerung trotz punktueller Kritik unter Beweis stellen. Wir sind gespannt auf zukünftige Herausforderungen und Entwicklungen und offen für Anpassungen und Weiterentwicklungen des Modells, die sich ggf. daraus ergeben.

Hinweise zur Nutzung des Programmbaums

Der Programmbaum ist grundsätzlich zur Nutzung freigegeben. Eine Beschreibung, weitere Beispiele sowie die Grafik des Gesamtmodells und seiner Elemente sind von der Univations-Homepage unter http://www.univation.org/programmbaum herunterladbar.

Wenn Sie den Programmbaum in Ihrer Tätigkeit einsetzen, bitten wir um eine Quellenangabe (Verweis auf unsere Homepage oder diesen Artikel).

Wir freuen uns über Hinweise auf Ihre Arbeit mit dem Programmbaum. Schicken Sie uns bspw. Links auf veröffentlichte Berichte oder Produkte, auf die wir wiederum von unserer Homepage verweisen können. Auch an einem Erfahrungsaustausch über das Instrument und seinen Einsatz sind wir interessiert, gerne per Mail an info@univation.org.

Literatur

Beywl, Wolfgang (2006): Demokratie braucht wirkungsorientierte Evaluation – Entwicklungspfade im Kontext der Kinder- und Jugendhilfe. In: Projekt eXe (Hrsg.): Wirkungsevaluation in der Kinder- und Jugendhilfe. Einblicke in die Evaluationspraxis. München: Deutsches Jugendinstitut. S. 25–46.

Beywl, Wolfgang/Niestroj, Melanie (2009): Der Programmbaum. Landmarke wirkungsorientierter Evaluation. In: Univation (Hrsg.): Das A-B-C der wirkungsorientierten Evaluation. 2. Aufl., Köln: Univation – Institution für Evaluation GmbH, S. 137–149.

Beywl, Wolfgang/Speer, Sandra/Kehr, Jochen (2004): Wirkungsorientierte Evaluation im Rahmen der Armuts- und Reichtumsberichterstattung. Perspektivstudie. Bundesministerium für Gesundheit und Soziale Sicherung (BMGS), Bonn. Verfügbar unter: http://www.univation.org/publikation/wirkungs orientierte-evaluation-rahmen-armuts-reichtumsberichterstattung [Stand: 04.03.2015])

Bortz, Jürgen/Döring, Nicola (2006): Forschungsmethoden und Evaluation für Human- und Sozialwissenschaftler. 4. Aufl. Berlin: Springer.

Frechtling, Joy A. (2007): Logic Modeling Methods in Program Evaluation. San Fransisco: Jossey-Bass.

Giel, Susanne (2013): Theoriebasierte Evaluation. Konzepte und methodische Umsetzungen. Münster: Waxmann.

Levin, Henry M./McEwan, Patrick J. (2001): Cost-effectiveness analysis: Methods and Applications. 2nd edition. Thousand Oaks: Sage.

McLaughlin, John A./Jordan, Gretchen B. (1999): Logic models: a tool for telling your program's performance story. In: Wholey, Joseph S./Hatry, Harry P./Newcomer, Katheryn E. (Hrsg.): Evaluation and program planning. San Francisco: Jossey Bass. S. 65–72.

Michel, Iris (2015): Funktion der externen Schulevaluation für Kantone und Schulen. In: Brunner, Andreas/Michel, Iris/von Mandach, Julie/Graf, Martin (Hrsg.): Externe Schulevaluation im Kontext des schulischen Qualitätsmanagements. Bern: hep Verlag.

Neugebauer, Uwe/Beywl, Wolfgang (2006): Methoden zur Netzwerkanalyse. In: Zeitschrift für Evaluation, Heft 2, S. 249-286. http://www.zfev.de [Stand: 04.03.2015]

Patton, Michael Q. (2010): Developmental evaluation: applying complexity concepts to enhance innovation and use. New York: Guilford Press.

Rieder, Lukas (2004): Kosten-/Leistungsrechnung für die Verwaltung. Bern: Haupt.

Stake, Robert E. (1972): Verschiedene Aspekte pädagogischer Evaluation. In: Wulf, Christoph (Hrsg.): Evaluation. München: Piper. S. 92–112.

Stufflebeam, Daniel L. (1972): Evaluation als Entscheidungshilfe. In: Wulf, Christoph (Hrsg.): Evaluation. München: Pieper. S. 113–145.

Univation (Hrsg.) (2009): Das A-B-C der wirkungsorientierten Evaluation. 2. Auflage. Köln: Univation – Institut für Evaluation GmbH.

W. K. Kellogg Foundation (1998): Evaluation handbook: philosophy and expectations. Battle Creek: W. K. Kellogg Foundation.

Wyatt Knowlton, Lisa/Phillips, Cynthia C. (2009): The Logic Model Guidebook. Better Strategies for Great Results. Los Angeles/London/New Delhi/Singapur: Sage.

Wirkungen auf der Spur mit Programmtheorien

Susanne Giel

Oftmals steht die Feststellung von → Wirkungen im Zentrum von Evaluationsaufträgen. Traditionelle Wirkungsforschungsdesigns sind allerdings im Rahmen von → Evaluationen häufig nicht realisierbar. Im Folgenden wird ein theoriebasierter → Evaluationsansatz vorgestellt, der einen alternativen Zugang zu Wirkzusammenhängen ermöglicht. Theoriebasierte Evaluationen zeichnen sich dadurch aus, dass sogenannte → Programmtheorien die zentrale Evaluationsgrundlage bilden. Der Beitrag wird zunächst umreißen, worin die Schwierigkeiten klassischer Wirkungsforschung liegen. Anschließend erfolgt eine Erläuterung, was sich hinter dem Schlüsselbegriff Programmtheorie verbirgt und wie diese für die Feststellung von Wirkungen genutzt werden kann. Diese Nutzung von Programmtheorien wird entlang der Evaluation von Modellprogrammen in den vom Bundesministerium für Familie, Senioren, Frauen und Jugend (BMFSFJ) aufgelegten Programmen *Vielfalt tut gut. Jugend für Vielfalt, Toleranz und Demokratie* und *Toleranz fördern – Kompetenz stärken* beispielhaft illustriert.

1. Die Herausforderung der Wirkungsfeststellung

Aussagen zu Wirkungen und der Wirkfähigkeit[1] von → Programmen, → Projekten und → Maßnahmen (im Folgenden wird zur Vereinfachung nur von Programmen gesprochen) zu treffen, ist eine Herausforderung, die Evaluationen beschäftigt, solange es Evaluationen gibt. Dabei interessieren sich Politik – ‚Bewirken die von uns aufgelegten und finanzierten Programme das, was sie bewirken sollen?' – gleichermaßen wie Praxis – ‚Was bewirkt unsere Arbeit?' – und Gesellschaft – ‚Welche Wirkung haben Reformen oder einzelne Angebote?' – für Aussagen zur Wirkung von Programmen.

Für die Durchführenden von Evaluationen stellt sich die Frage, wie sie sich einen Zugang zu Wirkungen verschaffen können. Die ideale Lösung wäre eine Zeitmaschine, mit Hilfe derer sich feststellen ließe, was mit und was ohne Programm geschehen wäre. Da dieses Instrument in das Reich der Utopie gehört, ist *jeder* Zugang zu Wirkungen als eine Annäherung an eine eindeutige → Wirkungsfeststellung zu begreifen. Traditionell orientieren sich Evaluationen an experimentellen Designs, wie eben auch die klassische Wirkungsforschung. Deren Grundprinzip besteht darin, ein Vergleichsszenarium zu schaffen, in dem versucht wird, alle möglichen Einflussfaktoren zwischen Ursache (Programm) und der daraus resultierenden

---

1 Im Unterschied zu einem → empirischen Wirkungsnachweis bezeichnet der Begriff Wirkfähigkeit das Potenzial von Interventionen, spezifische Resultate zu erzielen.

Wirkung zu kontrollieren, um damit eindeutig den Einfluss der → **Intervention** auf das → **Resultat** zu erfassen (z. B. Campbell/Stanley 1966). Als sogenannter Goldstandard gilt das randomisierte, kontrollierte Experiment oder Salomon-Four-Design (randomized controlled trial). Hierbei werden vier äquivalente Gruppen (G_1 bis G_4) gebildet, die sich darin unterscheiden, ob sie einer Intervention (X) ausgesetzt sind und zu welchen Zeitpunkten (vor und nach einer Intervention) sie an Datenerhebungen (M_1 bis M_6) teilnehmen. Die → **Vergleichsgruppen** erhält man dabei idealerweise durch eine sogenannte Randomisierung (R), also die zufällige Verteilung auf → **Maßnahme-** (G_1 und G_3) und → **Kontrollgruppen** (G_2 und G_4). Vereinfacht lässt sich dieses Forschungsdesign folgendermaßen darstellen:

G_1 R M_1 X M_2
G_2 R M_3 M_4
G_3 R   X M_5
G_4 R M_6

Ist ein randomisiertes Vergleichsgruppendesign nicht möglich, bedient man sich als Alternative sogenannter quasi-experimenteller Designs. Deren Prinzip besteht darin, externe Einflüsse auf anderem Weg – in der Regel statistisch – zu kontrollieren (Cook/Campbell 1979; Cook u. a. 2011).

(Quasi-)Experimentelle Designs gelten in der Literatur häufig als Königsweg für die Wirkungsfeststellung. So überzeugend das oben geschilderte Vorgehen auf den ersten Blick erscheint, so schwierig ist es in der Praxis von Evaluationen realisierbar. In der Regel sind dafür weder die praktischen noch die konzeptionellen Voraussetzungen erfüllt (Kromrey 2001; Frey/Frenz 1982). Gerade bei Modellprogrammen, wie in dem später ausgeführten Beispiel, scheitert ein solches Vorgehen bereits daran, dass die Intervention, die sich noch in der Entwicklung befindet, instabil ist. Darüber hinaus erzielen Pilotvorhaben oftmals keine ausreichend hohen Fallzahlen, um überhaupt verlässliche Aussagen treffen zu können. Randomisierungen lassen sich nur selten durchführen (erst recht, wenn Zielgruppen überhaupt schwer zu erreichen sind). Geeignete Kontrollgruppen für quasi-experimentelle Designs sind ebenfalls nicht immer zur Hand. Noch schwerer wiegt, dass bereits vor der Evaluation eine ausreichend breite Wissensbasis vorliegen muss, um festlegen zu können, welche Wirkungen eigentlich zu erfassen sind. In anderen Worten müsste bereits vor der Evaluation präzise definierbar sein, welche → **Outcomes** (d. h. Veränderungen bzw. Stabilisierungen in den Einstellungen, im Wissen, den Kompetenzen und dem Verhalten) bei den jeweiligen Teilnehmenden zu messen sind. Unerwartete und → **nicht intendierte Resultate** lassen sich mit diesem Design also nicht erfassen.[2]

Über die praktischen Probleme hinaus wird zunehmend in Frage gestellt, ob das den experimentellen Designs unterliegende klassische Kausalitätsverständnis und

---

[2] Wenn auch schon älteren Datums, eine ausführliche Auseinandersetzung mit den Tücken experimenteller Designs bieten Frey und Frenz (1982).

die daraus abgeleiteten Untersuchungsdesigns (ob experimentell oder quasi-experimentell) nicht auch grundsätzlich in Frage zu stellen sind. Beispielsweise halten Ray Pawson und Nick Tilley (2004; Pawson 2003) gerade (externe) Einflussfaktoren, die in der Logik experimenteller Designs als Störgrößen gelten, für einen wichtigen Beitrag dazu, dass Programme überhaupt eine Wirkung entfalten können. Statt (externe) Einflüsse und Bedingungsfaktoren auszuschalten oder methodisch zu kontrollieren, würde es darauf ankommen, gerade deren Beitrag zur → **Wirksamkeit** von Programmen zu identifizieren. So können beispielsweise spezifische didaktische Strategien in freiwilligen oder verpflichtenden Settings sehr unterschiedliche Erfolge zeigen. Unbestritten ist auch, dass die Fachkräfte, die Programme umsetzen, oder Gruppenzusammensetzungen einen Einfluss auf Resultate nehmen. Daraus abgeleitet muss es eher darum gehen, jene förderlichen und hinderlichen Einflussfaktoren zu identifizieren statt sie zu eliminieren.

Selbstverständlich wurden und werden auch alternative Wege auf der Suche nach Wirkungen gegangen: Eine pragmatische Lösung besteht darin zu überprüfen, ob ein Programm die → **Ziele** erreicht, die es sich selbst gesetzt hat. Evaluationen, die die → **Zielerreichung** überprüfen, haben ihre Berechtigung und entfalten ihre Stärken, wenn sie Steuerungsaufgaben in der Entwicklung von Programmen unterstützen. Wenn Ziele an Outcomes, also erwünschte Veränderungen bzw. Stabilisierungen in Einstellungen, Wissen und Verhalten von → **Zielgruppen**, orientiert sind, dann ist damit auch eine Orientierung an Wirkungen gewährleistet (vgl. Schmidt in diesem Band). Jedoch darf die Feststellung der Zielerreichung nicht mit dem Nachweis von Wirkung verwechselt werden. Offen bleibt dabei die Frage, ob die erreichten Ziele einzig oder in einem angebbaren Ausmaß dem Programm bzw. seinen Interventionen und nicht irgendeinem anderen Faktor zugeordnet werden können.

Im Folgenden soll mit theoriebasierten Evaluationskonzepten ein alternativer Zugang zu Wirkungen vorgestellt werden. Deren Protagonistinnen und Protagonisten (z. B. Bickman 1987, 2000; Chen 1990, 2005; Chen/Rossi 1984; Weiss 1995, 1998; Pawson/Tilley 2004; Rogers 2000) waren zunächst angetreten, Licht in die Blackbox experimenteller Designs zu werfen und sich statt der Frage, *ob* Programme wirken, mit der Frage, *wie* sie wirken, auseinanderzusetzen. Zunächst werden die konzeptionellen Grundgedanken theoriebasierter Evaluationen präsentiert und im nächsten Schritt an einem Beispiel illustriert.

2. Programmtheorie und theoriebasierte Evaluation

Theoriebasierte Evaluationsansätze eröffnen für die Feststellung von Wirkungen eine Alternative zu experimentellen und zielbasierten Zugängen. Sie zeichnen sich dadurch aus, dass sogenannte Programmtheorien explizit in der Konzipierung, im Design und in der Durchführung von Evaluationen, der → **Datenauswertung** und -interpretation einbezogen und genutzt werden (Coryn u. a. 2011). Programmtheorien – der konzeptionelle Dreh- und Angelpunkt theoriebasierter Evaluationen

– sind die einem Programm zugrunde liegenden Annahmen darüber, wie ein Programm Veränderungen und Stabilisierungen erreicht. Hinter dem Schlüsselbegriff Theorie verbirgt sich ein breites Spektrum an Wissensbeständen: Dieses reicht von Annahmen und ‚ad-hoc-Theorien', die eher auf ‚gesundem Menschenverstand', individueller oder professioneller Erfahrung basieren, bis hin zu empirisch überprüften Hypothesen.

Programmtheorien lassen sich fassen als → *Wirkannahmen* des Programms, also diejenigen Annahmen, die einem Programm zugrunde liegen, wie sie beispielsweise in Leitlinien und Konzepten expliziert werden und auch den impliziten Wissensbeständen von Fachkräften, die diese in ihrem professionellen Handeln verfolgen. Ebenfalls kann es sich um sozialwissenschaftliche Wissensbestände wie spezifische Lerntheorien oder auch um – durch andere Evaluationen oder Wirkungsforschung – empirisch belegte Wirkzusammenhänge handeln. Der entscheidende Bezugspunkt bleibt jedoch das Programm, das es zu evaluieren gilt.

Häufig werden diese Programmtheorien in Modelle gegossen. Prominent sind vor allem sogenannte → **logische Modelle** zu denen auch der → **Programmbaum** gehört. Hierbei handelt es sich um eine auf logische Konsistenz geprüfte Verknüpfung der → **Bedingungen** eines Programms mit dem darauf basierenden → **Konzept**, seiner Umsetzung und den daraus resultierenden Resultaten (vgl. Bartsch/Beywl/Niestroj in diesem Band). Ebenfalls verbreitet sind logische Modelle, die eine logische und zeitliche Ordnung von Resultaten vornehmen, wie beispielsweise die Resultatetreppe (vgl. Schmidt in diesem Band). Zudem gibt es eher beschreibende Aufbereitungen, sogenannte Theories of Change (v.a. Weiss 1995; Mason 2007).

Eine zentrale Frage theoriebasierter Evaluation ist, wie Evaluatorinnen und Evaluatoren nachvollziehbar zu Programmtheorien kommen (z. B. Leeuw 2003). Unterschiedliche methodische Zugänge sind ausführlich in Giel (2013) beschrieben und reflektiert.

Eine Gemeinsamkeit aller theoriebasierten Evaluationsansätze besteht darin, dass die Wirkannahmen des Programms anhand des tatsächlichen Geschehens im Programm überprüft werden. Statt der Differenz zwischen Veränderungen bzw. Stabilisierungen bei Versuchs- und Kontrollgruppen oder dem Vergleich zwischen vorab definierten Zielen und den feststellbaren Resultaten bei Zielgruppen zieht die theoriebasierte Evaluation den Vergleich zwischen den zum Programmgeschehen und den erzielten Resultaten gesammelten → **Ergebnissen** mit der ausformulierten Programmtheorie als Bewertungsgrundlage heran. Diese Vergleichsebene zeichnet sich dadurch aus, dass die Wirkannahmen wesentlich ausdifferenzierter und detaillierter sind als schlichte Ursache-Wirkungsmodelle.

Beim Abgleich der Wirkannahmen mit der Programmwirklichkeit kann – je nach Gegebenheiten im Programm und für die Evaluation – entlang zweier grundlegender Strategien vorgegangen werden (ausführlicher dazu Giel 2013). Zunächst lässt sich das Design als Hypothesentest verstehen, bei dem die Programmtheorie nach Abschluss ihrer Erarbeitung/Rekonstruktion mit Daten aus dem Programm getestet wird (siehe Abbildung 1). Dies Vorgehen bietet sich vor allem bei bereits ausgereiften und stabilen Programmen an.

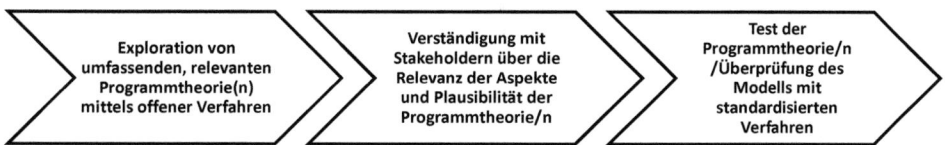

Abbildung 1: Der lineare Forschungsprozess in der theoriebasierten Evaluation (Quelle: Eigene Abbildung)

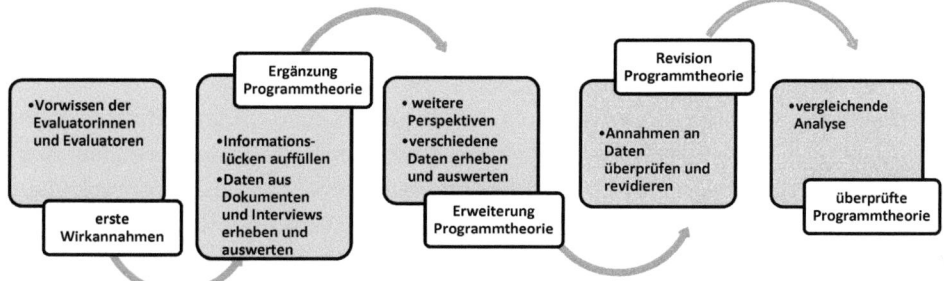

Abbildung 2: Der dynamische Forschungsprozess in der theoriebasierten Evaluation (Quelle: Giel 2013, S. 248)

Zum zweiten bietet es sich (vor allem bei noch in Entwicklung befindlichen Programmen wie beispielsweise Modellprogrammen) an, die Rekonstruktion von Wirkannahmen mit ihrer Überprüfung eng zu verzahnen. Vorstellen lässt sich ein solcher iterativer Forschungsprozess analog eines theoretical samplings der Grounded Theory, bei dem ein kontinuierlicher Abgleich zwischen Hypothesen und Empirie erfolgt (siehe Abb. 2 und vgl. Lück-Filsinger in diesem Band).

Die Überprüfung geschieht in diesem dynamischen Forschungsprozess dadurch, dass Schritt für Schritt unterschiedliche Perspektiven auf den Evaluationsgegenstand eingeholt werden. Die Unterschiedlichkeit bezieht sich ebenso auf verschiedene Personengruppen wie auch auf verschiedene Zeitpunkte, von denen aus das Programm betrachtet wird. Die ersten Wirkannahmen werden zu einem überprüften Wirkmodell, indem diese aus verschiedenen Blickwinkeln auf der Grundlage unterschiedlicher Daten beleuchtet werden, bis sie bestätigt oder auch widerlegt sind.

Unabhängig davon, an welcher dieser beiden grundlegenden Strategien sich die Evaluation orientiert, am Ende können empirisch begründete Aussagen über Wirkzusammenhänge in einem Programm getroffen werden. Das folgende Beispiel soll dazu dienen, insbesondere das an einem dynamischen Forschungsprozess orientierte Vorgehen nachvollziehbar zu machen und zu illustrieren, wie Wirkungen mit einem solchen Vorgehen aufgespürt werden können.

3. Theoriebasierte Evaluation von Modellprojekten zur Prävention von Rechtsextremismus, Antisemitismus und Rassismus

Die praktische Umsetzung einer auf Programmtheorien basierenden Evaluation soll nun am Beispiel der Evaluation von Modellprogrammen im Bereich der Prävention von Rechtsextremismus, Antisemitismus und Rassismus aufgezeigt werden: Im einen Fall handelt es sich um die wissenschaftliche Begleitung von 24 Modellprojekten des Themenclusters ‚Früh ansetzende Prävention' im Programm *Vielfalt tut gut. Jugend für Vielfalt, Toleranz und Demokratie* (2008–2010), im anderen Fall um 52 Modellprojekte in *Toleranz fördern – Kompetenz stärken* (2011–2014); beide Programme wurden vom BMFSFJ aufgelegt. Der hier interessierende zentrale Auftrag an die Evaluation lautete, wirkfähige Ansätze zur Prävention zu identifizieren und diese für die Fachöffentlichkeit zugänglich zu machen.

Charakteristisch für diese wie im Grunde genommen alle Modellprogramme ist es (siehe auch Haubrich 2009), dass diese explizit die Aufgabe verfolgen, neue Handlungsansätze zu entwickeln und zu erproben. Speziell in der Erprobungsphase ist davon auszugehen, dass die Praxis veränderlich ist und kontinuierlich auf der Grundlage von Erfahrungen angepasst werden muss (vgl. Gutknecht-Gmeiner in diesem Band). Darüber hinaus agieren diejenigen, die Innovationen entwickeln und erproben, auf einer unsicheren Wissensbasis: Innovative Projekte suchen Antworten auf neue Herausforderungen, z. B. soll neuen Erscheinungsformen von Diskriminierungen und Vorurteilen begegnet, mit neuen Konflikten in der Gesellschaft umgegangen oder es sollen neue Ansätze für schwierige Handlungsfelder entwickelt werden. Welche intendierten und nichtintendierten Wirkungen aus diesen Ansätzen resultieren *können*, wird ja erst erprobt. Erschwerend kommt hinzu, dass sich die intendierten Wirkungen von Prävention erst nach Beendigung der Programmteilnahme zeigen.

Weiterhin kennzeichnend für die Beispielprogramme ist eine große Heterogenität in der Umsetzung: Unterschiedliche Zielgruppen wurden adressiert, von Kindern aus Kindergarten und Grundschule, über Jugendliche im schulischen und außerschulischen Kontext, pädagogische Fachkräfte aus den dazugehörigen Institutionen bis hin zu Familienangehörigen oder weiteren Akteuren im Sozialraum. So vielfältig wie die Zielgruppen waren die verfolgten Aktivitäten und Handlungsansätze: Sie reichten von Wissensvermittlung über Beratung, projektförmiges Lernen und Begegnungen bis hin zu organisationsentwickelnden Impulsen. Außerdem waren die Modellprojekte nicht nur großflächig über die Bundesrepublik verteilt (nahezu alle Bundesländer waren vertreten), sie agierten auch in unterschiedlichen Kontexten: kommunal verankert oder bundesweit agierend, einige im ländlichen Raum, andere in großstädtischen sozialbelasteten Vierteln oder dünn besiedelten Flächenländern. All diese Charakteristika unterstreichen, dass die Voraussetzungen für (quasi-)experimentelle Designs nicht einmal entfernt gegeben waren.

Das stattdessen gewählte, auf Programmtheorien basierende Vorgehen stand vor der Herausforderung, zunächst einmal die dem Programm und den einzelnen

Modellprojekten zugrunde liegenden Programmtheorien zu erschließen. Aus der hohen Diversität der Ansätze lässt sich ableiten, dass es nicht *die eine* Programmtheorie geben konnte, die allen Handlungsansätzen unterliegt. Der Evaluation kam die Aufgabe zu, die Heterogenität zu sondieren und Wirkannahmen zu identifizieren, bevor diese überprüft werden konnten. Für die Durchführung der → **Wirkungsmodellierung**[3] entwickelte das Evaluationsteam ein Konzept, das in fünf Phasen eingeteilt war (siehe Tabelle 1):

Tabelle 1: Die fünf Phasen der Wirkungsmodellierung der Wissenschaftlichen Begleitung von Modellprojekten in *Vielfalt tut gut. Jugend für Vielfalt, Toleranz und Demokratie* sowie *Toleranz fördern – Kompetenz stärken*

Leistungspaket	**Informationsbasis/Datenquelle**	**Methoden**
Phase 1: Sampling	Projektanträge	Inhaltsanalyse
	Besuche aller Modellprojekte	Leitfadeninterviews
		Teilnehmende Beobachtung
Phase 2: Wirkannahmen rekonstruieren	Projektteams	Fokusgruppen
Phase 3: Wirkannahmen überprüfen	Je nach Untersuchungsfokus: Zielgruppen, (regionale) Expertinnen und Experten, Kooperationspartner, internetbasierte Daten, Medienberichte	Erhebungsmethoden je nach Untersuchungsfokus (z. B. Gruppendiskussionen, Leitfadeninterviews, teilnehmende Beobachtung etc.)
Phase 4: Ergebnisse projektintern validieren	Projektteams (fallweise mit Kooperationspartnern)	Multimethodische Workshops
Phase 5: Ergebnisse projektübergreifend validieren	Die gesamte Datenbasis und ergänzend theoretische Wissensbestände	Vergleichende Analyse

Die hiermit angedeuteten Phasen der Wirkungsmodellierung werden im Folgenden ausführlicher dargestellt. Die jeweiligen Erhebungsschritte werden im Hinblick darauf, welche Wissensbestände erfasst wurden und welche Perspektive auf die Wirkung angelegt wurde, erläutert.

3.1 Phase 1: Sampling

Im Programm VIELFALT TUT GUT bestand die Aufgabe darin, 24 Modellprojekte des Themenclusters ‚Früh ansetzende Prävention' zu evaluieren und zu begleiten. In TOLERANZ FÖRDERN – KOMPETENZ STÄRKEN waren das 52 Modellprojekte aus insgesamt vier Themenclustern. Bereits in den Ausschreibungen war vorgege-

---

3 Damit bezeichnen wir die Feststellung von Resultaten der Modellprojekte und deren Rückführung auf Interventionen der Projekte unter Nutzung der in diesem Zuge rekonstruierten Wirkannahmen.

ben, acht bzw. 16 Projekte genauer hinsichtlich ihrer Wirkfähigkeit zu untersuchen. Dementsprechend kam der Auswahl der intensiv zu begleitenden Modellvorhaben eine Schlüsselfunktion zu. Für jedes gute Sampling ist es notwendig, möglichst genau über die Grundgesamtheit informiert zu sein. Einen ersten Zugang lieferten die Antragsdokumente der geförderten Vorhaben. Diese Dokumente wurden entlang der Kategorien des Programmbaums analysiert (vgl. Bartsch/Beywl/Niestroj in diesem Band; Beywl/Giel 2012). Auf dieser Grundlage entstand für jedes Modellprojekt eine Kurzbeschreibung, die sowohl die Bedingungen, die Handlungsansätze als auch die damit angestrebten Resultate identifizierte.

Neben den in den Programmen über Leitlinien explizit formulierten allgemeinen Wirkannahmen (z. B., dass die pädagogisch begleitete historische Auseinandersetzung mit dem Holocaust rechtsextremen Einstellungen und Verhalten vorbeugt) fanden sich in den Konzepten der Modellprojekte zahlreiche Grundgedanken zur Präventionsarbeit. An dieser Stelle können nur einige Schlagworte benannt werden: Förderung von Selbstwirksamkeit, konstruktivistische Lerntheorien, Ansätze interkulturellen Lernens, Gruppenbezogene Menschenfeindlichkeit, Anti-Bias-Ansätze. Nicht untypisch war jedoch auch, dass neues pädagogisches Handeln beschrieben wird, ohne dabei auf bekannte Konzepte und theoretische Konstrukte zurückzugreifen.

Erfahrungsgemäß ist zwischen dem schriftlichen, konzeptionellen Entwurf von Programmen und deren Praxis zu unterscheiden. Auch weil die praktische Umsetzung wesentlich differenzierter und vielschichtiger realisiert wird als Konzepte dies auszudrücken vermögen, verschaffte sich die Evaluation erste Eindrücke der Praxis mit Hilfe von Projektbesuchen. Methodisch wurden diese untersetzt mit leitfadengestützten Interviews, die neben dem Kennenlernen auch einer Aktualisierung der Projektbeschreibung dienten. In der Regel wurde dieser Projektbesuch mit der teilnehmenden Beobachtung einer Projektaktivität kombiniert. Dieser Erhebungsschritt verschaffte einen Eindruck von der Interaktion zwischen Projektteam und Zielgruppen, woraus sich bereits erste Wirkzusammenhänge ableiten ließen: Spezifische Interventionen der Projektteams lösen bei den Zielgruppen beobachtbare → **Outputs** und Outcomes aus. Auch über die Umsetzungsbedingungen, das Setting, ließen sich erste Aussagen treffen. Selbstverständlich kann an dieser Stelle nicht von einer Wirkungsfeststellung gesprochen werden; es handelte sich schlicht um erste Eindrücke über die Wirkfähigkeit eines Handlungsansatzes.

Mit den Informationen aus den Projektdokumenten und den Projektbesuchen erhielt die Evaluation die Datengrundlage für die Auswahl der intensiv zu begleitenden Modellprojekte. Einige Auswahlkriterien, die angelegt wurden, waren bereits qua Programm und Auftraggebende festgesetzt: Die verschiedenen vom Programm ausgeschriebenen thematischen Schwerpunkte mussten sich im Sample wiederfinden, ebenso die Bandbreite der Zielgruppen und der Verortung (z. B. Ost-West, Stadt-Land). Aus den erhobenen Daten ließ sich zudem zumindest das Potenzial zur Entfaltungen von Wirkungen und Innovationskraft ableiten. Die Evaluation erhielt damit eine umfangreiche Grundlage für ein Sample, das die Vielfalt und Breite der

Umsetzungen repräsentiert und gleichzeitig das Potenzial besitzt, Aussagen zu wirkfähigen Präventionsansätzen zu formulieren.

3.2 Phase 2: Wirkannahmen aus Sicht der Projektdurchführenden rekonstruieren

Bislang nutzte die Evaluation explizite Wissensbestände, um sich einen Zugang zu den Programmtheorien der einzelnen Projekte zu erschließen. In die praktische Umsetzung der Modellvorhaben fließt jedoch stets eine weitaus breitere Wissensbasis der Projektteams und ihrer einzelnen Akteure ein: Die durchführenden Fachkräfte und Träger greifen auf eigene praktische Erfahrungen aus vorangegangener Praxis und der alltäglichen Umsetzung zurück, auf den Erfahrungsaustausch mit anderen Praktikerinnen und Praktikern sowie auf theoretische Wissensbestände aus den Aus- und Weiterbildungen der Projektteammitglieder.

In der Regel sind die Akteure sehr erfahren darin, übergreifende Ziele der eigenen Arbeit zu bestimmen, ihre Aktivitäten für den Förderzeitraum oder auch kleinschrittig zu planen. Wofür in der Praxis selten (oder nie) Zeit bleibt, ist ein systematischer Austausch darüber, welche Outcomes bei Zielgruppen durch spezifische Interventionen erwirkt werden sollen, also darüber, *welche* konkreten erwünschten Stabilisierungen bzw. Veränderungen durch *welche* Interventionen ausgelöst werden sollen bzw. können. Mit der Methode der Fokusgruppe (Mäder 2005, 2013; Wilkinson 2004), einer leitfadengestützten, teilstrukturierten Gruppendiskussion, brachte die Evaluation die Akteure der ausgewählten Modellprojekte genau zu diesem Thema in ein Gespräch miteinander: Was soll bei den Zielgruppen ausgelöst werden? Welchen Beitrag leisten die Fachkräfte dafür, dass dies passiert? Die Leitfragen haben oftmals erzählgenerierenden Charakter und zielen darauf ab, die Fachkräfte anzuregen, das eigene Vorgehen Dritten (also der Evaluation) gegenüber nachvollziehbar zu machen und gleichzeitig darüber in einen fachlichen Austausch miteinander zu treten. Vorwiegend anhand von Beispielen aus der Praxis berichteten die Beteiligten, was sie tun, mit welcher Intention sie es tun, welche Reaktionen sie erhoffen und beobachten.

Bereits in der Erhebungssituation wurden durch die auf die Wirkannahmen fokussierten Fragen wichtige implizite Wissensbestände expliziert. Im fachlichen Austausch fand eine erste Prüfung der Plausibilität der Wirkannahmen statt: Überzeugen die Argumente die anderen Mitglieder im Team? Lassen sich empirische Belege in Form von Beispielen finden? Gibt es theoretische Wissensbestände im Team, die diese Annahmen bestätigen? Die Teams selbst erlebten diese Erhebung als bereichernd und inspirierend für ihre fachliche Arbeit, u. a. weil das explizierte Wissen nun als gemeinsame Wissensbasis sichtbar wird und verfügbar ist (Beywl/Giel 2012).

Die inhaltsanalytische Auswertung der Fokusgruppen ermöglichte darüber hinaus eine tiefergehende Rekonstruktion der Wirkannahmen der Beteiligten. Auf der Grundlage des Transkripts wurden zunächst Gesprächspassagen einzelnen Kategorien des Programmbaums zugeordnet. Darüber hinaus wurden mit Hilfe des induktiv angelegten thematischen Kodierens (z. B. Flick 2013) weitere inhaltliche Kategorien respektive Wirkannahmen gefunden. Diese Analyseschritte mündeten in ein vorläufiges → **Wirkmodell**, in dem Interventionen sach- und zeitlogisch mit den (intendierten, teilweise auch schon beobachteten) unmittelbaren, mittelbaren und komplexeren Outcomes und → **Impacts** (noch lose) verknüpft waren. Dieses erste grobe Wirkmodell bildete wiederum die Basis für den nächsten Erhebungsschritt, in dem die internen Wirkannahmen aus externer Sicht überprüft wurden.

3.3   Phase 3: Wirkungen aus Sicht der Zielgruppen überprüfen

Um die vorläufigen Wirkannahmen aus externer Sicht zu überprüfen, wurden diese aus Sicht der jeweiligen Zielgruppen reflektiert. Da es sich bei den Modellvorhaben nicht um standardisierte Projektaktivitäten handelte – Modellprojekte sind oft selbst noch im Suchen begriffen – boten sich auch hier offene Erhebungsmethoden an, die Relevanzsetzungen der Informationsgebenden ermöglichen. Dabei war im Vorfeld grundsätzlich offen, auf welche konkrete Methode die Wahl fällt. Die Auswahl derjenigen Zielpersonen, deren Perspektive einbezogen werden sollte, fand in Absprache mit den Projektteams statt. Das wichtigste vorgegebene Auswahlkriterium war: Es sollte sich um typische Zielgruppenmitglieder handeln, die vor nicht allzu langer Zeit durch typische Projektinterventionen erreicht wurden. Ergänzend konnte berücksichtigt werden, wenn sich das Projektteam besondere Erkenntnisse von bzw. über spezifische(n) Zielgruppen versprach. Natürlich flossen auch immer pragmatische Überlegungen mit ein: Wer ist bereit zur Teilnahme, zu wem hat das Projekt einen stabilen Kontakt?

Neben den im Folgenden ausführlicher dargestellten Gruppendiskussionen kamen auch leitfadengestützte Einzelinterviews, teilnehmende Beobachtungen und Dokumentenanalysen (von internetbasierten Protokollen) als Erhebungsmethoden zum Einsatz. Die Methode der im Beispiel häufig genutzten narrativen Gruppendiskussion (vgl. Schröder in diesem Band; Mäder 2013; Loos/Schäffer 2001) beinhaltet verschiedene Stärken: Die meisten Angebote der Modellprojekte erlebten die Teilnehmenden in Gruppensituationen, auch zielten viele Handlungsansätze auf das Verhalten in Gruppensituationen ab. Die Evaluation hatte mit der gewählten Methode dementsprechend nicht nur einen Zugriff auf explizite Meinungen und Einschätzungen, sondern auch auf das in der Gruppensituation und in der Interaktion sichtbar werdende implizite Wissen. Das gering vorstrukturierte Fragenspektrum erlaubte es den Befragten, das zu thematisieren, was ihnen wichtig war. Die Erhebungen fanden jeweils rückblickend auf die Teilnahme an Projektaktivitäten statt. Somit ließ sich beleuchten, was nachhaltig in der Erinnerung verankert blieb, und vor allem, wie die Gruppenmitglieder die Erfahrungen in ihren Alltag transportieren konnten.

Die Transkripte der Gruppendiskussionen wurden zunächst mithilfe der Dokumentarischen Methode, einer Methode zur Rekonstruktion vorwiegend impliziten Wissens (Bohnsack 1999; Nentwig-Gesemann 2010; vgl. Schröder in diesem Band) ausgewertet. Besondere Aufmerksamkeit kommt dabei gerade solchen Phasen der Erhebung zu, in denen es zu ‚dramaturgischen Höhepunkten' kommt, in denen die Beteiligten also sehr engagiert interagieren und emotional beteiligt sind. Diese Phasen geben Aufschluss über implizite Werthaltungen der Teilnehmenden, vor deren Hintergrund ihre expliziten Bewertungen zu sehen sind. Vor allem wurde in unserer Evaluation in den Blick genommen, wie die Gruppen die Modellprojektaktivitäten erlebt und interpretiert haben, wie sie die Erfahrungen bewerteten und inwieweit sie diese in ihrem Alltag verwendeten. Die Analyse- und Interpretationsschritte mündeten in eine Fallbeschreibung ein, die v. a. auf Wirkzusammenhänge aus der Perspektive der Zielgruppen fokussierte.

Erkenntnisse aus der Fallbeschreibung waren in einem nächsten Arbeitsschritt mit den Wirkannahmen des Projektteams abzugleichen. Hierbei ergaben sich bestätigte Wirkannahmen, aber auch solche, die in Frage gestellt wurden, und solche, die noch ungeklärt blieben. Damit wurde der erste Entwurf des Wirkmodells angereichert (vgl. 3.2). In der überarbeiteten Version wurde differenziert dargestellt, welche Verknüpfungen zwischen Interventionen und den diversen Resultaten sich aus zwei Perspektiven bestätigen ließen und welche Aspekte noch ungeklärt waren; ggf. wurden auch nicht intendierte Resultate (positive wie negative) festgehalten.

3.4 Phase 4: Wirkannahmen kommunikativ validieren

Die meisten Modellprojekte erheben selbstständig und in unterschiedlichen Formen (mündlich, schriftlich) Rückmeldungen zu ihrem Angebot. Nur selten haben sie jedoch die Chance a) nach einer gewissen Zeit und b) von unabhängigen Außenstehenden eine Rückmeldung zu ihrer Arbeit zu erhalten. Die Fallbeschreibungen und auch der Zwischenstand des Wirkmodells wurden daher neugierig erwartet und aufmerksam rezipiert. Beide Produkte wurden dem Projektteam in Vorbereitung auf einen Auswertungsworkshop zur Verfügung gestellt. In diesem sammelte das Evaluationsteam u. a. das Feedback des Modellprojektteams auf die Fallbeschreibung ein. Hierbei lag der Fokus auf Aspekten, in denen sich die Modellprojekte bestätigt sahen, und solchen, von denen das jeweilige Team überrascht war. Auch war Zeit, um Konsequenzen aus dem Feedback im Team zu diskutieren.

Neben der Rückmeldung an das Team bestand für die Evaluierenden die Funktion dieses Workshops darin, die Wirkannahmen einem weiteren Validierungsschritt zu unterziehen. Bislang interpretierten sie Daten (aus den Gruppenerhebungen mit Projektteams und Projektzielgruppen) und modellierten daraus Wirkzusammenhänge. Nun stellte sich die Frage, ob die Teammitglieder ihre Arbeit angemessen repräsentiert sehen und sich wiedererkennen. Das zur Diskussion gestellte Wirkmodell bildete die Synthese der bisherigen Erhebungsergebnisse und sollte nun mit den Erlebnissen und Erfahrungen des Projektteams abgeglichen werden. Seit der ersten Teamerhebung war eine gewisse Zeit vergangen (zwischen acht und zwölf Monaten), möglicherweise hatte das Modellprojekt sein Vorgehen verändert, in jedem Fall wurden weitere Erfahrungen gesammelt. In der Diskussion hatten die Projektteams die Chance, das von den Evaluatorinnen und Evaluatoren entwickelte Wirkmodell aus Sicht der Praxis auf Herz und Nieren zu prüfen. Dieser Schritt war keine Einbahnstraße, vielmehr konnten Fragen und Kommentare in zwei Richtungen erfolgen: Die Evaluation konnte ihren Klärungsbedarf thematisieren (beispielsweise Zusammenhänge, die noch nicht völlig plausibel sind, zur Diskussion stellen), das Projektteam Aspekte wie eigene zentrale Aktivitäten oder Outcomes/Impacts ergänzen, umbenennen oder auch anders gewichten. Wichtig waren dabei zwei Grundsätze: Behauptete Wirkzusammenhänge mussten – zumindest beispielhaft – belegt werden und die Argumente mussten so stichhaltig sein, dass sich Projekt- und Evaluationsteam überzeugen ließen. (Der zweite Grundsatz orientiert sich an der kommunikativen Validierung.)

Ebenfalls lohnte sich in dieser Validierungsschleife ein Rückgriff auf die sogenannte Contribution Analysis (Mayne 2012). Dieses Evaluationskonzept dient – in enger Anlehnung an Evaluationskonzepte, die sich auf Programmtheorien stützen (Leeuw 2012) – der Zurechnung von Wirkungen bei einer qualitativen Datenlage. Zusätzlich zum bisher dargestellten Vorgehen wurden systematisch die Belastbarkeit der Wirkannahmen und auch deren empirischer Belege reflektiert. Beispielsweise regte das Evaluationsteam immer wieder das Nachdenken darüber an, welche anderen Ursachen als die Projektaktivitäten für die erhobenen Outcomes und Impacts in Betracht zu ziehen sind.

Schließlich bestand eine Aufgabe des Auswertungsworkshops darin, die Bedingungen, unter denen die erarbeiteten Wirkzusammenhänge greifen, deutlich zu machen. Unter der Fragestellung ‚Welche Voraussetzungen müssen gegeben sein, damit der so beschriebene Handlungsansatz wirkfähig ist?' wurde das Wissen der Beteiligten zu den notwendigen und förderlichen Bedingungen erfasst:

- Incomes: z. B. Für welche Zielgruppen greifen die Interventionen (nicht)?
- Inputs: z. B. Welche Qualifikationen und Kompetenzen muss das Projektteam mitbringen? Wie viel Zeit ist notwendig, welche räumliche Ausstattung, usw.?
- Struktur: z. B. Welche Kooperationspartner müssen wie einbezogen werden?
- Kontext: Welches allgemeine Klima muss gegeben sein?

Am Ende stand ein für das jeweilige Modellprojekt gültiger und zentraler → **Wirkstrang** (eine Ereigniskette, die Interventionen und Outcomes verknüpft), der sowohl ein grafisches Wirkmodell als auch Erläuterungen zu seiner praktischen Umsetzung und deren Bedingungen enthielt. Zur Illustration dieses Zwischenprodukts der Evaluation soll der folgende kleine Ausschnitt aus *einem* der identifizierten Wirkstränge dienen:

Wirkstrang „Interreligiöse Begegnung zum Abbau von Vorurteilen"

Das zugrunde liegende Modellprojekt organisiert Begegnungen zwischen Jugendlichen unterschiedlicher religiöser Organisationen: Die teilnehmenden Jugendlichen stammen aus der Alevitischen und der Jüdischen Gemeinde sowie aus der Türkisch-Islamischen Union. Das Projekt verfolgt mit den Begegnungen das Anliegen, Vorurteile abzubauen und Gemeinsamkeiten erfahrbar zu machen.

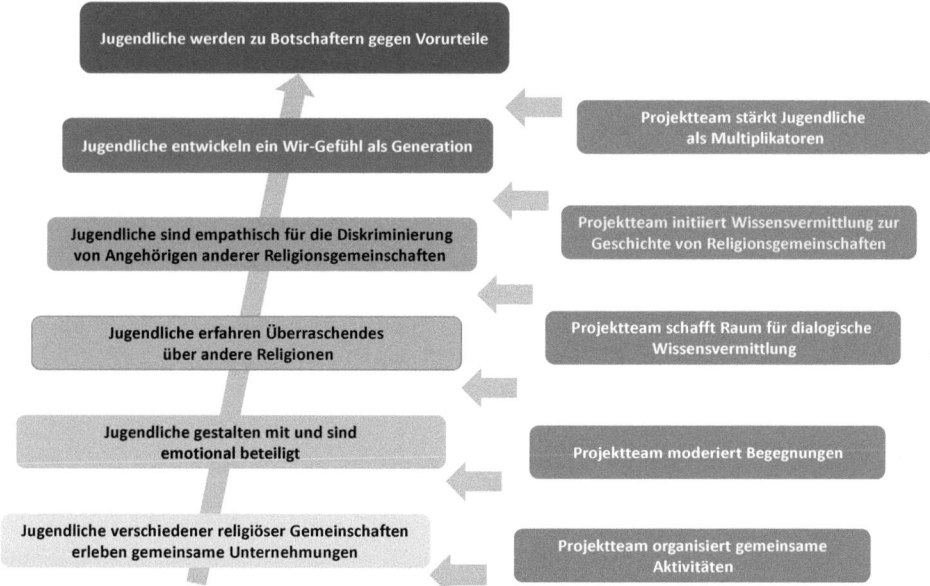

Abbildung 3: Wirkstrang ‚Interreligiöse Begegnungen zum Abbau von Vorurteilen' (Quelle: Univation 2014, S. 56)

Die gegenseitigen Besuche [der beteiligten Gemeinden] vermitteln den Jugendlichen neues Wissen übereinander. [...] Sie erleben, dass es eine Gemeinsamkeit ist, Teil religiöser Gemeinschaften zu sein. Die Jugendlichen erfahren auch etwas über die Verfolgung von Menschen aufgrund ihrer Religionszugehörigkeit. [...]

> Jugendliche w1: „Zum Beispiel als wir in der jüdischen Gemeinde waren und sie erzählt haben, wie sie verfolgt wurden, hat mich das auch sehr berührt. Dass man so etwas erfährt und weiß, was den Leuten passiert ist, finde ich sehr wichtig."

Dieses Beispielzitat belegt, dass die Jugendlichen Empathie entwickeln und Anteil nehmen an der Ausgrenzung und Verfolgung von Personen, die anderen Glaubensrichtungen als der eigenen angehören. Dass die Begegnungen und gemeinsamen Aktivitäten die Jugendlichen nachhaltig berühren, zeigt sich auch darin, dass sie in ihrem Freundeskreis und in ihrer Familie davon berichten. In der Gruppendiskussion erzählen sie, wie ihre Familien reagieren. Sie stellen fest, dass Eltern schwerer zu Einstellungsveränderungen und dem Abbau von Vorurteilen zu bewegen sind als Gleichaltrige:

> *Jugendlicher m5: „Ich habe versucht meinen Vater davon zu überzeugen, dass nicht alle Moslems so schlimm sind, wie die Medien das sagen. Aber ab einem gewissen Alter kann man einfach keinen Einfluss auf die Ideologie ausüben, dementsprechend ist das eher gescheitert. Aber wenigstens ist es bei mir nicht gescheitert.*
> *Jugendliche w3: Die Eltern sind ja sowieso dominant und lassen sich nicht überzeugen. [Zustimmung von allen] …*
> *Jugendliche w1: … und wir sind kleine Kinder und wissen von nichts.*
> *Jugendliche w3: Dafür wird unsere Generation dann nicht so, das ist ja ein Fortschritt. Wenn das bei denen so ist, muss das bei uns nicht so sein. Dass wir hier alle an einem Tisch sitzen können, ohne uns zu prügeln.*
> *Jugendliche w4: Ich verstehe auch nicht warum das hier fünf 15- bis 20-Jährige verstanden haben und einige Erwachsene nicht. Klar jeder hat seine eigene Religion, aber die machen dann immer die andere Religion so schlecht. Zum Beispiel, klar, ich bin Moslem, ich glaub an meine Religion, aber ich mach jetzt nicht irgendwie zum Beispiel das Judentum schlecht, was habe ich davon?" (Gruppendiskussion mit Jugendlichen)*

Diese Passage verdeutlicht, dass die Jugendlichen durch die Begegnungen über die Religionsgrenzen hinweg ein Wir-Gefühl als Generation in Abgrenzung zu ihren Eltern entdecken. Das Projektteam ergänzt, dass die Jugendlichen eine gemeinsame Migrationserfahrung als weitere Schnittmenge identifizieren.

3.5 Phase 5: Vergleichende Analyse

Die Ressourcen der Evaluationen waren begrenzt, dementsprechend konnten pro Modellprojekt selten mehr als ein bis zwei Zielgruppenerhebungen durchgeführt werden. Die Datenlage war bis hierher noch zu dünn, um tatsächlich von eindeutig belegten Wirkzusammenhängen sprechen zu können. Bislang wurde die Wirkfähigkeit der Modellprojekte aus unterschiedlichen Perspektiven (Projektdurchführende und Zielgruppen), zu verschiedenen Zeitpunkten (von der Konzeptphase bis hin zu mindestens zweijähriger Umsetzungserfahrung) betrachtet. Jedoch fand jeweils nur das projektinterne Geschehen Beachtung. Die zunächst als Herausforderung beschriebene Heterogenität der Modellvorhaben bot nun jedoch weitere Vergleichsebenen, die zur Validierung der Wirkmodelle genutzt werden konnten. Dazu bot sich das gesamte Datenmaterial aus allen intensiven Begleitungen als Wissensfundus an. In einer vergleichenden Analyse wurden gewonnene Wirkannahmen aus einem Modellprojekt mit den Daten aus anderen Modellprojekten abgeglichen. Die Evaluierenden begaben sich auf die Suche nach Gemeinsamkeiten und Unterschieden in den Daten aus den – acht bzw. 16 – intensiv begleiteten Modellprojekten. Aus diesem Vorgehen ließen sich einerseits allgemeine Empfehlungen für eine erfolgversprechende Prävention für die Fachöffentlichkeit ableiten. Andererseits konnten einzigartige Konzepte so beschrieben werden, dass der Transfer in andere Kontexte zumindest angeregt wird.

Vor allem im ersten Programm war es möglich, zudem die gesamte Expertise der Modellprojektakteure einzubeziehen. In einem Workshop mit Verantwortlichen aus allen Modellprojekten wurden die entwickelten Wirkmodelle in kleinen Arbeitsgruppen kritisch durchleuchtet: Findet sich in der eigenen Praxis Bestätigendes für die Wirkzusammenhänge? Finden sich Gegenbeispiele? Unter welchen Bedingungen gelingt ein solches Vorgehen, unter welchen nicht? Dieser Evaluationsschritt bezog nicht nur externe Expertise ein, er bot eine weitere Validierungsschleife für die gefundenen Wirkzusammenhänge, konnte diese fallweise mit weiteren Beispielen untermauern oder auch beschreiben, unter welchen Umständen ein solches Vorgehen nicht gelingen kann.

Im zweiten Programm wurden alternativ theoretische und empirische Belege außerhalb des Programms herangezogen, um bestätigende und widerlegende Befunde zu identifizieren. Aus dem Abgleich mit externer Fachliteratur und der vergleichenden Analyse der intensiven Begleitung von 16 Modellprojekten ließen sich allgemeine Prinzipien eines resilienzfördernden pädagogischen Handelns ableiten (z. B. Fröhlich-Gildhoff/Rönnau-Böse 2014): Soll die Prävention von Rechtsextremismus, Antisemitismus und Rassismus erfolgreich sein, muss eine Orientierung an den Ressourcen von Beteiligten, die Förderung der sozialen Integration, das Schaffen einer positiven Identifikation und die Förderung von Selbstwirksamkeitserfahrungen gelingen. Denn wer sich in andere hineinversetzen kann und sich der eigenen Gestaltungsspielräume bewusst ist, erkennt die Stärke in sich selbst und nicht in der Feindschaft und Abgrenzung zu (und Abwertung von) anderen. Zusammenfassend und stark vereinfacht lässt sich ein allgemeines Präventionsmodell wie in Abbildung 3 darstellen.

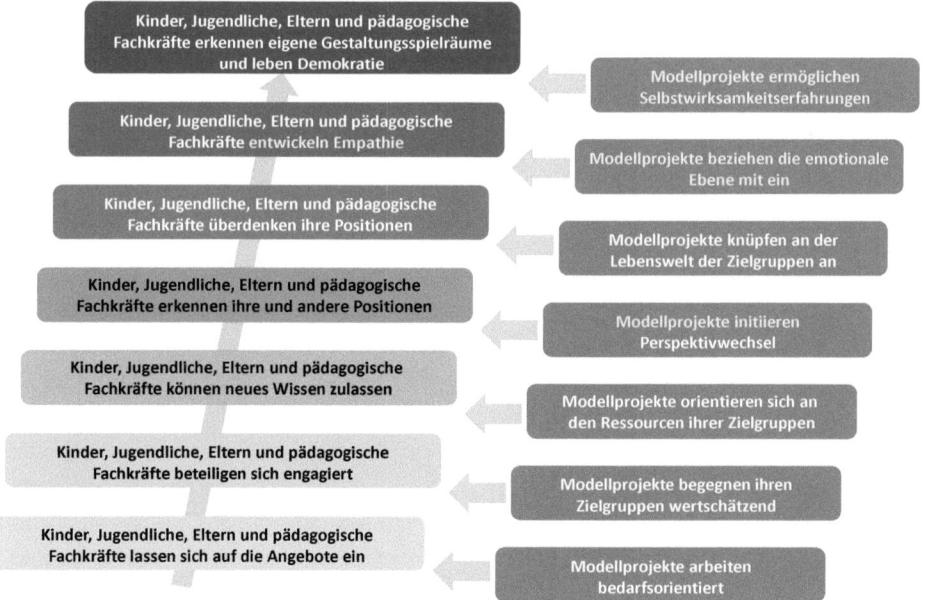

Abbildung 4: Allgemeines Wirkmodell für die Prävention von Rechtsextremismus, Antisemitismus und Rassismus (BMFSFJ 2014, S. 56)

4. Reflexion des theoriebasierten Evaluationsansatzes vor dem Hintergrund der praktischen Erfahrungen

In den zuvor ausgeführten Beispielen waren die Voraussetzungen, das Evaluationsdesign an der klassischen Wirkungsforschung zu orientieren, in keiner Weise gegeben. Mit dem gewählten qualitativen Vorgehen lassen sich quantifizierende Aussagen wie beispielsweise ‚Mit einer Wahrscheinlichkeit von X% verhindern die Präventionsprogramme, dass die Teilnehmenden jetzt und später rechtsextrem denken und handeln.' nicht treffen. Weil es sich bei den umgesetzten Projekten ausdrücklich um Experimentierfelder handelte, würden solche Aussagen im Übrigen dem Programm und seiner Umsetzung nicht gerecht werden. Und doch konnte die Evaluation auf Grundlage dieses programmtheoriebasierten Vorgehens Aussagen zur Wirkfähigkeit der verschiedenen Handlungsansätze treffen, etwa in folgender Art: ‚Unter spezifischen Bedingungen ist empirisch belegt, dass mit einem spezifischen Vorgehen (Handlungsansatz) eine intendierte Wirkung erzielbar ist.'

Die Heterogenität im Programm konnte im Rahmen des auf Programmtheorien basierenden Vorgehens konstruktiv für die Überprüfung von Wirkzusammenhängen genutzt werden: Ein besonderer Erkenntnisgewinn entstand, weil trotz verschiedener Bedingungen spezifische Interventionen bei unterschiedlichen Zielgruppen intendierte Resultate erbrachten. Wie auch umgekehrt: Dort, wo beispielsweise die grundsätzlich ressourcenorientierte Herangehensweise nicht explizit in der internen Wirklogik und Praxis verfolgt wurde, ließ sich feststellen, dass die Bereitschaft der Zielgruppen, sich auf Lern- und Veränderungsprozesse einzulassen, weniger gegeben war. Auch war die Weiterentwicklung des Programms kein Hindernis für die Umsetzung des Evaluationsdesigns, sondern im Gegenteil konnten daraus zusätzliche Informationen gezogen werden, die die Plausibilität von Wirkzusammenhängen erhärteten.

In welchem Maße die beobachteten Resultate tatsächlich auf die Interventionen der Modellprojekte zurückzuführen sind, ließ sich mit dem gewählten Vorgehen nicht quantifizieren. Jedoch wurde der Zusammenhang zwischen Projektaktivitäten und Resultaten auf vielfältige Art und Weise empirisch bestätigt. Im Unterschied zu einer Evaluation, die darauf beschränkt ist, den Grad der Zielerreichung festzustellen, wurden im vorliegenden Beispiel die intendierten Ziele und tatsächlichen Outcomes immer in Beziehung gesetzt zu den Interventionen der Modellprojekte. Die Überprüfung aus verschiedenen Perspektiven und zu verschiedenen Zeitpunkten ermöglichte es, Interventionen, die funktionieren, von solchen zu unterscheiden, die eben nicht funktionieren.

Insgesamt eröffnete das theoriebasierte Evaluationskonzept zahlreiche Lernfelder für die Programmdurchführenden: Die kontinuierliche Herausforderung, sich mit der Wirkung des eigenen Handelns zu beschäftigen und das eigene Handeln in Verbindung mit den daraus resultierenden Veränderungen/Stabilisierungen zu explizieren und zu reflektieren, initiierte fachliche Austausche in den einzelnen Teams und teamübergreifend in Workshops mit anderen Beteiligten. Als Nebeneffekt fand eine Vergewisserung darüber statt, auf welche Aspekte überhaupt Einfluss genommen werden kann. Umgekehrt sicherten Evaluatorinnen und Evaluatoren mit der Rekonstruktion der Wirkannahmen aus der Praxis heraus die Anschlussfähigkeit ihrer Ergebnisse an diese Praxis.

Nach außen hin konnte im Übrigen die lange Kette zwischen Projektaktivitäten und Programmzielen – die im Alltag kaum überschaubar ist – transparent und kommunizierbar gemacht werden. Insbesondere das Aufbrechen in kleine Zwischenschritte (micro steps, wie Carol Weiss sie nennt) erhellte die berühmte Blackbox: Die Ergebnisse der Evaluation konnten eine plausible Verbindung zwischen einzelnen Interventionen und dem übergreifenden Programmziel – der Prävention von Rechtsextremismus, Antisemitismus und Rassismus – herstellen und damit verstehbar machen, *wie* diese Handlungsansätze der Prävention funktionieren können. Nicht zuletzt konnte die systematische Anwendung der Strategien der Contribution Analysis die Verbindung zwischen Interventionen und deren Wirkungen erhärten.

Nicht nur das präsentierte Beispiel belegt, dass es mit einem an Programmtheorien ausgerichteten Evaluationskonzept gelingen kann, Wirkungen nachzuverfolgen. Im Unterschied zu Designs, die auf Kontrollgruppen- und Vorher-Nachher-Messungen beruhen (die durchaus auch in ein theoriebasiertes Evaluationskonzept integrierbar sind), werden hier zur Wirkungsfeststellung andere Vergleichsebenen eingezogen: Perspektiven unterschiedlicher Beteiligtengruppen, externe Expertise, sozialwissenschaftliche Befunde, verschiedene Zeitpunkte und diverse Datenarten. Außerdem werden die großen Wirkzusammenhänge aufgebrochen in kleine, empirisch belegbare, kohärente Zwischenetappen.

Gerade die zuvor genannten verschiedenen Vergleichsebenen deuten auf ein Spannungsfeld hin, in dem sich eine auf Programmtheorien basierende Evaluation befindet: Vor allem die Rekonstruktion von Wirkannahmen ist (über die klassische Zielerreichungsüberprüfung hinaus) eine zusätzliche Aufgabe, der sich Evaluatorinnen und Evaluatoren stellen müssen. Dies erfordert die Bereitstellung angemessener Ressourcen. Die verschiedenen Perspektiven aus dem Programm heraus und von außen auf das Programm bedingen, dass die Explikation von Programmtheorien keineswegs eine banale Aufgabe ist. Evaluatorinnen und Evaluatoren müssen darüber entscheiden, welche der zahlreichen Programmtheorien als Grundlage für die Evaluation gewählt werden. Diese Entscheidung kann sich letztlich nur am Zweck der Evaluation und den Nutzungserwartungen der Beteiligten orientieren und setzt deswegen auch grundsätzlich eine Einbeziehung von Stakeholdern voraus.

Wenn Evaluationen die Wirkung von Programmen untersuchen sollen, stellt sich außerdem die Frage, wie kleinschrittig Wirkzusammenhänge erschlossen werden müssen, wie viel Licht in die Blackbox fallen muss. Die Diskussion um alternative Kausalitätsverständnisse (z. B. Kelle 2006) muss noch intensiv geführt werden. Auch wenn bislang zahlreiche Veröffentlichungen zu Programmtheorien zu verzeichnen sind, steht die Bestimmung von Gütekriterien für Programmtheorien erst am Anfang.

Literatur

Beywl, Wolfgang/Giel, Susanne (2012): Nutzungsfokussierte Evaluation am Beispiel eines multizentrischen Programms. In: Strobl, Rainer/Lobermeier, Olaf/Heitmeyer, Wilhelm (Hrsg.): Evaluation von Programmen und Projekten für eine demokratische Kultur. Wiesbaden. S. 101–126.

Bickman, Leonard (Hrsg.) (1987): Using Program Theory in Evaluation. New Directions for Program Evaluation. San Francisco: Jossey-Bass.

Bickman, Leonard (2000): Summing Up Program Theory. In: Rogers, Patricia J./Hacsi, Timothy A./Petrosino, Anthony/Huebner, Tracy A. (Hrsg.): Program Theory in Evaluation: Challenges and Opportunities. In: New Directions for Evaluation, 87, San Francisco: Jossey-Bass. S. 103–112.

Bohnsack, Ralf (1999): Rekonstruktive Sozialforschung. Einführung in Methodologie und Praxis qualitativer Forschung. 3. Aufl. Opladen: Leske und Budrich.

Bundesministerium für Familien, Senioren, Frauen und Jugend (BMFSFJ) (2014): Abschlussbericht des Bundesprogramms *Toleranz fördern – Kompetenz stärken*. Berlin.

Campbell, Donald T./Stanley, Julian C. (1966): Experimental and Quasi-Experimental Designs for Research. Chigago: Rand Mc. Neal. (Erstveröffentlichung in: American Educational Research Association (Hrsg.), 1963: Handbook of Research on Teaching).

Chen, Huey-Tsyh (1990): Theory driven evaluations. Newbury Park, Beverly Hills, London, New Delhi: Sage.

Chen, Huey-Tshy (2005): Practical Program Evaluation. Assessing and Improving Planning, Implementation and Effectivness. Thousand Oaks; London; New Delhi: Sage.

Chen, Huey-Tsyh/Rossi, Peter H. (1984): Evaluating with Sense. The Theory-Driven Approach. In: Evaluations Studies Review Annual. Bd. 9, Beverly Hills, London, New Delhi: Sage. S. 337–356.

Cook, Thomas D./Pohl, Steffi/Steiner, Peter M. (2011): Die relative Bedeutung der Kovariatenwahl, Reliabilität und Art der Datenanalyse zur Schätzung kausaler Effekte aus Beobachtungsdaten. In: Zeitschrift für Evaluation. 10. Jg. Heft 2. 10, S. 203–224.

Cook, Thomas D./Campbell, Donald T. (1979): Quasi-Experimentation. Design & Analysis Issues for Field Settings. Boston u. a.: Houghton Mifflin.

Coryn, Chris L./Noakes Lindsay A.; Westine, Carl D.; Schröter, Daniela C. (2011): A Systematic Review of Theory-Driven Evaluation Practice From 1990 to 2009. In: American Evaluation Association (Hrsg.): American Journal of Evaluation. Jg. 32, Heft 2, S. 199–226. www.sagepub.com

Flick, Uwe (2013): Triangulation. Eine Einführung. VS-Verlag: Wiesbaden.

Frey, Siegfried/Frenz, Hans-Georg (1982): Experiment und Quasi-Experiment im Feld. In: Patry, Jean Luc (Hrsg.), 1982: Feldforschung. Methoden und Probleme sozialwissenschaftlicher Forschung unter natürlichen Bedingungen. Bern; Stuttgart; Wien: Verlag Hans Huber. S. 229–258.

Fröhlich-Gildhoff, Klaus/Rönnau-Böse, Maike (2014): Resilienz. München: Reinhardt-Verlag.

Giel, Susanne (2013): Theoriebasierte Evaluation. Konzepte und methodische Umsetzungen. Münster; New York, München, Berlin: Waxmann.

Haubrich, Karin (2009): Sozialpolitische Innovation ermöglichen. Die Entwicklung der rekonstruktiven Programmtheorie-Evaluation am Beispiel der Modellförderung in der Kinder- und Jugendhilfe. Evaluation innovativer multizentrischer Programme: Münster; New York, München, Berlin: Waxmann.

Kelle, Udo (2006): Qualitative Sozialforschung und das Kausalitätsparadigma. In: Flick, Uwe (Hrsg.): Qualitative Evaluationsforschung. Konzepte, Methoden, Umsetzungen. Reinbek bei Hamburg: Rowolth, S. 117–134.

Kromrey, Helmut (2001): Evaluation – ein vielschichtiges Konzept. In: Sozialwissenschaften und Berufspraxis. 24. Jg. Heft 2. Opladen: Leske und Budrich. S. 105–131.

Leeuw, Frans L. (2003): Reconstructing Programme Theories: Methods Available and Problems to be Solved. In: American Journal of Evaluation. Bd. 24. Heft 1.Thousand Oaks; London; New Delhi: Sage. S. 5–20.

Leeuw, Frans L. (2012): Linking theory-based evaluation and contribution analysis: Three problems and a few solutions. In: Evaluation, Band 18, Heft 3. S. 348–363.

Loos, Peter/Schäffer, Burkhard (2001): Das Gruppendiskussionsverfahren. Theoretische Grundlagen und empirische Anwendung. Qualitative Sozialforschung, Bd. 5. Opladen: Leske + Budrich.

Mäder, Susanne (2005): Fokusgruppe – ein Instrument zur Planung und Evaluation von Stiftungsprojekten. In: Stiftung & Sponsoring, 3, S. 6–9.

Mäder, Susanne (2013): Die Grupendiskussion als Evaluationsmethode – Entwicklungsgeschichte, Potentiale und Formen. In: Zeitschrift für Evaluation, 12. Jg., Heft 1, S. 23–51.

Mason, Paul/Barnes, Marian (2007): Constructing Theories of Change. Methods and Sources. In: Evaluation, Jg 13, Bd.2, Los Angeles; London; New Delhi, Singapoure: Sage. S. 151–170.

Mayne, John (2012): Contribution analysis: Coming of age? In: Evaluation. Band 18, Heft 3. S. 270–280.

Nentwig-Gesemann, Iris (2010): Dokumentarische Evaluationsforschung, rekonstruktive Qualitätsforschung und Perspektiven der Qualitätsentwicklung. In: Bohnsack, Ralf/Nentwig-Gesemann, Iris (Hrsg.): Dokumentarische Evaluationsforschung. Theoretische Grundlagen und Beispiele aus der Praxis. Opladen; Farmington Hills: Barbara Budrich. S. 63–75.

Pawson, Ray (2003): Nothing as Practical as a Good Theory. In: Evaluation. Jg. 9, Heft 4, London/Thousand Oaks/New Delhi: Sage. S. 471–490.

Pawson, Ray/Tilley, Nick (2004): Realistic Evaluation. London; Thousand Oaks; New Delhi: Sage Publications.

Rogers, Patricia J. (2000): Program Theory. Not Wether Programs Work, But How They Work. In: Stufflebeam, Daniel L./Madaus, George F./Kellaghan, Thomas (Hrsg.): Evaluation Models. Viewpoints on Educational and Human Services Evaluation. 2. Auflage, Boston; Dordrecht; London: Kluwer Academic Publishers. S. 209–232.

Univation (2014): Abschlussbericht der Wissenschaftlichen Begleitung des Programmbereichs 2 ‚Förderung von Modellprojekten' im Programm TOLERANZ FÖRDERN – KOMPETENZ STÄRKEN. Köln.

Weiss, Carol H. (1995): Nothing As Practical As Good Theory: Exploring Theory-Based Evaluation for Comprehensive Community Initiatives. In: Connell, James P./Kubisch, Anne C./Schorr, Lisbeth B./Weiss, Carol H.: New Approaches to Evaluation Community Initiatives. Concepts, Methods, and Contexts. Washington: Aspen Institute.

Weiss, Carol H., 1998 (1972): Evaluation. Upper Saddle River: Prentice-Hall. 2. überarbeitete Auflage.

Wilkinson, Sue (2004): Focus Group Research. In: Silverman, David (Hrsg.): Qualitative Research: Theory, Method and Practice. London: Sage, S. 168–184.

Developmental Evaluation nach Michael Patton
Begriffsbestimmung und Reflexion der praktischen Anwendung

Maria Gutknecht-Gmeiner

> *Inspiration usually comes during work, rather than before it.*
> Madeleine L'Engle

Innovative → Projekte entwickeln Neues. Was dieses ‚Neue' genau ist, ergibt sich oft erst im Tun bzw. wird Schritt für Schritt ergründet; allgemein gehaltene Zielvorstellungen werden im Verlauf der Durchführung mit Inhalten gefüllt. Der Ausgang kann für gewöhnlich nicht mit Sicherheit vorhergesagt werden, zumal Innovationen meist in → Kontexten angesiedelt sind, die selbst wenig stabil sind und in denen viele Faktoren wirksam werden. Wichtige → Betroffene und → Beteiligte, v. a. offizielle Stellen und öffentliche Geldgeber, die ihrerseits Rechenschaft ablegen müssen, stehen solchen Projekten aufgrund der Unwägbarkeiten oft skeptisch gegenüber.

Innovative Maßnahmen stellen aus diesen Gründen nicht nur für die Projektteams, sondern auch für die Evaluierenden eine Herausforderung dar. Klassische → Evaluationsansätze gehen von klar definierten → Evaluationsgegenständen und relativ stabilen → Bedingungen aus; sie sind daher nur bedingt brauchbar für die Evaluation von innovativen, sich ständig anpassenden → Maßnahmen unter veränderlichen Rahmenbedingungen. Für diese Fälle wurde von Michael Patton unter Einbezug von Konzepten aus der Komplexitätsforschung und der Systemtheorie die Developmental Evaluation (oder in der deutschen Übersetzung ‚evolutive Evaluation', vgl. Beywl 2011) entwickelt. Die breitere Erprobung dieses Ansatzes steht noch am Anfang (Lam/Shulha 2015).

Der folgende Beitrag geht kurz auf die Entstehung der Developmental Evaluation ein und nimmt eine Begriffsbestimmung in Abgrenzung von anderen Ansätzen vor. Er beschreibt zentrale Prinzipien und Konzepte der Developmental Evaluation und gibt einen Überblick über Anwendungsgebiete. Diese Ausführungen basieren stark auf dem grundlegenden Werk zu Developmental Evaluation von Patton (2010), beziehen sich aber auch auf andere Evaluationsforscherinnen und -forscher, die mit diesem Ansatz gearbeitet haben.

Im Anschluss wird die Anwendung von Developmental Evaluation anhand eines Fallbeispiels aus der Praxis der Autorin beschrieben. Es wird erörtert, warum dieser Evaluationsansatz in diesem Fall besonders geeignet erschien und wie vorgegangen wurde. Insbesondere werden auch Rolle und Aufgaben der Evaluatorin/des Evaluators, methodische Vorgangsweisen und organisatorische Rahmenbedingungen vorgestellt. Schließlich werden die Erfahrungen reflektiert und es wird ein Fazit zu Chancen und Grenzen von Developmental Evaluation, insbesondere in den durch das Fallbeispiel abgedeckten Anwendungsgebieten, gezogen. Damit möchte der

Beitrag auch zu einem noch kleinen, aber wachsenden Korpus an theoretisch reflektierten Anwendungserfahrungen zur Developmental Evaluation beitragen.

1. Developmental Evaluation

1.1 Entstehung („Wie kam es zu DE?')

Der Begriff ‚Developmental Evaluation' selbst ist mehr als 20 Jahre alt. Michael Patton schuf ihn, um eine Evaluationspraxis zu beschreiben, die auf „langfristigen, partnerschaftlichen Kooperationsbeziehungen" mit innovativen Organisationen und Projekten aufbaute. Die Evaluationstätigkeit in diesen Kontexten sah Patton als „substantiell verschieden" von traditionellen Vorgangsweisen in der Evaluation an (Patton 1994, S. 312). Developmental Evaluation entstand als „eine Option innerhalb eines nutzungsorientierten [Evaluations-]Prozesses" (Patton 1994, S. 317). Developmental Evaluation stellt daher eine mögliche Ausprägung der ‚Utilization-Focused Evaluation' (Patton 1978, 1986, 1997, 2008) dar.

In den darauf folgenden Jahren entwickelte Patton den ‚entwicklungsorientierten' Ansatz weiter, indem er theoretische Überlegungen und Konzepte aus der Komplexitätsforschung (complexity science) und der Systemtheorie (systems thinking) für die Developmental Evaluation nutzbar machte. Er bezog dabei theoretische Ansätze aus verschiedenen Forschungsfeldern ein – von der Organisations- und Managementforschung bis zur ökologischen Resilienzforschung. Sehr fruchtbar war die Zusammenarbeit mit Brenda Zimmerman und Frances Westley zur Entstehung und Entwicklung von sozialen Innovationen (Westley u.a. 2006). Auch zur Arbeit anderer Evaluationsforschender, wie beispielsweise der zur programmtheoriebasierten Evaluation von Sue Funnell und Patricia Rogers (2011; Rogers 2008) oder dem Ansatz der realistischen Evaluation von Pawson und Tilley (1997), gibt es viele (z. T. auch wechselseitige) Bezüge. Mitte der 2000er Jahre hatte sich ‚Developmental Evaluation' als Begriff etabliert (s. z.B. Patton 2005) und es kam zu ersten Implementierungen (s. z.B. Gamble 2008; Dozois u.a. 2010). 2010 schließlich publizierte Patton mit ‚Developmental Evaluation: Applying Complexity Concepts to Enhance Innovation and Use' ein umfangreiches und grundlegendes Werk zur entwicklungsorientierten Evaluation. Rezente Publikationen zeigen ein zunehmendes Interesse an der Erprobung und Weiterentwicklung von Developmental Evaluation (s. z.B. Preskill/Beer 2012; Lam/Shulha 2015; Dickson/Saunders 2014).

1.2 Definition von Developmental Evaluation („Was ist DE?')

„Developmental Evaluation ist eine Alternative zu → **formativer** und → **summativer** Evaluation, sie zielt speziell auf die → **Bewertung** von Innovationen in komplexen dynamischen Umfeldern ab, in denen innovative → **Interventionen** eine ständige Anpassung unter von hoher Unbeständigkeit und Unsicherheit geprägten Rahmenbedingungen erfordern¹"; so charakterisiert Patton kurz und knapp seinen Ansatz (Michael Patton, EVALTALK, 23.08.2011).

Developmental Evaluation wird also vor allem durch zwei Merkmale bestimmt und von anderen Ansätzen abgegrenzt: Einerseits durch eine spezifische Art der (intendierten) → Nutzung der Evaluation (man könnte auch von → Evaluationszweck sprechen bzw. von der → Rolle der Evaluation²), andererseits durch Merkmale des Evaluationsgegenstandes selbst, d.h. des evaluierenden → Programms, Projekts, der Maßnahme oder Intervention, das/die evaluiert werden soll.³

1.2.1 Evaluationszweck: → Entwicklung

Die Rolle der Developmental Evaluation geht über die klassische Unterscheidung von Scriven zwischen formativer und summativer Evaluation hinaus. Summative Evaluation „soll vor allem bilanzierende Schlussfolgerungen über die Güte und/oder Tauglichkeit eines Evaluationsgegenstands hervorbringen"⁴, während formative Evaluation den Evaluationsgegenstand vor oder während seiner Ausgestaltung begleitet und der Verbesserung dient. Formative Evaluation bereitet Evaluationsgegenstände damit unter anderem auf eine summative Evaluation vor. Es besteht hier eine logische und zeitliche Abfolge (Patton 1994, 1996).

Voraussetzung sowohl für summative als auch formative Evaluation ist ein relativ stabiler Evaluationsgegenstand, d.h. es gibt 1) ein mehr oder minder explizites und bewährtes → Konzept, was wie erreicht werden soll (bspw. in Form eines → logischen Modells/einer → Programmtheorie), das 2) in mehr oder minder standardisierter Form planmäßig umgesetzt wird. Evaluationsgegenstände und Situationen, die diesen Anforderungen nicht genügen, sind nicht geeignet für herkömmliche Ansätze – sie würden, anders ausgedrückt, in einem ‚evaluability assessment' (der → Abschätzung ihrer Evaluierbarkeit) eine negative Bewertung erfahren. Hier kommt die Developmental Evaluation ins Spiel, die als eine weitere die → evolutive Rolle der Evaluation anbietet. Sie ist dann angebracht, wenn formative und summative Ansätze entweder (noch) nicht greifen, weil z.B. ein innovatives Projekt/Programm erst selbst in der Entwicklungsphase steckt, oder wenn das Projekt/Programm, z.B. aufgrund von sich ändernden Umweltbedingungen, ständig weiterentwickelt wird und gar nicht daran gedacht ist, es stärker zu standardisieren und ‚fit' für formative und summative Evaluation zu machen. Dies bedeutet jedoch nicht, dass Develop-

---

1 Übersetzung durch die Autorin. Im Original: „Developmental evaluation is an alternative to formative and summative evaluation, specifically aimed at evaluation of innovations in complex dynamic environments where the innovative intervention involves ongoing adaptation under conditions of high volatility and uncertainty."
2 Patton selbst verwendet in diesem Zusammenhang den Begriff ‚purpose', also Zweck.
3 In der Folge werden die Begriffe Programm, Projekt, Intervention und Maßnahme synonym verwendet.
4 http://eval-wiki.org/glossar/Summative_Evaluation [Stand: 18.05.2015]

mental Evaluation auf → **Prozessevaluation** beschränkt ist, sie kann sich auch auf → **Resultate** und (vorläufige) → **Wirkungen** beziehen.

Während formative und summative Ansätze der Ermittlung von → **Best Practice** dienen, d. h. stark ausdifferenzierten, detaillierten Modellen und Konzepten, die repliziert und ausgerollt werden können, setzt Developmental Evaluation auf die Erkenntnis von stärker allgemein gehaltenen ‚effektiven Prinzipien', die beim Transfer in andere Situationen und Programme erst adaptiert werden müssen (Patton 2010, S. 167 ff.).

Tabelle 1: Übersicht über Zwecke bzw. Nutzungsarten von Evaluation

Evaluationsrolle	Wozu?	Was?	Ziel
formativ	Verbesserung	eines bestehenden Programms/Konzepts/Modells	Ermittlung von Best Practice
summativ	Entscheidungsfindung/ Rechenschaftslegung		
developmental (evolutiv)	Entwicklung	eines noch nicht oder nur vorläufig (aus-) definierten Programms/ Konzepts/Modells	Ermittlung von ‚effektiven Prinzipien'

Quelle: eigene Darstellung der Autorin

Ungewöhnlich ist die Unterscheidung zwischen Verbesserung und Entwicklung, zwei Begriffen, die im normalen Sprachgebrauch oft synonym verwendet werden.

- Mit ‚Verbesserung' bezeichnet Patton Veränderungen, die die prinzipiellen Vorgehensweisen im evaluierten Programm nicht berühren; bewährte Maßnahmen werden formativ nachjustiert.
- ‚Entwicklung' hingegen bedeutet eine grundlegende(re) Veränderung der Vorgehensweise, bisweilen auch der → **Ziele**. Entwicklung beinhaltet auch, dass etwas ‚anders' wird – und nicht unbedingt (nur) ‚besser'.

Als Beispiel für diese Differenzierung führt Patton (2010, S. 40) die inhaltliche Erweiterung eines Schulungsprogramms als Verbesserung im Vergleich zur kompletten Überarbeitung von Umfang, Sequenzierung und Durchführung eines derartigen Programms an. Die Unterscheidung zwischen diesen beiden Begriffen ist kontextabhängig, d. h. Veränderungen, die in einem Kontext als Verbesserungen gelten, können in einem anderen eine (Weiter-)Entwicklung bedeuten – und umgekehrt.

1.2.2 Komplexität des Evaluationsgegenstands

Ein weiteres Bestimmungsmerkmal von Developmental Evaluation ist, dass sie auf Evaluationsgegenstände abzielt, die sich durch ein hohes Ausmaß an Komplexität auszeichnen. Patton bezieht sich für die Unterscheidung zwischen einfachen, komplizierten und komplexen Programmen oder Situationen auf theoretische Konzepte aus der Organisations- und Managementforschung, speziell auf ein Modell von Brenda Zimmerman (Glouberman/Zimmerman 2002; Westley u. a. 2006) sowie „als Variation" (Patton 2010, S. 106 ff.) auf das Cynefin-Framework (s. u.) von Kurtz und Snowden (2003) (bzw. Snowden und Boone 2007).

Evaluationsgegenstände werden in diesem Modell (siehe Abbildung 1) anhand von zwei Dimensionen untersucht und eingeordnet: Auf der horizontalen Achse wird das Ausmaß an Gewissheit (certainty) über Wirkmechanismen und die darauf beruhenden Lösungswege verortet. Auf dem einen Ende des Spektrums finden sich einfache Phänomene, die klaren Ursache-Wirkungs-Beziehungen folgen und für die es ‚rezeptartige' Lösungen gibt. Evaluationen, die hauptsächlich mit linearen → **Wirkmodellen** operieren, unterstellen oft derartige ‚einfache' Evaluationsgegenstände. Für ‚fachlich'[5] komplizierte Probleme braucht es spezielle Fachexpertise; Wirkungen können zwar vorhergesagt werden, sie sind aber oft nichtlinear bzw. für verschiedene → **Zielgruppen** und unter verschiedenen Rahmenbedingungen unterschiedlich. Bei komplexen Problemen schließlich gibt es keine vorgezeichneten Lösungswege und Wirkmechanismen können erst im Nachhinein festgestellt werden. Das Cynefin-Modell zur situativen Entscheidungsfindung spricht von ‚bekannten', ‚erkennbaren' und ‚unbekannten' Wirkungen bzw. Wirkmechanismen. Patton verwendet (wieder in Anlehnung an Zimmermann) das Backen eines Kuchens, den Bau einer Rakete und die Erziehung eines Kindes als Metaphern für einfache, komplizierte und komplexe Vorhaben.

Die zweite Dimension bezieht sich auf die sozialen Gegebenheiten und das Ausmaß an Übereinstimmung (agreement), das zwischen wichtigen Betroffenen und Beteiligten in Bezug auf das Problem herrscht. Eine einfache Situation ist dadurch gekennzeichnet, dass es nicht nur einen klaren Lösungsweg gibt, sondern dieser auch allgemein anerkannt ist. ‚Sozial kompliziert' wird es, wenn verschiedene Betroffene und Beteiligte unterschiedliche Ziele verfolgen oder in Bezug auf die Lösungswege unterschiedlicher Meinung sind. Komplexität liegt vor, wenn im Vorhinein nicht einmal feststeht, welche Gruppen von → **Stakeholdern** involviert sind bzw. sein werden (oder wie sich die Positionen dieser Betroffenen und Beteiligten ändern können).[6]

Ein Problem, eine Situation, in unserem Fall: ein Evaluationsgegenstand, kann also fachlich oder sozial komplex sein. Komplexität liegt dann vor, wenn fachliche Kompliziertheit auf soziale Kompliziertheit trifft. Es kann die ganze Intervention komplex sein oder auch nur ein Teil davon, d. h. es kann innerhalb eines Evaluationsgegenstands verschiedene Aspekte geben, die einfach, kompliziert oder komplex sind. Die Komplexität kann sich im Verlauf der Umsetzung ändern, wenn sich z. B. bewährte Strukturen und/oder Abläufe entwickelt haben.

---

5   Patton verwendet hier den Ausdruck ‚technical', der im Englischen jedoch eine viel breitere Bedeutung hat als im Deutschen und in diesem Zusammenhang mit ‚fachlich' übersetzt werden kann.

6   Eine sehr gut verständliche und hilfreiche Differenzierung verschiedener Dimensionen von Evaluationsgegenständen nach ihrem Komplexitätsgrad nehmen Sue Funnell und Patricia Rogers in ihrem Buch zu Programmtheorien vor (s. Funnell/Rogers 2011, S. 69 ff.).

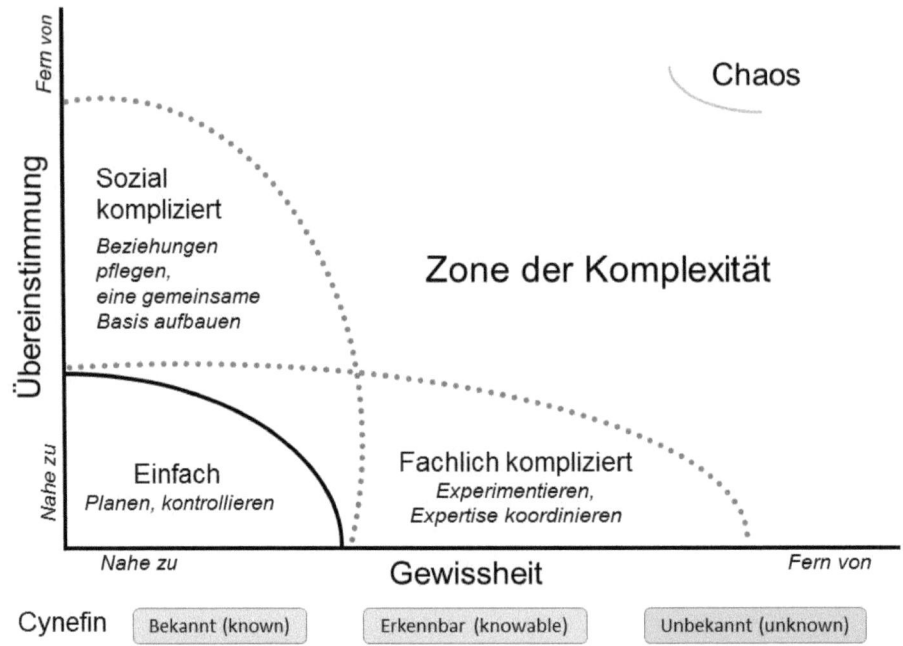

Abbildung 1: Die Zone der Komplexität mit den Cynefin-Dimensionen (Quelle: Patton 2010, S. 90; Übersetzung und Adaptierung durch die Autorin)

Patton macht auf dieser Grundlage fünf Funktionen oder Anwendungsbereiche für Developmental Evaluation aus:

1. Die präformative Entwicklung von potenziell übertrag- und skalierbaren Innovationen,
2. die Unterstützung einer laufenden Entwicklung (wenn eine Standardisierung des Programms nicht möglich oder gewünscht ist),
3. den Transfer von wirksamen Prinzipien in einen neuen Kontext,
4. die Unterstützung von raschen Reaktionen bei Katastrophen bzw. in turbulenten, K(k)atastrophen(artigen)-Situationen,
5. die Einführung von umfassenden Veränderungen in einem größeren System.

Developmental Evaluation ist daher also weder ein → **Evaluationsmodell** noch eine → **Evaluationsart**, sondern ein Evaluationsansatz, eine Heran- und Vorgehensweise, die dem Evaluationszweck der Entwicklung sowie der Komplexität des Evaluationsgegenstands Rechnung trägt.

Patton verortet sie – gemeinsam mit der ‚realistic evaluation' von Pawson und Tilley (1997) – in der Mitte zwischen einem Top-down-Veränderungsmanagement und den damit einhergehenden eher standardisierten und theoriebasierten (Wirkungs-)Evaluationen einerseits und den ‚grass-roots' Bottom-up-Veränderungsinitiativen, mit denen Ansätze wie → **Partizipative Evaluation**, → **Empowerment Evaluation**, Transformative Evaluation und Aktionsforschung verbunden sind. Die

Developmental Evaluation soll vor Ort herausfinden, wie sich Veränderungsprozesse gestalten und dies mit theoriegeleitetem Wissen verbinden, um ein ‚adaptives Management' des Programms zu unterstützen.

1.3   Umsetzung von Developmental Evaluation (‚Wie geht DE?')

Die Umsetzung von Developmental Evaluation ist dadurch gekennzeichnet, dass die Evaluatorinnen und Evaluatoren eng mit den Programmumsetzenden zusammenarbeiten; letztere sind auch die wichtigsten intendierten → **Nutzerinnen und Nutzer** der Evaluation. Die Evaluation ist eingebettet in einen langfristigen, andauernden Prozess der Anpassung, der bewussten Veränderung und der Entwicklung, in dem neue Ansätze konzipiert, designt und getestet werden. Developmental Evaluation wird Teil der Intervention.

Die Evaluatorinnen und Evaluatoren bringen – intern oder extern angesiedelt – empirische → **Daten** und ‚evaluatives Denken' ein. Sie werden dabei – aufgrund der Verschränkung von Programm und Evaluation – Teil des Interventionsteams. Die wichtigsten Aufgaben der Evaluatorin/des Evaluators sind:

- Innovation sowie Anpassungsprozesse beleuchten, dokumentieren und erklären,
- ihre Implikationen und Resultate nachverfolgen und
- den Entscheidungsprozess datenbasiert und ‚in Echtzeit' (real time) unterstützen.

Das Feedback an die Programmumsetzenden erfolgt zeitnah und in einer Form, die die rasche Nutzung fördert. Dies muss daher nicht unbedingt durch einen traditionellen → **Bericht** erfolgen; stattdessen werden oft (v. a. für ‚zwischendurch') eher knappe schriftliche und mündliche Präsentationen von → **Evaluationsergebnissen** bevorzugt.

Die Developmental Evaluation gibt, wie schon die Utilization-Focused Evaluation und alle Ansätze, die Evaluation als eine situativ angepasste, ‚maßgeschneiderte' Aktivität verstehen, keine bestimmten Designs oder Methoden vor: Im Rahmen einer ‚Developmental Evaluation Bricolage' ist methodologisch alles erlaubt, was für den jeweiligen Evaluationsgegenstand und -zweck als geeignet erscheint.[7] Um komplexe Aspekte angemessen berücksichtigen zu können, empfiehlt Patton jedoch, den Evaluationsgegenstand mithilfe einer ‚Komplexitätsbrille' (complexity lens) zu betrachten und Konzepte aus der Systemtheorie zu nutzen. ‚Kern-Konstrukte' für die Berücksichtigung von Komplexität sind: die Nicht-Linearität und Ungewissheit von Wirkungen, die Emergenz von Phänomenen, die Adaptivität von Systemen, unvorhersagbare, dynamische Veränderungen sowie die Koevolution, d. h die ge-

---

7   Dieser ‚methodische Agnostizismus' (Lam/Shulha 2014) ist für manche mit Evaluation Befasste eher irritierend und unbefriedigend, wie auch die Autorin in ihrer Vortragstätigkeit zu Developmental Evaluation immer wieder feststellen musste.

meinsame Entwicklung von Programm und Evaluation. Eine für die Bewältigung von Komplexität sinnvolle systemische Rahmung legt die Verwendung der Systemkonzepte ‚Beziehungen', ‚Perspektiven' und ‚Grenzen' nahe.[8]

Daraus ergeben sich de facto Orientierungen für die Auswahl von Designs und → **Methoden**: Besonders geeignet sind solche, die dabei helfen, emergente Phänomene und dynamische, nichtlineare Veränderungen zu erfassen und zu verstehen sowie Interdependenzen, Muster und Zusammenhänge zu erkennen. Insofern sind oft qualitative Designs, speziell Fallstudiendesigns, und entsprechende explorative, qualitative Methoden Mittel der Wahl. Selbstverständlich können und sollen diese auch mit quantitativen Vorgehensweisen ‚gemischt' werden. Weiters steht der Werkzeugkasten systemischer Methoden zur Verfügung. Experimental- oder Quasi-experimental-Designs werden zwar nicht von vornherein gänzlich ausgeschlossen, sind jedoch aufgrund der Unbeständigkeit von Programmen und der Unbestimmtheit von Wirkungen meist nicht geeignet. Wie Funnell und Rogers (2011) zeigen, können auch Programmtheorien (vgl. Giel in diesem Band) für die Evaluation von komplexen Programmen verwendet werden, solange sie flexibel bleiben und bei Bedarf iterativ angepasst werden. Als grundlegende Vorgangsweise und Haltung propagiert Patton eine reflexive Praxis aller Beteiligten.

Schließlich ist nicht nur der Evaluationsgegenstand, sondern auch die Evaluation selbst komplex: Zwecke, → **Fragestellungen** und Methoden der Evaluation müssen immer wieder auf sich ändernde Interventionen sowie gegebenenfalls auf Umweltbedingungen angepasst werden. Die Planung erfolgt iterativ. Dies bedeutet auch eine Herausforderung für die Planung und Budgetierung von Developmental Evaluation: Gängige Auftragsverhältnisse mit für den gesamten Evaluationsverlauf vorab definierten Leistungen, Ablaufplänen und Kosten sind nicht passend bzw. können nur jeweils für die nächste Etappe einer Developmental Evaluation geschlossen werden.

Im Folgenden soll nun anhand der Evaluation eines innovativen beruflichen Ausbildungsprogramms skizziert werden, wie Developmental Evaluation in der Praxis umgesetzt werden kann.

2. Developmental Evaluation von ‚Computer-Science-Management'

2.1 Computer-Science-Management – ein innovatives Ausbildungsprogramm

Das österreichische Berufsbildungssystem (und damit in weiterer Folge auch das Beschäftigungssystem) ist von einer starken geschlechtsspezifischen Segregation

---

8 Patton bezieht sich hier auf den Band von Williams und Imam zu ‚System Concepts in Evaluation' (2006). Zu systemischen Ansätzen in der Evaluation siehe auch Williams und Hummelbrunner (2011) sowie als deutschsprachigen Beitrag das Diskussionspapier des Arbeitskreises Evaluation von Entwicklungszusammenarbeit der DeGEval (2013).

gekennzeichnet: Während Mädchen und junge Frauen im Bereich der wirtschaftlichen Ausbildungen oder auch im Bereich Gesundheit und Soziales zu finden sind, sind Technik und Naturwissenschaften nach wie vor eine Domäne der Burschen und jungen Männer. Dies bedeutet nicht nur eine Einschränkung der Entwicklung von individuellen Potenzialen und Talenten, sondern auf der Makroebene auch die Perpetuierung eines geschlechtsspezifisch segregierten Arbeitsmarkts und für die Zukunft Arbeitskräftengpässe v. a. im technischen Bereich. Seit mehr als 15 Jahren gibt es daher in Österreich nachdrückliche Bestrebungen, die ‚Mädchen in die Technik zu bringen', d. h. den Mädchenanteil in technisch/naturwissenschaftlichen Ausbildungen zu heben – bislang allerdings nicht mit durchschlagendem Erfolg.

Vor diesem Hintergrund wird mit der Ausbildung ‚Computer-Science-Management' (CSM) ein neuartiger Ansatz verfolgt: Um die Technik zu den Mädchen zu bringen, wird ein informationstechnisches und naturwissenschaftliches Angebot an einem traditionellerweise für Mädchen attraktiven Schultyp, einer höheren Lehranstalt für Wirtschaft und Tourismus (HLW/HLT), integriert angeboten.[9] Das Curriculum verbindet Wirtschaft und Sprachen mit einem Schwerpunkt in Technik und Naturwissenschaften, ist also sehr breit angelegt. Zusätzlich gewährleistet die Kooperation mit der Fachhochschule Technikum Wien, der größten technischen Fachhochschule Österreichs, sowohl eine hochwertige informationstechnische Ausbildung als auch die Anbindung an das tertiäre System. Der Ausbildungsschwerpunkt betritt damit in mehrfacher Hinsicht Neuland und kann in dieser Form als einzigartig gelten.

Computer-Science-Management wurde ab 2008 in einem etwa eineinhalb Jahre dauernden Prozess der Zusammenarbeit von Vertreterinnen und Vertretern der Hertha Firnberg Schulen und der Fachhochschule Technikum Wien mit Unterstützung des Stadtschulrats für Wien sowie des Bundesministeriums für Unterricht, Kunst und Kultur (BMUKK) entwickelt. Die Entwicklungsarbeiten wurden flankiert und unterstützt durch eine vom BMUKK in Auftrag gegebene qualitative Bedarfs- und Akzeptanzstudie (Gutknecht-Gmeiner/Madlener 2009; Gutknecht-Gmeiner 2011a).

2.2 Grundlegende Parameter der Evaluation

Mit dem Schuljahr 2010/2011 begann die Implementierung von ‚Computer-Science-Management' als Ausbildungsschwerpunkt an den Hertha Firnberg Schulen. Zeit-

---

9 In Österreich besteht auf der Sekundarstufe II neben der Lehrlingsausbildung ein breites Angebot an schulischer Berufsbildung, den mittleren und höheren berufsbildenden Schulen, wobei die höheren Schulen zur Matura (Abitur) führen und den Hochschulzugang ermöglichen. Beide Bereiche der Berufsbildung sind z. T. stark geschlechtsspezifisch segregiert. Im schulischen Bereich sind es v. a. die technischen Schulen und Lehranstalten sowie die wirtschafts- und sozialberuflichen Schulen, die sehr hohe Konzentrationen von nur einem Geschlecht aufweisen und daher bisweilen auch als ‚ungewollt monoedukativ' bezeichnet werden.

gleich wurde für das erste Jahr eine Evaluation der Umsetzung von CSM durch das BMUKK beauftragt. Die Evaluation sollte feststellen, wie CSM den Praxistest besteht, d. h. ob sich das CSM zugrundeliegende Konzept als tauglich erweist und ob bzw. welche Justierungen vorzunehmen sind. Andererseits sollten aber bereits aus den Erfahrungen mit CSM Empfehlungen für andere Schulen generiert werden.

In den Folgejahren kam es zu zwei weiteren Evaluationsaufträgen von Seiten des Ministeriums mit zusätzlichen Fragestellungen, die bis ins vierte Jahr der Implementierung reichten. Seitdem wird die Evaluation von der Schule selbst beauftragt. Ziel ist es nun, die ersten fünf Jahre, d. h. den ersten vollständigen Durchlauf, zu begleiten bzw. die Evaluation so lange fortzusetzen, bis das Ausbildungsprogramm, das in den letzten vier Jahren mehrfach angepasst werden musste, sich konsolidiert hat. Nach Abschluss der ersten Jahrgänge könnte dann in einigen Jahren auch eine umfassende Wirkungsevaluation vorgenommen werden. Die ‚Baseline' dafür – Welches Profil hatten die Schülerinnen und Schüler?, Wie entwickelten sich die Klassen?, Welche Veränderungen erfuhr der Ausbildungsschwerpunkt selbst? – wurde und wird in den begleitenden, entwicklungsorientierten Evaluationen erarbeitet.[10]

2.3 Eignung für Developmental Evaluation

Eine forschungs- und datengestützte, iterative Vorgangsweise war bereits in der Ausarbeitung des Ausbildungsprogramms etabliert worden. Es stellte sich zu Beginn der Implementierung rasch heraus, dass diese Vorgehensweise fortgesetzt werden musste, wollte man dem Evaluationsauftrag gerecht werden: Zu viele Faktoren waren veränderlich oder noch nicht absehbar, zu viele Elemente des Programms waren zwar skizziert, mussten aber im Verlauf der Umsetzung noch konkretisiert bzw. geändert werden.

So musste bereits vor Ausbildungsbeginn die Stundentafel, d. h. die Verteilung der Fächer und inhaltlichen Schwerpunkte, aufgrund von formalen Kriterien stark angepasst werden. Der Lehrplan wurde für die einzelnen Jahrgangsstufen begleitend entwickelt. Mit der Eingliederung von CSM in einen neu geschaffenen Schulversuch ‚Kommunikations- und Mediendesign KoMD' (ab 2014/15) wurde die Stundentafel noch einmal stark geändert, bleibt nun aber wenigstens bis zur nächsten Lehrplanreform stabil.

Zu Beginn war auch nicht klar, wie die enge Kooperation von Fachhochschule und Schule mit Unterricht an beiden Institutionen, die es in dieser Form im österreichischen Schulsystem noch nicht gegeben hatte, funktionieren würde – für die Schülerinnen und Schüler, die Lehrkräfte und die beiden Einrichtungen insgesamt. Die Ausrichtung auf Technik und Naturwissenschaften bedeutete für die Schule, neue Lehrkräfte zu rekrutieren bzw. Angebote zur Personalentwicklung zu machen. Die Einpassung eines gänzlich schulfremden Ausbildungsgangs in die Schule musste bewältigt werden.

---

10 Vgl. hierzu Gutknecht-Gmeiner 2011b, 2012, 2013 und 2014.

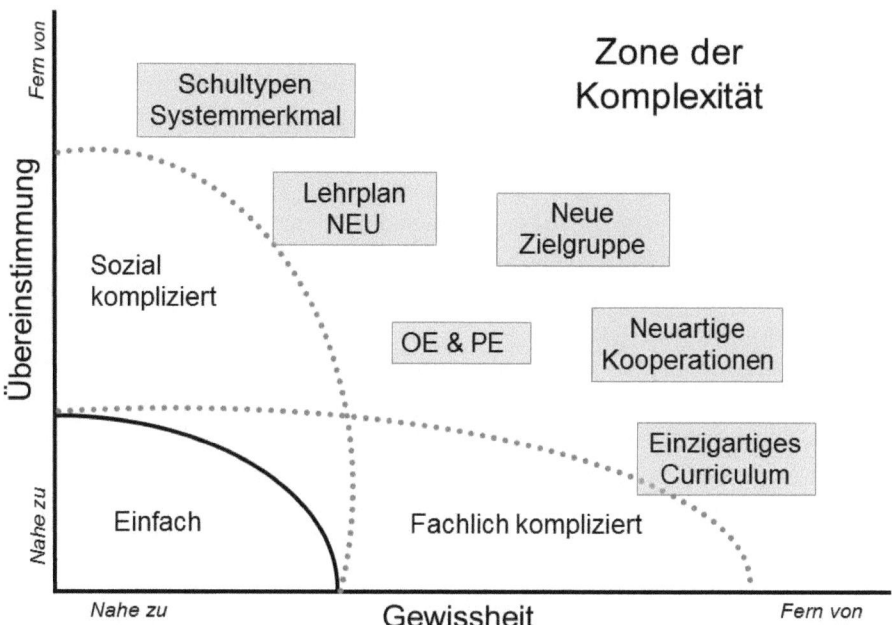

Abbildung 2: Komplexität im Ausbildungsschwerpunkt CSM (Quelle: eigene Darstellung in Anlehnung an Patton 2010)

Auf der Dimension des ‚Sozialen' spielten neben der Teamebene und der institutionellen Ebene auch systembezogene Entwicklungen hinein, die gerade zu diesem Zeitpunkt auf eine stärkere Vereinheitlichung von Ausbildungsgängen abzielten. Zusätzlich wurde für den Schultyp, an dem CSM angesiedelt war, ein neuer Lehrplan entwickelt, der inhaltliche Ausprägungen wie die von CSM vorerst nicht zuließ. Erst die Schaffung des oben genannten Schulversuchs KoMD, in den CSM einpasst werden konnte, ermöglichte die Weiterführung. Insgesamt stoßen ‚hybride Ausbildungen' wie CSM in einem Ausbildungssystem mit starr von einander abgegrenzten Schultypen generell auf Widerstand.

Ein zentraler, mit Unsicherheit behafteter Faktor war schließlich die Zielgruppenerreichung: CSM ist ausgerichtet auf Schülerinnen und Schüler, die technisch-naturwissenschaftlich stark interessiert sind, sich aber von bestehenden Angeboten, v. a. an technischen Schulen, nicht angesprochen fühlen. Ob und wie es gelingen würde, ausreichend Schülerinnen und Schüler mit diesem Profil (und einem für höhere Schulen passenden Leistungsniveau) an die Schule zu holen, war eine offene Frage, da es in diesem Punkt keinerlei Vorerfahrungen gab.

Der Evaluationsgegenstand wies also in vielen Bereichen komplexe Aspekte auf und befand sich selbst – aufgrund interner und externer Veränderungen und Adaptierungen – noch in der Entwicklung. Eine Verortung der Evaluation als formativ oder summativ wurde aus diesen Gründen dem Evaluationsauftrag nicht gerecht. Zusätzlich war sowohl dem Auftraggeber als auch v. a. den umsetzenden Einrichtungen an einer adaptiven Umsetzung gelegen. Developmental Evaluation erschien daher als passender Evaluationsansatz.

Allerdings erfolgte diese Zuordnung nicht vor Beginn der Evaluation, sondern im Zuge des ersten Jahres. Bereits bewährte Strategien der Evaluatorin zum Umgang mit innovativen Projekten in der Evaluation konnten in der Develomental Evaluation verortet werden. Konzepte und Heuristiken der Developmental Evaluation wurden auf das bestehende Vorhaben angewandt.

Eine evolutive Rolle kam der Evaluation in erster Linie bei der Unterstützung der laufenden Entwicklung zu. Zusätzlich sollte die Evaluation aber auch übertrag- und skalierbare Innovationen ermitteln und auf längere Sicht zu einem stärker ausdefinierten Programm führen (das in Zukunft einer formativen sowie anschließend einer summativen Evaluation zugeführt werden könnte). Die Evaluation hatte also auch präformativen Charakter. Etwas abweichend vom entwicklungsorientierten Umgang mit → Rechenschaftslegung in der Developmental Evaluation (es wird darüber Rechenschaft abgelegt, dass sich etwas entwickelt hat) bestand zusätzlich die Notwendigkeit, in der Evaluation bereits ab dem ersten Projektjahr für externe Stakeholder eine Zwischenbilanz über vorläufige Resultate zu ziehen.

2.4 Koevolutionäre Umsetzung

Die Evaluation war – wie bei Patton beschrieben – strukturell in die Steuerung und Entwicklung des Ausbildungsprogramms eingebunden. Die Evaluatorin nahm teil an regelmäßigen Sitzungen der Steuergruppe, die anfangs mehrmals, zuletzt ein bis zwei Mal pro Jahr stattfanden. Diese Sitzungen wurden von ihr über mehr als drei Jahre lang nach Absprache mit den Beteiligten auch organisiert und einberufen. Die Steuergruppe umfasste

- Vertretende des Ministeriums (das über weite Strecken auch Auftraggeber für die Evaluation war) und anfangs auch der regionalen Schulaufsicht,
- die Führungskräfte der beiden beteiligten Institutionen,
- Lehrkräfte/Dozentinnen und Dozenten, die das Ausbildungsprogramm in der Praxis entwickelten und umsetzten (Entwicklungsteam) sowie
- Vertretende von externen Kooperationspartnern (z. B. aus dem IT-Bereich).

Je nach Bedarf konnten weitere Personen hinzugezogen werden; in den letzten Monaten wurden zunehmend auch Schülerinnen und Schüler der älteren Jahrgänge involviert. Die (teilweise von der Evaluatorin moderierten) Diskussionen und Reflexionen in/mit der Steuergruppe dienten verschiedenen Zwecken: Es wurden aktuelle Informationen ausgetauscht und Entwicklungen reflektiert. Im Rahmen dieser Sitzungen gab es auch immer einen Input der Evaluatorin, die ihre Erhebungsschritte zeitlich koordinierte, sodass zeitnah Rückmeldungen aus der Evaluation gegeben werden konnten. Zusätzlich wurden die Sitzungen der Steuergruppe aber auch genützt, um die weitere Vorgehensweise – vorrangig in der Entwicklung des

Ausbildungsschwerpunkts, davon abgeleitet auch der Evaluation – zu besprechen und nächste Schritte zu vereinbaren. Zudem gab es zwischen den Steuergruppensitzungen nach Bedarf in mehr oder minder regelmäßigen Abständen (in ‚heißen' Zeiten etwa alle zwei bis drei Monate) Besprechungen mit den Führungskräften, v. a. der Schulleiterin.

Für das Entwicklungsteam sowie andere in CSM tätige Lehrkräfte wurden von der Evaluatorin vorbereitete und geleitete Besprechungen und Workshops abgehalten. Diese dienten dem Austausch und der Reflexion. Sie lieferten daher ebenso wie die Steuergruppensitzungen auch Daten für die Evaluation. In nicht wenigen Fällen mündeten die Workshops (in ähnlicher Weise wie die Steuergruppensitzungen) in konkrete Aktionspläne der Teilnehmenden.

Darüber hinaus wurden die Workshops auch dazu genutzt, wissenschaftliche Erkenntnisse zu wichtigen Themen (diese waren z. B. Individualisierung des Unterrichts oder gendergerechte IT-Fachdidaktik) einzubringen. Dies geschah entweder durch die Evaluatorin selbst oder durch die von ihr organisierte Einbindung von externen Expertinnen und Experten. Eine derartige ‚wissenschaftliche Begleitung' wird ja – als zusätzliche Leistung – immer wieder von Evaluierenden erwartet. In der Developmental Evaluation hat diese Aufgabe noch eine andere Bedeutung: Da Programm und Evaluation stark verschränkt sind, soll die Evaluation nicht nur theoriebasiert erfolgen, sondern auch die Praxis mit theoretischen Erkenntnissen anreichern (vgl. dazu auch Lahm/Shulha 2015, die ähnlich vorgegangen sind).

Ein ungewöhnlicher Aspekt des Evaluationsauftrags waren die von der Evaluatorin koordinierten Besprechungen zum Thema Marketing. Dabei ging es z. B. um die Entwicklung eines Leitbilds, die Erstellung von Informations- und Werbetexten (z. B. für einen Folder oder für die Webseite), um die Vorbereitung des Tags der offenen Tür oder in jüngster Zeit auch um von den Schülerinnen und Schülern organisierte Informationsworkshops an anderen Schulen. In diesen Fällen war die Evaluatorin tatsächlich nur moderierend, hinterfragend und klärend tätig. Diese Besprechungen erwiesen sich als sehr fruchtbar, nicht nur für den Ausbildungsschwerpunkt sondern ‚koevolutiv' auch für die Evaluation, da gerade beim Thema Marketing tiefe Einsichten in die verschiedenen konzeptuellen und praktischen Facetten des Programms gewonnen und vergemeinschaftet werden konnten. Diese Diskussionen trugen daher sowohl zur Exploration als auch zur Klärung bei.

Die Aufgaben der Evaluatorin gingen demnach über die ‚klassischen' Evaluationstätigkeiten – wie Auftragsklärung, Datenerhebung, Auswertung und Berichtlegung – deutlich hinaus. Ein Teil der Moderations- und Organisationsaufgaben hatte ursprünglich mit mangelnden Ressourcen auf Seiten der Programmumsetzenden zu tun – es wurde schlicht der Koordinationsaufwand über den Evaluationsauftrag abgedeckt. Es zeigten sich in der Umsetzung jedoch große Synergien zwischen diesen praktischen Tätigkeiten und der Evaluation: Die aktive Teilnahme der Evaluatorin an Besprechungen und Workshops bereicherte die Evaluation und unterstützte die Entwicklung des Ausbildungsschwerpunkts. Die Insider-Outsider-Position der Evaluatorin stellte sich als gute Voraussetzung für Moderationsaufgaben heraus. Die

Evaluatorin hatte einen einzigartigen Ein- und Überblick in/über den Evaluationsgegenstand und konnte daher ihrerseits immer wieder eine externe und ganzheitliche Sicht einbringen. Bisweilen wurde sie als ‚wandelndes Archiv' genutzt.

Die Rolle der externen Evaluatorin konnte dabei aus Sicht der Autorin gewahrt werden. Sie fungierte als ‚kritische Freundin' und wurde zwar als der Steuergruppe zugehörig empfunden, verblieb jedoch stets in der Evaluationsrolle. Sie achtete darauf, eine gute Informationsgrundlage für Entscheidungen bereitzustellen und hinterfragte Vorschläge bisweilen auch, entschied jedoch (mit Ausnahme von Fragen der Evaluation) nicht selbst mit.

Die Rückmeldungen erfolgten in einem von der Evaluatorin etablierten Mehr-Ebenen-System, mit dem sie den verschiedenen Zielgruppen gerecht werden und die Nützlichkeit der Evaluation optimieren wollte:

- Feedback, das einzelne Lehrkräfte oder Teams betraf (z. B. zum individuellen Unterricht), erfolgte im persönlichen Kontakt und vertraulich. In einzelnen Fällen wurden Ergebnisse auch verschriftlicht oder in eine Präsentation gegossen und den Betroffenen übergeben. Wichtig war jedoch immer, dass die Ergebnisse auch besprochen werden konnten.
- Rückmeldungen auf stärker aggregierter Ebene, die die Umsetzung des Ausbildungsschwerpunkts betrafen, wurden vor allem in den Steuergruppensitzungen vorgestellt und diskutiert. Präsentationsunterlagen und kurze Berichte wurden als Handreichungen zur Verfügung gestellt.
- Zusätzlich gab es in den ersten drei, durch das Ministerium beauftragten Etappen auch umfangreiche Evaluationsberichte, die an den Auftraggeber gingen und für die Veröffentlichung gedacht waren. Die Evaluationsergebnisse wurden von der Evaluatorin jährlich auch vor einer von der auftraggebenden Stelle eingeladenen Runde im Ministerium präsentiert.

2.5 Design und Methoden

Methodologisch verwendete die Evaluation einen programmtheoriebasierten Ansatz (vgl. Giel in diesem Band): Es wurden das Ausbildungsprogramm anhand des → **Programmbaums** (vgl. Bartsch/Beywl/Niestroj in diesem Band) analysiert und auch die Fragestellungen für die Evaluation dort verortet (der Programmbaum diente dann auch in den Berichten als Struktur). Die Programmtheorie basierte auf den zugrundeliegenden Vorstellungen, wie CSM wirken sollte, die bereits in der Entwicklung des Ausbildungsprogramms definiert und in Folge in der Steuergruppe immer wieder diskutiert und weiter ausdifferenziert wurden.

Die Fragestellungen der Evaluation wurden Jahr für Jahr neu bestimmt, wobei ein von der Evaluatorin bestimmter, auf den ‚Gesamtauftrag' abgestimmter Kern über all die Jahre hinweg bestehen blieb (Eignung des Konzepts, Erreichung der Zielgruppe, Umsetzung) und durch wechselnde jährliche Schwerpunkte ergänzt wurde (z. B. Individualisierung, gendergerechter Unterricht, IT-Unterricht, Sicht der Wirtschaft, gendergerechte Fachdidaktik IT, Bedeutung für die Schulentwicklung). Letztere waren sowohl pro- als auch reaktiv und ergaben sich aus der Reflexion der Entwicklung des Ausbildungsschwerpunkts (wozu auch die Evaluation beitrug) und den aktuellen An- bzw. Herausforderungen. Berücksichtigt wurde eine interne Sicht – Welche Fragestellungen sind für die Umsetzenden an den beiden beteiligten Institutionen praktisch relevant? – und zusätzlich die Perspektiven, Befürchtungen, Informationsbedarfe von wichtigen externen Stakeholdern, vor allem der Schulverwaltung und Schulaufsicht. Letztere flossen indirekt in die Evaluation ein, z. B. durch Dokumentenstudium, durch Rückmeldungen aus Gesprächen, Erfahrungen der Steuergruppe in Sitzungen und Konferenzen etc.

Nicht-Linearität und Ungewissheit spielten eine große Rolle, insbesondere was die Entwicklung des Sektors insgesamt betraf (für kurze Zeit stand aufgrund der Änderungen im Gesamtlehrplan sogar die Weiterführung von CSM auf Messers Schneide). Unsicherheit bestand auch in Bezug auf die Werbung der ‚richtigen' Schülerinnen und Schüler, da Rekrutierungsprozesse an Schulen einerseits wenig gesteuert werden (können), andererseits auch kleine und nicht (immer) vorhersehbare bzw. herbeiführbare Ereignisse eine große Wirkung entfalten können und viel auf Mundpropaganda beruht. Emergenz und Adaption waren in Bezug auf die Entwicklung der CSM-Jahrgänge zu erkennen (durch Abgänge mussten Klassen z. B. mit einem anderen Zweig zusammengelegt werden), aber auch in der Rekrutierung und Zusammensetzung des Lehrkräfteteams sowie der Anpassung von Stundentafel und Lehrplan. Selbst grundlegende Elemente von CSM veränderten ihren Stellenwert innerhalb der Ausbildung: So mauserte sich der naturwissenschaftliche Schwerpunkt, der anfangs vergleichsweise wenig Beachtung erfahren hatte, im Verlauf der Zeit zu einem wichtigen Alleinstellungsmerkmal des Programms.

In der Evaluation kam ein Mix verschiedener qualitativer und quantitativer Methoden zum Einsatz, der auf verschiedenen Ebenen – Methoden, Perspektiven, Dokumentenquellen – eine → Triangulation ermöglichte. Ein Schwerpunkt lag jedoch insgesamt auf einer qualitativen Herangehensweise. Sie ermöglichte auch, die oben genannten, nicht vorhersehbaren Entwicklungen rasch zu erkennen. Entsprechend mussten die Erhebungsinstrumente immer wieder an emergente Fragestellungen angepasst werden. Dabei wurde gleichzeitig darauf geachtet, dass bewährte Kernteile erhalten blieben, um Kontinuität in der Datenerhebung und die Möglichkeit von Zeitvergleichen sicherzustellen.

Ursprünglich wurde daran gedacht, stärker partizipativ zu arbeiten und im Sinne eines Empowerment Teile der Erhebung durch Beteiligte, d. h. vor allem durch Lehrkräfte, durchführen zu lassen. Die Aufgabe der Evaluatorin hätte in diesem Fall darin bestanden, das Team mit evaluatorischer Expertise zu unterstützen. Dies erwies sich jedoch aufgrund knapper Zeitressourcen als nicht praktikabel. Die Datenerhebung erfolgte also klassisch durch die Evaluatorin.

Tabelle 2: Eingesetzte Methoden

• Umfangreiche Sekundäranalysen von Administrativdaten (Klassenzusammensetzung, Abgänge/Zugänge, Diagnosetests, Noten etc.) • Erstellung und Auswertung von Schülerinnen-/Schülerprofilen • Quantitative Befragung am Tag der offenen Tür • Quantitative Befragung der Schülerinnen/Schüler aller Jahrgänge 1–2x pro Jahr	Quantitative Methoden
• Ausführliche qualitative Interviews mit stark narrativen Zügen mit allen Schülerinnen und Schülern im ersten Ausbildungsjahr • Qualitative Interviews mit allen Schülerinnen und Schülern in den Folgejahren • Gruppendiskussionen und Reflexionen im Team der Lehrerinnen und Lehrer • Qualitative Beobachtungen im Unterricht • Teilnehmende Beobachtung am Tag der offenen Tür • Interviews mit einzelnen Lehrkräften (KV, IT/Nawi-Lehrkräfte) • Interviews und Gruppendiskussion mit Eltern, Vertretenden der Wirtschaft, Kooperationspartnern, Expertinnen und Experten (IT, Lehre) • Qualitative Dokumentenanalyse (interne sowie externe Dokumente)	Qualitative Methoden
• Diskussionen und Reflexionen in/mit der Steuergruppe • regelmäßige Besprechungen mit Umsetzenden (Management, Lehrkräfte)	Reflexive Praxis

Quelle: eigene Darstellung der Autorin; nicht alle Methoden kamen in allen Etappen der Evaluation zum Einsatz

Die aufbereiteten Administrativdaten sowie Teile der quantitativen Befragungen entwickelten sich mit der Zeit zu einer Art Monitoringdaten (vgl. Klockgether zu Monitoring in diesem Band). Dies war von der Evaluatorin intendiert, die daraus quantitative Kennzahlen und Indikatoren ableitete. Keinesfalls kann Developmental Evaluation jedoch als Monitoring definiert werden. Im Gegenteil, ein sich wandelnder Evaluationsgegenstand stellt für das Monitoring eine besondere Herausforderung dar, da auch die laufenden Datenerhebungen auf vorläufigen Annahmen basieren und im Verlauf immer wieder auf ihre Passung überprüft und möglicherweise angepasst werden müssen.

2.6   Nutzung und Nutzen

Developmental Evaluation hat einen sehr hohen → **Prozessnutzen**, das ergibt sich schon aus der Art der Beziehung zwischen Evaluation und Programm. Patton weist auch auf den hohen konzeptuellen Nutzen dieses Evaluationsansatzes hin, während der ‚klassische' instrumentelle Nutzen von Ergebnissen vergleichsweise weniger stark zum Tragen kommt. Dies hat damit zu tun, dass es bei komplexen und veränderlichen Evaluationsgegenständen darum geht, zu verstehen, wie das Programm sich entwickelt und worauf zu achten ist, damit es auf dem ‚richtigen Weg' bleibt. Es kommt zu Feedback- und Entscheidungsschleifen. Wie es weitergehen soll, ist selbst eine komplexe Entscheidung. Aus diesem Grund werden → **Schlussfolgerungen** meist gemeinsam mit den Programmumsetzenden gezogen; das legt auch die insgesamt vergleichsweise intensive Art der Zusammenarbeit nahe.

Tatsächlich war es so, dass in den Rückmeldungen zu CSM zwar auch direkte, stärker instrumentelle → **Empfehlungen** gegeben wurden; die meisten Empfehlungen stellten jedoch eher Hinweise dar, auf welche Aspekte in der weiteren Umsetzung besonders geachtet werden sollte. Sowohl mündliche als auch schriftliche Rückmeldungen machten Entwicklungen und Resultate nachvollziehbar und lieferten ‚reichhaltige' Beschreibungen zu den Hintergründen dieser Empfehlungen, was den konzeptuellen Nutzen fördern sollte. Dass dies gelang, ließ sich aus direkten Reaktionen der → **Nutzenden** der Evaluation erschließen oder auch daran, dass einzelne Kernaussagen und -begriffe aus der Präsentation der Evaluationsergebnisse in den Gesprächsbeiträgen der Teilnehmenden wiederkehren.

Die Art der Zusammenarbeit war offen und diskursiv, sie sah kein generalstabsmäßiges ‚Abarbeiten' der Befunde und Empfehlungen vor. Insofern lässt sich der Einfluss der Evaluation auf das jeweilige weitere Vorgehen nicht von den anderen Einflüssen isolieren. Die Rückmeldungen der Evaluatorin wurden jedenfalls von den Beteiligten gehört und ernst genommen (was bei traditionellen Evaluationen ja nicht unbedingt immer der Fall ist) und waren direkt mit der Entscheidungsfindung verbunden. Dies erzeugte bei der Evaluatorin eine hohe Zufriedenheit in Bezug auf die Sinnhaftigkeit ihres Tuns.

Aus der Warte der Programmumsetzenden (die dazu informell befragt wurden bzw. sich von sich aus dazu äußerten) bestand ein wichtiger Beitrag der Evaluation darin, durch die Sitzungen und Workshops einen strukturellen Rahmen für die Weiterentwicklung des Programms zu setzen. Dies hätte von den Beteiligten selbst nach eigenen Aussagen in dieser Weise nicht geleistet werden können.

Schließlich entstand bei der Evaluatorin – wieder aufgrund von Rückmeldungen verschiedenster Betroffener und Beteiligter – der Eindruck, dass die Berücksichtigung von Fragestellungen externer Stakeholder und die Verschriftlichung von Ergebnissen in klassischen externen Evaluationsberichten da und dort half, sachliche Informationen und inhaltliche Argumente in die Diskussion auf Systemebene einzuspeisen.

3. Reflexion und Ausblick

3.1 Beitrag von Developmental Evaluation

Developmental Evaluation erwies sich für die Evaluation eines innovativen Vorhabens wie CSM als geeignet und inspirierend. Auch wenn Strategien und Vorgehensweisen für derartige Formen der Evaluation bereits vorher bestanden hatten, fehlte doch die Anbindung an die Evaluationstheorie, die die Grundlage für eine professionelle Evaluationstätigkeit darstellt. Der Versuch, diese Art der Evaluationspraxis in traditionellen Ansätzen und Modellen zu verorten, brachte keine befriedigenden Ergebnisse. Die Erweiterung der Dichotomie von formativ und summativ um eine Entwicklungsdimension, wie sie in allen innovativen Projekten zu finden ist, sowie die explizite Berücksichtigung von Unvorhersehbarkeit und Veränderlichkeit in der Evaluation stellten eine passende theoretische Grundlage dar.

Die Evaluationspraxis, die mit Developmental Evaluation beschrieben wird, ist für viele Evaluatorinnen und Evaluatoren, die in Kontexten von Bottom-up-Innovationen arbeiten, daher vermutlich nichts grundlegend Neues.[11] Sie gibt dieser Art professioneller Evaluation jedoch einen theoretischen Rahmen, einen Namen und einen Raum innerhalb des Evaluationsdiskurses. Darin liegt vielleicht der wichtigste Beitrag von Developmental Evaluation.

Es handelt sich dabei, wie gesagt, nicht um ein Modell, sondern um einen Ansatz, der selbst ‚Bricolage'[12] ist, d. h. eine kreative Zusammenführung von Theorien und Konzepten aus verschiedenen Forschungsfeldern. Diese als Heuristiken zu nutzen, um sowohl den Evaluationsgegenstand als auch die eigene Tätigkeit im Zusammenspiel mit den verschiedenen Betroffenen und Beteiligten neu zu sehen und besser (oder anders) zu verstehen, erweitert und bereichert die Evaluationspraxis – ganz im Sinne des Bonmot von Kurt Lewin, dass es nichts gibt, was so praktisch ist wie eine gute Theorie. Gleichzeitig motiviert Developmental Evaluation – eben weil sie nicht präskriptiv ist – zur reflektierten Weiterentwicklung dieses Ansatzes in der eigenen Evaluationstätigkeit. Dies ist aus Sicht der Autorin in der beschriebenen Evaluation auch geschehen, v. .a. was die eher rechenschaftsorientierte, externe Dimension betrifft.

3.2 Voraussetzungen

Auch wenn ein großer Teil der gängigen Evaluationsgegenstände vermutlich hohe Komplexitätsgrade aufweist (was für eine breite Anwendung von Developmental Evaluation sprechen würde), betont Patton selbst immer wieder, dass Developmen-

---

11 Dickson und Saunders (2014) z. B. zeigen in ihrer Untersuchung eines innovativen Weiterbildungs/Capacity Building Programms im Gesundheitsbereich auf, dass entwicklungsorientierte Vorgehensweisen, die der Developmental Evaluation entsprechen, bereits zum Tragen kamen, bevor dieser Ansatz einen eigenen Namen erhalten hatte.

12 Patton versteht unter ‚Bricolage' einen fachkundigen und gleichzeitig kreativ-künstlerischen Prozess, in dem für den jeweiligen Evaluationsgegenstand und die jeweilige Situation ein Ensemble an passenden Methoden kreiert wird. In diesem Sinne soll der Begriff auch verstanden werden. Im Deutschen hat ‚Bricolage' – direkt übersetzt ‚Heimwerken' – dem Erachten der Autorin nach eine etwas andere, um nicht zu sagen gegenteilige Konnotation als laienhaftes Basteln, das im Gegensatz zum professionellen Handwerk steht.

tal Evaluation nur eine ‚Nische' darstellt und warnt: „Developmental Evaluation is not for everyone" (Patton 2010, S. 162).

Tatsächlich gibt es neben der Komplexität des Evaluationsgegenstandes noch weitere Voraussetzungen für Developmental Evaluation. Als entscheidend erscheint, dass die Stakeholder einer Evaluation – allen voran die Programmumsetzenden, aber auch Geld-/Zuwendungsgebende, Auftraggebende und andere Stakeholder – bereit dafür sind.[13] Der Zweck der Entwicklung muss ja von allen Beteiligten getragen werden und die Verantwortlichen und operativ Tätigen müssen motiviert und fähig sein, mit diesem experimentellen und reflexiven Ansatz in ihrer Arbeit umzugehen. Dazu gehören nicht zuletzt auch förderliche Rahmenbedingungen.

Weiters braucht es für Developmental Evaluation einen bestimmten Typ von Evaluatorin bzw. Evaluator. Für sie gilt, dass sie/er Bereitschaft und Kompetenz mitbringen muss. Voraussetzung ist Evaluationserfahrung und ein breites Methodenrepertoire, aus dem geschöpft werden kann, aber auch hohe soziale und kommunikative Kompetenzen und die Bereitschaft, mit den Programmumsetzenden eng zusammenzuarbeiten. Developmental Evaluation ist also eher nichts für Anfängerinnen oder Anfänger. Da es gilt, Neues zu entdecken, Muster und Zusammenhänge zu erkennen und sich darauf einen Reim zu machen (‚sense-making'), braucht es außerdem analytische Kreativität und abduktives Denken. Patton streicht auch immer wieder heraus, dass eine bestimmte Haltung notwendig ist. Dazu gehören Offenheit, Aufmerksamkeit, Toleranz für Ambiguität und Unsicherheit sowie Flexibilität. Voraussetzung ist aus Sicht der Autorin auch ein Interesse, um nicht zu sagen, eine Begeisterung für innovative Vorhaben.

Und schließlich muss eine intensive Kooperation zwischen Programmumsetzenden und Evaluierenden möglich sein. Dazu gehört ein hohes Maß an wechselseitiger Wertschätzung und Vertrauen. Sind all diese Voraussetzungen gegeben, so kann Developmental Evaluation für die Evaluation innovativer Programme empfohlen werden.

3.3 Herausforderungen

Eine der größten Herausforderungen liegt in der intensiven Zusammenarbeit zwischen Evaluierenden und evaluiertem Programm, v. a. wenn eine Developmental Evaluation als externe Evaluation durchgeführt werden soll. So ist es nicht wirklich realistisch, dass Evaluierende in diesem Setting komplett distanziert bleiben, sollen und wollen sie doch recht direkt zur Weiterentwicklung des Programms beitragen. Sie stehen dem Programm daher für gewöhnlich positiv gegenüber und tragen

---

13 Vgl. dazu auch z. B. Gamble 2008 oder Dozois u. a. 2010, die in ihre ‚Practitioner's Guides' auch einen Fragekatalog zu Bewertung der Bereitschaft (‚assessing readiness') inkludiert haben.

dessen Ziele und Werte mit.[14] Es kommt dadurch zu einem „Zusammenfließen der Interessen" (confluence of interest), wie es Bob Stake (2004) nennt. Nicht zu vernachlässigen ist auch die sozial-emotionale Komponente der inhaltlich (oft auch zeitlich) intensiven Kooperation mit den Programmumsetzenden. Gamble (2008, S. 37) bringt dieses Dilemma auf den Punkt: „Developmental evaluators need to work closely with key people who are involved with the innovative initiative. Having their trust is essential. At the same time, the developmental evaluator's proximity to action may reduce credibility in the eyes of some funders or other stakeholders. Evaluators must balance being both sufficiently close and independent."

Bei externen Evaluationen stellt sich für die Evaluatorin/den Evaluator damit die Frage, welche Funktion sie/er im Programmteam einnimmt. Patton ging ursprünglich davon aus, dass die Evaluatorin/der Evaluator tatsächlich Teil des Teams ist und auf jeden Fall auch beratend tätig wird/werden kann. Mittlerweile hat er seine Aussage dazu etwas abgeschwächt. Aus der Sicht der Autorin hat es große Vorteile, sich nicht so stark zu involvieren: Man bleibt nicht nur für externe, sondern auch für interne Stakeholder unabhängiger und damit glaubwürdiger. Gleichzeitig kann man sich stärker auf die eigentlichen Aufgaben als Evaluatorin bzw. Evaluator konzentrieren. Eine angemessene Balance zwischen Nähe und Distanz zum Evaluationsgegenstand zu halten, bedarf jedoch erfahrungsgemäß einer ständigen Wachsamkeit auf Seiten der Evaluatorin/des Evaluators. Ein hohes Ausmaß an Selbstreflexion und das Einholen von Feedback helfen dabei (s. auch Dozois u. a. 2010, S. 54 f.).

Soll die Evaluation auch von externen Stellen oder der allgemeinen Öffentlichkeit als externe wahrgenommen werden, wird die Frage der ‚Unabhängigkeit' und Distanz der Evaluatorin bzw. des Evaluators noch brisanter. Relativ unproblematisch ist es, wenn wichtige Stakeholder die (externe) Rechenschaftslegung (accountability)[15] als Dokumentation und Nachweis der Entwicklung des Programms definieren und die spezielle Rolle der Evaluatorin/des Evaluators als glaubwürdig anerkennen (Gamble 2008, S. 24). In einem traditionellen Evaluationsumfeld ist dies jedoch oft nicht der Fall, wodurch der Anwendung der Developmental Evaluation Grenzen gesetzt sind.

Es ist daher auch die Frage, wie stark sich die ‚Marke' Developmental Evaluation als externe Evaluation in größerem Stil ‚verkaufen' lässt. Wenn ein traditionelles Verständnis der Unabhängigkeit von Evaluierenden – im dem Sinne, dass sie möglichst wenig Berührung mit dem evaluierten Programm und v. a. den Programmumsetzenden haben – weniger stark im Vordergrund steht, kann aus Sicht der Autorin Developmental Evaluation auch als externe Evaluation ihren Platz finden. Die Ver-

---

14 Dem Erachten der Autorin nach ist dies ein Phänomen, das auch in traditionellen externen Evaluationssettings weit verbreitet ist (siehe dazu auch den zitierten Artikel von Stake). Dort wird es aber der Erfahrung der Autorin nach oft (jedenfalls nach außen hin) eher heruntergespielt.
15 Patton (2010, S. 13) versteht ‚accountability' überhaupt in erster Linie als interne Rechenschaft, d. h. der Programmumsetzenden gegenüber den Zielen ihres Programms, die er als höchste Form der Rechenschaft bezeichnet.

pflichtung auf professionelle Evaluationsstandards und ein transparentes und gut dokumentiertes empirisches Vorgehen stützt die Glaubwürdigkeit.

Grenzen sind der Developmental Evaluation aber auch in organisatorischer Hinsicht und mit Blick auf die Ressourcen gesetzt. Evaluationspraktiken, die von einer zeitlich recht beschränkten, einmaligen Interaktion zwischen Evaluierenden und Programmumsetzenden ausgehen, eignen sich nicht. Es ist jedoch nicht in jedem Fall notwendig, dass Evaluierende sehr oft oder gar ständig vor Ort sind, sodass es denkbar erscheint, in längerfristig angelegten Evaluationen auch mit größeren zeitlichen Abständen und kürzeren Aufenthalten so etwas wie Developmental Evaluation zu versuchen, solange es gelingt, eine dauerhafte und vertrauensvolle Zusammenarbeit zwischen Evalutorin bzw. Evaluator und Programm zu etablieren.

3.4 Offene Fragen und Ausblick

„Developmental evaluation theory remains nascent", sie ist also noch im Entstehen begriffen, konstatieren Lam und Shulha (2015, S. 359). Dem ist beizupflichten. So besteht nach wie vor ein großer Bedarf an Erprobung, Reflexion und Austausch zu Developmental Evaluation. Insbesondere wurde Developmental Evaluation bislang v. a. für die Evaluation von innovativen Vorhaben angewandt. Dafür wurde sie auch entwickelt. Interessant wären nun auch Anwendungsbeispiele in den anderen drei Funktionsbereichen von Developmental Evaluation, also für den Transfer von wirksamen Prinzipien in einen neuen Kontext, die Unterstützung von raschen Reaktionen bei Katastrophen bzw. in turbulenten, katastrophenartigen Situationen oder die Einführung von umfassenden Veränderungen in einem größeren System.

Des Weiteren ist zu hinterfragen, ob Developmental Evaluation tatsächlich nur einen kleinen, genau abgezirkelten Anwendungsbereich haben soll – wie die Charakterisierung als Nischentätigkeit nahelegt. Developmental Evaluation borgt nicht nur selbst theoretische und praktische Zugängen aus verschiedenen Feldern. Auch die Überschneidungen mit Ansätzen, insbesondere systemischen Ansätzen, die ohne (direkten) Bezug zur Developmental Evaluation entwickelt wurden, sind frappant.[16] Der kreative Umgang mit Evaluation und die Anpassung an verschiedene Situationen und Anforderungen inspirieren und laden dazu ein, Developmental Evaluation weiter zu denken, mögliche Gemeinsamkeiten mit anderen Evaluationsansätzen zu ergründen und neue Varianten zu entwickeln.

Ein weiterer offener Punkt wäre daher, die Nische von Developmental Evaluation zu erweitern bzw. Übergänge zu anderen Formen der Evaluationspraxis zu schaffen, wo dies hilfreich und nützlich ist.

---

16 Vgl. z. B. das Diskussionspapier der Arbeitsgruppe ‚Systemische Ansätze' des Arbeitskreises Evaluation von Entwicklungszusammenarbeit in der DeGEval, Juli 2013, das Merkmale des Vorgehens beschreibt, die über weite Strecken denen der Developmental Evaluation sehr ähnlich sind.

Literatur

Beywl, Wolfgang (2011): Rezension: Patton, Michael Quinn (2010): Developmental Evaluation: Applying Complexity Concepts to Enhance Innovation and Use. New York: Guilford Press. In: Zeitschrift für Evaluation 10(1), S. 151–154.

Dickson, Rumona/Saunders, Murray (2014): Developmental Evaluation: Lessons for Evaluative Practice from the SEARCH Program. In: Evaluation 20 (2), S. 176–194.

Dozois, Elizabeth/Langlois, Marc/Blanchet-Cohen, Natasha (2010): DE 201: A Practitioner's Guide to Developmental Evaluation. Montreal: The J.W. McConnell Family Foundation and the International Institute for Child Rights and Development.

Funnell, Sue C./Rogers, Patricia (2011): Purposeful Program Theory: Effective Use of Theories of Change and Logic Models. 1st ed. San Francisco, CA: Jossey-Bass.

Gamble, Jamie A. A. (2008): A Developmental Evaluation Primer. Montreal: The J.W. McConnell Family Foundation.

Glouberman, Sholom/Zimmerman, Brenda (2002): Complicated and Complex Systems: What Would Successful Reform of Medicare Look Like? Discussion Paper No. 8. Commission on the Future of Health Care in Canada. http://geiselmed.dartmouth.edu/cfm/education/pdf/Article3.pdf [Stand: 19.05.2015]

Gutknecht-Gmeiner, Maria (2011a): Die Technik zu den Mädchen bringen. Ergebnisse einer qualitativen Studie im Vorfeld des Schulversuchs „Computer-Science-Management" an den Hertha Firnberg Schulen für Wirtschaft und Tourismus, In: Gruber, Elke/Lassnigg, Lorenz/Moser, Daniela (Hrsg.): Tagungsband der 2. Österreichischen Konferenz für Berufsbildungsforschung (8./9. Juli 2010 in Steyr), [= Band 7 der Schriftenreihe „Innovationen in der Berufsbildung"], Innsbruck: Studienverlag.

Gutknecht-Gmeiner, Maria (2011b): Computer-Science-Management – Ein innovatives Ausbildungsmodell in der Praxis. Evaluation des Ausbildungsschwerpunkts Computer-Science-Management (CSM) an den Hertha Firnberg Schulen 2010/2011, im Auftrag des Bundesministeriums für Unterricht, Kunst und Kultur, Wien.

Gutknecht-Gmeiner, Maria (2012): Computer-Science-Management Follow-up 2011/12. Follow-up Evaluation des Ausbildungsschwerpunkts Computer-Science-Management (CSM) an den Hertha Firnberg Schulen 2011/2012, im Auftrag des Bundesministeriums für Unterricht, Kunst und Kultur, Wien.

Gutknecht-Gmeiner, Maria (2013): CSM – Follow-up 2. Prozessbegleitung und Abschlussevaluation mit Medienprodukt 2013, im Auftrag des Bundesministeriums für Unterricht, Kunst und Kultur, Wien.

Gutknecht-Gmeiner, Maria (2014): Kurzbericht. Begleitende Evaluation von Computer-Science-Management (CSM) 2013/14 an die Hertha Firnberg Schulen. Wien, Juli 2014.

Gutknecht-Gmeiner, Maria/Madlener, Nadja (2009): „Das wär' die perfekte Schule für mich gewesen". Qualitative Studie und Bedarfs- und Akzeptanzanalyse für den Schulversuch „Computer-Science-Management", i. A. des BMUKK, Wien.

Kurtz, Cynthia F./Snowden, David J. (2003): The New Dynamics of Strategy: Sense-Making in a Complex and Complicated World. In: IBM Systems Journal 3 (42), S. 462–483.

Lam, Chi Y./Shulha, Lyn M. (2015): Insights on Using Developmental Evaluation for Innovating: A Case Study on the Cocreation of an Innovative Program. In: American Journal of Evaluation, 36, S. 358–374 (published online before print on Aug. 8, 2014).

Patton, Michael Q. (1978): Utilization-Focused Evaluation. erste Auflage, Beverly Hills, CA: SAGE.

Patton, Michael Q. (1986): Utilization-Focused Evaluation. zweite Auflage, Beverly Hills, CA: SAGE.
Patton, Michael Q. (1994): Developmental Evaluation, In: Evaluation Practice, 15 (3), S. 311–319.
Patton, Michael Q. (1996): A World Larger than Formative and Summative. In: Evaluation Practice, 17 (2), S. 131–144.
Patton, Michael Q. (1997): Utilization-Focused Evaluation. dritte Auflage, Thousand Oaks, CA: SAGE.
Patton, Michael Q. (2005): Developmental Evaluation, In: Mathison, Sandra (Hrsg.): Encyclopedia of Evaluation. Thousand Oaks, Calif: Sage, S. 116.
Patton, Michael Q. (2008): Utilization-Focused Evaluation. 4. Auflage, Thousand Oaks: Sage Publications.
Patton, Michael Q. (2010): Developmental Evaluation: Applying Complexity Concepts to Enhance Innovation and Use. New York: Guilford Press.
Pawson, Ray/Tilley, Nick (1997): Realistic Evaluation, London ; Thousand Oaks, Calif: Sage.
Preskill, Hallie/Beer, Tanya (2012): Evaluating Social Innovation. Center for Evaluation Innovation.
Westley, Frances/Patton, Michael Q./Zimmerman, Brenda (2006 bzw. 2007): Getting to Maybe: How the World Is Changed. Toronto: Vintage Canada.
Rogers, Patricia J. (2008): Using Programme Theory to Evaluate Complicated and Complex Aspects of Interventions. Evaluation 14 (1): S. 29–48.
Snowden, David J./Boone, Mary E. (2007): A Leader's Framework for Decision Making. Harvard Business Review, November 2007.
Stake, Bob (2004): ‚How Far Dare an Evaluator Go Toward Saving the World?', In: American Journal of Evaluation, 25 (1), S. 103–107.
Systemische Ansätze in der Evaluation. Diskussionspapier der Arbeitsgruppe „Systemische Ansätze" des Arbeitskreises Evaluation von Entwicklungszusammenarbeit in der DeGEval. 2013. http://www.degeval.de/images/stories/Arbeitskreise/AK_ENTW_POL/Diskussionspapier_AG_SAE_130731.pdf [Stand: 19.05.2015]
Williams, Bob/Hummelbrunner, Richard (2011): Systems Concepts in Action: A Practitioner's Toolkit. Stanford, Calif: Stanford Business Books.
Williams, Bob/Imam, Iraj (Hrsg.) (2006): System Concepts in Evaluation. An Expert Anthology. American Evaluation Association. http://preval.org/files/Kellogg%20enfoque%20sistematico%20en%20evaluacion.pdf [Stand: 19.05.2015]

Evaluationsmethoden

Nutzen einer wirkungsorientierten Zielsystematik
Bindeglied zwischen Evaluation und Programmsteuerung

Stefan Schmidt

Dieser Artikel richtet sich in erster Linie an Evaluatorinnen und Evaluatoren, aber auch an Leitungen von Förderprogrammen bzw. Koordinatoren und Koordinatorinnen von Netzwerken. Die vorgestellte wirkungsorientierte Zielsystematik kann sowohl für die → Evaluation als auch für die Steuerung von → Programmen hilfreich sein. Sie wurde entwickelt, um die Verbindung von richtungsweisenden Leitbildern und allgemeinen → Leitzielen mit konkreten Teilprojekten herzustellen und die einzelnen Teilprojekte von Förderprogrammen kohärent in das Gesamtkonzept einzufügen. Die wirkungsorientierte Zielsystematik schafft die Voraussetzungen dafür, prozessbegleitend und bilanzierend → Daten zur → Zielerreichung für → Projekte und → Maßnahmen zu erheben, um nachvollziehen zu können, ob sie die auf → Wirkungen fokussierten → Ziele erreicht. Die für die Entwicklung eines wirkungsorientierten Zielsystems notwendigen Klärungsprozesse können zudem eine konstruktive Zusammenarbeit der beteiligten Akteure fördern. Deshalb ist die wirkungsorientierte Zielsystematik besonders für Netzwerke mit einem heterogenen Akteursfeld geeignet. Aus Gründen der Lesefreundlichkeit wird in diesem Artikel

- der Begriff ‚Programm' verwendet, wenn es sich um ein intentional aufeinander bezogenes Bündel von → Aktivitäten, → Interventionen, Maßnahmen, Projekten oder Teilprogrammen handelt.
- der Begriff ‚Teilprojekt' verwendet, wenn es um örtlich und/oder zeitlich begrenzte Interventionen, Projekte und Maßnahmen geht, die Teil eines übergeordneten Programms sind.

Erfolgreich angewandt wurde die Vorgehensweise unter anderem im Bildungsnetzwerk ‚Lernen Erleben In Freiburg – LEIF'. Wichtige Aspekte werden in diesem Artikel exemplarisch anhand der Erfahrungen in dieser Bildungslandschaft erklärt. Bildungslandschaften, in manchen Regionen wird auch der Begriff Bildungsnetzwerk verwendet, verfolgen das Ziel, Chancengerechtigkeit im Bildungswesen sicherstellen. Um dies zu erreichen, wird derzeit deutschlandweit in vielen Regionen ein systematisches Bildungsmanagement mit effektiven und effizienten Vernetzungsstrukturen zwischen bildungsrelevanten Institutionen aufgebaut. Dabei sind Kinder und Jugendliche in allen Bildungslandschaften eine wichtige → Zielgruppe. Meist streben die Regionen aber perspektivisch an, das Lernen im gesamten Lebensverlauf in den Blick zu nehmen, so wie dies u. a. in der Stadt Freiburg im Rahmen einer Bundesprogrammförderung* erfolgte. Beteiligt sind neben Schulen in der Regel die Bildungseinrichtungen an den Übergängen (Kindertagesstätten, Ausbildungsbetriebe, Fachschulen, Hochschulen), darüber hinaus oft auch Einrichtungen der Jugendhilfe, Volkshochschulen, Bildungsträger sowie die Kommunal- und die Arbeitsverwaltung, Wirtschaftsverbände und Kammern. Der Ansatz der Bildungslandschaft wird auf unterschiedlichen räumlichen Ebenen verfolgt. Daher unterscheidet man zwischen regionalen, kommunalen und lokalen Bildungslandschaften.

* vgl. Förderprogramm Lernen vor Ort des Bundesministerium für Bildung und Forschung und des Stiftungsverbunds Lernen vor Ort http://www.lernen-vor-ort.info/

1. Die wirkungsorientierte Zielsystematik

Ziele haben eine wichtige Funktion in unserer Gesellschaft. Menschen setzen sich Ziele, um Klarheit über den angestrebten Endzustand zu erhalten und die Richtung zu weisen, in die sie etwas entwickeln wollen. Andere sollen motiviert werden, sich anzuschließen und den Zweck des Tuns zu erkennen. Des Weiteren können Gruppen und Einzelpersonen durch die Offenlegung ihrer Ziele bestimmte Tätigkeiten legitimieren und den effektiven und effizienten Einsatz von Ressourcen planen. Sie können Erfolgskriterien selbst bestimmen und sich gegen nicht sachgerechte Bewertungen absichern. Ziele sind hilfreich, wenn Einigkeit in einem heterogenen Akteursfeld hergestellt und konstruktive Aushandlungsprozesse initiiert werden sollen. Und nicht zuletzt können Zielklärungsprozesse genutzt werden, sich mit Widerstand sachlich auseinanderzusetzen und ihn konstruktiv zu nutzen.

Die → **Zielklärung** ist streng genommen eine Leistung, die nicht von der Evaluation, sondern durch die mittelgebenden Stellen im Rahmen der Erarbeitung von Förderrichtlinien sowie von der Leitung eines Programms im Zuge der Erstellung eines → **Konzepts** zu erbringen ist. Die meisten → **Evaluierenden** haben es jedoch schon mehrfach erlebt, dass zu Beginn eines Evaluationsauftrags von den → **Auftraggebenden** zwar dargelegt wird, dass die Ziele des zu evaluierenden Programms bereits erarbeitet seien, dass dann aber stattdessen eine Auflistung von geplanten Aktivitäten vorgelegt wird. Beispielsweise wird aufgelistet, welche Veranstaltung wann durchgeführt wird, wie viele Personen daran teilnehmen sollen oder welche Broschüre wann und in welcher Auflage zu erscheinen hat. Ein solcher Arbeits- oder Meilensteinplan, der auf zentrale → **Outputs** des Programms fokussiert, ist für Verantwortliche eines Programms ein wichtiges Instrument, um notwendige Aktivitäten rechtzeitig initiieren und deren Umsetzung kontrollieren zu können. Im Rahmen einer Evaluation sollen aber meist auch Aussagen getroffen werden, in wie weit einzelne Teilprojekte zu den leitenden Zielen des Programms beitragen, die sich in der Regel jedoch nicht auf die Umsetzung von Veranstaltungen oder die Verteilung von Broschüren, sondern auf erwünschte Veränderungen bzw. Stabilisierungen bei Zielgruppen des Programms (→ **Outcomes** des Programms, bspw. gleichberechtigte Bildungsteilhabe von Kindern und Jugendlichen) oder in Strukturen beziehen (→ **Impacts**; bspw. Umsetzung gemeinsamer Strategien in einem Netzwerk von Bildungs- und weiteren relevanten Institutionen). Dafür müssen die leitenden Zielsetzungen des Programms und die detaillierten Ziele, die mit dessen Teilprojekten verfolgt werden, systematisch miteinander verbunden werden. Eine Systematisierung nach übergeordneten, langfristig gültigen Zielen und detaillierten, kurzfristig zu erreichenden Zielen auf den verschiedenen Stufen fehlt aber oftmals. Um den Evaluationsauftrag erfüllen zu können, sind Evaluierende deshalb häufig gefordert, mit einer Zielklärung zu beginnen bzw. die Programmakteure bei der Zielklärung zu unterstützen. Um ein Zielsystem für die Evaluation nutzen zu können, sollten folgende Aspekte beachtet werden:

1. Eine hierarchische Ordnung von Zielen
2. Die Entwicklung von → **Outcome-Zielen**
3. Eine Differenzierung von Zielgruppen

1.1 Hierarchische Ordnung von Zielen

Die in diesem Artikel vorgestellte Zielesystematik basiert auf einer der Fachöffentlichkeit bekannten dreistufige Zielsystematik (vgl. z. B. Beywl/Schepp-Winter 2000). Sie wurde an die Anforderungen von komplexen Programmen angepasst.

Systematisch miteinander verbundene Zielebenen

Von oben nach unten durchdacht wird ein Ziel der höheren Stufe durch mehrere Ziele einer unteren Stufe spezifiziert. Von unten nach oben durchdacht sind → **Detailziele** Konkretisierungen bzw. Spezifizierungen von → **Mittlerzielen**; Mittlerziele konkretisieren bzw. spezifizieren Leitziele; die Leitziele lassen sich unter dem ‚strategischen Dach' einordnen.

Obere Zielebenen verdeutlichen die Vision

Förderprogramme arbeiten meist mit sogenannten Förderschwerpunkten, Handlungsfeldern oder Schwerpunktthemen. Um eine erste Ordnungsebene im Zielsystem zu erhalten, sollte für jeden Förderschwerpunkt ein Leitziel definiert sein, das die Grundausrichtung des Förderschwerpunkts wiedergibt. Leitziele sind eher allgemein formuliert und *langfristig gültig* (oft über die Laufzeit von einzelnen Teilprojekten hinaus).

Darüber hinaus gibt es in der Regel ein übergeordnetes allgemeines Ziel bzw. ein dem Programm zugrunde liegendes Motiv, teils ist auch die Bezeichnung langfristige Vision zutreffend. In Bildungslandschaften ist dies z. B. „*Chancengerechtigkeit im Bildungswesen*". In Bildungslandschaften wurde bzw. wird dazu häufig ein Leitbild oder ähnliches von der regionalen bzw. kommunalen Politik verabschiedet. Andere Programme integrieren das zugrunde liegende Motiv in den Titel oder die Förderrichtlinie. Um auch diese langfristige Vision des Programms ins Zielsystem

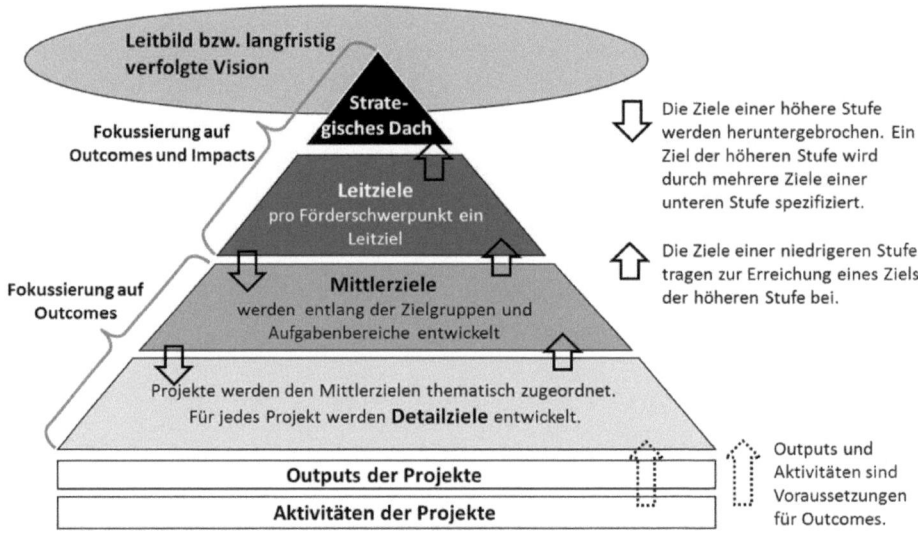

Abbildung 1: Mehrstufige Zielsystematik für komplexe Programme (Quelle: eigene Darstellung in Anlehnung an Univation)

aufzunehmen, kann über alle Förderschwerpunkte hinweg ein ‚strategisches Dach' gesetzt werden.

Mittlere Zielebenen setzen mittelfristige Schwerpunkte

Ein Leitziel wird durch mehrere Mittlerziele spezifiziert. Die Mittlerziele eines Leitziels bilden die konzeptionelle Ausrichtung im Hinblick auf die Zielgruppen und/oder die Aufgabenbereiche im jeweiligen Förderschwerpunkt ab und stellen die Verbindung von den konkreten Teilprojekten zum Leitziel her. Mittlerziele sollten eine Richtung aufweisen und Ideen wecken, mit welchen Teilprojekten sie erreicht werden können. Sie sollten realistisch sein und zumindest partiell erreicht werden können. Mittlerziele sind *mittelfristig gültig* (z. B. für eine bestimmte Förderperiode oder Vertragslaufzeit).

> **Entwicklung der oberen Zielebenen in der Bildungsinitiative LEIF**
>
> Das Zielsystem in der Bildungslandschaft Freiburg berücksichtigt sowohl die kommunalen bildungspolitischen Ziele (Strategisches Dach) und die Förderschwerpunkte des Bundesprogramms (Leitziele) als auch die Schwerpunktsetzungen auf bestimmte Zielgruppen (Mittlerziele). Den Grundstein legte das Leitbild für die Freiburger Bildungslandschaft, das mit dem Steuerkreis erarbeitet und im Jahr 2009 verabschiedet wurde (vgl. Stadt Freiburg 2009). Als konzeptioneller Rahmen waren darüber hinaus vom Bundesprogramm vier Förderschwerpunkte (Aktionsfelder) vorgegeben, die verpflichtend zu bearbeiten waren (Bildungsmanagement, Bildungsmonitoring, Bildungsberatung, Übergangsmanagement). Zwei weitere konnten frei gewählt werden.

In Freiburg entschied man sich für Diversitymanagement und Wirtschaft/Technik/Umwelt/Wissenschaft.

Um eine Ordnung im Zielsystem herzustellen, wurde die Regel angewandt, dass Ziele einer niedrigeren Stufe zur Erreichung eines Ziels der höheren Stufe beitragen. Um das angewandte Prinzip exemplarisch aufzuzeigen, konzentriert sich dieser Beitrag auf den Förderschwerpunkt ‚Bildungsberatung'. Das gesamte Freiburger Zielsystem ist Schmidt 2012, S. 119 zu entnehmen.

Strategisches Dach
Freiburger Bürgerinnen und Bürger jeder sozialer und ethnischer Herkunft erkennen Bildung als Schlüssel für ihre individuelle Selbstverwirklichung und lernen erfolgreich im gesamten Lebenslauf.

Leitziel des Förderschwerpunkt ‚Bildungsberatung'	*Leitziele der weiteren*
Freiburger Bürgerinnen und Bürger gestalten aktiv und selbstbestimmt ihre Bildungsbiographien.	*5 Förderschwerpunkte* …

Mittlerziele des Förderschwerpunkt ‚Bildungsberatung'

1. Verantwortliche der Freiburger Bildungsberatung entwickeln systematisch die Freiburger Bildungslandschaft weiter.
2. Verantwortliche der Freiburger Bildungsberatung sprechen bildungssystemferne Zielgruppen gezielt an und beraten Ratsuchende bedürfnisgerecht.
3. Verantwortliche der Freiburger Bildungsberatung bauen in Beratungsprozessen Geschlechterstereotype in Bildung, Ausbildung und Fortbildung ab.

Zur Erreichung dieser Mittlerziele wurde neben anderen Projekten die in diesem Beitrag exemplarisch behandelte Fortbildungsreihe ‚Bildungsberatung und Kompetenzentwicklung' initiiert.

weitere Mittlerziele, zu deren Erreichung weitere Teilprojekte initiiert wurden …

Untere Zielebenen konkretisieren für zeitlich begrenzte Teilprojekte

Laufzeit und Auftrag von Teilprojekten sind in der Regel festgelegt. Vor diesem Hintergrund werden auf Teilprojektebene messbare und terminierte Detailziele formuliert und mit Erfolgskriterien der Zielerreichung hinterlegt. Die Detailziele sollten möglichst stark operationalisiert sein, um sie mit geringem empirischem Aufwand auf ihre Erreichung hin prüfen zu können. Anleitungen und Hilfestellungen dafür finden sich u. a. in Beywl/Schepp-Winter 2000 und König 2007. In diesem Beitrag wird eine mögliche Vorgehensweise zur Operationalisierung anhand des Beispiels der Fortbildung ‚Bildungsberatung und Kompetenzentwicklung' in Kapitel 1.2 erläutert. Teilprojekte, die noch nicht zum Programmstart, sondern erst später initiiert werden, können den Mittlerzielen nachträglich thematisch zugeordnet werden.

Ein Zielsystem muss in sich schlüssig und überschaubar sein

Die Ziele einer niedrigeren Konkretisierungsstufe tragen dazu bei, ein Ziel der höheren Stufe zu erreichen. Diese (durch Pfeile in Abbildung 1 dargestellte) Regel einzuhalten ist wichtig, um eine nachvollziehbare logische Hierarchie im Zielsystem herzustellen. Meist wird das System von ‚oben nach unten' bearbeitet – von den Leitzielen zu den Detailzielen. Die hierarchische Ordnung kann geprüft werden, indem man das Zielsystem imaginär auf den Kopf stellt und von ‚unten nach oben' denkt: Welches Ziel trägt zur Erreichung eines anderen Ziels bei?

Natürlich ist es wichtig, dass ein Zielsystem überschaubar und somit für die Steuerung und Praxis des Programms praktikabel bleibt. Oft können die übergeordneten Ziele nicht vollständig durch Ziele niedrigerer Stufen abgedeckt werden, d. h. es gibt immer noch weitere Mittlerziele, die zur Erreichung eines Leitziels beitragen könnten, aber mit dem betreffenden Programm nicht (oder nicht vorrangig) verfolgt werden. Gleichzeitig kann es kaum gelingen, alle mit verschiedenen Teilprojekten tatsächlich verfolgten Ziele in das explizierte Zielsystem aufzunehmen. Zwischen dem Anspruch auf eine umfassende Darstellung einerseits und Praktikabilität andererseits muss im Einzelfall immer ein guter Kompromiss gefunden werden. Als Orientierung kann gelten: Pro Zielsystem zwei bis sechs Leitziele, pro Leitziel zwei bis sechs Mittlerziele und pro Teilprojekt bis zu zwölf Detailziele.

1.2   Entwicklung von Outcome-Zielen

Neben der Systematisierung und hierarchischen Ordnung von Zielen müssen Evaluierende zu Beginn einer Evaluation häufig die Zielklärung unterstützen, weil keine oder nur unzureichende Outcome-Ziele entwickelt wurden. Das Vorliegen von Outcome-Zielen ist für die meisten Evaluationen im Sozial- und Bildungsbereich eine grundlegende Voraussetzung: → **Fragestellungen**, die eine Evaluation zu beantworten hat, richten sich fast immer (auch) darauf, ob die durch das Programm angestrebten Veränderungen bzw. Stabilisierungen in Wissen, Verhalten und Einstellungen von Zielgruppen (eben die angestrebten Outcomes des Programms) erreicht wurden. Oftmals erhoffen sich Auftraggebende darüber hinaus Aussagen über den Zusammenhang von durchgeführten Interventionen und Outcomes, also den empirischen Beleg einer Wirkung.[1]

Um einerseits den Unterschied und andererseits den Zusammenhang und die zeitliche Abfolge der drei Ebenen von → **intendierten Resultaten**[2] eines Programms

---

1   Einer Evaluation stehen verschiedene Möglichkeiten offen, die → **Wirksamkeit** eines Programms nachzuweisen. Der Beitrag von Giel in diesem Band gibt Hinweise dazu.
2   Darüber hinaus können in Programmen auch nicht intendierte → **Resultate** entstehen. Bei Programmbeginn sind sie in der Regel nicht voraussehbar und können oft erst nachträglich vor dem Hintergrund der Programmziele als erwünscht oder unerwünscht bewertet werden.

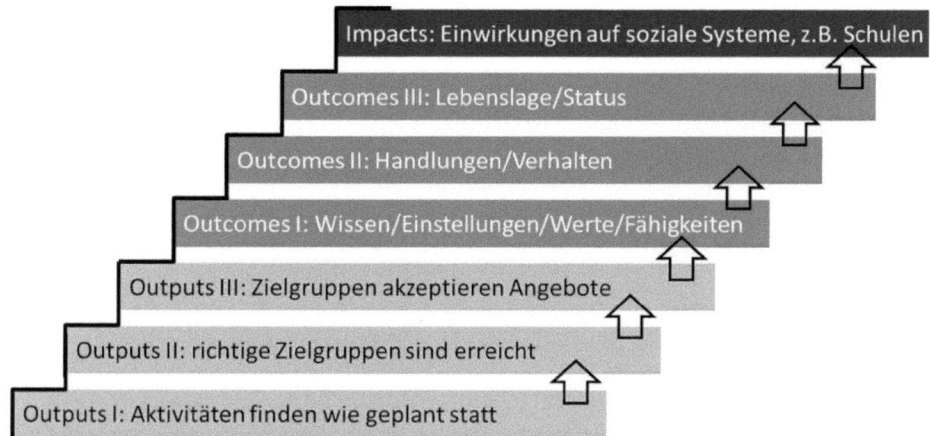

Abbildung 2: Resultatetreppe der Outputs, Outcomes und Impacts (Quelle: eigene Darstellung in Anlehnung an Univation)

zu verdeutlichen, hilft die Resultatetreppe (vgl. Abbildung 2) der verschiedenen Stufen von Outputs, Outcomes und Impacts. Die Resultatetreppe ist erfahrungsgemäß auch hilfreich, Praktikerinnen und Praktikern den Gedankensprung von einer an Outputs orientierten hin zu einer an Outcomes orientierten Denkweise zu erleichtern. Sie können auf den bereits vorliegenden Planungen bzgl. Interventionen und Outputs aufbauen und ihre auf professioneller Erfahrung fußenden Annahmen, wie eine Wirkung entsteht, zu Ende führen, indem sie explizieren, welche Outcomes oder Impacts ihre Interventionen zur Folge haben sollen.

Outputs können relativ einfach durch die Programmakteure erfasst werden. Eine durchgeführte Aktivität, z. B. eine Veranstaltung, kann dokumentiert werden (Outputs-Stufe I), die Teilnahme der anvisierten Personen kann über die Teilnehmerliste geprüft werden (Output-Stufe II), die Akzeptanz und Zufriedenheit der Teilnehmenden kann z. B. über ein Feedbackverfahren erhoben werden (Output-Stufe III). In der Regel erfolgt dies im Rahmen des Monitorings, das in den Verantwortungsbereich der Programmverantwortlichen fällt.[3] Durch die Erfassung von Outputs wissen Programmakteure jedoch noch nicht, ob sie etwas bei ihrer Zielgruppe verändert haben. Sie wissen nicht, ob die Teilnehmenden einer Veranstaltung tatsächlich Wissen erworben, ihre Einstellungen überdacht (Outcomes-Stufe I) oder ihr Verhalten verändert haben (Outcomes-Stufe II) und ob sich das perspektivisch auf ihre Lebenslage bzw. ihren Status auswirken wird (Outcomes-Stufe III). Sie wissen zudem nicht, ob Veränderungen in sozialen Systemen (Impacts) erreicht wurden, z. B. in einer Organisation, einem Stadtviertel oder einer bestimmten Jugendszene.

---

[3] Ein Artikel von Katharina Klockgether in diesem Band beschäftigt sich mit dem Thema Monitoring und seinen Berührungspunkten zur Evaluation.

> **Beispiel für eine Resultatetreppe aus der Bildungsinitiative LEIF**
> Die Resultatetreppe wird nachstehend an Hand der Fortbildung ‚Bildungsberatung und Kompetenzentwicklung', die im Rahmen der Bildungsinitiative LEIF im Förderschwerpunkt ‚Bildungsberatung' durchgeführt wurde, exemplarisch ausformuliert. Es handelte sich um eine praxisbegleitende Weiterbildung, die vom Verbund der Regionalen Qualifizierungszentren (RQZ)* entwickelt wurde. Kennzeichnend ist eine interdisziplinäre Zusammensetzung der Teilnehmenden, die in die Lage versetzt werden sollen, Beratungsangebote für spezifische (insbesondere bildungssystemferne) Zielgruppen zu entwickeln.
>
> - Output I: Die Fortbildung ‚Bildungsberatung und Kompetenzentwicklung' wird im Rahmen von fünf Modulen à drei Tagen durchgeführt.
> - Output II: Die Teilnehmenden stammen aus sozialen und psychologischen Praxisfeldern mit direktem Zugang zu bildungssystemfernen Zielgruppen, von unterschiedlichen Bildungs- und Bildungsberatungsinstitutionen und vom Projektteam LEIF (interdisziplinäre Zusammensetzung von Praktikerinnen/Praktikern).
> - Output III: In Feedbackbefragungen und Blitzlichtrunden äußern sich die Teilnehmenden zufrieden mit der Fortbildung; sie knüpfen Kontakte und vernetzen sich.
> - Outcome I (Wissen): Die Teilnehmenden erwerben Kenntnisse und Methodenkompetenzen, um bedürfnis- und bedarfsgerechte Angebote für bildungssystemferne Zielgruppen zu entwickeln.
> - Outcome II (Verhalten): Personen aus dem Teilnehmerkreis entwickeln kooperativ getragene bedürfnis- und bedarfsgerechte Beratungsangebote für bildungssystemferne Zielgruppen.
> - Outcome III: Personen aus dem Teilnehmerkreis beteiligen sich im Anschluss an die Fortbildung an einem Prozess auf Leitungsebene zur Entwicklung von gemeinsamen Qualitätsstandards für die Freiburger Bildungsberatungslandschaft.
> - Impact: Die Bildungsberatungsangebote in der Kommune sind gemäß den Qualitätsstandards aufeinander abgestimmt und bieten bedürfnis- und bedarfsgerechte Beratung an. (ca. 10 Jahre nach der Fortbildung)
>
> *Die RQZ sind als Teil des Entwicklungsvorhabens zur ‚Professionalisierung der regionalen Bildungsberatung in Deutschland' im Rahmen des Bundesprogramms ‚Lernende Regionen – Förderung von Netzwerken' entstanden. Weiterführende Informationen unter http://www.bildungsberatung-verbund.de/

Für eine → wirkungsorientierte Evaluation sind vor allem Outcome-Ziele wichtig. Grundsätzlich kann ein Ziel sowohl einen angestrebten Output als auch einen Outcome oder einen Impact beschreiben. Denn im Sozial- und Bildungswesen ist es in der Regel so, dass Outputs ‚produziert' werden, um Outcomes zu erreichen. Und auch Impacts sind in der Regel die Folge von Outcomes bei mehreren Personen eines sozialen Systems. Je nachdem in welcher Rolle bzw. in welcher Funktion und zu welchem Zweck man Ziele formuliert, können unterschiedliche Zielniveaus passend sein. Die Praxissteuerung braucht Output-Ziele, um bspw. bei einer absehbar zu geringen Inanspruchnahme des Teilprojekts rechtzeitig gegensteuern zu können. Denn der Output „Inanspruchnahme des Teilprojekts" ist eine Grundvoraussetzung dafür, dass das Teilprojekt Wirkungen erreichen kann. Eine wirkungsorientierte Evaluation und auch eine wirkungsorientierte Steuerung braucht auf allen Zielebenen insbesondere Outcome-Ziele, um auf Grundlage der Erhebungsergebnisse zu einer Bewertung der Wirkungen des Teilprojekts kommen zu können. Aktivitäten und Outputs stehen deshalb außerhalb der wirkungsorientierten Zielpyramide, die das für die Evaluation relevante Zielsystem darstellt (vgl. Abbildung 1). Es wird jedoch angedeutet, dass Aktivitäten und Outputs den Detailzielen zugeordnet werden können. Eine Zuordnung ist beispielsweise wichtig, um weniger wirkungsvolle Programmaktivitäten identifizieren und optimieren zu können. Außerdem sichert die wirkungsorientierte Zielsystematik auf diese Weise die Anschlussfähigkeit zu bestehenden Arbeitsplänen (Planungen durchzuführender Aktivitäten), die erfahrungsgemäß meist schon vorliegen, wenn die Evaluation ‚ins Spiel kommt'.

Entwicklung von evaluierbaren Outcome-Zielen

Genauer betrachtet sind es Outcomes der Stufen I und II (also ein erhöhtes Wissen, eine veränderte Einstellung oder ein verbessertes oder stabilisiertes Verhalten bei Zielgruppen), die für eine wirkungsorientierte Evaluation besonders wichtig sind. Zu Steuerungs- und Planungszwecken ist es oft sinnvoll, darüber hinaus auch Outcomes der Stufe III und Impacts zu benennen, etwa hinsichtlich des Aufbaus und der nachhaltigen Effekte neu aufgebauter Kooperationen. Eine empirische Untersuchung des Zustandekommens von Impacts ist jedoch methodisch sehr anspruchsvoll. Sie haben meistens komplexe Ursachen und vollziehen sich über einen langen Zeitraum. Es ist zudem herausfordernd und ressourcenintensiv, Impacts auf bestimmte Interventionen zurückzuführen. Das vorgenannte Beispiel zur Fortbildung ‚Bildungsberatung und Kompetenzentwicklung' macht deutlich: Impacts sind erst lange nach Abschluss der Fortbildung zu erwarten. In diesem Fall wurden in der Kommune zahlreiche weitere Aktivitäten zur Verbesserung des Bildungsberatungsangebots umgesetzt, deshalb ist es sehr schwierig zu ermitteln, welchen Anteil die Fortbildung daran hatte.

Für die Messung des Grads der Zielerreichung müssen für die Zielgruppe, bei der die Zielerreichung überprüft wird, gut operationalisierte Ziele vorliegen. Abstrakte und allgemeine Ziele werden durch eine → **Operationalisierung** als im Alltag beobachtbare und messbare Ereignisse beschrieben. Als Orientierung für die Operationalisierung und Konkretisierung von angemessenen Zielen werden häufig die sogenannten *SMART*-Kriterien (Heiner 1996) verwendet. Sie sind als didaktisches Mittel hilfreich, um zu verdeutlichen, welches Anforderungen an Detailziele sind. Die Einhaltung der Kriterien S, A und R bereiten dabei sowohl Evaluierenden als auch Programmverantwortlichen meist wenige Probleme.

- S wie ‚spezifisch' verlangt, dass ein konkretes Teilziel formuliert wird, das ins Zielsystem passt und sich aus den → **Bedingungen** des Programms ableiten lässt, vor allem aus den Handlungsbedarfen bei Zielgruppen.
- A wie ‚akzeptiert' verdeutlicht, dass im Team der Programmverantwortlichen ein Konsens über das Ziel vorhanden sein sollte und dass es fachlichen Standards entsprechen muss. (In manchen Publikationen auch ‚anspruchsvoll' oder ‚attraktiv'.)
- R wie ‚realistisch' erinnert daran, die Eingangskompetenzen der Zielgruppen sowie die finanziellen, personellen und materiellen Ressourcen zu berücksichtigen, die im Programm zur Verfügung stehen, und auf dieser Grundlage ein tatsächlich durch die Interventionen des Programms erreichbares Ziel zu formulieren.

Die Schattenseite der SMART-Kriterien ist erfahrungsgemäß, dass M für ‚messbar' und T für ‚terminiert' dazu verleiten, Ziele auf Output-Niveau zu formulieren, da Messbarkeit und Terminierung dann leichter umzusetzen sind. Außerdem müssen SMART-Ziele häufig als verschachtelte Sätze formuliert werden, um die Messbarkeitskriterien M und T unterzubringen. Andererseits helfen die Kriterien M und T, bei der Zielformulierung zwei Grundsätze zu beherzigen, die dann wichtig sind, wenn die Überprüfung der Zielerreichung im Rahmen einer Evaluation vorgesehen ist:

- Pro Ziel sollte nur ein Aspekt beschrieben werden. Bei zwei oder mehreren Aspekten kann es passieren, dass nicht alle erreicht werden und somit keine klare Aussage zur Zielerreichung getroffen werden kann.
- Wenn festgelegt wird, dass Personen, die an einem Teilprojekt teilnehmen, mehr Wissen zu einem bestimmten Thema haben sollen als nicht am Teilprojekt teilnehmende Personen, muss das Wissen in beiden Gruppen gemessen werden. Das erhöht den Aufwand einer Zielerreichungsüberprüfung enorm. Ähnliches gilt für Vorher-/Nachher-Vergleiche. Hier muss zu zwei Zeitpunkten gemessen werden. Aus diesem Grund sollten Vergleiche in der Zielformulierung mit Bedacht eingesetzt werden.

Eine Alternative für die Formulierung von Schachtelsätzen, die versuchen, alle SMART-Kriterien abzudecken, ist die Erarbeitung von gesonderten Erfolgskriterien bzw. Indikatoren der Zielerreichung, die dem jeweiligen Detailziel zugeordnet werden. Hierbei kann auch gleich auf → **Datenquellen** bzw. → **Kriterienpunkte** (Erfolgsmaßstäbe) verwiesen werden, die Erkenntnisse über den Grad der Zielerreichung liefern. In den Erfolgskriterien können Outputs benannt werden, die als Voraussetzung für das Zustandekommen des angestrebten Outcomes bzw. als Indikatoren für dessen Erreichung anzusehen sind, was es wiederum erleichtert, sich in Detailzielen auf die Beschreibung der betreffenden Outcomes zu beschränken. Auch Sollwerte für die Zielerreichung[4] können festgelegt werden, wie folgendes Beispiel aus der Bildungslandschaft Freiburg zeigt:

> **Erarbeitung von Detailzielen mit Erfolgskriterien für die Fortbildung ‚Bildungsberatung und Kompetenzentwicklung' in der Bildungsinitiative LEIF**
>
> In Freiburg wurde im Rahmen des Aufbaus des ‚Wegweiser Bildung', einer Anlaufstelle für Bürgerinnen und Bürger in Bildungsfragen und Servicestelle für Beratungsfachkräfte aus spezifischen Beratungsstellen (vgl. Stadt Freiburg 2014), die Fortbildungsreihe ‚Bildungsberatung und Kompetenzentwicklung' durchgeführt, eine praxisbegleitende Weiterbildung für in der Bildungsberatung und in sozialen bzw. psychologischen Praxisfeldern Tätige. Insgesamt wurden für die Fortbildung sieben Detailziele erarbeitet und mit jeweils zwei bis fünf Erfolgskriterien hinterlegt. In diesem Beitrag wird dies anhand eines ausgewählten Detailziels aufgezeigt, das inhaltlich dem ersten Mittlerziel zuzuordnen ist: „Verantwortliche der Freiburger Bildungsberatung entwickeln systematisch die Freiburger Bildungslandschaft weiter."

Detailziel	Erfolgskriterien	Datenquelle und Kriterienpunkt
Die Teilnehmenden der Fortbildung erarbeiten ein gemeinsames Verständnis von Qualität in der Freiburger Bildungsberatung.	Hohe Motivation der Teilnehmenden zur Mitarbeit	Mind. 75% Zustimmung zu den jeweiligen Items einer schriftl. Befragung zu drei Zeitpunkten (Feedback-Befragungen zu Modulen)
	Teilnehmenden empfinden sich als Teil eines Netzwerkes von Freiburger Bildungsberatenden.	
	In jedem Modul werden Qualitätsmerkmale gemeinsam herausgearbeitet und dokumentiert.	Erstellung einer Synopse mit Empfehlungen bis spät. 31.12.2012
	Die Ergebnisse der Synopse werden in der kommunalen AG Bildungsberatung diskutiert.	TOP auf mind. 2 Sitzungen bis 30.06.2013 bzw. 31.12.2013 (Protokoll)
	Gemeinsame Qualitätsstandards für die Freiburger Bildungsberatungslandschaft sind vereinbart.	Verabschiedung in der AG Bildungsberatung zum 30.06.2014 (Protokoll)
weitere Detailziele ...	*weitere Erfolgskriterien ...*	*weitere Items der schriftl. Befragung und andere Datenquellen/ Kriterienpunkte*

---

4 Im Eval-Wiki: Glossar der Evaluation werden verschiedene Vorschläge für die Gestaltung von → **Erfolgspunkten** oder → **Erfolgsspannen** gemacht, die die Bewertung des → **Evaluationsgegenstandes** auf einer Bewertungsskala unterstützen und deutlich machen, welche im Rahmen der Evaluation gemessenen Ausprägungen des operationalisierten → **Kriteriums** zu welcher Bewertung des Gegenstands führen. Siehe zu Fragen der Bewertung auch ausführlich den Beitrag von Mäder in diesem Band.

Entwicklung von klärenden und motivierenden Outcome-Zielen

Die Ergänzung von Detailzielen durch zugeordnete Erfolgskriterien erleichtert es, in Detailzielen Outcomes zu beschreiben, da in den Erfolgskriterien u. a. auf die vorausgehenden Aktivitäten und Outputs verwiesen werden kann. Für das Programm ist die Formulierung von Outcome-Zielen aus folgenden Gründen wünschenswert:

- Sie rücken die gemeinsame Zielgruppe in den Mittelpunkt. Die Akteure sprechen über das gemeinsame Interesse, etwas für ihre Zielgruppe zu tun; nicht über Trennendes wie z. B. über unterschiedliche gesetzliche Arbeitsgrundlagen oder eine unterschiedliche Ressourcenausstattung.
- Es spricht nichts dagegen, wichtige Outputs in ein Zielsystem aufzunehmen, damit das Zielsystem in sich stimmig und logisch ist. Reine Output-Zielsysteme enden aber in einer Auflistung von Aufgaben bzw. durchzuführenden Aktivitäten und wirken dadurch wie ein ‚Pflichtenheft'. Ein solches kann jedoch insbesondere zu Beginn einer Zusammenarbeit kontraproduktiv sein, wenn mit Partnern Aushandlungsprozesse geführt werden müssen, da dann zwangsläufig auch die Frage nach den einzubringenden Ressourcen im Vordergrund steht. Stattdessen kann die Chance genutzt werden, sich über die angestrebten Resultate und die dahinter stehenden Entwicklungen bei der Zielgruppe zu verständigen und so ggf. vorherrschende unterschiedliche (Wert-)Vorstellungen zu klären sowie verschiedene Wege zum Ziel zu diskutieren. Die gemeinsame Gestaltung eines ‚attraktiven Zukunftsbildes' motiviert die Beteiligten. Aufgabenpläne sind für die Programm- und Teilprojektumsetzung natürlich ebenfalls wichtig, können jedoch eine Zielklärung nicht ersetzen.

Zur Entwicklung von den Programmerfolg unterstützenden Zielen helfen folgende Tipps, die mithilfe des Akronyms GO VIP beschrieben werden können. Ein Positivbeispiel für ein Ziel für Schülerinnen und Schüler (SuS), dem in nebenstehender Tabelle zur Verdeutlichung Negativbeispiele entgegengesetzt werden, lautet: ‚Die SuS der Fördergruppe arbeiten konzentriert.'

G für Gegenwart	Ein Ziel nimmt einen angestrebten Zustand in der Zukunft vorweg. Ein Ziel ist eigentlich ein ‚Soll-Zustand', sollte aber als ‚Ist-Zustand' in der Gegenwart formuliert werden. Das erleichtert es, sich eine konkrete Vorstellung vom angestrebten Zustand zu machen – eine weit verbreitete Methode in der Motivationspsychologie. Die Worte ‚können', ‚sollen' oder ‚wollen' mindern ebenfalls die Vorstellungskraft und sollten deshalb mit Bedacht eingesetzt werden, bspw. um exemplarisch auf potenzielle Anwendungsgebiete hinzuweisen. Negativbeispiel: ‚Die SuS können zukünftig konzentriert arbeiten.'
O für Outcomes	Ein Outcome-Ziel beschreibt die erwünschte Veränderung bzw. Stabilisierung im Wissen/den Einstellungen/dem Verhalten von Zielgruppen. Die Zielgruppe sollte dabei möglichst konkret benannt sein und es sollten Verben verwendet werden, die eine Aktivität der Zielgruppenmitglieder beschreiben. Und zwar eine Aktivität, die sie vorher noch nicht machten oder nicht so gut konnten. Passive Verhaltenszustände der Zielgruppe beschreiben nur Prozesse, keine Ergebnisse. Negativbeispiel: ‚Mit den SuS der Fördergruppe wird trainiert, wie sie konzentriert arbeiten können.'
V für Vollständig	Ein Ziel sollte in einem grammatikalisch vollständigen, möglichst simpel aufgebauten Satz formuliert werden. Auch dies stärkt die Vorstellung des erstrebenswerten besseren Zustands in der Zukunft und damit die Motivation zur Erreichung des Ziels. Stichwortartige Auflistungen, insbesondere solche mit Substantivierungen, sind weniger eingängig. Negativbeispiel: ‚Erhöhung der Konzentration der SuS der Fördergruppe.'
I für Interventionsfrei	Interventionen und Aktivitäten der Mitarbeitenden sollten nicht im Ziel, sondern im Konzept gesondert beschrieben werden. Negativbeispiel: ‚Die SuS der Fördergruppe arbeiten in Folge der Übung Nr. 2 des Trainingsprogramms konzentriert.'
P für Positiv	Ein Ziel sollte einen erstrebenswerten, neu zu schaffenden Zustand beschreiben. Vermeidungssätze geben keine klare Orientierung. Negativbeispiel: ‚Die SuS der Fördergruppe stören nicht mehr so viel.'

1.3 Differenzierung von Zielgruppen

Logik von Kaskadenprogrammen

Bei komplexen Programmen ist zu berücksichtigen, dass in der Regel mehr als eine Zielgruppe angesprochen wird und es sich bei den Programmen zudem nicht selten um mehrstufige → **Kaskadenprogramme** handelt. Hier wird zwischen → **Multiplikatorzielgruppen** und → **Letztzielgruppen** unterschieden: Beispielsweise sollen Führungskräfte (z. B. Schulleitungen) oder pädagogische Fachkräfte und andere Bildungsakteure (z. B. Erzieherinnen, Migrantenvertretungen) befähigt bzw. sensibilisiert werden, die Bildungschancen der Letztzielgruppe (Menschen der Region, Kinder, Schülerinnen/Schüler etc.) zu fördern. Um eine kommunal verankerte Strategie zu entwickeln, Teilprojekte zu initiieren und nachhaltig verankern zu können, müssen zuvor oft noch strategische Entscheidungspersonen gewonnen werden (in der folgenden Abbildung als ‚Mittlerzielgruppe' bezeichnet). Auf das Beispiel Bildungslandschaft bezogen können sich einzelne Teilprojekte und somit auch deren Ziele an alle drei Gruppen richten: Mittlerinnen/Mittler, Multiplikatorinnen/Multiplikatoren und Bürgerinnen/Bürger.

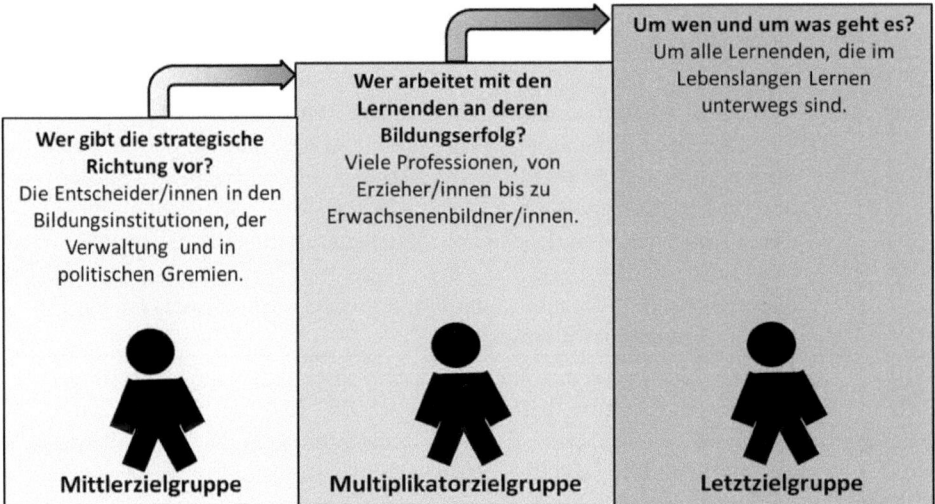

Abbildung 3: Beteiligte auf dem Wirkungsweg in Bildungslandschaften (Quelle: eigene Darstellung in Anlehnung an Univation)

Die mehrfache Resultatetreppe

Verdeutlicht man sich das Zusammenspiel der Multiplikator- und Letztzielgruppe auf der in Abbildung 2 dargestellten Resultatetreppe, erfolgt der ‚Spurwechsel' auf dem Wirkungsweg meist auf der Stufe der Outcomes II. Die folgende Abbildung 4 zeigt von den beiden Resultatetreppen für Multiplikator- und Letztzielgruppe jeweils nur einen Ausschnitt, um den ‚Spurwechsel' hervorzuheben.

In manchen Programmen haben die Multiplikatoren und Multiplikatorinnen wiederum mehr als eine Zielgruppe. Beispielsweise bei einer Fortbildung von einzelnen Erzieherinnen/Erziehern aus einem Kita-Team, die im Anschluss daran Aktivitäten für die Kinder umsetzen und die erlernten Kompetenzen darüber hinaus auch an Kolleginnen/Kollegen als weitere Multiplikatorinnen/Multiplikatoren weitergeben. Zudem wäre es denkbar, dass zusätzlich auch die Eltern der Kita-Kinder mit besonderen Interventionen angesprochen werden sollen. In Netzwerken greifen des Öfteren drei oder noch mehr Resultatetreppen ineinander: Zum Beispiel sind aus Sicht der Koordination eines Bildungsnetzwerks die Teilnehmenden eines Arbeitskreises ‚Bildung und Migration' die erste (Multiplikator-)Zielgruppe. Wenn an diesem Arbeitskreis auch der Vorstand einer Migrantenorganisation teilnimmt und

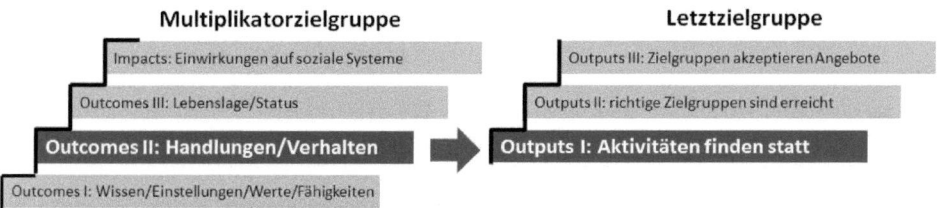

Abbildung 4: Wechsel von der Multiplikator- auf die Letztzielgruppenebene im Kaskadenprogramm (Quelle: eigene Darstellung in Anlehnung an Univation)

die Anregung aufnimmt, in seiner Migrantenorganisation eine Veranstaltung für Eltern durchzuführen, damit diese ihre Kinder unvoreingenommen und bedarfsgerecht bei der Berufsorientierung unterstützen, besteht mit der Zielgruppenkette Vorstand – Eltern – Jugendliche schon eine dreifache Resultatetreppe. Es liegt auf der Hand, dass gerade das Gelingen der ‚Spurwechsel' von der einen auf die andere Zielgruppe eine zentrale Voraussetzung dafür ist, dass ein solches Konzept funktioniert. Mit anderen Worten: Ist es im Konzept des Programms gut durchdacht, auf welche Weise die verschiedenen Multiplikatorzielgruppen dazu gebracht und dabei unterstützt werden, so zu handeln, dass die Resultate bei Letztzielgruppen erreicht werden können. Bei der Evaluation eines Kaskadenprogramms sollten gerade diese Spurwechsel deshalb in den Fokus genommen werden.

Ordnung von Zielen in Kaskaden-Programmen

Die Resultatetreppe und die Kaskaden-Logik hilft auch bei der Zuordnung von Zielen zu den Ebenen eines Zielsystems: Auf den oberen Zielebenen (Strategisches Dach, Leitziele) sind in Kaskaden-Programmen in der Regel Outcomes der Stufe III für Letztzielgruppen und Impacts zu verorten, da sie die Grundausrichtung eines Programms wiedergeben. Auf Mittler- und Detailzielebene finden sich dann Outcomes der Stufen I und II, je nach Handlungsschwerpunkt und Ausrichtung der Teilprojekte für Letzt-, Multiplikator- oder Mittlerzielgruppen. Denn Ziele für Entscheiderinnen/Entscheider und Multiplikatorinnen/Multiplikatoren sind in der Regel kein Selbstzweck, sondern dienen dazu, Outcome-Ziele bei der Letztzielgruppe zu erreichen und grundlegende Veränderungen in sozialen Systemen (Impacts) herbeizuführen.

2. Wirkungsorientierung in der Evaluation und in der Programmsteuerung

Das wirkungsorientierte Zielsystem als Instrument der Evaluation

Ein wirkungsorientiertes Zielsystem ist hilfreich bei der Entwicklung von Evaluationsdesigns und bei der Evaluationssteuerung. Es ist eine Quelle, um Fragestellungen zu entwickeln, die die Zielerreichung in den Blick nehmen und die Wirkweise des Programms hinterfragen. Mit Erfolgskriterien hinterlegte Detailziele beinhalten auch die Bewertungskriterien, auf deren Grundlage die Evaluation → Schlussfolgerungen und → Empfehlungen entwickeln kann. Darüber hinaus ist ein Zielsystem für die genaue Bestimmung bzw. Eingrenzung des Evaluationsgegenstands hilfreich. Wenn beispielsweise der → Evaluationszweck → Entscheidungsfindung über die Fortführung eines Programms verfolgt wird, die Entscheidung aber nur von Erfolgen in einem Teil der bearbeiteten Handlungsfelder abhängt oder von ausgewählten Teilprojekten, so kann die Evaluation auf diese Programmteile begrenzt werden. Auch wenn → interne und → externe Evaluationsverfahren kombiniert werden sollen, helfen mit Erfolgskriterien und Datenquellen hinterlegte Detailziele bei der Organisation der → Datenerhebung. Beispielweise können methodisch anspruchsvolle empirische Untersuchungen ausgelagert werden, während die Durchführung einfacher Feedback-Befragungen und die Dokumentation von Outputs durch das Programmteam erfolgen.

Das wirkungsorientierte Zielsystem als Instrument der Programmsteuerung

Der Programmsteuerung ermöglicht ein wirkungsorientiertes Zielsystem, eine für strategische Zwecke entwickelte Vision stringent herunterzubrechen und geeignete Teilprojekte zu entwickeln, um zur Erreichung dieser Vision beizutragen. Die regelmäßige Datenerhebung zu definierten Erfolgskriterien in Teilprojekten ermöglicht einen laufenden Einblick, der für Korrekturen und Nachsteuerungsaktivitäten, aber auch für die Überzeugungsarbeit und zur → Rechenschaftslegung gegenüber Mittelgebenden, kooperierenden Akteuren oder der Öffentlichkeit genutzt werden kann (Sind wir auf dem richtigen Weg, auch wenn Erfolge nach außen hin noch nicht sichtbar sind?). Die Zielsystematik kann auch die Grundlage für ein Monitoring bilden, wenn man Aktivitäten den Zielen eines Programms zuordnen möchte. Ein ‚wirkungsorientiertes Monitoring' kann beispielsweise über eine onlinebasierte Datenbank erfolgen (vgl. Klockgether zu Monitoring in diesem Band). Dies ist insbesondere für komplexe und umfangreiche Programme sinnvoll, um für die Steuerungsverantwortlichen Transparenz über den aktuellen Stand der umgesetzten Aktivitäten zu schaffen.

Die beschriebene Methodik der Zielklärung ist nicht auf den Bildungsbereich oder die kommunale Ebene begrenzt. Grundsätzlich ist sie an alle thematischen und räumlich-strukturellen Kontexte adaptierbar.

Eine für die erfolgreiche Umsetzung des Zielklärungsprozesses zentrale Herausforderung konnte in diesem Beitrag nicht vertiefend behandelt werden: Die für die jeweiligen Zielebenen zuständigen Personen müssen zunächst identifiziert und dann methodisch passend beteiligt werden (Workshops, Erhebungsmethoden). Insbesondere wenn neben der Fachebene auch Leitungspersonen sowie Entscheiderinnen und Entscheider eingebunden werden, ist dies eine anspruchsvolle Aufgabe, in der nicht zuletzt ein ressourcenbewusster Umgang mit Partizipation erforderlich ist. Neben Evaluationskompetenzen sind dann auch Kompetenzen aus dem Bereich der Organisationsentwicklung und Moderation vonnöten. Einen Ausblick auf diese Herausforderung gibt die abschließende Beschreibung der Erfolgsfaktoren des Freiburger Prozesses.

> Der Schlüssel zum Erfolg des Freiburger Prozesses war, dass für jede Beteiligtengruppe im Rahmen der geschaffenen Steuerungsstrukturen geeignete Partizipationsmöglichkeiten gefunden wurden. Auch mit der kommunalen Spitze wurden Abstimmungs- und Aushandlungsprozesse über die strategische Ausrichtung der Bildungslandschaft geführt. Darüber hinaus ist es gelungen, mit dem thematisch zuständigen Dezernat eine vertiefte Auseinandersetzung über die Mittlerziele und über die Auswahl bzw. die Initiierung geeigneter Teilprojekte zur Erreichung dieser Ziele zu führen. Dies war ein Prozess von steigender Intensität, der befördert wurde durch die Erfahrungen, dass die anfangs noch recht abstrakt erscheinenden Leit- und Mittlerziele zur Auswahl und Initiierung zielgerichteter Projekte führten. Zudem konnten die leitenden Ziele für die einzelnen Teilprojekte gemeinsam mit den beteiligten Personen der Fachpraxis auf ganz konkrete Detailziele und Erfolgskriterien heruntergebrochen werden. Dies entfaltete eine produktive Dynamik bezüglich der Kooperationen von institutionellen Bildungspartnern. Die Erreichung der Detailziele konnte mit geringem zeitlichen Aufwand für die Praxis (durch mitlaufende Datensammlungen) überprüft werden, und diese Ziel- und Ergebnisabgleiche wurden in den jeweiligen Entwicklungsgruppen/AGs für die Nach- und Feinsteuerung intensiv genutzt, was Schritt für Schritt zu verbesserten Angeboten führte.

Literatur

Beywl, Wolfgang/Schepp-Winter, Ellen (2000): Zielgeführte Evaluation von Programmen. Ein Leitfaden. Materialien zur Qualitätssicherung in der Kinder- und Jugendhilfe (QS) 29. Bonn: Bundesministerium für Familie, Senioren, Frauen und Jugend. http://univation.org/download/QS_29.pdf [Stand: 10.03.2015]
Heiner, Maja (1996): Qualitätsentwicklung durch Evaluation. Freiburg: Lambertus Verlag.
König, Joachim (2007): Einführung in die Selbstevaluation. Freiburg: Lambertus Verlag.
Schmidt, Stefan (2012): Regionale Bildungslandschaften wirkungsorientiert gestalten. Gütersloh: Verlag Bertelsmann Stiftung.
Stadt Freiburg (2009): Leitbild LEIF www.leif-freiburg.de/fileadmin/media/img/LEIF/pdf/Leitbild_LEIF.pdf [Stand: 10.03.2015]
Stadt Freiburg (Hrsg) (2014): Erleichtert Zugänge. Verbessert Beratung. Bildet Netzwerke. Qualitätsgesicherte Orientierungsberatung im Wegweiser Bildung. www.leif-freiburg.de/fileadmin/media/img/LEIF/pdf/LEIF_WeBi_Dokumentation_Web.pdf [Stand: 10.03.2015]

Der Umgang mit Monitoring in der Evaluation

Katharina Klockgether

Unter Monitoring verstehen wir die wiederholte Erfassung von → Daten zu gleichen → Merkmalen eines → Programms, in der Regel dessen → Outputs, zum Zweck der Steuerung und → Rechenschaftslegung. Obwohl es sich dabei um eine genuine Aufgabe von Politik- bzw. Programmverantwortlichen handelt, spielt das Monitoring in verschiedener Hinsicht eine bedeutende Rolle auch für die → Evaluation von Programmen: Monitoringdaten unterstützen die → Gegenstandsbestimmung und werden zur Beantwortung von → Evaluationsfragestellungen herangezogen. Nicht selten sind zudem das Monitoring selbst bzw. eine Beratung bzgl. eines angemessenen Monitorings Aufgaben der Evaluation. In diesem Artikel wird die Entwicklung von Monitoring-Instrumenten im Rahmen von Evaluationen beschrieben und auf Monitorings als Datenquelle eingegangen. Dazu werden, nach einer grundsätzlichen Begriffsklärung und Charakterisierung, zunächst zwei Beispiele von Monitoring-Instrumenten präsentiert (Output- und → Bedingungsmonitoring), die in Evaluationen durch Univation Anwendung fanden. Daraufhin werden exemplarisch die Entwicklung, Implementierung und Begleitung eines Monitoring-Instruments in einer → Programmevaluation mit den sich ergebenden Herausforderungen dargestellt. Danach werden Hinweise für Evaluierende in Bezug auf die Nutzung, Umsetzung und Planung von Monitorings gegeben. Abschließend werden einzelne Monitorings vorgestellt, die in Deutschland in den Bereichen Gesundheit, Arbeitsmarkt, Bildung und Landwirtschaft umgesetzt werden. Dabei ist das Ziel des Artikels, die Chancen und Risiken von Monitorings für Evaluierende aufzuzeigen und mit der Darstellung der Erfahrungen aus der Praxis bei eigenen Vorhaben zu unterstützen.

1. Monitoring und Evaluation: Was ist das?

In Deutschland werden in vielen Bereichen Daten in sogenannten Monitorings gesammelt. Die Kultusministerkonferenz betreibt bspw. seit 1997 das Bildungsmonitoring zur Feststellung der → Resultate des Bildungssystems im Schulbereich. Das Robert-Koch-Institut erfasst über das Gesundheitsmonitoring Gesundheitszustand und -verhalten von Kindern, Jugendlichen und Erwachsenen. Die Gesellschaft für innovative Beschäftigungsförderung mbH veröffentlicht vierteljährlich für Arbeitsmarktakteure praxisgerecht aufgearbeitete Daten der amtlichen Statistik in einem ‚Arbeitsmarkt-Monitoring' für Nordrhein-Westfalen.[1] Diese kurze Auflistung, die sich leicht fortsetzen ließe, macht deutlich, dass Monitoring-Daten für Governance[2]

---
1   Diese und weitere Monitorings werden im letzten Teil des Artikels kurz vorgestellt.
2   i. S. v. Leitung, Steuerung

in verschiedenen Politikfeldern an Bedeutung gewinnen. Dies lässt ein Potenzial für Evaluierende erahnen, aktuelle und fortlaufende Daten aus verschiedensten Bereichen für eigene Evaluationsvorhaben zu nutzen.

Ein weiterer (und recht häufig auftretender) Berührungspunkt von Evaluation und Monitoring besteht darin, dass im Rahmen einer Evaluation ein neues Monitoring-Instrument passend zum jeweiligen → Evaluationsgegenstand (im Falle unserer Arbeit in der Regel ein Programm) entwickelt werden soll, um geeignete Daten zur Beschreibung der Umsetzung und der Resultate (insb. Outputs) des Programms zu sammeln. Ebenfalls kann es Evaluierenden begegnen, dass in zu evaluierenden Programmen bereits etablierte Monitoring-Instrumente adaptiert werden sollen bzw. eine Beratung dazu gewünscht ist. Welche Daten dabei im Monitoring erhoben werden, hängt zentral von den Anforderungen der Rechenschaftslegung ab bzw. davon, welche Informationen zur Steuerung des Programms benötigt werden.

Einführend sollen nun die Unterschiede und Schnittmengen von Monitoring und → Controlling sowie der Zusammenhang mit Evaluation dargestellt werden.

Das ‚Eval-Wiki: Glossar der Evaluation' beschreibt Monitoring als Verfahren zur Datenerhebung zu „aufeinander folgenden Zeitpunkten zu gleichen Merkmalen eines Programms".[3] Die Daten werden dazu in standardisierter Form über ein Monitoring-Instrument erzeugt. Mit einem Monitoring wird mit einem einheitlichen Blick regelmäßig auf parallele, sich jedoch in einigen Punkten voneinander unterscheidende Strukturen geschaut. Anhand von Monitoringdaten, die zu verschiedenen Zeitpunkten erhoben wurden, können Veränderungen am Gegenstand festgestellt werden.

Nach Strohmeier (2014, S. 36) ist Monitoring „der Versuch, Unterschiede sichtbar zu machen, aus denen man etwas lernen kann. Insofern hat Monitoring eine Diagnosefunktion". Stockmann (2006, S. 75 ff.) spricht von der Informationsversorgungsfunktion des Monitorings. Die meist deskriptiven Daten erlaubten eine Kontrolle des planmäßigen Vollzugs angedachter Aktivitäten. Die Abfrage sollte möglichst routiniert in den Arbeitsalltag integriert sein. Auch Rossi u. a. (1999) weisen darauf hin, dass die in einem Monitoring systematisch gesammelten Daten Hinweise liefern können, ob ein Programm wie geplant läuft und funktioniert. Dabei ist die Anmerkung von Mathison (2005) zu beachten, dass veränderte Kennzahlen (z. B. gestiegene Teilnehmerzahlen) zu verschiedenen Erhebungszeitpunkten zwar auf Entwicklungen hinweisen, jedoch keine inhaltliche Erklärung hierfür liefern können. Owen und Rogers (1999) betrachten in erster Linie die Dokumentationsfunktion des Monitorings. Sie beschreiben diese als eine von fünf → Evaluationsfunktionen: Neben → proaktiver, → klärender und → interaktiver Evaluation, welche in der Programmsynthese und -entwicklung zum Einsatz kommen, werden → dokumentierende (monitoring evaluation) und → wirkungsfeststellende Evaluation eher bei bereits etablierten, gereiften Programmen zur → Bewertung angewendet.

---

[3] Univation – Institut für Evaluation: Monitoring. In: Eval-Wiki: Glossar der Evaluation [http://eval-wiki.org/glossar/Monitoring]. Stand der Begriffsdefinition: 31.12.2009.

Dabei sind die → Zwecke der dokumentierenden Evaluation meist → **Verbesserung** (Feinabstimmung) und Rechenschaftslegung. Die ‚monitoring evaluation' im Sinne von Owen und Rogers hat ihren Einsatzschwerpunkt in Megaprogrammen (d. h. auf dem obersten Level von Bundesministerien, großen Stiftungen oder Unternehmen, meist mit Resultaten in Form von → **Impacts**) und Makroprogrammen (d. h. auf dem Level von Regionen oder Abteilungen) und geht damit deutlich über das hinaus, was Programmverantwortliche im Rahmen ihres Arbeitsalltags ohne Unterstützung durch eine (externe) Evaluation leisten können.

Controlling hingegen nimmt laut ‚Eval-Wiki: Glossar der Evaluation' eine Beobachtungs- bzw. Steuerungsfunktion in Organisationen wahr. Die Effizienz des zu untersuchenden Programms steht hier im Mittelpunkt. Daten stammen dabei aus den Geschäftsprozessen (u. a. Finanzdaten) und können auch über ein Monitoring-Tool eingeholt werden. Controlling nimmt jedoch – mehr als Monitoring – eine Steuerungsfunktion ein. Stockmann (2006, S. 80) beschreibt dies folgendermaßen: „Eine wichtige Differenz besteht darin, dass Monitoring nur eine Informationsversorgungsfunktion, Controlling aber auch eine Koordinations-[nicht Kontroll-]funktion zukommt". Im Controlling wird das Ziel verfolgt „das [zu untersuchende] Gesamtsystem ergebniszielorientiert an Umweltveränderungen anzupassen". Ein weiterer Unterschied ist, dass Controlling, im Gegensatz zu Monitoring, kaum als Bottom-Up-Ansatz durchgeführt werden kann.[4] Controlling ist meist ‚Chefsache'.

Monitoring wird also als ein Verfahren charakterisiert, das sich durch spezifische Kennzeichen (einheitliche Kategorien, zu verschiedenen Zeiten wiederholte Erfassung etc.) bestimmen lässt und dessen Funktion in der Dokumentation und Überwachung (im Unterschied zu Evaluation: Bewerten, Wissen bereitstellen; oder Controlling: Steuerung) besteht.

2. Verhältnis der Evaluation zu Monitoring

Monitoring ist aus Sicht von Beywl (2006) genuin eine Aufgabe der Programmverantwortlichen. Allerdings werden Entwicklung bzw. Anpassung sowie Etablierung von Monitorings oft der Evaluation als Aufgabe übertragen. Nicht selten kann eine Evaluation zudem Daten aus dem Monitoring zur Beantwortung ihrer Fragestellungen nutzen. In seiner eigentlichen Natur ist Monitoring jedoch prä-evaluativ und somit der ersten und niedrigsten Stufe von fünf Stufen, die zu einer wirkungsorientierten Evaluation führen, zuzuordnen (Beywl 2006, S. 39; vgl. Bartsch/Beywl/Niestroj in diesem Band). Die Evaluation kann demzufolge mit dem Betreiben eines Monitoring-Instruments die Programmakteure bei der Erfassung von Outputs unterstützen. Eine Voraussetzung dafür ist, dass die Evaluation längerfristig in ein Projekt/Programm integriert ist (bspw. → **Prozessevaluation**).

---

[4] Ein Bottom-Up-Ansatz eines Monitorings wird unten im Abschnitt zum Outputmonitoring im Rahmen der Evaluation von EQUAL-Entwicklungspartnerschaften dargestellt.

→ **Datengebende** sind in jedem Fall die Gegenstandsverantwortlichen selbst und somit können auch nur solche Informationen erhoben werden, die diesen Personen zur Verfügung stehen. Es können entsprechend nur dann über leicht beobachtbare Outputs hinausgehende Informationen (wie Daten zu → **Outcomes** etc.) abgefragt werden, wenn diese den Verantwortlichen auch bekannt sind. Letzteres ist in der Regel nicht der Fall und wird deshalb meist in den Zuständigkeitsbereich der Evaluation fallen. Im unten beschriebenen Beispiel des Monitorings im Förderprogramm IQ wurden bspw. Outcomes bei geschulten Arbeitsmarktakteuren über Follow-Up-Befragungen erhoben und nachträglich von der Evaluation ins Monitoring-Instrument eingegeben.

3. Outputmonitoring und Bedingungsmonitoring im Rahmen der Evaluation von EQUAL-Entwicklungspartnerschaften

Im Rahmen der zweiten Förderrunde der ESF-geförderten Gemeinschaftsinitiative EQUAL zur Bekämpfung von Diskriminierung und Ungleichheit am Arbeitsmarkt (2005–2007) evaluierte Univation insgesamt 14 Entwicklungspartnerschaften (EP)[5]. Zu diesen bestanden jeweils eigenständige Evaluationsaufträge, die sich in zentralen Bereichen überschnitten (vgl. Schott/Beywl in diesem Band). In allen EP-Evaluationen wurde ein ‚Bedingungsmonitoring' (s. u.) eingesetzt. In einem Fall wurde daneben ein auf einer → **Zielklärung** (vgl. Schmidt in diesem Band) beruhendes *Outputmonitoring* entwickelt.

Mit dem Outputmonitoring sollte – in Ergänzung zu weiteren Erhebungen wie Interviews und Online-Befragungen sowie dem Bedingungsmonitoring – die folgende Fragestellung beantwortet werden: „Was ist in welchem Teilprojekt bis zum Zeitpunkt X an für die erfolgreiche Umsetzung der Zielsetzung insgesamt relevanten Aktivitäten bzw. Dienstleistungen durchgeführt worden?" Die Datenerhebung sollte frühzeitig Abweichungen vom Plan, Schwankungen oder Unterbrechungen aufzeigen und somit ggf. Hinweise auf Nachsteuerungsbedarf bei der Umsetzung in den Teilprojekten der Entwicklungspartnerschaft liefern. Eine Besonderheit in der Konzeption des Monitoring-Instruments lag in der Mitbestimmung der zu dokumentierenden Kennziffern durch die Datengebenden. Die Evaluation schlug auf Grundlage des → **Zielsystems** der EP eine Liste von 18 Kennziffern[6] vor und erstellte hierzu ein einfaches Excel-Sheet. Die Teilprojekte konnten die Sinnhaftigkeit der jeweiligen Kennziffern für ihre eigenen Bedarfe beurteilen und sollten mindestens drei Kategorien bestimmen und ggf. eigene ergänzen, zu welchen sie vierteljährlich ihre Kennziffern eintragen und diese der Evaluation übermitteln würden. Zu jeder eingetragenen Kennzahl konnte ein Erläuterungsfeld ausgefüllt werden. Die Durch-

---

5   Ein geförderter Verbund aus mehreren Teilprojekten mit einer Koordination, der mit strategischen und operativen Partnern sowie transnational mit weiteren Entwicklungspartnerschaften zum gleichen Thema zusammenarbeitete und sich ein gemeinsames Leitziel setzte.
6   wie Anzahl von Teilnehmerein- und -austritten, Anzahl entwickelter Konzepte, …

führung und Auswertung der Erhebungen übergab die externe Evaluation nach Entwicklung und Erprobung des Instruments an das Teilprojekt ‚Wissenschaftliche Begleitung' der EP. Das gewählte Vorgehen erwies sich insofern als erfolgreich, dass die einzelnen Teilprojekte sich selbst verorten konnten. Der Aufwand hielt sich für sie aufgrund der geringen Anzahl zu bedienender Indikatoren in Grenzen, und das einfache Instrument verursachte keine Hindernisse bei der Erfassung der Daten. Dass die Erhebung durch ein Teilprojekt der EP erfolgte, trug der Überzeugung Rechnung, dass Monitoring Aufgabe der Programmverantwortlichen ist, und entlastete gleichzeitig die EP-Koordination von zusätzlichen (und ESF-bedingt teils überbordenden) administrativen Aufgaben.

Während der Laufzeit der Entwicklungspartnerschaften der zweiten EQUAL-Förderrunde 2005–2007 traten einige Gesetzesänderungen im Bereich der Beschäftigungsförderung in Kraft (bspw. Änderungen in der Förderung von Existenzgründungen), die auf die Entwicklungspartnerschaften in Abhängigkeit von ihrem gewählten Schwerpunkt teils gravierende Auswirkungen hatten. Die Entwicklungspartnerschaften sahen sich teils gezwungen, ihre Konzepte massiv zu überarbeiten oder gar einzelne Vorhaben auszusetzen oder zumindest aufzuschieben, bis sich förderrechtliche Klarheit eingestellt hatte. Diese Änderungen mussten gegenüber den Fördermittelgebern berichtet und rechtfertigt werden und nicht selten erreichten die externe Evaluation Nachfragen, wie es sich auf die → **Evaluationsergebnisse** auswirken würde, wenn bspw. Qualifizierungen ausgesetzt oder angestrebte Teilnehmerzahlen nicht erreicht werden würden. Vielfach wurde an die externe Evaluation der Wunsch geäußert, die Entwicklungspartnerschaften in der Rechtfertigung der von ihnen vorgenommenen Konzeptänderungen zu unterstützen. Es wurde nachgefragt, ob bzw. wie die Evaluation die für die EP relevanten Änderungen dokumentiert.[7] Vor diesem Hintergrund entstand beim Evaluationsteam die Idee, ein Instrument zu entwickeln, das systematisch und wiederkehrend nicht nur Resultate der Entwicklungspartnerschaften erfasst, sondern auch die Bedingungen oder vielmehr Veränderungen der Bedingungen beobachtet, unter denen die Entwicklungspartnerschaften arbeiten und auf die einzugehen sie gezwungen sind: das ‚*Bedingungsmonitoring*'. Es fragt nach Änderungen in allen vier Bedingungsdimensionen des Programmbaums (vgl. Bartsch/Beywl/Niestroj in diesem Band), lässt diese beschreiben (inkl. der Frage, ob sie sich förderlich oder hinderlich auf die Arbeit auswirken) und hält fest, welche Änderungen bzw. Anpassungen daraufhin im Konzept vorgenommen wurden.

Das Bedingungsmonitoring wurde in jeder der 14 durch Univation durchgeführten EP-Evaluationen eingeführt. Es wurde verabredet, dass innerhalb jeder EP eine

---

[7] Univation sah es als Aufgabe der EP-Verantwortlichen (als Feldexpertinnen/-experten) an, die Bedingungsänderungen, die zu Konzeptveränderungen führten, zu dokumentieren und diese Information an die externe Evaluation weiterzugeben. Dem Anliegen der EP-Verantwortlichen, bei der systematischen Dokumentation unterstützt zu werden, kamen wir jedoch gerne nach, weil hieraus ein deutlicher → **Ergebnis**- und → **Prozessnutzen** entstand.

Person die erforderlichen Informationen aus allen Teilprojekten einsammelt und diese dokumentiert. Zur Einführung der Erhebung wurde ein an jede Entwicklungspartnerschaft angepasstes Booklet erstellt, in welchem Zweck, Inhalt, Ablauf und Nutzen der Erhebung (für die Teilprojekte selbst) erläutert wurden. Die Erhebung wurde regelmäßig in einem bestimmten Abstand über ein Online-Befragungs-Tool vorgenommen, über welches individualisierte Links an je eine Person aller zu evaluierenden Entwicklungspartnerschaften versendet wurden. Der Abfrageturnus variierte dabei von Entwicklungspartnerschaft zu Entwicklungspartnerschaft. Einige dokumentierten vierteljährlich, einige halbjährlich. Dies war abhängig von der eigenen Einschätzung, wie lange relevante Ereignisse gut erinnert werden können und in welchem Umfang Veränderungen stattfinden. Die Ergebnisse des Bedingungsmonitorings wurden nach jeder Erhebungsrunde je Entwicklungspartnerschaft verschriftlicht und an die Eingebenden rückgemeldet. Die spezifischen Rückmeldungen konnten von der EP bspw. für Sachstandsberichte und die eigene Außendarstellung genutzt werden.

4. Output-, Outcome- und Impact-Monitoring im Förderprogramm IQ

Im Folgenden wird ein Fall präsentiert, in dem ein Monitoring-Instrument durch die Evaluation entwickelt wird. Das Instrument wurde als Datenquelle innerhalb einer Prozessevaluation eines bundesweiten Förderprogramms genutzt. Die Besonderheit bestand hier darin, dass das Instrument zwar aus den spezifischen Zielen der 16 im Programm geförderten Landesnetzwerke entstehen sollte, es gleichzeitig aber allgemein genug sein musste, um Daten bei allen Netzwerken einheitlich zu erheben. Zudem mussten Anforderungen an Inhalt und die Art und Weise der Rechenschaftslegung, die von Seiten der Fördermittelgeber und Programmkoordination aufgestellt wurden, bedient werden.

Das Förderprogramm Integration durch Qualifizierung (IQ) verfolgte seit 2011 als strategisches Ziel die Verbesserung der Arbeitsmarktintegration von erwachsenen Personen mit Migrationshintergrund in Deutschland. In 16 Landesnetzwerken (eines je Bundesland) arbeiteten je eine Koordination und mehrere Teilprojekte zu drei Leitzielbereichen (Verzahnung von Angeboten, Anerkennung ausländischer Abschlüsse und Interkulturelle Kompetenz).

Die Aufgabe der Programmevaluation war unter anderem die Entwicklung und Implementierung eines Monitoring-Instruments zur systematischen Erfassung von Programmresultaten. Zweck war hierbei, eine programmweite Transparenz über die Leistungen des Förderprogramms zu schaffen und die Möglichkeit der Berichterstattung zum Programm in der allgemeinen Öffentlichkeitsarbeit zu gewährleisten. Dazu mussten die Daten entsprechend ausgewertet, aufbereitet und in vierteljährlichen Abständen an die Mittelgebenden und die Programmakteure weitergegeben werden. Ein Zugriff auf die Daten durch die Datengebenden und die jeweiligen

Koordinationen musste ebenfalls gesichert werden. Der Evaluation dienten die Daten als Folie für tiefer gehende Untersuchungen, als Hinweisgeber für kurzfristige evaluatorische Interventionen (z. B. Fragestellungen auf regionalen Veranstaltungen) oder andere Datenerhebungsbedarfe sowie als Grundlage für die Feststellung der Zielerreichung des Programms. In diesem Sinne fungierten sie als wichtige Datengrundlage für die Jahresberichte zu den einzelnen Landesnetzwerken und den Bundesbericht. Die Daten bildeten außerdem eine quantitative Basis zur Würdigung der Leistung aller am Förderprogramm → Beteiligten. Eine wichtige Voraussetzung war hier eine gewisse Programmreife. Das Förderprogramm lief zum Zeitpunkt der Entwicklung des Monitoring-Instruments bereits einige Jahre, es waren bereits Handlungsansätze erprobt und Konzepte erarbeitet.

Datengebende im für diesen Zweck eigens programmierten Online-Monitoring-Instrument waren die Koordinationen und Teilprojekte der Bundesländer (zwischen 10 und 40 Personen pro Bundesland, insgesamt rund 270 Personen) mit je einem eigenen Zugang.

Der Nutzen des Monitorings bestand darin, dass die Landesnetzwerke ihren eigenen Umsetzungsstand beobachten konnten, und dass einheitliche Daten für die Evaluation sowie für die Mittelgebenden erzeugt wurden. Die Mittelgebenden nutzten teilweise Daten aus dem Monitoring als Hinweise für die Programm- und Netzwerksteuerung. Bspw. wurden aufbereitete Daten als Datengrundlage bei Entwicklungsgesprächen mit einzelnen Landesnetzwerken genutzt. Jährlich fanden Reflexionsgespräche zur Zielerreichung mit den Landeskoordinationen statt. Anhand der Monitoring-Daten konnten diese datenbasiert durchgeführt werden.

4.1 Der Weg zum Monitoring-Instrument

1) Zielklärung in den Landesnetzwerken

Nach Programmstart wurde im Rahmen eines Workshops eine Zielklärung (vgl. Schmidt in diesem Band) in den Landesnetzwerken in gemeinsamer Arbeit von Evaluation, Landeskoordination und Vertretenden der Teilprojekte durchgeführt. Das jeweilige Zielsystem wurde in daran anschließenden E-Mail-Schleifen fertig gestellt. Es orientierte sich an Zielen, die durch die Programmkonzeption vorgegeben waren. Neben dem übergeordneten strategischen Ziel ‚Verbesserung der Arbeitsmarktintegration von erwachsenen Personen mit Migrationshintergrund in Deutschland' waren dies drei Leitzielbereiche.

- Leitzielbereich 1: Nachhaltige Verbesserung der Koordinierung und Verzahnung der in den Regionen vorhandenen Förderangebote zur Arbeitsmarktintegration von Erwachsenen mit Migrationshintergrund
- Leitzielbereich 2: Bereitstellung von nutzungsfreundlichen Beratungs- und Qualifizierungsangeboten zur Anerkennung im Ausland erworbener Berufsqualifikationen

- Leitzielbereich 3: Stärkung der interkulturellen und migrationsspezifischen Kompetenz der Fachkräfte in den Regelinstitutionen der Arbeitsmarktintegration

Diese → Leitziele wurden durch jedes Landesnetzwerk durch netzwerkspezifische → Mittler- und → Detailziele ergänzt. Auf der Grundlage der Antragsdokumente entwickelte die Evaluation dazu einige netzwerkübergreifende Mittlerziele, die als Vorschläge dienten und in den Zielklärungsworkshops von den Landesnetzwerken bei Bedarf angepasst oder auch komplett verworfen wurden. In der Formulierung der Mittlerziele wurde auf Outcomes bei Multiplikatoren und Zielgruppenmitgliedern oder strukturelle Verbesserungen abgestellt. Die abgestimmten Mittlerziele untersetzten die Landesnetzwerke jeweils mit mehreren zugehörigen Detailzielen. Die Detailziele wurden formuliert als konkretisierte Outputs oder Outcomes oder als strukturelle Verbesserungen. Für die Detailziele legten die Landesnetzwerke Zuständigkeiten und Terminierungen fest.

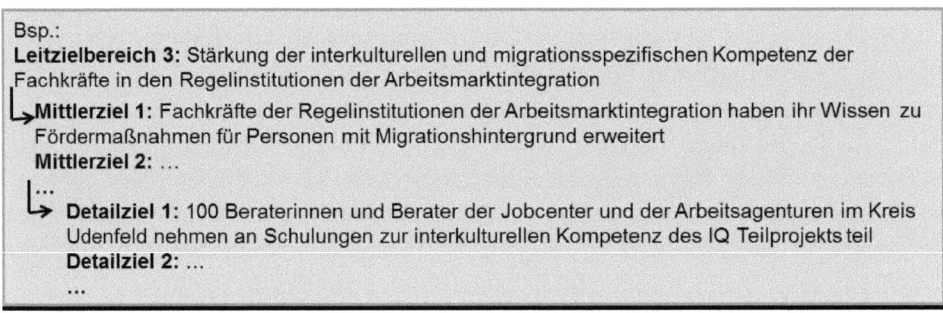

Abbildung 1: Fiktiver Ausschnitt aus einem Zielsystem (Quelle: eigene Darstellung)

> Bsp.:
> **Detailziel 1:** 100 Beraterinnen und Berater der Jobcenter und der Arbeitsagenturen im Kreis Udenfeld nehmen an Schulungen zur interkulturellen Kompetenz des IQ Teilprojekts teil
>   ↳ **Kategorien:** * Schulung * Kenntnisstand * Handlungskompetenz

Abbildung 2: Ableitung von Kategorien aus fiktivem Detailziel (Quelle: eigene Darstellung)

2) Inhaltsanalyse der Zielsysteme: Ableitung und Zuordnung von Kategorien

Um ein möglichst stark an der tatsächlichen Arbeit der Landesnetzwerke orientiertes Monitoring-Instrument zu entwickeln, wurden die Zielsysteme als Grundlage verwendet. Von der Evaluation wurde dazu eine detaillierte Inhaltsanalyse aller Detail- und Mittlerziele vorgenommen. Die Kategorien wurden von der Evaluation induktiv entwickelt. Jedem Detailziel der 16 Zielsysteme wurden Kategorien zugeordnet. Abbildung 1 zeigt einen fiktiven Ausschnitt eines Zielsystems mit den drei Zielebenen, Abbildung 2 ein Beispiel für die Ableitung von Kategorien zu einem fiktiven Detailziel.

3) Inhaltsanalyse der Zielsysteme: Systematische Sichtung der Kategorien

Nach diesem Schritt fand eine thematische Sortierung der gefundenen Kategorien statt. Einige Kategorien wurden zusammengelegt, andere spezifiziert. Im Anschluss wurden die daraus erwachsenen Kategorien erneut zu den Detailzielen (und damit auch den Mittlerzielen) zugeordnet. Die Passung dieser Zuordnungen wurde mit den Landeskoordinationen rückgekoppelt.

Abbildung 3: Ausschnitt aus Mindmap zur Entwicklung des Monitorings (Quelle: Michael Seligmann)

4) Überführung der Kategorien in das Monitoring-Gerüst

Die gefundenen Kategorien wurden vorerst in eine Mindmap übertragen. Auf Grundlage des vorhandenen Gerüsts wurden Abfragefelder für das Monitoring-Instrument konzipiert und die Größe und Art der Eingabefelder spezifiziert (siehe Abbildung 3).

Dieses erste Konzept wurde mit einer Ad-hoc-AG aus Akteuren des Förderprogramms IQ (zukünftige Monitoring-Nutzende), den Mittelgebenden und der Gesamtkoordinierung des Förderprogramms diskutiert. Darauf folgte die technische Entwicklung des Monitoring-Tools und dessen Testung. Rückmeldungen von den Anwendenden wurden auch im laufenden Betrieb gesammelt, geprüft und genutzt, um Optimierungen und Änderungen am Monitoring-Instrument vorzunehmen.

4.2 Der Einsatz des Monitoring-Instruments im Förderprogramm IQ

Das Ergebnis war ein Monitoring-Instrument, in dem die Resultate der Arbeit im Förderprogramm *über sechs verschiedene Module dokumentiert werden konnten. Die Eintragungen konnten über einen passwortgeschützten Zugang* jederzeit getätigt werden, und es bestand die Möglichkeit, aktuelle Exporte der eingegebenen Daten in Form von Excel-Tabellen aus dem Tool herunterzuladen. Abbildung 4 zeigt die Eingabeoberfläche im Modul ‚Veranstaltungsangebot'.

Bei den eingetragenen Resultaten handelte es sich zum größten Teil um Outputs. So wurden im Modul ‚Veranstaltungsangebot' durchgeführte und besuchte Veranstaltungen, in das Modul ‚Öffentlichkeitsarbeit' Resultate der Öffentlichkeitsarbeit, in das Modul ‚Produkte' Broschüren, Leitfäden usw. zur Unterstützung der Zielgruppe und unter ‚Vereinbarungen' geschlossene Kooperationsvereinbarungen o. ä. eingetragen. Sofern zu den eingetragenen Veranstaltungen Informationen zu Outcomes bei den erreichten Zielpersonen vorlagen (bspw. aus Erhebungen der Evaluation, die im Rahmen von Follow Up-Befragungen Rückmeldungen von Teilnehmenden erfasste), konnten diese Informationen der jeweiligen Veranstaltung im Monitoring zugeordnet werden. Vereinzelt wurden auch Impacts im Monitoring-Instrument dokumentiert. Externe Aktivitäten Dritter aufgrund eines IQ Impulses oder Angebotsverzahnungen bewegen sich auf dieser obersten Stufe der Resultate-Treppe (Beywl/Niestroj 2009; vgl. Schmidt in diesem Band). Neben Dropdown-Auswahllisten, Auswahlkästchen für Mehrfachauswahl, Datumsfeldern und Leerfeldern für Angaben von Teilnehmerzahlen, Orten oder beschreibenden Texten, stand zu jedem Eintrag im Modul ein ergänzendes Kommentarfeld zur Verfügung.

Ein Handbuch mit vielen Screenshots und Handlungsanweisungen für die Nutzenden wurde erstellt und regelmäßig aktualisiert. Ein Online-Wiki[8] mit Definitionen der zentralen im Monitoring-Instrument verwendeten Begriffe (es gab Verlinkungen auf die Begriffsdefinitionen aus dem Monitoring-Instrument selbst; vgl. Abbildung 4) wurde angelegt und ständig erweitert, um sicherzustellen, dass bei den Datengebenden ein einheitliches Verständnis darüber besteht, was abgefragt wird. Auch fanden sich Erläuterungen und Ausfüllanleitungen im Tool selbst. Mit den meisten Landesnetzwerken wurden Schulungen zur Handhabung des Monitoring-Instruments durchgeführt, in denen gemeinsam am PC geübt und Fragen geklärt wurden. Zusätzlich stand den Nutzenden eine Hotline bei der Evaluation zur Verfügung. Typische Fragen waren hier bspw. die korrekte Zuordnung von Aktivitäten zu den Modulen („Wird eine erstellte Broschüre im Modul Öffentlichkeitsarbeit oder Produkt eingetragen?") oder die Klärung, ob Aktivitäten relevant für die Eingabe ins Monitoring waren („Werden Visitenkarten oder interne Teambesprechungen ins Monitoring eingetragen?").

Eine Verknüpfung der Monitoring-Einträge mit dem eigenen Zielsystem fand jedes Landesnetzwerk über die Zuordnung der vorgenommenen Einträge zu einem

---

8 http://eval-wiki.org/netzwerk-iq/

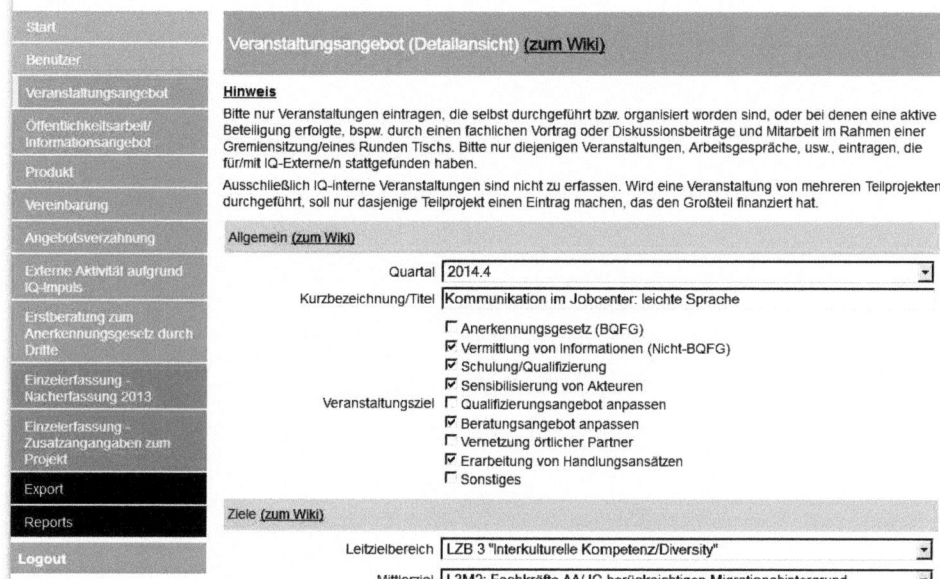

Abbildung 4: Oberfläche des IQ Monitoring-Instruments (Quelle: Univation)

oder mehreren Mittlerzielen. So konnten in den jährlichen Reflexionsgesprächen, die jedes Landesnetzwerk mit der Programmkoordinationsstelle sowie der Evaluation führte, auf Grundlage des Zielsystems und der zugeordneten Monitoring-Einträge mögliche Neuausrichtungen und Lücken in der Arbeit der Landesnetzwerke identifiziert und thematisiert sowie ein passendes Vorgehen zur Gegensteuerung oder ggf. auch eine Anpassung des Zielsystems vorgenommen werden.

Vierteljährlich wurden durch die Evaluation Reports (je Landesnetzwerk und ein bundesweiter Überblick für die Mittelgebenden) als pdf-Dateien erstellt, welche zusammenfassende Tabellen der wichtigsten Zahlen, Grafiken sowie Listen aller Einträge enthielten. Einen Auszug zeigt Abbildung 5. Auch die Form dieser Reports wurde unter Beteiligung einiger Programmakteure im Programmverlauf weiterentwickelt.

Zur Sicherung einer hohen Qualität und Einheitlichkeit der Einträge wurde u. a. jeweils nach der Eingabefrist zu einem Quartal eine Qualitätsschleife vorgenommen, in der alle Eintragungen kritisch auf Verständlichkeit, Relevanz und korrekte Zuordnung geprüft wurden. Änderungsvorschläge wurden der Landeskoordination rückgemeldet. Nach der Überarbeitung durch die Landesnetzwerke wurde ein für alle Beteiligten zugänglicher finaler Report erstellt.

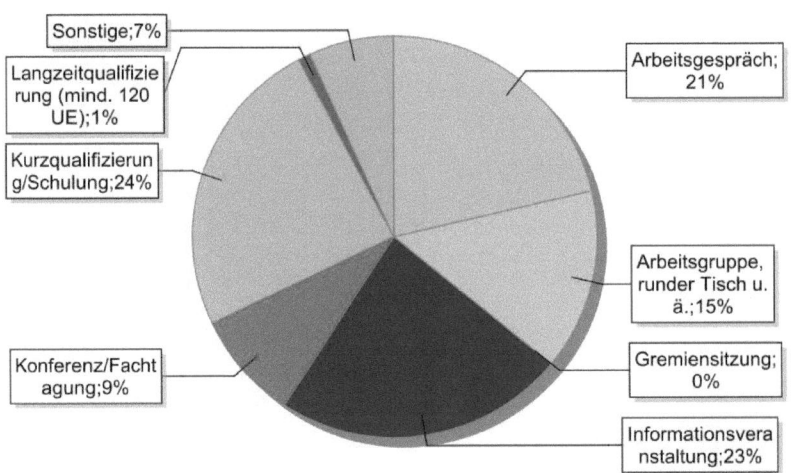

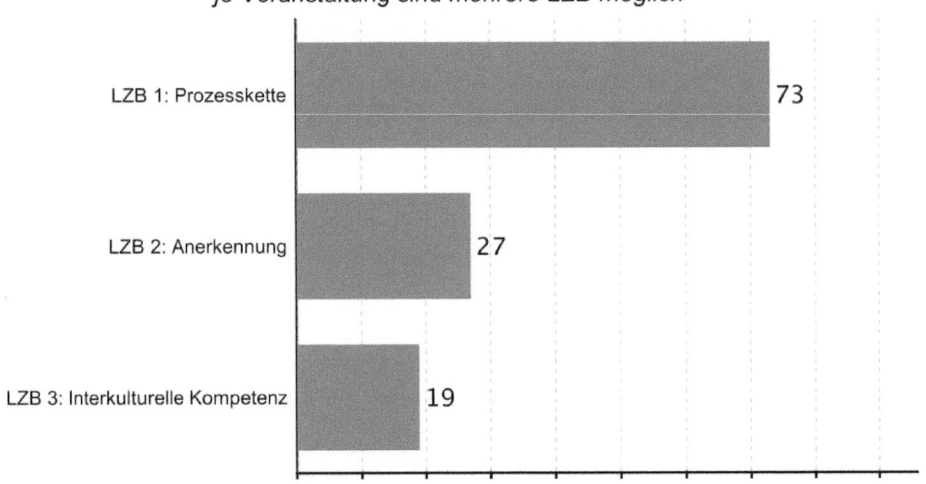

Abbildung 5: Auszug aus einem Report (Quelle: Univation)

5. Herausforderungen bei der Entwicklung von Monitoring-Instrumenten in einer Programmevaluation

Die Entwicklung, Implementierung sowie Pflege eines Monitoring-Instruments in einer Programmevaluation ist mit vielen Herausforderungen verbunden:

Ein Förderprogramm, in diesem Fall ein Netzwerkprogramm, ist meist sehr komplex. Strukturen und Inhalte sind gerade zu Beginn einer Evaluation nur schwer zu erfassen. Auch ist den Akteuren des Förderprogramms häufig ein gewisser Gestaltungs- und Handlungsspielraum überlassen, wodurch eine Ergebnisoffenheit besteht und somit die Anforderung an die Evaluation, welche Daten erhoben werden sollen, teils diffus bleibt. Diese Aspekte erschweren die Entwicklung eines passenden Monitoring-Instruments. Während es einerseits möglichst allen Nutzenden insofern gerecht werden soll, dass sie ihre Resultate gut abbilden können, muss es andererseits schlank gehalten werden, um die Eintragenden im Arbeitsalltag möglichst wenig zu belasten und der Prämisse der → **Datensparsamkeit** nachzukommen. Verpflichtet man die Datengebenden, das Monitoring zu bedienen, besteht eine hohe Gefahr, auf Widerstand zu stoßen. Kommuniziert man die Eingabe hingegen als freiwillig, erhält man möglicherweise zu lückenhafte Daten, um eine sinnvolle Auswertung und Interpretation vorzunehmen. Als Motivator dient hier die Möglichkeit, die individuelle Leistung der Datengebenden im Programm systematisch sichtbar zu machen. Hierfür muss das Instrument sensibel genug sein und auch verschiedene Schwerpunkte abbilden können. Zusätzlich haben die Mittelgebenden Interessen: Sie wollen die Leistung des Gesamtprogramms nach außen darstellen und bei Abweichungen steuernd eingreifen können.

Wie oben erwähnt, soll das Monitoring-Tool zur systematischen Erfassung von Programmresultaten dienen und eine programmweite Transparenz über die Leistungen des Förderprogramms schaffen. Im optimalen Fall ist ein Monitoring-Instrument für die Nutzenden nicht nur Mühsal, sondern bringt ihnen selbst auch Vorteile. So muss sichergestellt werden, dass ein Abruf der eigenen Daten einfach vollzogen werden kann, dass eine Kommentierung und ggf. Nachbearbeitung der Daten möglich ist. Die Verknüpfung der zuvor formulierten Ziele der Programmakteure mit den erreichten Resultaten ist dabei ein wichtiger Aspekt, um den Nutzenden Reflexion über den eigenen Stand der Zielerreichung zu ermöglichen und ggf. notwendige Umsteuerungen oder Neuorientierungen ausrichten zu können. Die Daten, die ins Monitoring-Instrument eingetragen werden, sollen die Resultate des Projektverbunds transparent dokumentieren und sich eignen, die eigene Arbeit nach außen darzustellen. Eine Beteiligung aus dem Kreis der nutzenden Akteure und der Mittelgebenden bei der Erstellung des Monitoring-Instruments ist deshalb unabdingbar. Es muss ein Vorgehen gefunden werden, das eine Partizipation der verschiedenen Akteure ermöglicht. Ein persönliches Arbeitstreffen mit E-Mail-Schleifen im Anschluss zur Weiterentwicklung des Konzepts bietet sich hier an. Auch die gemeinsame Abstimmung der aus den einzelnen Zielsystemen herausgearbeiteten Kriterien, auf denen das Monitoring-Instrument fußt, war im Falle des Förderprogramms IQ ein wichtiger Schritt, um die Passung des Tools an die Bedarfe der Nutzenden sicherzustellen.

Ein mehrjähriges Förderprogramm ist nicht statisch sondern auf Veränderung und Anpassung an aktuelle Entwicklungen ausgerichtet. So muss auch ein Monitoring-Instrument auf Veränderungen reagieren können. Die Äußerung von Feedback und Bedarfen muss einfach möglich sein und es muss gewährleistet sein, dass die Rückmeldungen auch Beachtung finden.

Der technische Aufwand und der Betreuungsaufwand darf bei einem Monitoring-Instrument nicht unterschätzt werden. Die große Datenmenge und die vielen Nutzenden machen ein System anfällig für Fehler, auf die möglichst schnell reagiert werden muss. Dazu muss auch die Software so flexibel sein, dass nachträgliche Änderungen kein Problem darstellen. Ein weiterer herausfordernder Aspekt ist die Vergabe von Nutzungsrechten.

Im Falle eines Netzwerkprogramms müssen bspw. der übergeordneten Koordination umfassendere Rechte eingeräumt werden als den einzelnen Teilprojekten. Datenschutz ist wie bei allen Erhebungen ein wichtiger Aspekt, der einerseits in der Umsetzung beachtet, andererseits ausreichend an die Nutzenden kommuniziert werden muss, damit Vertrauen gegenüber dem Eingabesystem entstehen kann. Die umfangreichen Daten *müssen dafür* verschlüsselt auf einem sicheren Server gespeichert werden (vgl. Jelitto in diesem Band).

Trotz Handbuch, Wiki und Schulungen können bei einer großen Vielfalt an Aktivitäten und Resultaten bei den Nutzenden des Monitoring-Instruments Fragen entstehen, die nur persönlich beantwortet werden können. Gründe hierfür können Personalwechsel und der Wechsel von Zuständigkeiten bei den Eingebenden sein. Ein generelles Problem ist, dass solch ein System ein einheitliches Begriffsinstrumentarium voraussetzt. Hierzu, und auch für die Bearbeitung von technischen Problemen, ist die Einrichtung einer Hotline empfehlenswert.

Eine Herausforderung, zumindest im Falle des Förderprogramms IQ, war die Vermittlung des Zwecks des Monitorings an die Nutzenden. In einem Förderprogramm mit Projektstruktur kann schnell der Eindruck entstehen, hinter den Erhebungen stehe (ausschließlich) die Idee von Kontrolle. Einige Eingebende finden sich und ihre Arbeit im Tool nicht wieder bzw. haben den Eindruck, ihre Arbeit nicht ausreichend abbilden zu können, da bspw. Entwicklungsverläufe nicht ausreichend darstellbar sind. Die Befürchtung, man werde an der Anzahl der eingetragenen Veranstaltungs- und Teilnehmerzahlen gemessen, *während die Rahmenbedingungen außer Acht gelassen werden*, dominiert bei manchen Projekten. In diesem Zusammenhang sei auf ‚Campbells Law' (Campbell 1976) verwiesen. Dieses weist auf die Gefahr hin, dass im Rahmen von Monitoring oder Controlling, die mit Sanktionen verbunden sind, Aktivitäten auf Dinge ausgerichtet werden, die scheinbar im Monitoring ‚viel wert sind' bis hin zu Manipulationen der Daten. Eventuell werden dabei wichtige, aber schwer messbare Ziele vernachlässigt. Dies wäre ein negativer Effekt, den es durch ausreichende Transparenz des Zwecks der Erhebungen zu vermeiden gilt.

Als Herausforderung kann außerdem die passende Aufbereitung und Interpretation der eingegebenen Daten gesehen werden. Die Interpretation der Daten bedarf viel Hintergrundwissens zum jeweiligen Förderprogramm, und dieses Wissen kann nicht vollständig in einem Report vermittelt werden. Ein Lösungsansatz besteht darin, in den Reports mit einem kurzen Glossar in die wichtigsten Begrifflichkeiten einzuführen und von dort auf eine andere Stelle im Internet zu verweisen (bspw. ein Wiki), wo sich weitere Informationen zum Förderprogramm finden. Der Evaluation sollte bewusst sein, dass die Zahlen aus dem Monitoring von den Mittelgebenden zur Steuerung und zur Rechenschaftslegung sowie als Argumentationsbasis für Mittel- und Ressourcenentscheidungen entsprechend der Prioritäten des Förderprogramms genutzt werden können. Bei der Erstellung von bundeslandübergreifenden Reports ist deshalb eine schriftliche Interpretation und Einordnung der Daten durch die Evaluation von großer Wichtigkeit. Dies vermeidet vorschnelle und ggf. falsche Schlussfolgerungen und möglichen Missbrauch der Ergebnisse. Generell sollten Daten aus dem Monitoring nicht alleine für sich stehen, sondern, wenn möglich, mit ergänzenden qualitativen Daten in Zusammenhang gestellt werden.

Ein außerdem nicht zu vernachlässigender Aspekt ist das Spannungsfeld zwischen Feldanforderungen und Wirtschaftlichkeit eines solchen Monitoring-Instruments. Wegen der nötigen Flexibilität und Wartung ist es mit laufenden Kosten verbunden. Der Umgang damit sollte detailliert mit den Mittelgebenden besprochen werden.

Ein positiver Nebeneffekt der Anwendung eines Monitorings in einem komplexen Programm für die Evaluation zeigt sich ebenfalls. Ein großes Programm, in diesem Fall ein Netzwerkprogramm, ist meist von Strukturunklarheit geprägt. Beispielsweise ist eine Vielzahl von Akteuren mit einer Vielzahl unterschiedlicher Aktivitäten am Programm beteiligt. Es sind vielfältige Kommunikationsebenen vorhanden, es bestehen Unterschiede in den regionalen Rahmenbedingungen sowie Wechselwirkungen zwischen den Programmbestandteilen. Diese Aspekte sind von der Evaluation kaum ohne größeren Aufwand zu durchschauen. Die gewonnenen Monitoringdaten unterstützen die Dokumentation der Strukturen des Förderprogramms und die Planung der Evaluation. Die mit dem Monitoring erhobenen, strukturell ähnlichen Daten können die vielfältigen Aktivitäten der Akteure verdeutlichen sowie ggf. Hinweise auf Rahmenbedingungen und Wechselwirkungen geben und erleichtern somit das Verständnis der Netzwerkstrukturen.

6. Was Evaluierende im Zusammenhang mit Monitoring beachten sollten

Abschließend wird verdichtet auf zentrale Punkte hingewiesen, auf die Evaluierende bei den drei beschriebenen Fällen des Monitorings in der Evaluation achten sollten.

Wie bei allen Leistungen einer Evaluation gilt auch hier: In einem ersten Schritt sind Zweck bzw. vorgesehener Nutzen des Monitorings mit den Beteiligten zu klären und möglichst konkret zu benennen (Wer macht mit welchen gewonnenen Daten was, wann und mit welchem Ziel?). Diese Festlegung soll einen möglichst großen Nutzen des Monitorings sicherstellen und dient als Orientierungspunkt im weiteren Prozess.[9]

---

9 Auch in Hinblick auf die Datensparsamkeit: Daten, die nicht benötigt werden, um den festgehaltenen Nutzen zu erzeugen, sind verzichtbar.

Bei der Entwicklung, Implementierung und Begleitung eines eigenen Monitoring-Instruments ist der absehbar oft sehr große Aufwand in allen Phasen zu berücksichtigen. Es müssen hier ausreichend Mittel eingestellt und personelle Ressourcen eingeplant werden. Darüber hinaus ist eine gute, regelmäßige Kommunikation mit den Zuständigen für die technische Umsetzung wichtig. Hierzu sollten möglichst schriftliche Vereinbarungen getroffen werden. Ein weiterer Punkt ist der Umgang mit den Ergebnissen aus dem Monitoring. Sie sollten nicht alleine stehen, sondern mit Kommentierungen versehen und möglichst mit qualitativen Daten in Zusammenhang gestellt werden.

Bei der Entwicklung von Monitoring-Instrumenten ist der Einbezug möglichst vieler (künftiger) Datengebender von Vorteil, um ein möglichst hohes Commitment zu erreichen. Bei dieser Vorgehensweise ist jedoch darauf zu achten, dass mit den erhaltenen Daten eine sinnvolle Auswertung vorgenommen werden kann. Dafür muss gewährleistet sein, dass gewisse Kennzahlen obligatorisch festzuhalten sind, bspw. sollten alle Teilprojekte, die Teilnehmende in ihren Maßnahmen haben, deren Anzahl dokumentieren.

Ein wichtiger Punkt ist die Qualität der Monitoringeinträge. Die Erkenntnisse, die man aus einem Monitoring gewinnen kann, sind auf qualitativ hochwertige (richtige, aussagekräftige) Einträge angewiesen. Diese Qualität kann die Evaluation an einigen Stellen beeinflussen:

- Vorgehen und Nutzen für die Datengebenden sollten klar und im Idealfall schriftlich kommuniziert werden.
- Im Programm sollten ggf. einzelne Personen bestimmt werden, die für die Eingabe vorgesehen sind und mit denen direkt kommuniziert werden kann.
- Zentrale Begriffe sollten definiert und mit Beispielen versehen werden, damit das Verständnis der Datenabfrage einheitlich ist.
- Es sollten Kommentierungsmöglichkeiten der Eingaben bzw. ‚Containerfragen' im Instrument angelegt werden (‚Was möchten Sie sonst noch festhalten?', ‚Was konnten Sie nicht zuordnen?').
- Es muss Zeit für Korrekturen der Dateneingabe durch die Evaluation vorgesehen werden.
- Auf Rückmeldungen der Programmbeteiligten muss eingegangen werden, und entsprechende Anpassungen im Instrument oder Vorgehen müssen ggf. vorgenommen werden.

7. Vorhandene Monitoringdaten nutzen

Wie in der Einleitung angedeutet, wird in Deutschland bereits in etlichen Bereichen langfristiges Monitoring betrieben. Dies kann von Evaluierenden – je nach Gegenstand und Auftrag – als Chance gesehen werden, nicht alle Daten selbst einholen zu müssen und an Bestehendes anzuknüpfen. Die im Rahmen einer Evaluation eingeholten Daten können mit den Daten aus einem Monitoring evtl. besser interpretiert werden.

Im Folgenden soll ein kleiner Ausschnitt an Monitorings vorgestellt werden, aus denen Evaluierende möglicherweise relevante Daten beziehen können.[10]

Bildungsmonitoring der Kultusministerkonferenz: seit 1997 zur Feststellung der Ergebnisse des Bildungssystems im Schulbereich

Link: http://www.kmk.org/fileadmin/Dateien/veroeffentlichungen_ beschluesse/2015/2015_06_11-Gesamtstrategie-Bildungsmonitoring.pdf [Stand: 01.04.2016]

In Form des Bildungsmonitorings werden die Ergebnisse des deutschen Bildungssystems systematisch und wissenschaftlich fundiert dargestellt. Die regelmäßige gemeinsame Bildungsberichterstattung aller Bundesländer speist sich aus Ergebnissen internationaler Schulleistungsuntersuchungen (u. a. PISA), zentraler Überprüfungen des Erreichens der Bildungsstandards im Ländervergleich (IQB), zentraler Tests mit Ankeritems für den internationalen Vergleich und Vergleichsarbeiten in Anbindung an die Bildungsstandards zur landesweiten oder länderübergreifenden Überprüfung der Leistungsfähigkeit aller Schulen. Ziele sind die Erkenntnis über Ursachen unbefriedigender Resultate des Bildungssystems und daraus abzuleitende Maßnahmen zur Verbesserung. Dadurch soll die Bildungspolitik in Deutschland kontinuierlich weiterentwickelt werden, die internationale Wettbewerbsfähigkeit soll erhalten bleiben und eine höhere Vergleichbarkeit gegeben sein (Kultusministerkonferenz 2015).

Gesundheitsmonitoring des Robert Koch-Instituts: seit 1984 Erfassung des Gesundheitszustands und -verhaltens von Kindern, Jugendlichen und Erwachsenen

Link: http://www.rki.de/DE/Content/Gesundheitsmonitoring/gesundheitsmonitoring_ node.html [Stand: 01.04.2016]

Die Daten, die in das Gesundheitsmonitoring einfließen, speisen sich derzeit aus drei verschiedenen Quellen:
Über den Kinder- und Jugendgesundheitssurvey (KiGGS) wurden 2008 Daten zu einer Kohorte 0- bis 17-Jähriger erhoben und daraufhin regelmäßig telefonisch nacherfasst.
In der Studie zur Gesundheit Erwachsener in Deutschland (DEGS) werden objektive Messwerte (Größe und Gewicht, Blutdruck, körperliche Funktionsfähigkeit, ärztliche Untersuchung, Abnahme von Blut- und Urinproben zur Bestimmung vielfältiger Biomarker) und Daten zur vertieften Bearbeitung spezifischer Gesundheits- oder Krankheitsprobleme Erwachsener in Deutschland gesammelt (Kurth 2012).
Über Gesundheit in Deutschland aktuell (GEDA) werden die soziale Lage, Gesundheitszustand, Gesundheitsverhalten und Inanspruchnahme gesundheitlicher Versorgung von Erwachsenen erfasst.

---

10 Die Auswahl wurde nach Themenbereichen vorgenommen, die für die Arbeit von Univation in der letzten Zeit eine Bedeutung hatte. Der Überblick ist somit nicht erschöpfend.

Studienqualitätsmonitor (SQM) der Hochschul-Informations-System eG: seit 2007 Feststellung der Studien- und Lehrqualität an deutschen Hochschulen sowie deren Entwicklung im Zeitverlauf
Link: http://www.dzhw.eu/bereiche/ab21/sqm [Stand: 01.04.2016]
Über eine jährliche Online-Befragung von Studierenden werden Studien- und Lehrqualität an deutschen Hochschulen sowie deren Entwicklung im Zeitverlauf gemessen. Die beteiligten Hochschulen können hochschulspezifische Auswertungen des Studienqualitätsmonitors für das interne Qualitätsmanagement nutzen. Mit dem SQM soll ein allgemeiner Beitrag zur Hochschulforschung geleistet werden (Woisch, Ortenburger & Multrus 2013).
Arbeitsmarkt-Monitoring der Gesellschaft für innovative Beschäftigungsförderung mbh (G.I.B.) Nordrhein-Westfalen: seit 2011 vierteljährlich praxisgerecht aufgearbeitete Arbeitsmarkt-Daten der amtlichen Statistik
Link: http://www.gib.nrw.de/themen/monitoring-und-evaluation/arbeitsmarkt-monitoring [Stand: 01.04.2016]
Das Monitoring beinhaltet Zahlen zum Arbeits- und Ausbildungsmarkt sowie zur Beschäftigungs- und Unternehmensentwicklung in NRW (auf Ebenen der 16 Arbeitsmarktregionen, der Kreise und kreisfreien Städte). Es werden Unterschiede und Entwicklungen analysiert und aufgearbeitet. Hinweise daraus können laut der G.I.B. einer fundierten Arbeitsmarkt- und Beschäftigungspolitik dienen (Gesellschaft für innovative Beschäftigung mbH 2014).
EU-Monitoring zur Entwicklung des ländlichen Raums (ELER) über den Europäischen Landwirtschaftsfonds: seit 2007
Link: http://www.netzwerk-laendlicher-raum.de/fileadmin/sites/ELER/Dateien/05_Service/Publikationen/eler_booklet.pdf [Stand: 01.04.2016]
Das Monitoring setzt sich aus einem Zahlstellenverfahren (Erfassung der Auszahlungen durch den Fonds an die verschiedenen Maßnahmen) sowie einem finanziellen und physischen Monitoring (Bewilligungsdaten) zu verschiedenen Maßnahmen im ländlichen Raum in der Europäischen Union zusammen. Die Maßnahmen können dabei der Wettbewerbsfähigkeit von Land- und Forstwirtschaft, dem Umweltschutz und der Landschaftspflege oder der wirtschaftlichen Diversifizierung und der Verbesserung der Lebensqualität zuträglich sein (Bundesanstalt für Landwirtschaft und Ernährung 2009).

Die beschriebenen Monitorings sind in unterschiedlicher Weise und in unterschiedlichem Umfang nützlich für Evaluationen in den jeweiligen Bereichen. Sie dienen als → Datenquelle und helfen bei einer möglichst einheitlichen Betrachtung verschiedener Programmbestandteile, da – wie oben bereits erwähnt – regelmäßig auf parallele, sich jedoch in einigen Punkten voneinander unterscheidende Strukturen geschaut werden kann. Schwierigkeiten bei der Nutzung evaluationsexterner Monitoringdaten können sich ergeben, wenn die Ergebnisse des betreffenden Monitorings erst lange nach dem Erhebungszeitpunkt veröffentlicht werden, sich also Evaluationsergebnisse und die vorliegenden Monitoringdaten auf sehr unterschiedliche Zeitpunkte beziehen, oder der Evaluation nicht ausreichend Informationen zu → Erhebungsinstrument und -bedingungen des Monitorings bekannt sind.

Außerdem kann es vorkommen, dass auftragsbedingt ein vorhandenes Monitoring durch die Evaluation genutzt werden soll, welches aber bei näherer Betrachtung keinen oder kaum einen Beitrag zu den Fragestellungen der Evaluation leisten kann. Grajewski und Koch (2002) bspw. haben hierzu für das letztgenannte Monitoring zum ELER eine detaillierte Einschätzung abgegeben. Zwar sollen sich laut entsprechender EU-Verordnung[11] Evaluationen von landwirtschaftlichen Programmen in der EU im Wesentlichen auf die Monitoring-Daten stützen, jedoch stellen Grajewski und Koch u. a. heraus, dass Inkonsistenzen im Indikatorensystem zwischen Projekt- und Maßnahmenebene bestehen, dass das Zahlstellenverfahren teilweise zu wenig detailliert, bspw. in Bezug auf die Arten der Maßnahmen sei, und dass die Daten zu spät erfasst und berichtet würden. Die Daten würden außerdem zu stark aggregiert berichtet und teilweise fehlerhaft kumuliert. Grund dafür sei u. a. der Anspruch der EU, vergleichbare Berichte erstellen zu wollen. Hinter diesen Berichten liegen allerdings Einzelfalldaten, auf die die Evaluation meist auch zurückgreifen kann. Könnten Daten aus anderen Datenbanken hinzugenommen werden (wogegen häufig der Datenschutz spricht) oder das Monitoring-Instrument mit einigen wenigen Abfragen (in Richtung Ergebnisse) zusätzlich versehen werden, stünde der Evaluation eine wesentlich bessere Datengrundlage zur Verfügung. Der aktuellen Situation sei es somit geschuldet, dass die begleitende Evaluation zusätzliche Daten einholen muss, was Mehraufwand bei Evaluation und Datengebenden bedeute und gegenüber der EU-Kommission und einigen Bundesländern nur schwer zu rechtfertigen sei. Die Autorinnen geben aus ihrer Sicht als Evaluatorinnen Hinweise, was das ELER-Monitoring-Instrument leisten sollte, um von flankierenden Evaluationen genutzt werden zu können. So sollte es belastbare Daten für die Vollzugskontrolle sammeln, aber auch Output- und z. T. Outcome- sowie Impact-Indikatoren (projektbezogene Wirkungen) auf Einzelprojektebene müssten erfasst werden. Für die Evaluation sind dabei Daten zu Finanzen und zur Zielerreichung sowie Daten zu den Adressaten der Förderung (Zuwendungsempfänger, Teilnehmende) der Projekte von Belang. Darüber hinaus sollten auch projekt- und personenbezogene Daten als Grundlage für weitere Erhebungen der Evaluation bereitgestellt werden. Die Erfassung über das Monitoring sollte von der Antragstellung bis zum Schlussverwendungsnachweis erfolgen. Optimal wäre eine gemeinsame Festlegung der zu messenden Indikatoren des Monitorings durch Programmverantwortliche und die Evaluation. So wäre gewährleistet, dass die passenden Daten erhoben werden (die richtigen; nicht zu wenige und nicht zu viele).

Es zeigt sich, dass die Idee, vorhandene Daten für Evaluationen zu nutzen, nicht immer so leicht umsetzbar ist, insbesondere dann nicht, wenn ein mit den Evaluationsfragestellungen nicht oder kaum kompatibles Instrument vorhanden ist.

---

11 Amtsblatt der Europäischen Gemeinschaften 1999, Abs. 3, Art. 42 VO (EG) Nr. 1750/1999.

8. Übergreifendes Fazit

Obwohl es sich beim Monitoring meist nicht um eine originäre Aufgabe von Evaluation handelt, gibt es vielfältige Berührungspunkte zwischen den beiden Zugängen. Nicht selten wird es zur Aufgabe einer externen Evaluation gemacht, Monitoring zu unterstützen oder auch vorhandene Monitoring-Instrumente zu übernehmen. In jedem Fall sind es die für den Evaluationsgegenstand Verantwortlichen, die die Daten liefern, die in das Monitoring einfließen. Die Ausführungen zeigen, dass Monitoring dabei nicht gleich Monitoring ist. Ein Monitoring kann sich aus verschiedenen komplexen Quellen speisen oder eine simple regelmäßige Kennzahlerhebung per Excel-Sheet sein. Es kann sich am Zweck der Rechenschaftslegung, aber auch an dem der Verbesserung des Gegenstands orientieren. Ein Monitoring kann nach durchdachter Entwicklung und sorgfältiger Etablierung Nutzen bringen für die Datengebenden (Transparenz der eigenen Zielerreichung, Nachjustierung), für die Programmverantwortlichen (Steuerung auf Grundlage von einheitlichen Daten, Darstellung der Leistung nach außen) und für die Evaluation (systematisch erhobene Daten als Bewertungsgrundlage und als Hilfe zur Interpretation weiterer Daten). Ebenso ist ein Monitoring mit diversen Herausforderungen verbunden. Bei der Einführung eines neuen Monitorings müssen Evaluation und Programmverantwortliche eng zusammenarbeiten und die Situation und Rahmenbedingungen der Datengebenden mit einbeziehen. Auch das Commitment der Datengebenden muss hergestellt werden. Nicht zuletzt müssen die erhobenen Daten stets in einen Kontext gestellt werden, um vorschnelle und falsche Interpretationen zu verhindern. Besteht eine Aufgabe der Evaluation darin, vorhandene Monitorings als Datengrundlage zu nutzen oder diese auf die verfolgten Zwecke anzupassen, müssen häufig Hürden überwunden werden. Es gilt, das System und die Rahmenbedingungen umfänglich zu prüfen, bevor damit gearbeitet wird. Trotzdem sollte man sich nicht scheuen, wenn möglich vorhandene Daten zur Beantwortung von Evaluationsfragestellungen heranzuziehen, z. B. um qualitative Daten besser einordnen zu können.

Literatur

Amtsblatt der Europäischen Gemeinschaften (1999). Verordnung (EG) Nr. 1750/1999 der Kommission vom 23. Juli 1999. http://eur-lex.europa.eu/legal-content/DE/TXT/PDF/?uri=CELEX:31999R1750&qid=1412676231840&from=DE [Stand: 01.04.2016]

Beywl, Wolfgang (2006): Demokratie braucht wirkungsorientierte Evaluation. Entwicklungspfade im Kontext der Kinder- und Jugendhilfe. In: Projekt eXe (Hrsg.): Wirkungsevaluation in der Kinder- und Jugendhilfe. Einblicke in die Evaluationspraxis. München: DJI, 25–46.

Beywl, Wolfgang/Niestroj, Melanie (2009): Das A-B-C der wirkungsorientierten Evaluation. Glossar Deutsch/Englisch der wirkungsorientierten Evaluation. 2., vollständig bearbeitete und ergänzte Auflage. Köln: Eigenverlag.

Bundesanstalt für Landwirtschaft und Ernährung (2009): Landwirtschaft auf dem Land entwickeln. http://www.netzwerk-laendlicher-raum.de/fileadmin/sites/ELER/Dateien/05_Service/Publikationen/eler_booklet.pdf [Stand: 01.04.2016]

Campbell, Donald T. (1976): Assessing the impact of planned social change. Hanover New Hampshire: The Public Affairs Center, Darthmouth College.

Gesellschaft für innovative Beschäftigung mbH (2014). Arbeitsmarkt-Monitoring NRW: http://www.gib.nrw.de/themen/monitoring-und-evaluation/arbeitsmarkt-monitoring [Stand: 01.04.2016]

Grajewski, Regina/Koch, Birgit (2002): Welche Anforderungen gibt es an das Monitoring im Rahmen der ländlichen Entwicklungsprogramme gemäß VO (EG) Nr. 1257/99 aus Sicht von Evaluatoren? Schriftliche Fassung des Vortrages im Rahmen des Workshops des Arbeitskreises der DeGEval „Evaluation und Strukturpolitik" am 7./8. März 2002 in Berlin.

Kultusministerkonferenz (2015): Gesamtstrategie der Kultusministerkonferenz zum Bildungsmonitoring (Beschluss der 350. Kultusministerkonferenz vom 11.06.2015). http://www.kmk.org/fileadmin/Dateien/veroeffentlichungen_beschluesse/2015/2015_06_11-Gesamtstrategie-Bildungsmonitoring.pdf [Stand: 01.04.2016]

Kurth, Bärbel-Maria (2012): The RKI health monitoring – What it contains and how it can be used [Das RKI-Gesundheitsmonitoring – Was es enthält und wie es genutzt werden kann]. In Public Health Forum, 20 (3), S. 4.e1–4.e3. http://edoc.rki.de/oa/articles/reYLoXhIYXum/PDF/26HJepLZ75EG0.pdf [Stand: 01.04.2016]

Mathison, Sandra (2005): Encyclopedia of Evaluation. London: Sage.

Monitoring- und Evaluierungsnetzwerk Agrarstruktur und ländliche Entwicklung Deutschland. Das Monitoring- und Evaluierungssystem des ELER (Entwicklung des ländlichen Raums) – Der Versuch einer Übersicht. http://www.men-d.de/index.php?id=96 [Stand: 01.04.2016]

Stockmann, Reinhard (2006): Evaluation und Qualitätsentwicklung: eine Grundlage für wirkungsorientiertes Qualitätsmanagement. Münster: Waxmann.

Owen, John M./Rogers, Patricia J. (1999): Program Evaluation. Forms and approaches. London: Sage.

Rossi, Peter H./Freeman, Howard E./Lipsey, Mark W. (1999): Evaluation: A systematic approach. London: Sage.

Strohmeier, Klaus (2014): Kleinräumiges Monitoring für kommunale Prävention am Beispiel des kanadischen Projektes HELP (Human Early Learning Partnership) Arbeitspapiere wissenschaftliche Begleitforschung „Kein Kind zurücklassen!" Dokumentation. Bertelsmann Stiftung. http://www.zefir.ruhr-uni-bochum.de/mam/content/werkstattbericht_01_kleinr%C3%A4umiges_monitoring_a5_zweis_gesamt_final.pdf [Stand: 01.04.2016]

United Nations Development Programme Evaluation Office (2002): Handbook on Monitoring and Evaluating for Results. http://web.undp.org/evaluation/documents/handbook/me-handbook.pdf [Stand: 01.04.2016]

Woisch, Andreas/Ortenburger, Andreas/Multrus, Frank (2013): Studienqualitätsmonitor 2012. Studienqualität und Studienbedingungen an deutschen Hochschulen. http://www.dzhw.eu/pdf/24/sqm2012.pdf [Stand: 01.04.2016]

Interviews mit Jugendlichen

Herausforderungen in der Planung und Umsetzung

Matthias Sperling

Der vorliegende Text widmet sich der praktischen Durchführung von Face-to-Face-Interviews mit Jugendlichen im Rahmen von → **Evaluationen**. Er zeigt dabei auf, warum Interviews mit Jugendlichen im Vergleich zu Interviews mit Erwachsenen ein besonderer Stellenwert zukommt, welche Herausforderungen und Problemlagen mit der → **Befragung** von Jugendlichen in Evaluationen verbunden sein können und wie diesen in der Evaluationspraxis begegnet werden kann. Hierbei fließen zum einen Überlegungen aus der qualitativen Sozialforschung sowie der Evaluationstheorie ein, zum anderen werden Erkenntnisse aus der Evaluationspraxis gebündelt.

Für die Durchführung von Interviews mit Jugendlichen werden grundlegende Überlegungen und Erfahrungen zur Organisation, zu Interviewformen und zur Leitfadenentwicklung, zur Gesprächsführung, zum Umgang mit wiederkehrenden Herausforderungen, zu Dokumentationsformen sowie zum → **Datenschutz** aufgezeigt. Die Zugangs- und Kontaktmöglichkeiten zu ‚Jugendlichen', deren Interesse bzw. Motivation zur Interviewteilnahme, der Ablauf eines Interviews sowie die Kompetenzanforderungen an die Interviewenden werden thematisiert. Darüber hinaus werden Hinweise zur Nachbereitung von Interviews, etwa zur Transkription im Evaluationskontext, zur Nachbegleitung von Jugendlichen sowie zu den (Selbst-)Reflexionskompetenzen der Interviewenden gegeben.

Jugend – als Zeitraum/Lebensabschnitt – wird im Rahmen des vorliegenden Textes als Lebensphase zwischen dem zwölften und dem 26. Lebensjahr definiert, die durch Identitätsfindungs- und Autonomieentwicklungsprozesse geprägt ist, wobei sie stets im individuellen Spannungsfeld zwischen Zukunfts- und Gegenwartorientierung liegt (Winkler 2005, S. 41 ff.).

1. Allgemeine Herausforderungen qualitativer Interviews

Eine erste Herausforderung besteht darin, ein Verständnis der Bedeutungszuschreibungen, die durch die Befragten im Einzelnen und in ihrer Gesamtheit getroffen wurden, zu entwickeln. Dazu müssen die Interviewenden die geäußerten Sinnzusammenhänge entschlüsseln (Was meint das Gegenüber?), die Zuschreibung dargestellter Bedeutungsträger (z. B. Wörter, Sätze, Vorgänge) identifizieren und sich um ein situatives Verständnis bemühen (In welchen Kontext ist das Geäußerte eingebettet? In welchem Rahmen findet das Interview statt?). Die Erschließung von Bedeutungszuschreibungen ist eine komplexe Aufgabe, da die Interviewenden nicht nur die individuellen Vorstellungen und Meinungen des Gegenübers, sondern auch die eigene Deutung dessen verstehen müssen (Fremdverstehen), um intersubjektiv nachvollziehbare Erkenntnisse zu generieren.

Als weitere Herausforderung existiert das Hindernis der Indexikalität menschlicher Sprache (Kruse 2014, S. 75 ff.). Demnach ist „das zentrale Wesensmerkmal menschlicher Sprache und Kommunikation […] ihre Indexikalität". Indexikalität „meint ganz allgemein, dass sich die Bedeutung eines Begriffs immer nur in seinem konkreten Zeichengebrauch und in Relation zu anderen begrifflichen Konzepten konstituiert". Die Frage „Wie darf ich denn das bitte verstehen?" kann je nach Situation beispielsweise als sachlich gemeinte Rückfrage oder als kritische Rückmeldung aufgefasst werden. Darüber hinaus wird „die Bedeutung eines Begriffes immer nur […] in einem semantischen Netzwerk von Begriffen bzw. begrifflichen Konzepten, mit denen er in Relation steht" verständlich. Beispielsweise unterliegt „Haus" ohne die Einbettung in ein semantisches Netzwerk unserer freien Assoziation, anhand derer wir einen schier unendlichen Index erstellen könnten. Erfolgt aber die Einbindung in ein semantisches Netzwerk (Schutz, Leben, Rückzugsort oder Steine, Fenster, Ziegel), können wir die Bedeutung von „Haus" im Sinne der Sprecherin oder des Sprechers auffassen.

Um also das Geäußerte einer Einzelperson oder einer Gruppe aus einem Interview entschlüsseln zu können, ist es notwendig, dass die → **Evaluierenden** den Kontext des Interviews und der getroffenen Äußerungen berücksichtigen, die vom Interviewpartner verwendeten relevanten[1] Begrifflichkeiten erschließen und die Verstehensprozesse des Interviewpartners (sowie die eigenen) rekonstruieren, also das Geschehene nachvollziehen und dessen Entstehung hinterfragen. In der Praxis erfordert dies von den Evaluierenden umfangreiche Methodenkenntnis (insbesondere Fragetechniken), Offenheit und Akzeptanz gegenüber den Befragten und deren Themen, eine Auseinandersetzung mit der sozialen Verortung/Lebenswelt der Befragten sowie ein hohes Selbstreflexionsvermögen[2].

2. Die Zielgruppe ‚Jugendliche' als Herausforderung

Jugendliche haben die Aufgabe, innerhalb eines begrenzten Zeitfensters bestimmte Entwicklungsprozesse zu absolvieren, um den Status ‚erwachsen sein' angeben zu können bzw. zugeschrieben zu bekommen. Diese Prozesse können sowohl intrinsisch wie extrinsisch initiiert werden. Unter anderem gehören die Akzeptanz der eigenen körperlichen Erscheinung, die Erweiterung um neue Beziehungsformen, die Vorbereitung auf das Berufsleben, die Fassung eines Selbstkonzepts, die Erweiterung des Wertesystems und die Autonomieentwicklung zu diesen Prozessen (Havighurst

---

1 Relevant im Sinne der Evaluation bzw. der → **Evaluationsfragestellungen**.
2 Die Evaluierenden benötigen personale Kompetenzen (z. B. die Bereitschaft und Fähigkeit, über das eigene Handeln und dessen Folgen nachzudenken) oder Räume (z. B. kollegiale Beratung; Supervision), um ihre Handeln und daraus resultierende Erkenntnisse zu überprüfen, zu bewerten und das eigene Handeln zu optimieren.

1948). Im Kontext der zu bewältigenden Aufgaben können sich eine Reihe von Problemlagen ergeben wie die mangelnde Integration in eine Gleichaltrigengruppe, Probleme, Kontakte zu knüpfen/Beziehungen zu intensivieren, sich angemessen zu behaupten oder Konflikte zu lösen (Lehmkuhl/Schürmann 2008). Darüber hinaus können sich die emotionale, berufliche und wirtschaftliche Situation der Eltern sowie schulische Anforderungen auf die Jugendlichen (speziell im Schulalter) auswirken. Für Jugendliche, die die Schule bereits verlassen haben, können verstärkt Probleme aufgrund schlechter sozialer Integration, unzureichender Unterstützung in Familie, Gleichaltrigengruppen und Partnerschaften als akute und chronische Stressfaktoren auftreten (Lehmkuhl/Schürmann 2008). Hinzu kommt, dass Jugendliche heutzutage in mehreren Spanungsfeldern – je nach Herkunft mehr oder weniger – agieren müssen.[3] Zuschreibungen und Vorurteile, die „der Jugend" per se Antrieblosigkeit, Desinteresse, Respektlosigkeit usw. unterstellen, können bei einzelnen Jugendlichen Auswirkungen auf deren Autonomie- und Werteentwicklung haben.

Die genannten Schwierigkeiten können dazu führen, dass Jugendliche im Interview herausfordernde Verhaltensweisen zeigen. So kann es z. B. sein, dass Jugendliche nicht oder wenig sprechen, eine besondere Art von Sprache verwenden oder nicht bereit sind, eine Beziehung, wenn auch kurzfristige, zu den Interviewenden einzugehen. Auch kommt es vor, dass Jugendliche versuchen, sich selber in besonderer Weise darzustellen oder bestimmte soziale Gruppen oder Themen in den Vordergrund zu stellen.

Neben den skizzierten Schwierigkeiten, die aus der Jugendphase resultieren können, ist die Jugendphase aber auch von allerlei Faktoren geprägt, die bei der Durchführung von Interviews mit Jugendlichen günstig sein können. So zeichnen sich viele Jugendliche durch ein hohes Maß an Neugier, Offenheit und Experimentierfreudigkeit aus. Sie sind gerne bereit an Interviews teilzunehmen, um bspw. ihre Meinung bzw. einen eigenen Standpunkt deutlich zu machen. Bisweilen kommt es vor, dass Jugendliche erst während eines Interviews mit der (Re-)Konstruktion bestimmter Sachverhalte beginnen. Dies ist besonders spannend, da man als Evaluierende einen Sinnzuschreibungsprozess unmittelbar miterleben und dokumentieren kann.

3. Zugang und Erreichbarkeit der Jugendlichen

Jugendliche halten sich in der Regel oftmals in Institutionen und Räumen auf, die für Evaluierende schwer zugänglich sein können. Der Zugang zu Jugendlichen in Schulen, Jugendzentren, Sportvereinen usw. muss gut vorbereitet, erklärt und begründet sein, um eine Offenheit der Institutionen bzw. der Zielgruppe selbst gegenüber der → Erhebung zu erreichen. Die Interviewenden müssen im Vorfeld Überle-

---

3 Der IJAB (2009) nach leben junge Menschen insbesondere in den Spannungsfeldern: günstige Entwicklungsbedingungen vs. verschärfte Konkurrenz; kommerzialisierte Freizeit vs. Selbstorganisation; Integration/Emanzipation vs. Ausgrenzung sowie Tradition vs. (Post-)Moderne.

gungen anstellen, wie die → **Zielgruppe** erreicht werden kann, zu welchem (für die Jugendlichen günstigen) Zeitpunkt das Interview durchgeführt werden kann und an welchem Ort das Interview stattfinden soll. Was für die Jugendlichen ein günstiger Zeitpunkt ist, sollte nach Möglichkeit situationsabhängig geklärt werden. In der Praxis findet diese Abstimmung in der Regel mit den Programm- oder Projektverantwortlichen statt, über die der Zugang zu den Jugendlichen erfolgt.

In der Evaluationspraxis kommt es häufig vor, dass Programm- oder Projektverantwortliche einen guten Zugang zu den zu interviewenden Jugendlichen haben (bspw. über Aktivitäten, die im jeweiligen → **Programm** umgesetzt werden), so dass sie bei der Organisation der Interviews gut unterstützen können. Von Vorteil ist es häufig, die Interviews an bestehende → **Programmaktivitäten** anzubinden.

Den Kontakt zu den Jugendlichen über sogenannte Schlüsselpersonen oder Türöffner (Betreuende in Jugendzentren, Trainerinnen und Trainer, Lehrkräfte etc.; auch Institutionen) herzustellen ist häufig eine zielführende Vorgehensweise. Die Herausforderung besteht hier meist darin, diese Schlüsselpersonen vom Sinn und → **Zweck** der Evaluation zu überzeugen und für eine aktive Unterstützung zu gewinnen. Ein erster wichtiger Schritt ist hier die Darstellung der eigenen Vorgehensweise. Des Weiteren ist es durchaus möglich, sich den entsprechenden Personen in bestimmter Form erkenntlich zu zeigen (Präsentation von → **Ergebnissen**, Danksagung in → **Berichten**, etc.[4]), was jedoch nicht dazu führen darf, dass die Erhebung inhaltlich beeinflusst wird (bspw. durch die Teilnahme einer Lehrkraft am Interview oder durch Zensur bestimmter Fragen).

Bei der eigentlichen Ansprache gestalten sich einfache Kommunikations-/Informationswege nicht immer zielführend. Zwar kann z. B. über Flyer, Plakate und sonstige Medien (die ansprechend und niedrigschwellig gestaltet sind) Aufmerksamkeit und Interesse geweckt werden, in der Regel bedarf es jedoch weiterer Faktoren, damit Jugendliche aktiv den Schritt unternehmen, sich an einem Interview zu beteiligen. Dies können Faktoren sein, die nicht oder nur wenig durch die Interviewenden zu beeinflussen sind (inhaltliches Interesse, emotionale Betroffenheit, sozialer Druck etc.). Die Interviewenden können jedoch gezielt versuchen, die Attraktivität einer Teilnahme zu erhöhen, beispielsweise durch kleine finanzielle/materielle Anreize. Ein solches Vorgehen kann und sollte insbesondere vor dem Hintergrund der Gesprächsbereitschaft und der gegebenen Äußerungen hinterfragt und diskutiert werden. Meiner Erfahrung nach werden durch ein solches Vorgehen lediglich die Bereitschaft zur Teilnahme, nicht jedoch die inhaltlichen Beiträge der Jugendlichen verändert. Ähnliche Beobachtungen äußert auch Heinz Reinders (2005, S. 181). Weiterhin kann es förderlich sein, im Vorfeld die Interessenslagen der Jugendlichen zu ermitteln und ihre Befragung so zu gestalten, dass die Jugendlichen in besonderem Maß zur Teilnahme motiviert werden (Verknüpfung mit relevanten Themen der Jugendlichen, Ansprache als Betroffene, Jugendliche als zentrale Akteure bzw. als Expertinnen und Experten darstellen).

---

4 Dies muss wiederum mit den Auftraggebenden abgestimmt werden.

Einen direkten Zugang zu Jugendlichen zu finden, ohne den Weg über Personen/ Institutionen zu gehen, gestaltet sich in der Regel schwieriger. Es besteht die Möglichkeit, die Jugendlichen an bestimmten, für sie relevanten Orten, gezielt anzusprechen; die Orte können sehr unterschiedlich sein: Bushaltestellen, Einkaufspassagen, Sport-/Freizeitstätten, Parks etc. Hieraus können sich jedoch Problemlagen ergeben. Beispielsweise ist es sehr wahrscheinlich, dass Irritation, Ablehnung oder Verwunderung in deutlicher Ausprägung bei den Jugendlichen hervorgerufen werden oder dass die Ansprache von minderjährigen Jugendlichen zu prekären Situationen führen kann. Es empfiehlt sich daher bei der direkten Ansprache von Jugendlichen in der Öffentlichkeit das Vorhaben und das Interesse an den Jugendlichen in einer möglichst leicht verständlichen Form darzustellen (bspw. durch Plakate oder Flyer) und auf dieser Grundlage mit den Jugendlichen (und deren Eltern) das Gespräch zu suchen. Auch lässt sich ein systematisches → Auswahlverfahren hier schwerer umsetzen, will man nicht eventuell interessierte Jugendliche, die aber nach dem → Erhebungsdesign nicht in Frage kommen, ausgrenzen.

Eine weitere Form des Zugangs ergibt sich über Kommunikationsplattformen im Internet (Foren, Chatrooms, Soziale Netzwerke usw.). Hier kann eine grobe Vorauswahl der Jugendlichen anhand evaluationsrelevanter Themenfelder vorgenommen werden, indem man sich entsprechende Plattformen aussucht (bspw. Sportforum). Die Darstellung der eigenen Person, des Vorhabens und des Interesses an den Jugendlichen ist hier zwingend notwendig und kann bspw. in Form eines kurzen Steckbriefs erfolgen. Informationen sollten für die potenziellen Interviewpartner (und Eltern) in leichter Form zugänglich (Download) und seriös aufbereitet sein (Name, Kontaktdaten und Zweck der Erhebung).

Praktische Erfahrungen zur Einrichtung einer WhatsApp-Gruppe[5] zum Zwecke des Austauschs mit den Datengebenden konnte ich bereits sammeln: Im Rahmen einer Evaluation wurden Jugendliche (13 bis 16 Jahre) über einen längerfristigen Zeitraum begleitet. Es wurden mehrere zeitlich versetzte Erhebungen mit den Jugendlichen durchgeführt. Als niedrigschwellige und zielgruppenadäquate Kommunikationsplattform wurde seitens der Evaluierenden eine sog. WhatsApp-Gruppe eingerichtet, der die Jugendlichen beitreten konnten. In dieser Gruppe erhielten die Jugendlichen Informationen zu den Erhebungen und wurden zur Teilnahme motiviert. Die Jugendlichen stellten Rückfragen zu den Erhebungen sowie zum Programm und gaben darüber hinaus, losgelöst von den konzipierten Erhebungen, Rückmeldungen zu den Programmaktivitäten.

Die Zusage zur Teilnahme an einem Interview ist für Jugendliche nicht immer als so verbindlich zu erachten, wie dies vielleicht von den Interviewenden angenommen wird. Es kann sehr gut passieren, dass Jugendliche verspätet oder gar nicht zu

---

5   WhatsApp ist ein internetbasierter, plattformübergreifender Instant-Messaging-Dienst zum Austausch von Texten, Bild-, Video- und Ton-Dateien. Innerhalb von WhatsApp können geschlossene Gruppen eingerichtet werden, die durch einen oder mehrere User administriert werden.

einem Interviewtermin erscheinen (und auch vorher nicht Bescheid geben). Auch kann es vorkommen, dass Jugendliche Freunde zu einem Interview mitbringen oder wie in einem Fall erlebt, Freunde an Stelle des eigentlichen Interviewpartners zum Interview erscheinen. In solchen Fällen nützt es den Interviewenden nicht, auf bestimmten Vereinbarungen zu bestehen oder sich seitens der Jugendlichen „angegriffen" zu fühlen. Vielmehr sollte die Situation mit Offenheit und ein wenig Improvisationsgeschick aufgelöst werden (vielleicht besteht ja die Möglichkeit, den „anderen" Jugendlichen zu interviewen oder die mitgebrachten Freunde als „stumme Unterstützung" am Interview teilhaben zu lassen).

Die Interviewenden können auf verschiedenen Wegen versuchen, die Verbindlichkeit der Teilnahme zu erhöhen. Zum einen können, im Falle des Zugangs über „Türöffner", die bestehenden Beziehungs- und Vertrauensverhältnisse genutzt werden. Darüber hinaus können die Interviewenden, sofern möglich, im Vorfeld des Interviews mehrfach mit den Interviewpartnern Kontakt aufnehmen und diese an den Termin erinnern bzw. sich den Termin bestätigen lassen. Durch die Motivation der Jugendlichen und durch die Darstellung, welche zentrale Rolle ihnen zukommt, kann die Verbindlichkeit ebenfalls erhöht werden.

4. Die Sprache in Interviews mit Jugendlichen

Ebenso sollte die verwendete Sprache der Befragten wie auch der Interviewenden in der Planungsphase thematisiert werden, indem analysiert wird, auf welchem sprachlichen Niveau die Interviews geführt werden können und sollen. Jugendliche müssen sich im Vergleich zu Erwachsenen deutlich stärker in Kontexten bewegen, in denen sie neue, je nach Kontext stark divergierende Vokabulare erfahren, erlernen und anwenden müssen. Gleichzeitig unternehmen sie in ihren Autonomiebestrebungen den Versuch, sich sprachlich vom Elternhaus/der Familie abzugrenzen, was die Etablierung verschiedener Jargons mit sich bringen kann. Dies alles führt dazu, dass Jugendliche häufig deutlich andere Sinnkonstruktionen, Bedeutungsdimensionen und Deutungsmuster als Erwachsene verwenden bzw. in der Lage sind, andere (soziale) Wirklichkeiten zu verstehen. Des Weiteren kann davon ausgegangen werden, dass die semantischen Netzwerke, über die Jugendliche verfügen, in Umfang und der Art der Vernetzung von denen Erwachsener in besonderer Weise abweichen. Die Interviewenden müssen sich also im Vorfeld des Interviews überlegen, wie sie die Perspektiven der Jugendlichen in deren originärem Sinn erfassen und darstellen können.

Im folgenden Beispiel wurden im Rahmen einer Evaluation 18 Jugendliche (14–16 Jahre) aus dem Berliner Stadtteil Neukölln zu ihrer Teilnahme an einem Jugendaustauschprojekt, in leitfadengestützten Einzelinterviews, befragt. Auffällig war, dass die Jugendlichen, in Bezug auf die Beziehungen zu den anderen Teilnehmenden, häufig davon sprachen, ‚Gangsta' kennengelernt zu haben. Seitens der Evaluierenden wurde zunächst angenommen, dass es sich bei ‚Gangsta' um ein Synonym für Kumpel, Freund etc. handelt, ohne dies weiter zu hinterfragen. Im fünften Interview schilderte eine Jugendliche immer wieder die musikalischen Fähigkeiten der ‚Gangsta'. Daraufhin wurde in den nachfolgenden Interviews der Begriff und dessen Bedeutung hinterfragt und es zeigte sich, dass die befragte Gruppe den Begriff ‚Gangsta' synonym für gute Rap-Musiker bzw. Personen, die besondere Fähigkeiten im Sprechgesang aufweisen, verwendet. Darauf aufbauend konnte identifiziert werden, dass das Musik-/Rap-Angebot während des Jugendaustauschprojekts besondere Beliebtheit genoss und nachhaltigen Eindruck bei den Jugendlichen hinterließ. Die Evaluierenden haben als Reaktion auf ihre fehlerhaften Annahmen eine interne Verfahrensweise (in Form einer Checkliste)[6] entwickelt, die nach Durchführung der ersten Interviews (etwa 10% aller Interviews) dazu diente, insbesondere sprachliche Begrifflichkeiten zu überprüfen.

5. Das Verhalten von Jugendlichen in Interviews

Neben der Sprache kann auch das Verhalten von Jugendlichen deutlich von dem Erwachsener abweichen. So versuchen Jugendliche in der Regel auf verschiedene Weise, ihre individuelle Freiheit zu erreichen, sich von bestimmten Strukturen zu lösen und so ein passendes Selbstkonzept zu entwickeln. Dies kann sich insbesondere in Form von Abgrenzung, Assimilierung und Kontrolle zeigen. In einer Interviewsituation kann dies dazu führen, dass Jugendliche ihr Verhalten ohne ersichtlichen Grund ändern und in einem zuvor intensiv und angenehm geführten Gespräch plötzlich schweigen oder sich nur noch lautstark äußern. Darüber hinaus kann Langeweile oder Frustration zu störendem Verhalten in einem Interview führen. Interviewende sollten generell auf Störungen vorbereitet sein, indem sie ein Repertoire an Moderationsmethoden bereithalten. Kompensatorische pädagogische Vorgehensweisen lassen sich erfahrungsgemäß jedoch in einem, in der Regel zeitlich begrenzten, Interviewsetting meist nur unzureichend anwenden. Als schnelle Interventionen, die dazu beitragen können, ein Interview weiter- bzw. zu Ende führen zu können, eignen sich bspw., den Grund für die Störung zu hinterfragen (und ggf. aufzulösen), die Störung als unerwünscht zu benennen (oder auch zu verbieten) oder den Anlass des Interviews sowie die Wichtigkeit der Befragten nochmals darzustellen. Auch das Ignorieren von Störungen kann dazu führen, dass störendes Verhalten nach kurzer Zeit wieder aufgegeben wird. Generell sollten Interviewende bei Störungen ruhig und freundlich bleiben. Unter Umständen kann es vorkommen, dass trotz gezielten Einsatzes von Moderationsmethoden ein Interview nicht mehr zielführend weitergeführt werden kann. An dieser Stelle sollten die Evaluierenden sich nicht scheuen, das Interview zu beenden und, falls möglich, zu einem späteren Zeitpunkt weiterzuführen.[7]

---

6   In dem Ablaufschema der Interviewleitfäden werden die Interviewenden dazu angehalten, die Mehrdeutigkeit/Andersdeutigkeit von Begrifflichkeiten zu überprüfen.
7   Im Einzelfall gilt es zu prüfen, inwieweit durch eine Interviewunterbrechung neue bzw. veränderte Kontexte entstehen und wie die bereits gewonnen Informationen zu verwerten sind.

6. Die Wahl einer passenden Interviewform

Die Wahl der optimalen Interviewform trägt wesentlich zum Erfolg und zur Qualität eines Interviews bei. Wichtig für die Wahl der passenden Interviewform ist eine sorgfältige Klärung des Evaluationszwecks und der durch ein Interview zu beantwortenden → Fragestellungen. Die persönlichen Präferenzen der Interviewenden in Hinblick auf die Form sollten vernachlässigt werden, nicht aber deren Fähigkeit, die gewählte Form umzusetzen. Ein grober Überblick über im Kontext von Evaluationen angewandten Interviewformen zeigt die vielfältigen Möglichkeiten: evaluative Interviews, Experteninterviews, episodische Interviews; fokussierte, halbstandardisierte, problemzentrierte, diskursive, Interviews; Tandem-Interviews, usw. (siehe dazu Kruse 2014, S. 161 ff. und Flick 2006, S. 214). Die Vielzahl der Möglichkeiten sollte nicht abschreckend sein, sondern als Chance für eine passgenaue Werkzeugauswahl im Hinblick auf den Evaluationszweck, die Evaluationsfragestellungen, die Zielgruppen und die Ressourcen angesehen werden. Die Entscheidung, welche Form gewählt wird, sollte im Idealfall bei den Evaluierenden (die nicht die Interviewenden sein müssen) liegen. Zur Auswahl einer passenden Interviewform können die Kriterien aus Tabelle 1 verwendet werden. Eine Fokussierung seitens der → Auftraggebenden auf bestimmte Formen sollte fachlich überprüft und ggf. diskutiert werden.

Tabelle 1: Kriterien zur Auswahl von Interviewformen

Evaluations-zweck	Wofür sollen die → Daten genutzt werden sein?	→ Rechenschaftslegung, → Wissensmanagement, Optimierung, → Wissensgenerierung, → Entscheidungsfindung
Fragestellungen	Was für Daten sollen erhoben werden?	Informationen zu bestimmten Aspekten/Fakten/Sachverhalten, Sinn(re)konstruktionen, Deutungsmuster, Beobachtungen, Wissen, Einstellungen/Meinungen, Verhalten/Handeln etc.
Zielgruppe/n	Ist die Form zielgruppenadäquat?	(Konzentrations-)Dauer, sprachliche Voraussetzungen, Sinnverständnis
	Kann die Zielgruppe mit der gewählten Interviewform zum Gespräch angeregt werden?	Notwendigkeit direktiver/nicht-direktiver Gesprächsführung, Impulse (durch Materialien/Filme/Aktionen etc.), Art des Gesprächs (dialogisch, alltagsorientiert, moderiert)
Ressourcen	Ist die Form mit den vorhandenen Ressourcen realisierbar?	vorhandenes Fachpersonal, Kosten für Technik/Transport/Material etc.,
	Lassen sich die erhobenen Daten mit den vorhandenen Ressourcen adäquat auswerten?	Fachpersonal vorhanden, ausreichend Zeit

7. Der Ablauf des Interviews

Für jede Form von Interview, ob leitfadengestützt oder nicht, ist es sinnvoll, im Vorfeld ein Erhebungskonzept zu erstellen. Dieses sollte im Idealfall sowohl für die Interviewenden als auch die Befragten erstellt werden und zur Abstimmung mit den Auftraggebenden genutzt werden. Der → **Datenerhebungsplan** gibt einen Überblick über das Interview und die Schritte der Durchführung. Für die Befragten ist es wichtig zu wissen, was auf sie zukommt und was von ihnen erwartet wird; gleichzeitig vereinfacht eine solche Aufbereitung (max. eine DIN A4 Seite) allen Beteiligten die Orientierung und den Einstieg ins Interview. Die Interviewenden sollten zu Beginn des Interviews über den Zweck und die Fragestellungen des Interviews informieren.

Hierfür können sie die zentralen Eckdaten des Konzepts nutzen und bspw. entlang bedruckter Moderationskarten den Einstieg in das Interview gestalten. Die Moderationskarten, die auf einen optimalen Verlauf eines Interviews ausgerichtet sind (vgl. Tabelle 2), helfen den Interviewenden sich zu orientieren und zu überprüfen, ob sie die selbstgesetzten Qualitätskriterien einhalten. Qualitätskriterien können sich aus der Offenheit und der Strukturierung der Fragen (Werden eigene Themen durch die Jugendlichen eingebracht? Werden die Themen in Form der Fragen durch die Jugendlichen verstanden und bearbeitet?), aus der Beantwortung der Fragestellung (erhalten die Interviewenden Antworten auf die Fragestellungen?), der Art und Weise der Interviewführung (wertschätzend, nicht suggestiv) sowie der Haltung der Interviewenden (Kann eine angenehme Interviewatmosphäre aufgebaut werden?) ergeben. Beispielsweise können Interviewende während eines Interviews überprüfen, ob sie bestimmte Fragetypen wie z. B. Suggestivfragen anwenden/vermeiden, ob ihre Artikulationen für die Interviewten verständlich sind oder ob die Interviewten Fragen ausführlich und erläuternd beantworten, anstatt lediglich „ja" oder „nein" zu sagen. Zur Orientierung kann die Interviewdurchführung in Phasen unterteilt werden (vgl. Tabelle 2).

8. Leitfäden zur Interviewgestaltung

In nahezu allen bekannten Interviewformen werden Leitfäden genutzt, wenn auch teilweise in unterschiedlicher Form, was den Aufbau und insb. den Grad der Strukturierung (Offenheit der Fragen) und der Standardisierung (Verbindlichkeit der Verwendung) betrifft. Bei der Konstruktion von Leitfäden sind, unabhängig von der Form des Interviews, zudem folgende Aspekte zu beachten. Die Abfolge der Fragen sollte nach Möglichkeit logisch aufeinander aufbauen. Sie sollten jedoch, wenn möglich, nicht so miteinander verschränkt sein, dass nachfolgende Fragen nur bei Beantwortung vorangegangener Fragen gestellt werden können. In diesen Fällen wird der Interviewende dazu verleitet, auf Antworten zu drängen, um nachfolgende Fragen stellen zu können. Fragen sollten möglichst einfach formuliert und nicht mehrdeutig sein. Notwendige schwierige Fragen können erläutert werden, sollten

Tabelle 2: Beispielhafte Aspekte eines Gesprächskonzepts für Einzelinterviews mit Jugendlichen

'warm-up' – persönliches Kennenlernen/Interviewdurchführung erläutern	
Small-Talk und informelle Vorstellung der Beteiligten	Namentliche Vorstellung aller Beteiligten. Ansprache für das Interview klären (evtl. „Du" statt „Sie"). Durch ‚Smalltalk' Gesprächshemmnisse abbauen und eine positive Atmosphäre schaffen.
Darstellung des Interviewzwecks	Aufzeigen, zu welchem Zweck das Interview geführt wird und warum die Äußerungen der interviewten Person wichtig und wertvoll sind.
Art und Weise des Interviews erklären	Den Interviewten grob das Frage-/Antwortprinzip bzw. Erzählprinzip erläutern. Dokumentationsform benennen (z. B. per Aufnahmegerät und ggf. das Gerät zeigen). → **Auswertung** und Verwendung der Daten aufzeigen.
Rückfragen klären	Zeit für Rückfragen einräumen und diese klären.
‚performance' – Einstieg und Interviewdurchführung	
Dokumentation vorbereiten	Unterlagen zur Mitschrift bereitlegen (z. B. zur Erfassung relevanter Aussagen oder um Themen im Gesprächsverlauf nochmals aufgreifen zu können). Ggf. Aufnahmegerät starten und prüfen, ob das Gerät einwandfrei aufzeichnet.
Interviewseinstieg	Einstieg z. B. mit Leitfrage (siehe Tabelle 3)
Fragenüberleitung	Übergänge zwischen den Fragen an Gesprächsverlauf anpassen. Ergeben sich keine passenden Übergänge, dann den Wechsel zwischen Fragen mit unterschiedlichen Themen benennen.
Abschlussfrage	Ggf. Interviewten die Möglichkeit geben, für sie wichtige Themen noch anzusprechen (gilt insbesondere für offene Interviewformen). Achtung: Ausreichende zeitliche Kapazitäten einplanen, um die Interviewten hier nicht zu stark einschränken zu müssen.
‚wrap-up' – Interviewabschluss	
Interview beenden	Den Interviewten sagen, dass das Interview beendet ist. Audiomitschnitt stoppen.
Rückfragen klären	Zeit für Rückfragen einräumen und diese klären.
Verabschiedung	Den Interviewten für ihre Teilnahme danken und sie verabschieden.
Dokumentation	Gewählte Dokumentationsform überprüfen (z. B. ob Audiomitschnitt verständlich und vollständig ist). Ggf. Notizen (z. B. zur Atmosphäre) ergänzen.

aber nicht durch vorangegangene Fragen eingeleitet werden,[8] da den Befragten diese Hinführung nicht zwingend klar wird oder sie hierdurch womöglich eine fälschliche Kontextualisierung vornehmen. Der Gesprächsfluss der Befragten sollte in der Regel nicht unnötig unterbrochen werden, um die Entfaltung von Bedeutungszuschreibungen zu fördern. Das heißt, die Interviewführung sollte sich an den Gesprächsverlauf anpassen. Das kann zu einer anderen Reihenfolge der Fragen, als im Leitfaden angedacht, führen. Generell muss der Interviewer bzw. die Interviewerin flexibel entscheiden, welche der vorgebrachten Inhalte er bzw. sie für den gewählten Themenfokus als passend bewertet. Eine große Herausforderung liegt darin, im Moment der Interviewdurchführung über die Wichtigkeit der Aussagen zu entscheiden und je nach Entscheidung zu einer weiteren Ausführung der Themen anzuregen oder zu der Leitfrage zurückzuleiten oder eine neue Leitfrage zu stellen.

Die Interviewfragen sollten möglichst klar sein und ohne Umschreibungen und Konnotationen auskommen. Umschreibungen werden von Befragten häufig aufgenommen und in der Auswertung durch die Evaluierenden dann als deren Deutung übernommen (Beispiel: I:„Wie ist das Leben in einem so benachteiligten Stadtteil wie der Südstadt? B: „Sehr schlecht, man kann kaum etwas unternehmen."). Angelehnt an eine Vorlage von Jan Kruse (2014, S. 204) zeigt Tabelle 3 ein Beispiel für den Aufbau eines Gesprächsleitfadens.

Tabelle 3:   Beispiel für den Aufbau eines Gesprächsleitfadens angelehnt an Kruse (2014)

Leitfrage/Stimulus/Erzählaufforderung		
Grundreiz, der ein Themenfeld/Sachgebiet sehr offen oder vage eröffnet, sodass den Befragten die Möglichkeit zur eigenstrukturierten Positionierung und Thematisierung gegeben wird. *Beispiel: Du hast im Sommer am Programm „Ferienfreizeit" teilgenommen. Kannst du mir etwas zum Programm erzählen?*		
Inhaltliche Aspekte	**Aufrechterhaltungsfragen**	**Rück-/Nachfragen**
Themen zu denen man etwas in Erfahrung bringen möchte. z. B.: • *Nutzen für die Jugendlichen* • *Eindruck von Angeboten im Programm* • *Zufriedenheit der Teilnehmenden*	Kannst du mir das noch ein bisschen erklären? Wie hast du dich dabei gefühlt? Was war das für eine Erfahrung? Was waren das für Situationen? Gibt es sonst noch etwas? Was meinst du damit? Und dann?	Elaborierende Nachfragen zum Thema/einzelnen Punkten, also konkretere inhaltliche Nachfragen, die stärker strukturiert und gesteuert sind, aber dennoch offen formuliert sein sollten: Wie hat dir das Angebot XY dabei geholfen, dich selbstsicherer zu fühlen?

---

8   Beispiel: Die Frage „Welches Genre von Computerspielen spielst du?" sollte so umformuliert oder erklärt werden, dass den Interviewten deutlich ist, was mit „Genre" gemeint ist (bspw.: Welche Art von Computerspielen spielst Du?). Die Frage sollte aber nicht durch z. B. die Frage „Spielst du regelmäßig Ego-Shooter?" eingeleitet werden (suggestiv, geschlossen).

9. Die Dokumentation von Interviews

Die Dokumentation der Interviews entscheidet in hohem Maße darüber, wie die Interviews ausgewertet werden können. Interviews lassen sich auf verschiedene Arten dokumentieren: Postskripte, Gesprächs- oder Beobachtungsprotokolle, Audio- oder Videoaufzeichnungen sind in der Praxis häufig genutzte Formen. Allgemein lässt sich sagen, dass mit steigenden Anforderungen an die Auswertung auch der Umfang und die Anforderungen an die Interviewdokumentation steigen. So sind Postskripte[9] und während des Interviews erstellte Protokolle in der Regel nicht sehr umfangreich bzw. enthalten eine Menge Lücken; die erfassten Daten unterliegen zudem sehr stark den Fähigkeiten der Verfassenden. Dies kann ein durchaus erwünschtes Produkt sein, beispielsweise können die subjektiven Eindrücke der Verfassenden (nicht zwingend die Interviewenden) zur Reflexion der Interviewatmosphäre, des Gesprächsverlaufs oder der Interviewführung verwendet werden. Postskripte können von den Verfassenden dazu genutzt werden, die individuellen Eindrücke, beispielsweise unmittelbar nach dem Interview und eine gewisse Zeit später, miteinander zu vergleichen und darauf aufbauend veränderte Sichtweisen zu den Interviewinhalten zu entwickeln. Folgendes Beispiel soll dies verdeutlichen. In einer Evaluation wurden 26 Mitarbeitende der offenen Kinder- und Jugendarbeit aus Nordrhein-Westfalen interviewt. Die Interviews fanden in der Regel in Jugendzentren, während der Öffnungszeiten, statt. In den unmittelbar nach den Interviews erstellten Postskripten beschrieben die Interviewenden die Interviewatmosphäre meist als ‚laut‘, ‚von außen gestört‘ oder ‚häufig unterbrochen‘. In einer Reflexion aller durchgeführten Interviews, auf Basis der Postskripte, zeigte sich, dass z. B. die Störungen von außen (bspw. durch Jugendliche) seitens der Interviewten im Interview aufgegriffen wurden und einen inhaltlichen Mehrwert für den Verlauf der Interviews erbracht haben.

Um eine möglichst vollständige Transkription[10] erstellen zu können, anhand derer der → Evaluationsgegenstand betrachtet werden kann, ist es mindestens notwendig, alle lautsprachlichen Äußerungen zu dokumentieren; Audioaufzeichnungen werden im Evaluationskontext sehr häufig verwendet. Dies ermöglicht es, Sachverhalte, Sinnzusammenhänge und Deutungsmuster darzustellen bzw. zu rekonstruieren. Gelegentlich kann eine Videoaufzeichnung ratsam sein, da sie neben der umfangreichen Konservierung aller wahrnehmbaren körperlichen Äußerungen auch eine bildliche Darstellung der Interviewatmosphäre ermöglicht. Eine Videoaufzeichnung ist insbesondere dann notwendig, wenn Reaktionen und Verhaltensweisen (die sich auch in nonverbalen Äußerungen widerspiegeln) erfasst und ausgewertet werden sollen (Reinders 2005, S. 187); eine Vorgehensweise, die in Evaluationen eher selten angewandt wird. In den meisten Interviews, die im

---

9   Ein Postskript wird möglichst direkt nach der Durchführung von Interviews verfasst und hält Eindrücke zur Interviewsituation, zur Interaktion und zu weiteren Besonderheiten während des Interviews fest.

10 Im Zuge der Transkription wird das auf Tonband aufgezeichnete gesprochene Wort verschriftlicht.

Rahmen von Evaluationen durchgeführt werden, ist es ausreichend, Sachverhalte, Sinnzusammenhänge oder Deutungsmuster darzustellen bzw. zu rekonstruieren. In Hinblick auf die einzusetzenden Ressourcen stellt die Audioaufzeichnung ein probates Mittel im Rahmen einer Evaluation dar. Je nach Transkriptionssystem ist die Transkription einer Audioaufzeichnung sehr zeitaufwendig (Richtwert: zwischen 3 und 20 Stunden Transkriptionszeit je volle Stunde Aufzeichnung). Dafür kann das Transkript nahezu lückenlos erstellt werden und bietet ungeachtet der Interviewdurchführung ein hohes Maß an Sachlichkeit. Ein weiterer Vorteil von Audio- und Videoaufzeichnungen allgemein ist, dass eine Aufnahme jederzeit im Auswertungsprozess genutzt werden kann (um beispielsweise Aussagen zu prüfen) und, dass anhand der Aufzeichnung eine Qualitätsprüfung der Interviewdurchführung möglich ist.

So wurden bspw. in einer Evaluation zur Berufsorientierung von Jugendlichen auf Wunsch der Auftraggebenden weitere Evaluationsfragestellungen ergänzt. Zentrale Erkenntnisse zu den ergänzten Fragestellungen konnten durch wiederholte Auswertung bereits durchgeführter Interviews mit Jugendlichen, ohne zusätzliche Erhebungen, generiert werden. Dies funktioniert selbstverständlich nur, wenn Themen der ergänzten Fragestellungen in den Interviews zur Sprache kamen. Zwischen den Auftraggebenden und den Evaluierenden sollte bereits in der Planung vereinbart werden, wie lange und in welcher Form personenbezogene Aufzeichnungen (z. B. Audiomitschnitt eines Interviews) archiviert werden.

In der Evaluationspraxis zeigt sich, dass Jugendliche in der Regel nicht durch Aufzeichnungsgeräte verunsichert oder abgeschreckt werden. Im Gegenteil, häufig interessieren sie sich für das entsprechende Gerät und vermuten eine Bedeutungsaufwertung ihrer Aussage durch die Aufzeichnung ihres Beitrags (eine kurze Auseinandersetzung mit dem Gerät sollte den Jugendlichen vor dem Interview oder während der Einleitungsphase ermöglicht werden).

Die Auswahl eines passenden Transkriptionssystems[11] muss, wie die bereits aufgeführten Verfahren zur Interviewdurchführung, ebenfalls durch die Evaluierenden in Hinsicht auf die Fragestellungen der Evaluation spezifisch ausgewählt werden. Für Interviews, in denen einfache Sinnzusammenhänge, Meinungen oder Sachverhalte erfragt werden (und per Audiomitschnitt dokumentiert werden), ist es meist ausreichend und im Evaluationskontext sinnvoll, eine einfache Form der Transkription zu wählen.

---

11 Zwischen den verschiedenen bestehenden Transkriptionssystemen bestehen teils große Unterschiede, insbesondere was den zeitlichen Umfang zur Erstellung und die weiteren Verwendungsmöglichkeiten des Transkripts betrifft. Ich empfehle hier allen Evaluierenden eine intensive Auseinandersetzung mit den gängigen Systemen, um ein Verständnis für Vor- und Nachteile der einzelnen Verfahren entwickeln zu können. Häufig verwendete Transkriptionssysteme sind u. a. HIAT (halb-interpretative Arbeitstranskription), GAT (Gesprächsanalytisches Transkriptionssystem) und DIDA (Diskursdatenbank) sowie deren Modifikationen (siehe hierzu Kuckartz 2010, S. 38 ff. und MacWhinney 2000).

Tabelle 4: Vereinfachte Transkriptionsform in Anlehnung an Kuckartz u. a. (2008)

Transkriptionsform	Beispiel
Es wird wörtlich transkribiert, also nicht lautsprachlich. Vorhandene Dialekte werden nicht mit transkribiert. (Auch starke Vereinfachung möglich: zusammenfassend statt wörtliche Transkription)	„mit fremden Menschen spreche ich Hochdeutsch" statt „mit FREMden MENschen spreche ich (.) HOCHdeutsch"
Sprache und Interpunktion wird leicht geglättet, d. h. an das Schriftdeutsch angenähert.	„Er hat eine Freundin" statt „er hat 'ne Freundin"
Die interviewende Person wird durch ein „I", die befragte Person durch ein „B", gefolgt von ihrer Kennnummer, gekennzeichnet.	etwa „B4"
Angaben, die einen Rückschluss auf eine befragte Person erlauben, werden in eckigen Klammern [] anonymisiert.	„Ich komme aus [Ort1]" (bei mehreren Orten: Ort1, Ort2 usw.)
Lange Pausen und unvollendete Sätze werden durch Auslassungspunkte (…) markiert.	„Ich war gestern … also vorgestern war ich …"
Zustimmende bzw. bestätigende Lautäußerungen der Interviewenden werden nicht mit transkribiert, sofern sie den Redefluss der befragten Person nicht unterbrechen.	„Das wusste ich gar nicht" statt „Aha, das wusste ich gar nicht.
Einwürfe der jeweils anderen Person werden durch ein Minus (-) gekennzeichnet.	I: „Wie sind Sie denn …" B1: -„aber ich wollte noch sagen, dass …"
Lautäußerungen der befragten Person, die die Aussage unterstützen oder verdeutlichen, werden in Klammern notiert.	„(lachen)" oder „(seufzen)"
Jeder Sprecherwechsel wird durch eine Leerzeile zwischen den Sprechern deutlich gemacht, um die Lesbarkeit zu erhöhen.	I: „Was essen Sie den besonders gerne?" B5: „Am liebsten Pizza."

Für weitere Informationen zur Auswertung von Interviews wird auf die folgenden einschlägigen Werke verwiesen: Kuckartz (2012), Mayring (2015), Nohl (2013), Patton (2014). Auch der Artikel zur Grounded-Theorie im vorliegenden Buch (vgl. Lück-Filsinger in diesem Band) liefert wichtige Anregungen.

10. Datenschutz und Einverständnis

Wie bei allen Evaluationen muss den Interviewten spätestens vor Beginn eines Interviews verständlich gemacht werden, welche Daten erhoben werden und was mit diesen Daten geschieht. Ebenso müssen die Beteiligten der entsprechenden Verwendung zustimmen. Hierbei ist es nicht zwingend notwendig, dass alle Daten → anonym erhoben bzw. in anonymisierter Form dargestellt werden, solange dies den Beteiligten bekannt ist und eine Zustimmung erfolgt. Die Einverständniserklärung der Beteiligten zur Erhebung der Daten sollte bei Volljährigen in der Regel schriftlich erfolgen. In Ausnahmefällen kann die Einverständniserklärung auf anderem Wege erfolgen, z. B. per Aufzeichnung zu Beginn eines Interviews. Dies ist gegeben, wenn das Einholen einer schriftlichen Erklärung einen unverhältnismäßig hohen Aufwand mit sich bringt oder die Datenerhebung dadurch erheblich beeinträchtig wird (§4a, Abs. 1 und 2 BDSG). Bei der Durchführung von Interviews mit minderjährigen Jugendlichen (14 bis 17 Jahre) kann es sein, dass es ausreichend ist, wenn der jeweilige Jugendliche sein Einverständnis gibt. Dies richtet sich nicht nach den gesetzlichen Regelungen zur Geschäftsfähigkeit[12], sondern ist dann gegeben, wenn die Jugendlichen einsichtsfähig sind, also die Folgen der Verwendung ihrer Daten übersehen und entsprechend Stellung beziehen können (ADM 1996). Generell ist es empfehlenswert, stets die Einverständniserklärung der Erziehungsberechtigten einzuholen, um zum einen die Informierung und Akzeptanz der Erziehungsberechtigten zu gewährleisten und zum anderen ein größtmögliches Maß an Rechtssicherheit zu erhalten.

Eine Einverständniserklärung sollte folgende Punkte enthalten: Angabe, dass das Interview freiwillig ist; Art und Zweck der Erhebung; Name der interviewenden Person und ggf. der/des zuständigen Institution/Unternehmens; Verwendung der Daten; Name des/der Befragten; Ort, Datum und Unterschrift.

Der Austausch von personenbezogenen Daten Dritter zwischen den Programmverantwortlichen und den Evaluierenden bedarf der Zustimmung der betroffenen Personen bzw. je nach Alter der Betroffenen der Zustimmung der Erziehungsberechtigten. Dies gilt insbesondere auch für die Weitergabe von Adressen oder Telefonnummern (bspw. zur Gewinnung von Jugendlichen für ein Interview). In der Regel liegen Programmverantwortlichen solche Daten bereits zu Beginn einer Evaluation vor und einer Verwendung im Rahmen des Programms (einschließlich dessen Evaluation) wurde bereits zugestimmt. Diese Zustimmung zur Verwendung der Daten sollte seitens der Programmverantwortlichen gegenüber den Evaluierenden bestätigt werden, um ausreichende Rechtssicherheit zu gewährleisten. Ist dies nicht gegeben, so muss eine nachträgliche Zustimmung erfolgen, was in der Planung besonders zu berücksichtigen ist.

11. Die Interviewatmosphäre/-situation

In Interviewsituationen mit Jugendlichen spielt das Vertrauen zwischen den Jugendlichen und den Interviewenden eine wichtige Rolle. Eine Vertrauensbasis ist notwendig, damit eine möglichst offene Interaktion stattfindet, in der Befragte frei von Ängsten und Zwängen ihre eigenen Vorstellungen und Erfahrungen darstellen.

---

12 Nach den Bestimmungen des Bürgerlichen Gesetzbuches (BGB) sind Minderjährige vom vollendeten 7. Lebensjahr an beschränkt geschäftsfähig.

Vertrauen meint in diesem Zusammenhang vor allem die Annahme der Jugendlichen, dass sich die Interviewerin oder der Interviewer korrekt und fair verhält, bezüglich des Umgangs mit den Daten und Ergebnissen. Es ist nicht notwendig, ein darüberhinausgehendes Vertrauen zwischen den Interviewenden und den Befragten aufzubauen (dies wird in vielen Fällen von Beteiligten auch nicht gewünscht oder zugelassen). Zwischen den Interviewenden und den Jugendlichen soll somit lediglich eine Interview-Beziehung entstehen. Interviewende sollten in ihrer Haltung gegenüber den interviewten Jugendlichen offen und kommunikationsfreudig sein. Das bedeutet, dass sie die Meinungen und Äußerungen des Gegenübers akzeptieren und nicht kommentieren (im Sinne einer Bewertung).

Ebenso wichtig ist ein authentisches Auftreten der Interviewerin oder des Interviewers. Jugendliche haben sich in der Regel umfangreiche Fähigkeiten angeeignet, um insbesondere den Habitus der für sie als erwachsen Geltenden zu überprüfen. Sie können also durchaus als Meister der kritischen Beobachtung und Entlarvung angesehen werden. Rasch werden sie bemerken, wenn sich eine Interviewerin oder ein Interviewer verstellt, um damit einen Zugang zu ihnen zu erreichen oder eine gemeinsame Vertrauensbasis zu schaffen. Es ist demnach nicht ratsam, den Kleidungsstil, die Sprache oder sonstige Ausdrucksformen der Jugendlichen nachzuahmen. Ein selbstbewusstes Auftreten in der eigenen Rolle (ohne diese in den Vordergrund zu stellen) wird zumeist deutlich besser aufgenommen und akzeptiert. Bei der Kleidung beispielsweise sollte darauf geachtet werden, dass diese für die Jugendlichen keine allzu große Provokation darstellt – dies könnte zum Beispiel der Fall sein, wenn der eigene Kleidungsstil einer womöglich konkurrierenden Gruppe zugesprochen wird. Die Sprache sollte so einfach wie möglich gehalten werden – nicht nur, um die aufgezeigten Probleme, die durch komplexe Sprache verstärkt werden, zu reduzieren, sondern auch, um die Zugänglichkeit zu erhöhen und gleichzeitig Angriffsflächen zu reduzieren. Notwendige Fachwörter und komplexe Zusammenhänge sollten beiläufig erläutert werden, ohne belehrend zu wirken. Ein, auch vom Gegenstand abweichendes, Interesse an den gemachten Äußerungen und damit in Verbindung stehenden Aktionen sowie Erfahrungen der Jugendlichen kann ebenfalls förderlich sein. Des Weiteren kann es hilfreich sein, die Bedeutung der Äußerung bzw. die Wichtigkeit der Jugendlichen hervorzuheben und ihnen das Gefühl zu geben, jemand Besonderes zu sein (was sie im Kontext des Interviews auch sind). Die Annahme, Jugendliche würden durch solche Vorgehensweisen dazu angeregt, sich anders zu verhalten oder inhaltlich zu äußern, kann ich nicht bestätigen, auch habe ich in diesem Zusammenhang bei vergleichbaren Situationen keine Unterschiede zwischen den Jugendlichen bei verschiedenen Verfahrensweisen beobachten können. Unabhängig davon, ob die Jugendlichen eine wie auch immer geartete Vergütung erhalten, können gewisse Aufmerksamkeiten (leicht essbare Snacks/Süßigkeiten) sich auflockernd auf das Interview auswirken. Weiter sollten Getränke in Interviewsituationen generell zur Verfügung stehen, um einem trockenen Hals zu verhindern, aber auch um allen Teilnehmenden durch das Trinken gezielte Pausen zu ermöglichen, in denen Gedanken gesammelt und strukturiert werden können.

Negative Auswirkungen auf ein Interview können insbesondere durch äußere Reize (hohe Temperaturen, lautes Umfeld, stickige Räume etc.) entstehen und sollten bereits während der Planung berücksichtigt werden.

Nach Durchführung des Interviews sollte den Teilnehmenden gedankt werden und eine kurze Verabschiedung erfolgen. Oftmals wollen Jugendliche keine lange und umfangreiche Verabschiedung, sondern einfach ‚schnell raus'. Gleichwohl sollten die Interviewenden noch ein gewisses Zeitpolster haben (ca. 15 Min.), um eventuelle Fragen oder Eindrücke nach dem eigentlichen Interview mit den Teilnehmenden besprechen zu können, da dies manchen Jugendlichen ein Anliegen ist.

12. Die Reflexion der Interviewsituation

Zusätzlich zur angemessenen methodischen Planung und Durchführung der Interviews ist eine systematische Reflexion der Interviewsituation ertragreich. Sie dient dazu, die eingesetzten Interview- und Gesprächstechniken zu überprüfen und fördert so die weitere Professionalisierung der Interviewenden. Je nach Ressourcenkapazität gestalten sich für Evaluierende zwei Formen der Reflexion häufig als praktikabel. Die erste Form stellt eine Art kollegiale Beratung dar, bei der die Interviewsituation anhand der vorliegenden Dokumentation (z. B. Audioaufzeichnung) durch die Interviewenden, evtl. in Zusammenarbeit mit erfahrenen Kolleginnen und Kollegen, analysiert und reflektiert wird. Zuvor sollte sich das Tandem auf max. fünf Schwerpunktthemen (z. B. Art der Fragenformulierung, Nutzung von Nachfragen etc.) verständigen, auf die gezielt geachtet wird. Bei der zweiten Form analysieren und reflektieren die Interviewenden die Interviewsituation anhand eines vorgegebenen Kriterienkatalogs in Form einer Checkliste. Zu beiden Formen kann ein nach der Interviewsituation erstelltes Postskript der Interviewenden dazu genutzt werden, die individuellen Eindrücke (zum Zeitpunkt der Postskript-Erstellung und zum Reflexionszeitpunkt) miteinander zu vergleichen. Die eigentliche Reflexion sollte mit einem zeitlichen Abstand zum Interview erfolgen, um eine Verfremdung zur Interviewsituation zu ermöglichen. Bei der Reflexion von Interviews mit Jugendlichen ist besonders von Interesse, ob es gelungen ist, eine vertrauensvolle Interviewatmosphäre zu schaffen und die Jugendlichen zu Erzählungen und der Darstellung ihrer Meinungen anzuregen.

Die Reflexion des gesamten Interviewprozesses ist aus mehreren Gründen ratsam. Sie ermöglicht Nachvollziehbarkeit der umgesetzten Datenerhebung und hilft damit zu verstehen, wie die Ergebnisse zustande gekommen sind. Im Kontext einer Evaluation dient die Reflexion somit auch der Rechenschaftslegung gegenüber Auftraggebenden und als Informationsquelle, um zukünftige Erhebungen besser planen zu können.

13. Die Kommunikation mit den Jugendlichen im Anschluss an die Interviews

Es kann vorkommen, dass der Kontakt mit den Jugendlichen nicht mit der Interviewdurchführung endet, z. B. wenn danach noch weitere Erhebungsschritte mit den Jugendlichen geplant sind oder wenn vereinbart wurde, dass die Jugendlichen die Ergebnisse „ihrer" Erhebung mitgeteilt bekommen oder freigeben müssen. Die Evaluierenden sollten den Kontakt und die damit verbundenen Vereinbarungen (bspw. Zusendung von Ergebnissen) professionell pflegen und nicht als Arbeitsschritte „2. Klasse" betrachten. Hierbei ist es wichtig, die Jugendlichen nicht mit allzu vielen und unverständlichen Informationen zu „belästigen", sie jedoch auch nicht zu „vernachlässigen" (erfahrungsgemäß melden die Jugendlichen sich nicht von alleine bei den Evaluierenden). Als sehr praktikable Möglichkeiten zur Kontaktpflege mit Jugendlichen erweisen sich geschlossene Gruppen in sozialen Netzwerken oder Chatsystemen.[13] In solchen Gruppen können die Jugendlichen ohne Kommunikationsaufforderungen zeitnah informiert werden und erhalten gleichzeitig die Möglichkeit einer niedrigschwelligen Kommentierung bzw. Rückantwort. Auch über E-Mail-Verteiler lassen sich einfache Kommunikationsstrukturen aufbauen, die jedoch im Hinblick auf eine veränderte Mediennutzung von Jugendlichen eine schlechtere Zugänglichkeit aufweisen (Medienpädagogischer Forschungsverbund Südwest 2013, S. 52 ff.).

Literatur

ADM (1996): Richtlinie für die Befragung von Minderjährigen. https://www.adm-ev.de/richtlinien/[Stand: 15.01.2014]

Bundesdatenschutzgesetz (BDSG) vom 20.12.1990 i. d. F. vom 25.02.2015

Flick, Uwe (2006): Interviews in der qualitativen Evaluationsforschung. In: Flick, Uwe (Hrsg.): Qualitative Evaluationsforschung. Konzepte, Methoden, Umsetzungen. Reinbek: Rowohlt.

Havighurst, Robert J. (1948): Developmental tasks and education. New York: Longmans, Green and Co.

IJAB – Fachstelle für Internationale Jugendarbeit der Bundesrepublik Deutschland e. V. (2009): Kinder- und Jugendhilfe in Deutschland. Online abrufbar: www.kinder-jugendhilfe.info [Stand: 11.06.2015]

Kruse, Jan (2014): Qualitative Interviewforschung: Ein integrativer Ansatz. Weinheim/Basel: Beltz Juventa Verlag.

Kuckartz, Uwe (2012): Qualitative Inhaltsanalyse. Metzhoden, Praxis, Computerunterstützung. Weinheim: Beltz.

Kuckartz, Uwe (2010): Einführung in die computergestützte Analyse qualitativer Daten. Wiesbaden: VS Verlag.

---

13 Beispiele für von Jugendlichen genutzte soziale Netzwerke oder Chatsysteme: Facebook, ICQ, Jappy, MSN, SchülerCC, SchülerVZ, Skype, Telegramm, Twitter, WhatsApp

Kuckartz, Uwe/Dresing, Thorsten/Rädiker, Stefan/Stefer, Claus (2008): Qualitative Evaluation. Der Einstieg in die Praxis. Wiesbaden: VS Verlag.
Lehmkuhl, Gerd/Schürmann, Stephanie (2008): Entwicklung im Jugendalter – und plötzlich bin ich siebzehn! Vortrag an der Universität zu Köln: Klinik und Poliklinik für Psychiatrie und Psychotherapie des Kindes- und Jugendalters. http://www.junioruni.uni-koeln.de/fileadmin/templates/koost/JuniorUni/Entwicklung_im_Jugendalter_-_und_ploetzlich_bin_ich_siebzehn.pdf [Stand: 11.06.2015]
MacWhinney, Brian (2000): The CHILDES Project: Tools for Analyzing Talk. Mahwah, NY: Lawrence Erlbaum Associates.
Mayring, Philipp (2015): Qualitative Inhaltsanalyse: Grundlagen und Techniken. Weinheim: Beltz Pädagogik.
Medienpädagogischer Forschungsverbund Südwest (2013): JIM 2013. Basisstudie zum Medienumgang 12- bis 19-Jähriger in Deutschland. Jugend, Information, (Multi-) Media. http://www.mpfs.de/fileadmin/JIM-pdf13/JIMStudie2013.pdf [Stand: 22.05.2014]
Nohl, Arnd-Michael (2013): Interview und dokumentarische Methode. Anleitungen für die Forschungspraxis. Wiesbaden: VS Verlag.
Patton, Michael Q. (2014): Qualitative Research and Evaluation Methods. Integrating Theory and Pratice. Thousand Oaks: SAGE.
Reinders, Heinz (2005): Qualitative Interviews mit Jugendlichen führen. München: Oldenbourg Wissenschaftsverlag.
Winkler, Christoph (2005): Lebenswelten Jugendlicher. Eine empirisch-quantitative Exploration an Berufsschulen zur sonderpädagogischen Förderung im Regierungsbezirk Oberfranken. Dissertation zur Erlangung des Doktorgrades der Philosophie an der Ludwig-Maximilians-Universität München.

Mit Gruppendiskussionen kollektive Orientierungen rekonstruieren

Ute B. Schröder

Gruppendiskussionen liegen im Trend. In den letzten Jahren hat sich das Interesse sowohl im sozialwissenschaftlichen Bereich als auch bei → **Evaluationen** verstärkt, Gruppendiskussionen als → **Erhebungsinstrument** einzusetzen. Die Frage, die damit einhergeht ist, welches Wissen mit Gruppendiskussionen erhoben werden kann. Ist es die Summation von Einzelwissen, das (kosten- und zeitgünstig) in einer Gruppe erhoben wird? Sind es Theorien und Meinungen bspw. über → **Evaluationsgegenstände**? Oder wird im Kontext einer Gruppendiskussion noch ein ganz anderes Wissen reproduziert, das in der Diskussion der Teilnehmenden zum Ausdruck kommt?

Im folgenden Beitrag steht diese weitere Art an Wissen, das so genannte implizite Wissen und die darauf basierenden kollektiven Orientierungen von Gruppen und dessen Bedeutung im Rahmen von Evaluationen, im Fokus. Es wird aufgezeigt, dass in Gruppendiskussionen gemeinsam geteilte Erfahrungen, so genannte kollektive Orientierungsmuster aktualisiert werden. Diese sind nicht nur an ein tatsächliches gemeinsames Handeln gebunden, sondern werden auch von Menschen geteilt, die bestimmte Erfahrungen gemeinsam haben, ohne im direkten Kontakt miteinander zu stehen. Jene Orientierungen bzw. jenes Wissen ist den Beteiligten nicht unbedingt reflexiv zugänglich, sondern vielmehr implizit. Es strukturiert jedoch die tägliche Handlungspraxis.

Anhand von Beispielen aus der Evaluationspraxis wird verdeutlicht, inwieweit die Rekonstruktion von kollektiven Orientierungen und impliziten Wissens für Evaluationen von Bedeutung sein kann. In diesem Zusammenhang werden Fragen bezüglich der Ermittlung von → **Wirkungen** und Fragen der → **Bewertung** von Evaluationsgegenständen thematisiert. Die Frage, die dahinter steht ist, inwieweit die Ebene des impliziten Wissens stärker für Evaluationen genutzt werden kann.

1. Die Gruppendiskussion – eine Methode der Datengewinnung aus der Sozialforschung

Gruppendiskussionen sind eine Methode der empirischen Sozialforschung, bei der – im Gegensatz zu → **Erhebungen** mit einzelnen Personen – Meinungen, Theorien, Wissen und Erfahrungen einer Gruppe erhoben bzw. die Kommunikation in der Gruppe untersucht werden können. Bei der Zusammenstellung einer Gruppe für eine Gruppendiskussion wird zwischen zwei Arten unterschieden: der Realgruppe und der künstlichen Gruppe.

Realgruppen setzen sich aus Mitgliedern einer Gemeinschaft zusammen, die sich im Alltag tatsächlich begegnen, austauschen und gemeinsam handeln. Sie sind also dadurch gekennzeichnet, dass sie Erfahrungen im Alltag teilen und im direkten Austausch miteinander stehen. Realgruppen sind Gruppen in ganz unterschiedlichen Zusammenhängen wie bspw. Cliquen, Familien, Arbeitsteams oder im Evaluationszusammenhang z. B. Projektteilnehmende und Projektdurchführende etc.

Bei der Zusammenstellung von künstlichen Gruppen (Loos/Schäffer 2001, S. 43 ff.) für eine Gruppendiskussionen werden die Teilnehmenden von den Forschenden bzw. → **Evaluierenden** aufgrund ihres Forschungs- bzw. Evaluationsinteresses anhand spezifischer Merkmale oder Erfahrungen ausgewählt. Für eine künstliche Gruppe werden Menschen zusammengeführt, die bspw. bestimmte Erfahrungen oder Eigenschaften teilen, ohne dass sie sich persönlich kennen wie Flüchtlinge, Führungskräfte, Berufsgruppen oder bei Evaluationen, z. B. diejenigen, die an einer → **Maßnahme** teilnehmen, ohne sich persönlich zu kennen.

Für die Art und Weise der → **Befragung** lassen sich in den Sozialwissenschaften verschiedene Ansätze unterscheiden, die gleichfalls auch bei Evaluationen zum Tragen kommen können. Bereits die verschiedenen Begriffe, die es für Gruppenerhebungen gibt wie bspw. Fokusgruppe, Gruppeninterview, Gruppenbefragung, Gruppendiskussion etc. verweisen darauf, dass sich die Methoden der Befragung unterscheiden, aber auch die methodologischen Hintergründe verschieden sind. So werden z. B. unter Fokusgruppen im deutschsprachigen Raum eher stärker strukturierte Verfahren verstanden, die auf der Basis eines differenzierten Leitfadens durchgeführt werden (Mäder 2013). Erfolgt die Erhebung mittels eines Leitfadens, der auch offene Fragen beinhaltet, wird auch von einem teilstandardisierten Interview bzw. einem Fokusgruppeninterview gesprochen (Flick 2010, S. 222 f.; Bortz/Döring 2005, S. 308 ff.). Im angelsächsischen Raum werden als Fokusgruppen sowohl strukturierte als auch stärker selbstläufig konzipierte Verfahren bezeichnet (Loos/Schäffer 2001). Unterschieden wird nicht nur die Fragetechnik, sondern auch, ob eine Interaktion der Teilnehmenden untereinander stattfindet oder nicht. So wird z. B. mit Gruppeninterviews häufig die Befragung mehrerer Personen bezeichnet, die gleichzeitig interviewt werden, ohne dass eine Kommunikation unter den Teilnehmenden beabsichtigt ist (Lamnek 2005; Loos/Schäffer 2001). Eine weitere methodische Unterscheidung ist, inwieweit Gruppenerhebungen durch Themen der Interviewenden gesteuert werden (Morgan 1988) oder völlig unabhängig davon sind wie bspw. natürliche Gruppengespräche[1] (Lamnek 2005).

Sollen anhand von Gruppendiskussionen kollektive Orientierungen und geteiltes Wissen der Teilnehmenden erhoben und rekonstruiert werden, ist es notwendig, dass sich die Teilnehmenden in der Erhebungssituation untereinander austauschen

---

1 Auch natürliche Gruppengespräche wie bspw. Kneipengespräche, Familiengespräche am Abendbrottisch etc. können Untersuchungsgegenstand sein. Zum Teil werden diese in Anwesenheit der Forschenden geführt und aufgezeichnet, ohne dass diese Einfluss nehmen; aber auch ohne Anwesenheit der Forschenden können Daten erhoben werden wenn sich z. B. die Akteure bereit erklären, die Gespräche selbst aufzunehmen.

und sich an gemeinsam geteilte Erfahrungen erinnern. Die Interaktion der Teilnehmenden kann dabei sowohl selbstläufig angelegt sein und lediglich durch einige wenige Fragen angeregt werden, aber auch anhand von Leitfäden stärker strukturiert sein. Wichtiges Merkmal ist, dass die Teilnehmenden miteinander ins Gespräch kommen. Wenn gruppenspezifische Erfahrungen erhoben und gleichzeitig themenbezogene Evaluationsfragestellungen beantwortet werden sollen, bieten sich meist gemischte Verfahren an – z. B. ein narrativ angelegter Teil und ein spezifischer Nachfrageteil (Nentwig-Gesemann 2010).

Welches Spektrum an Möglichkeiten Gruppendiskussionen bieten, unterschiedliche Arten von Daten d. h. verschiedene Arten und Ausprägungen von Wissen im Sinne von Meinungen, Bewertungen, Orientierungen etc. zu erfassen, wird bereits am folgenden kurzen historischen Überblick deutlich. Im Anschluss wird dieser Thematik weiter anhand des Verständnisses des Kollektiven sowie des impliziten und expliziten Wissens nachgegangen.

2. Historischer Kontext und methodologischer Hintergrund zum Verständnis des Kollektiven

Das Verfahren der Gruppendiskussion als Erhebungsinstrument sozialwissenschaftlicher Daten etablierte sich im angelsächsischen Raum in den 1940er Jahren und in Deutschland in den 1950er Jahren (Loos/Schäffer 2001; Bohnsack 2006, 2004). Die Weiterentwicklung des Verfahrens verlief relativ unabhängig voneinander und bezog sich auf unterschiedliche Schwerpunkte. Im angelsächsischen Raum wurden unter der Bezeichnung ‚focus groups' Meinungen und Einstellungen von Gruppen sowie Gruppeninteraktionen untersucht und methodische Vorgehensweisen bspw. zu Interviewtechniken und Gruppenzusammensetzungen diskutiert (Morgan 1988; Krueger 1994). Unter der Bezeichnung ‚Group discussions' wurden v. a. im Kontext der Cultural Studies (Morley 1996, 1992, 1980) Stile und Milieus entsprechend ihrer Ausdrucksweisen und Darstellungen hinsichtlich klassen- und milieuspezifischer ‚interpretativer Codes' (Bohnsack 2006, S. 10) erforscht.

In Deutschland ist die Entwicklung von Gruppenerhebungen eng an die Auseinandersetzung mit einem methodologischen Verständnis geknüpft: als eine Suche danach, was eigentlich in Gruppendiskussionen passiert bzw. rekonstruiert werden kann. Ausgangspunkt ist dabei die Frage, was sozialwissenschaftliche Forschung untersuchen bzw. verstehen kann: „Wohl zu allererst die Ethnomethodologen (Garfinkel 1967) haben darauf hingewiesen, das nicht allein die Typenbildung und Wissensbestände des Common Sense, der Alltagspraxis, sondern auch die interpretativen Kompetenzen und ‚Methoden', über die wir in der Alltagspraxis verfügen, die Common Sense-Methoden (oder eben Ethno-Methoden) also, Gegenstand empirischer Rekonstruktion zu sein haben – als Voraussetzung für die Entfaltung sozialwissenschaftlicher Methoden und Interpretationsverfahren und deren Standards" (Bohnsack/Przyborski/Schäffer 2006, S. 8). Demzufolge geht es nicht nur um das Erfassen von Meinungen und reflexivem Wissen (Commen sense-Theorien), sondern in der rekonstruktiven Sozialforschung um die Rekonstruktion der Alltagskonstruktionen der Erforschten: „Das bedeutet, dass die begrifflichen und theoretischen Konstruktionen und Typenbildungen der Forscher und Beobachter an diejenigen der Erforschten und an deren Erfahrungen anzuschließen haben. Die Konstruktionen der Forscher und Beobachter müssen in einer Rekonstruktion derjenigen der Erforschten als solchen ersten Grades fundiert sein; sie müssen diesen adäquat sein" (Bohnsack/Przyborski/Schäffer 2006, S. 8). Die Rekonstruktionen der Forscherinnen und Forscher sind damit „Konstruktionen zweiten Grades" (Schütz 1971).

Vor dem Hintergrund der Frage, welches Wissen in Gruppendiskussionen zusätzlich zu Meinungen und Alltagstheorien noch zum Tragen kommt, hat Mangold (1960) das Modell der *informellen Gruppenmeinung* entwickelt. Mangold arbeitet anhand empirischer Studien heraus, dass in Gruppendiskussionen Gruppenmeinungen zum Tragen kommen, die sich bereits vorab gebildet haben und in der Gruppendiskussion lediglich aktualisiert werden. Mit diesem Ansatz zeigt er den Weg für ein völlig neues Verständnis: „Wurden Gruppendiskussionen bis zu diesem Zeitpunkt schwerpunktmäßig unter dem Aspekt der besseren Ermittlung der Meinungen und Einstellungen Einzelner, ‚unter Gruppenkontrolle' eingesetzt, so bereitete Mangold das Terrain für die Erforschung kollektiv verankerter Orientierungen, die er ‚Gruppenmeinungen' nannte, allerdings ohne diesen Zugang grundlagentheoretisch zu begründen" (Schäffer 2003, S. 76).

Im Anschluss an Mangold entwickelt Bohnsack in den 1980er Jahren das Modell der *kollektiven Orientierungsmuster* (2014, 2004). Anhand empirischen Materials und mittels der von ihm entwickelten Analysemethode der dokumentarischen Interpretation (Bohnsack 2014) arbeitet Bohnsack heraus, dass in Gruppen, deren Teilnehmende über gemeinsam geteilte Erfahrungsräume verfügen, kollektiv geteilte Orientierungsmuster existieren. Diese so genannten kollektiven Orientierungen werden in Gruppendiskussionen aktualisiert und finden ihren Ausdruck im Erzählen von Erlebnissen und Erfahrungen. Sie werden in der Situation der Gruppendiskussion nicht neu gebildet. Methodologisch begründet ist der Ansatz auf der Wissenssoziologie von Mannheim und dem dort herausgearbeiteten Konzept des „konjunktiven Erfahrungsraums" (Mannheim 1964) wie im Folgenden weiter verdeutlicht wird.

3. Die Aktualisierung kollektiver Orientierungen in Gruppendiskussionen

Das Besondere in Gruppendiskussionen ist, wie Bohnsack herausgearbeitet hat, dass hier nicht nur theoretisches Wissen, also Meinungen und Bewertungen der Gruppenmitglieder, erhoben werden kann. Darüber hinaus zeigen sich, aufgrund der Interaktion der Gruppenmitglieder untereinander, kollektive Erfahrungen bzw.

kollektive Orientierungen, die bereits vorab existieren. Die Voraussetzung für die Aktualisierung kollektiver Orientierungen ist, dass die Gruppenmitglieder entweder als Realgruppe gemeinsame Erfahrungen gemacht haben oder als künstliche Gruppe über gemeinsame Erlebnisse verfügen, die sie miteinander verbinden. Kollektive Orientierungen sind dabei nicht zwingend Orientierungen, die von allen Gruppenmitgliedern ausnahmslos geteilt werden. Vielmehr können sie sich auch in gegenseitiger Auseinandersetzung bzw. Abgrenzung entfalten.

Kollektive Orientierungen basieren auf milieuspezifischen Erfahrungen, die sich in so genannten „konjunktiven Erfahrungsräumen" herausbilden (Mannheim 1980, S. 242). Konjunktive Erfahrungsräume sind kollektive Erfahrungsräume, die durch gemeinsame Erfahrungen gekennzeichnet sind. Dabei wird grundlegend zwischen bildungs-, geschlechts-, alters- und organisationsmilieuspezifischen Erfahrungsräumen unterschieden, die miteinander verschränkt sind (Bohnsack 2014). Kollektive Erfahrungsräume werden demnach auch von Menschen geteilt, die nicht im unmittelbaren Austausch miteinander stehen. In Gruppendiskussionen ist es möglich, dieses Kollektive der jeweiligen Erfahrungsräume zu rekonstruieren.

Kollektive Orientierungen lassen sich in Gruppendiskussionen durch die Methode der dokumentarischen Interpretation nach Bohnsack (2014) rekonstruieren. Allerdings können sie sich bereits anhand der Art und Weise des Austauschs der Teilnehmenden untereinander in Gruppendiskussionen zeigen: Obwohl Diskurse in Gruppendiskussionen teilweise zusammenhanglos und sprunghaft erscheinen und die gestellten Fragen scheinbar nicht adäquat beantwortet werden, ‚verstehen' sich die Teilnehmenden untereinander. Dies zeigt sich an wechselseitigen, sich ergänzenden Redebeiträgen, die sich in Erzählungen und Beschreibungen äußern. Dabei werden metaphorisch kollektive Sinnmuster entfaltet, die aufgrund des kollektiven, impliziten Verstehens von den Gruppenmitgliedern nicht theoretisch interpretiert werden müssen, sondern der dahinter stehende Sinngehalt erschließt sich den anderen Gruppenmitgliedern in der Erzählung (Bohnsack 2014, 2004; Mannheim 1964). Die kollektiven Sinngehalte ziehen sich als homologe Muster – Muster die sich in ähnlicher Weise zu unterschiedlichen Themen aktualisieren – durch die Gruppendiskussion.

Die sich wechselseitig ergänzende Rede wird im folgenden Beispiel, das einer Evaluationsstudie zu Wirkungen und zum Erleben berufsfrühorientierender Maßnahmen (Gerull/Rosenberg/Schröder 2006) entnommen wurde, sehr anschaulich deutlich.[2] Hier äußert sich eine Gruppe von acht Hauptschülerinnen und -schülern aus der siebten Klasse, die an einem Camp zu beruflicher Frühorientierung teilgenommen haben, zur Eingangsfrage[3] nach ihren Erfahrungen im Camp:

---

2   Die dokumentarische Interpretation von Gruppendiskussionen war ein Bestandteil der Evaluation neben Fragebogenerhebungen.
3   Als Einfangsfrage wird die erste, erzählauffordernde Frage in einer narrativ angelegten Gruppendiskussion bezeichnet.

```
Iw:    Mir geht's darum ihr seid ja jetzt drei Wochen hier im Camp gewesen. Erzählt mir
       einfach mal, was ihr so erlebt habt. Geschichten-
Cm:                                                    └Das eklige Essen.
Iw:    Ekliges Essen?
Cm:    mhm,
Aw:         └@
Bm:    Der lügt ja nur hier rum,
Fm:                              └ @
Bm:    Das ess ich (gerne)
Cm:                       └und du schleimst
Bm:                                 └ ich weiß
Dm:    Ja (.) das schmeckt gar nicht hier!
Bm:                    └Lügst ma ne rum, gibt's ne Backpfeife
Dm:                                                          └Pumuckl!
Bm:    Wer sagt das Essen schmeckt hier nicht, der lügt!
Bm:    Matthias, du bist dran!
Cm:                           └OK
Bm:     Matthias, du bist dran!
Dm:                            └Deckel
Fm:    Also, das Essen (.) fand ich        die meiste Zeit ganz-
Cm:                                  └eklig┘              └Hehey, du rotes Pumuckl?
       noch n Pumuckl
Em :              └@@
Dm:                  └ @@ ich hab heut schwarze Haare
Bm:                                                  └so der-
       so der Matthias ist jetzt dran!
Cm:    Ja oK. Rede.
Fm:    Das Essen ähm war meistns-
Bm:                              └Supa (.) Supa
Fm:    Lecka und aber einige (.) die warn nicht (.) also die es gab (.) das mocht ich aber
       wirklich nicht!
Cm:    Ick fand das Essen eklig
Dm:    Ich auch
```

Auf die Eingangsfrage des Interviewers reagieren die Jugendlichen mit einer Gesprächssequenz zum Thema Essen. Dies erscheint im ersten Moment für den Interviewer verwirrend (siehe Nachfrage: „ekliges Essen?") und auch bei der Auswertung stellt sich die Frage, weshalb den Jugendlichen zuerst das Thema Essen einfällt bei einem Camp mit vielen Erlebnissen. Zudem wird das Essen nicht differenziert ausgeführt, sondern verbleibt auf der metaphorischen Ebene, denn der Aussage, dass das Essen „eklig" war, folgen keine weiteren Begründungen. Vielmehr setzt eine spielerische Auseinandersetzung mit vermuteten Erwartungshaltungen seitens Erwachsener (stellvertretend dafür steht der Interviewer) bezogen auf das Gespräch an sich und das Camp ein („du schleimst"; „lüg mal nicht rum" etc.). Auf der Ebene des Diskursverlaufs verdeutlicht sich die wechselseitige Ergänzung der Gesprächsbeiträge der Jugendlichen untereinander. Diese bleiben jedoch für einen Außenstehenden von ihrem Sinngehalt eher unklar. Die Jugendlichen reagieren auf die jeweiligen Gesprächsbeiträge der anderen, ohne dass diese auf der inhaltlichen Ebene sinnhaft nachvollziehbar sind (z. B. „du rotes Pumuckl"; „ich hab heut schwarze Haare"). Werden die dahinter stehenden Sinngehalte rekonstruiert (nicht nur aufgrund dieser Passage sondern unter Beachtung weiterer Passagen) wird Folgendes deutlich: Mit dieser Eingangssequenz inszenieren die Jugendlichen dem Interviewer gegenüber ihre Gemeinschaft als Gruppe. Diese ist so eng, dass keine weiteren Erklärungen notwendig sind, sondern die Jugendlichen sich anhand bruchstückhafter Äußerungen verstehen. Sie ‚werfen' sich diese quasi zu und initiieren dadurch weitere Themen, ohne diese groß erklären zu müssen. Neben der Inszenierung von Gemeinschaft wird bereits an dieser Sequenz die zentrale Orientierung dieser Gruppe deutlich. Die zentrale Orientierung, die sich als homologes Muster durch die gesamte Gruppendiskussion zieht (bspw. ist „Essen" ein zentrales Thema, das im Zusammenhang mit weiteren Themen in der Diskussion immer wieder aufgegriffen wird), ist eine noch eher kindlich erscheinende *Orientierung am Versorgtwerden*. Diese äußert sich darin, dass es für die Jugendlichen wichtig ist, dass sie von den Teamerinnen und Teamern im Camp Zuwendung erfahren und sie erwarten, dass sich die Betreuenden um sie kümmern. Auch bei einer zweiten Teilnehmergruppe konnte diese Orientierung rekonstruiert werden.

Im Gegensatz dazu steht die *Orientierung an Selbstständigkeit,* die wiederum anhand von Gruppendiskussionen mit zwei weiteren Teilnehmergruppen herausgearbeitet werden konnte. Diese Jugendlichen wollen unabhängig sein, verstehen sich als fast erwachsen und haben das Bestreben, sich Freiräume ohne Betreuende zu schaffen, z. B. verlassen sie gerne eigenständig das Camp.

Das Interessante für die Evaluation ist nun, dass die im Camp angebotenen Aktivitäten wie bspw. berufliche Orientierungsworkshops, Praktika und Freizeitangebote von den Jugendlichen vor dem Hintergrund ihrer zentralen Orientierungen erlebt und beurteilt werden. Das bedeutet, eine pädagogische Aktivität zeigt nicht per se eine bestimmte Wirkung, sondern diese erfolgt in Auseinandersetzung mit der impliziten kollektiven Orientierung der Teilnehmenden. So werden bspw. von den an *Selbstständigkeit* orientierten Gruppen insbesondere feste Organisationsstrukturen und Regeln des Camps als einengend erlebt und der mögliche Spielraum im Hinblick auf ein Überschreiten ausgetestet. Für die am *Versorgtwerden* orientierten Jugendlichen ist ausgesprochen wichtig, dass sich die begleitenden Pädagoginnen und Pädagogen um sie kümmern und sich ihnen zuwenden. So schildern die Teamerinnen und Teamer in einer Gruppendiskussion, dass verschiedene Jugendliche krank wurden, wenn sie nicht genug Aufmerksamkeit bekamen.

4. Zwei Arten des Verstehens: konjunktiv und kommunikativ

Aufbauend auf dem Konstrukt des konjunktiven Erfahrungsraums unterscheidet Mannheim (1980) zwei Arten des Verstehens. Zum einen den „kontagionsartigen Bezug zur Fremdpsyche" (1980, S. 271), womit er eine „seelische Berührung", ein unmittelbares („instinktmäßiges") Verstehen, ein „spezifisches Einswerden" (1980, S. 209) mit dem Gegenüber bezeichnet. Dieses *konjunktive Verstehen* ist gegeben, wenn diejenigen, die sich austauschen, ein gemeinsamer, konjunktiver Erfahrungsraum verbindet, wie im Beispiel oben.

Eine zweite Art des Verstehens ist nach Mannheim das *kommunikative Verstehen*. Dies ist das Verstehen als „geistige Fähigkeit [...] Sinngebilde verschiedenster Art zu erfassen". Das bedeutet, dass Menschen, die keinen gemeinsamen Erfahrungsraum teilen, sich nicht „instinktmäßig" verstehen können, sondern sich in der gemeinsamen Auseinandersetzung erst erarbeiten müssen, sich verstehen zu können. D. h. in diesen Gesprächen reichen keine Andeutungen, sondern es sind Erklärungen notwendig, um sich gegenseitig zu verstehen. Mannheim hebt hervor, dass das Verstehen von geistigen Realitäten, die zu einem bestimmten Erfahrungsraum gehören bzw. die besonderen existenziell gebundenen perspektivischen Bedeutungen nur erfasst werden, wenn der dahinter stehende konjunktive Erfahrungsraum in irgendeiner Weise erarbeitet wird (1980, S. 272). Auch Bourdieu unterscheidet anhand seines Konzepts des Habitus ein Wissen, das aufgrund gemeinsam geteilter Milieus in den Körper ‚eindringt', also inkorporiert ist und damit nicht mehr reflexiv fassbar ist: „Als Produkt der Geschichte produziert der Habitus individuelle und kollektive Praktiken, also Geschichte, nach dem von der Geschichte erzeugten Schemata; er gewährleistet die aktive Präsenz früherer Erfahrungen, die sich in jedem Organismus in Gestalt von Wahrnehmungs-, Denk- und Handlungsschemata niederschlagen und die Übereinstimmung von Konstanz der Praktiken im Zeitverlauf viel sicherer als alle formalen Regeln und expliziten Normen zu gewährleisten suchen" (Bourdieu 1993, S. 101).

Demnach verstehen sich Menschen, die keinen gemeinsamen konjunktiven Erfahrungsraum teilen bzw. nicht dem gleichen Milieu entstammen, nicht per se. Vielmehr müssen sie sich das gegenseitige Verstehen erst erarbeiten. In der Alltagspraxis stehen die beiden Arten des Verstehens im Wechselspiel. Teilen Individuen einen gemeinsamen konjunktiven Erfahrungsraum, ist ein unmittelbares, selbstverständliches Verstehen eher gegeben. Hervorzuheben ist, dass Individuen unterschiedlicher Erfahrungsräume sich den anderen Erfahrungsraum nur durch Interpretation aneignen können; sie müssen also interpretieren, um die spezifischen Bedeutungen und Perspektiven zu verstehen.

Bezogen bspw. auf pädagogische → **Interventionen** bedeutet dies, dass z. B. professionelle Akteure und die → **Zielgruppen** pädagogischen Handelns in der Regel über unterschiedliche Erfahrungsräume (z. B. aufgrund des Alters, des Bildungsmilieus etc.) verfügen und damit je unterschiedliche Perspektiven verbunden sind.[4] In der Praxis können sich bspw. Professionelle und Teilnehmende an pädagogischen Aktivitäten nicht ohne Weiteres verstehen. Eine Aufgabe der Evaluation kann es sein, die jeweiligen Perspektiven und konjunktiven Erfahrungen bzw. kollektiven Orientierungen der jeweiligen Gruppen zu rekonstruieren und diese in einen Austausch untereinander zu bringen. Eine Evaluation kann damit zu einem Kennenler-

---

4 Auch Zielgruppen haben untereinander unterschiedliche Erfahrungsräume z. B. aufgrund des Geschlechts, des Alters, der Herkunft, genauso wie Professionelle untereinander nicht unbedingt Erfahrungsräume teilen. In Bezug auf ein pädagogisches Projekt teilen aber die Zielgruppen den Erfahrungsraum, dass sie Adressaten pädagogischen Handelns sind und Professionelle pädagogisch Handelnde sind.

nen der jeweiligen Orientierungen beitragen, was zu einem besseren gegenseitigen Verstehen untereinander führen kann.

5. Die Analyse von Gruppendiskussionen – Rekonstruktion von implizitem und explizitem Wissen und kollektiven Orientierungen

Ausgehend von den beiden oben genannten Konzepten des Verstehens – des selbstverständlichen und des sich zu erarbeitenden Verstehens – werden zwei Konzepte von Wissen herausgearbeitet. Bohnsack (u. a. 2014, 2012) unterscheidet aufbauend auf der Wissenssoziologie von Mannheim auf der einen Seite zwischen konjunktivem bzw. implizitem Wissen und auf der anderen Seite zwischen kommunikativem bzw. explizitem Wissen. Menschen, die sich aufgrund eines gemeinsam geteilten Erfahrungsraums ganz selbstverständlich verstehen, verfügen über ein gemeinsam geteiltes implizites Wissen. Aufbauend auf diesem Wissen bilden sich kollektive Orientierungen heraus.

Das *implizite Wissen* ist den Akteuren in der Regel kaum reflexiv zugänglich und kann nicht so ohne Weiteres in Worte gefasst werden. Es ist aber ein Wissen, das die Handlungspraxis der Akteure leitet und strukturiert. Grundlage des impliziten Wissens sind milieuspezifische Erfahrungen, die sich im konjunktiven Erfahrungsraum (Mannheim 1980) herausbilden.

Explizites bzw. kommunikatives Wissen ist theoretisches Wissen, das den Akteuren reflexiv zugänglich ist. Dies äußert sich bspw. in Meinungen, Bewertungen, theoretischen Erörterungen und dem Vermitteln von theoretischem Wissen. Menschen, die keinen gemeinsamen konjunktiven Erfahrungsraum haben, verständigen sich auf der kommunikativen Ebene, d. h. sie tauschen Erfahrungen, Meinungen etc. aus und verständigen sich darüber. Handeln sie perspektivisch gemeinsam, bildet sich in der gemeinsamen Handlungspraxis eine implizite Wissensbasis heraus.

Von der Unterscheidung zwischen explizitem, theoretischem Wissen und implizitem, handlungsleitendem Wissen ausgehend, kann zwischen dem Wissen *über* die Praxis und dem Wissen *um* und *innerhalb* der Praxis (Schwandt 1997, S. 77) unterschieden werden. Das Wissen um und innerhalb der Praxis gründet sich auf die gemeinsam erlebte Praxis und ist implizites Wissen (Bohnsack 2006, S. 138). Im Unterschied zum handlungsleitenden impliziten Wissen handelt es sich bei dem Wissen *über* die Praxis um die Sichtweisen, die die Akteure über ihre Praxis explizit äußern, über ihre alltagstheoretischen, reflektierten Beschreibungen der Praxis (vgl. bzgl. Evaluationen bspw. Schondelmayer/Schröder/Streblow. 2013; Kubisch/Lamprecht 2013).

Aktualisiert wird das implizite Wissen in Erzählungen und Beschreibungen über Erfahrungen und Erlebnisse, die z. B. in Gruppendiskussionen narrativ entfaltet werden. Um dieses zu entschlüsseln gilt es, Zugang zu den Orientierungsrahmen der Beteiligten (→ **Stakeholder**) zu finden. Dies ermöglicht die Analysemethode dokumentarische Methode der Interpretation (Bohnsack 2014), die die methaphorischen oder impliziten Gehalte von Erzählungen und Beschreibungen analysiert. Dabei werden die negativen und positiven Vergleichshorizonte z. B. einer Gruppe, eines Milieus oder eines Individuums herausgearbeitet. Diese negativen und positiven Gegenhorizonte bezeichnet Bohnsack (2007, S. 45) als „Horizonte der Selbstverortung". Sie sind die wesentlichsten Komponenten des Erfahrungsraums einer Gruppe, eines Milieus, eines Individuums. Sie bestimmen den Orientierungsrahmen und sind handlungsleitend (Bohnsack 2007, S. 135 ff.). Durch die Erlebnisaufschichtung[5], die in den Erzählungen aktualisiert wird, ist es mittels der dokumentarischen Interpretation auch möglich, weiter zurückliegende Erfahrungen zu rekonstruieren und im Kontext der Evaluationen von → Projekten und Maßnahmen in ihrer Prozesshaftigkeit zu erfassen.

In Evaluationen ist zu entscheiden, welche Art von Wissen, bezogen auf die Fragestellung der Evaluation, von Bedeutung ist. Stehen reflexive Meinungen und Bewertungen der Stakeholder über ihre Praxis im Mittelpunkt des Interesses? Ist es vorteilhaft, implizites Wissen und kollektive Orientierungen zu rekonstruieren? Geht es um theoretische Ansichten oder soll das den Handlungen zugrunde liegende Wissen herausgearbeitet werden?

Das folgende Beispiel zeigt auf, dass es unter Umständen bedeutsam ist, implizites Wissen und darauf aufbauende kollektive Orientierungen in Evaluationen zu rekonstruieren, um die Hintergründe für z. B. Wirkungen bzw. das Nichtwirken pädagogischer Interventionen zu erfassen.

Das Beispiel bezieht sich auf die Evaluation eines Projekts zur Förderung der Integration von jungen, langzeitarbeitslosen Erwachsenen in den Arbeitsmarkt (Schröder 2009). Hier bestand der Evaluationsauftrag darin zu untersuchen, inwieweit die durchgeführten Maßnahmen die Teilnehmenden dazu befähigen, sich arbeitsmarktbezogen zu qualifizieren. Es sollten bereits während der Projektdurchführung Vorschläge für eine Weiterentwicklung gemacht werden. In dem Projekt konnten einerseits ganz praktische Qualifikationen (bspw. Gabelstaplerschein, Führerschein) von den Teilnehmenden erworben werden. Zum anderen war das pädagogische Ziel, Schlüsselqualifikationen bei den jungen Erwachsenen weiterzuentwickeln, die sie in Arbeitszusammenhängen aus Sicht der Projektdurchführenden benötigen, wie bspw. kommunikative Fähigkeiten, soziale Kompetenzen, Teamfähigkeit, Konfliktlösefähigkeiten etc.

Im Kontext der Evaluation wurden zwei Gruppendiskussionen mit Teilnehmenden in einem Abstand von zwei Jahren – die erste zwei Monate nach Beginn der Maßnahme, eine zweite nach einem Jahr – durchgeführt, dokumentarisch interpretiert und miteinander verglichen. Die Zusammensetzung der Gruppen entsprach den Kriterien einer Realgruppe, da die Teilnehmenden gemeinschaftliche Erfahrungen im Kontext des Projektes teilten.

---

5   Erlebnisaufschichtung bedeutet hier, dass Erfahrungen aus verschiedenen Zeiträumen in Gruppendiskussionen erzählt werden.

Nach der Durchführung der ersten Gruppendiskussion und der dokumentarischen Interpretation zeigte sich, dass die Hauptschwierigkeit bei der Projektdurchführung in der Haltung der Jugendlichen sich selbst und dem Projekt gegenüber lag:

Auf der reflexiven Wissensebene lehnen die Jugendlichen das Projekt ab, da sie bereits aus ihrer Sicht schlechte Erfahrungen mit Arbeitsmarktprojekten gemacht hatten. Ihrer Meinung nach „bringen diese nichts", weil sie dadurch keine Arbeit bekommen haben. Auf der impliziten Ebene zeigt sich dagegen anhand vieler Beispielerzählungen, dass die Jugendlichen individuelle Unterstützung suchen. Sie wollen, dass jemand sich um sie kümmert, sie an die Hand nimmt und ihnen hilft.[6] Als zentrale implizite kollektive Orientierung wurde rekonstruiert, dass sich die Jugendlichen als „*Opfer*", sehen – im Sinne eines (nicht von ihnen selbst verursachten) Ausgestoßenseins aus der Gesellschaft. Aufgrund dieser *Opferhaltung* verhalten sie sich im Projekt vorwiegend passiv, zeigen keine Eigeninitiative und stehen vielen Angeboten ablehnend gegenüber, da diese ihrer Meinung nach „nichts bringen". Von den Projektdurchführenden erwarten sie, dass diese sich ‚um sie kümmern' und für sie die Gestaltung ihrer Zukunft übernehmen. Diese Opferhaltung zeigt sich in Bezug auf die unterschiedlichsten Themen in der Gruppendiskussion als homologes Muster: Bezogen auf das Arbeitsamt bspw. fühlen sich die jungen Erwachsenen als ‚Opfer' ihnen sinnlos erscheinender Maßnahmen, ohne dass sie Mitspracherecht hätten:

If:	Und dann zurück? Wie lange waren Sie im Ausland?
Bm:	/ =n dreiviertel Jahr.
If:	/ =n dreiviertel Jahr.
Bm:	/ Joo. Dann zurück und dann von einer Maßnahme in die nächste. Nahtlos übergegangen. Ich weiß nicht, ich glaube, die machen das mit Absicht. @@
Am:	/ Schön
Bm:	/ Na die eine Maßnahme war noch nicht mal so richtig zu Ende gewesen, da wurde ich schon ins Projekt in X-Dorf reingesteckt und von da wurde ich dann hier in das Zentrum reingesteckt.
Cm:	/ Was ist mit JUMP?
Bm:	/ Das kommt auch noch dazu.
Fm:	/ Und D-Ort darfste nicht vergessen. Das war der übelste Schrott.
Bm:	/ Auf jeden.
Fm:	Gut, dann sind wir schon fünfe.
Bm:	/ Ja, da hatte ich mal ein, zwei Tage zwischendurch frei.

---

6 Diese Suche nach Hilfe ist den Jugendlichen selbst reflexiv nicht zugänglich. Reflexiv geben sie sich als erfahren und stehen der Gesellschaft insgesamt ablehnend gegenüber. Allerdings erzählen sie ganz häufig in positiv konnotierten Beispielen, wie die Projektdurchführenden ihnen in vielfachen Dingen helfen bspw. eine Wohnung zu bekommen, morgens früh aufzustehen, um am Projekt teilzunehmen, Anträge bei sozialen Behörden zu stellen etc.

If:	Und was ist mit Ihnen?
Af:	⌐ Bei mir, ich bin zwei Jahre aus der Schule raus, hab nach der Schule =n berufsvorbereitendes Jahr gemacht, habs abgebrochen, bin denn beim Projekt in X-Dorf gelandet
Bm:	⌐ Pfui.
	Und von dort aus hierher.
If:	⌐ Also auch diese Maßnahme. Aber ich meine diese Maßnahmen sollen sie doch eigentlich qualifizieren, vorbereiten-
Dm:	⌐ Die Maßnahmen sind bloß gut für die Statistik, mehr nicht.

Aus Sicht der Jugendlichen geht es in den Maßnahmen nicht um eine tatsächliche Qualifikation, sondern lediglich um die Bereinigung der „Statistik". Demzufolge empfinden sie sich in ihren Bedürfnissen missachtet, nicht ernst genommen und einer tatsächlichen beruflichen Perspektive beraubt. Auch die Anleiter in der Werkstatt, beurteilen die Jugendlichen zum einen als nicht arbeitsfähig. Zum anderen fühlen sie sich von den Jugendlichen nicht akzeptiert und anerkannt und reagieren demzufolge mit entsprechender Ablehnung. Auch hier wird der Gegenhorizont der jungen Erwachsenen deutlich: Aus ihrer Sicht nutzen Menschen in etablierten Positionen ihre Macht aus, um sie zu erniedrigen. Die Jugendlichen sehen sich als ‚Opfer' fachlicher und sozialer Inkompetenz:

Bm:	Mit uns können sie es doch machen, ist doch so, (....)
Fm:	⌐ Anlerner oder wie heißt das hier, sind überfordert.
Bm:	⌐ =n bisschen was für die Rente tun.
Am:	⌐ Möchte mal wissen wer die beiden ausgesucht hat, hier irgendwie-
Em:	⌐ Echt.
Bm:	Das finde ich echt =ne Sauerei. Gerade bei Herrn Müller, der nennt mich ‚Kunde' und sowas.
If:	⌐ Wer? Die Werk- Werk-
Bm:	⌐ die Grauhaarigen, sagen wa mal so.
Am:	⌐ Die Opis.
If:	⌐ Was sind das, Anleiter?
Bm:	Jaa, so was-
Am:	⌐ Sollen se, aber als Anleiter möchte ich- müsste man theoretisch jemanden haben, der =ne gewisse Autorität ausstrahlt und- Herr Meier, bei jedem zweiten Wort, das er raus haut, da klappt er auf einmal den Zollstock aus und wenn er
Bm:	⌐ Und der (.....) von diesen- nur erzählt, der Himmel ist schön, da hat er =n Zollstock in der Hand. Ja, wo man dem das Ding am liebsten um=n Hals. Und Herr Müller ist immer so, sagt einfach ‚Halt die Fresse', dann dampft er ab.
Cm:	⌐ Also Respektspersonen sind das nicht.

Vor dem Hintergrund der rekonstruierten impliziten kollektiven Orientierung – *sich als Opfer zu verstehen* – verlagerten die Projektdurchführenden den Schwerpunkt ihrer Aktivitäten. Im Kontext der Vermittlung von Schlüsselkompetenzen wurde der Fokus nun stärker auf die Förderung der Selbstreflexionsfähigkeiten und die Entwicklung der Eigeninitiative der Jugendlichen verlagert. Statt hauptsächlich Fähigkeiten im gemeinsamen Miteinander zu fördern, war nun das Anliegen, die Verantwortungsübernahme der Jugendlichen für das eigene Leben zu stärken, die Jugendlichen zu aktivieren und sie in ihrer Selbstwirksamkeit zu unterstützen, damit sie sich von ihrer Haltung als Opfer lösen.

6. Bewertung und Werthaltung

Im Unterschied zu sozialwissenschaftlichen Studien ist ein zentrales Element im Kontext von Evaluationen die Bewertung. In der Regel richtet sich an Evaluationen der Anspruch, → **Zielerreichung eines Programms**, eines Projekts oder einer Maßnahme zu bewerten. Inwiefern eine pädagogische Intervention erfolgreich war, soll anhand ihrer Wirkungen beurteilt werden.

Vor dem Hintergrund des Modells von implizitem und explizitem Wissen kann die Art der Bewertung auf zwei Ebenen erfolgen: Erfolgt die Analyse der erhobenen Daten auf der Ebene dessen, was die Stakeholder im Rahmen einer Evaluation beschreiben und explizieren, also auf der Basis ihrer Meinungen und Bewertungen, so werden die reflexiv-theoretischen Einschätzungen der Stakeholder bezogen auf das Projekt ermittelt (Bohnsack 2006, S. 142). Erfolgt die Analyse der Daten anhand von Beispielerzählungen und anhand der Rekonstruktion von implizitem Wissen, wird den Teilnehmenden selbst nicht zugängliches, konjunktives Wissen erfasst.

Ausgehend von dem Modell eines impliziten und expliziten Wissens kann im Kontext von Evaluationen zwischen *Bewertungen* und *Werthaltungen* – entsprechend der Differenzierung zwischen implizitem und explizitem Wissen – unterschieden werden.

Bewertungen sind dabei der theoretisch-reflexiven Ebene zuzuordnen. Das heißt, dass Bewertungen reflexive Einschätzungen bzw. Beurteilungen der Akteure z. B. über ihr Handeln, das Handeln anderer, → **Effekte** und Wirkungen eines Programms, Projekts etc. sind (Bohnsack 2006, S. 142 f.).

Werthaltungen dagegen sind ‚latente Einstellungen' und auf der Ebene des impliziten, handlungsleitenden Wissens angesiedelt (Bohnsack 2006, S. 142 f.). Werthaltungen entwickeln sich auf der Grundlage praktischen Handelns und dabei gemachter Erfahrungen. Sie orientieren das Handeln, sind den Akteuren aber nicht reflexiv zugänglich. Werthaltungen bzw. → **Werte** sind nach Bohnsack die positiven und negativen Gegenhorizonte bzw. die Relation zwischen diesen: „Werte sind somit jene positiven und negativen (Gegen-)Horizonte bzw. die Relation zwischen diesen, innerhalb derer der gesamte Erfahrungsraum einer Gruppe, eines Milieus, d. h. bspw. einer Generation oder auch einer Organisationskultur, ‚eingespannt' ist. Werte sind also die positiven und negativen Horizonte der ‚Totalität' einer Weltanschauung. Wie die Weltanschauungen insgesamt, so sind auch die hier angesiedelten Werthaltungen – im Unterschied zu den Bewertungen – nicht Gegenstand des reflektierten, des theoretischen Bewusstseins ihrer Träger" (Bohnsack/Nentwig-Gesemann 2006, S. 270).

Die Bedeutung dieser Unterscheidung liegt für Evaluationen darin, dass Programme und Maßnahmen häufig den Anspruch verfolgen, auf Orientierungen und Werthaltungen der Zielgruppen Einfluss zu nehmen. Ob dies gelingt, kann nicht nur anhand von Bewertungen überprüft werden, sondern die Frage, ob sich Orientierungen und Werthaltungen der Zielgruppe verändern, erfordert einen empirischen Zugang zu den Werthaltungen. Diese gilt es zu rekonstruieren bzw. in ihrer Genese nachzuvollziehen, um zu untersuchen, ob sich Interventionen auf Werthaltungen auswirken konnten. Erst wenn dies tatsächlich der Fall ist, kann von nachhaltigen Wirkungen im Sinne der Veränderung von handlungsleitenden impliziten Orientierungen gesprochen werden (Asbrand/Schröder 2008).

Diese Unterscheidung zwischen Bewertungen und Werthaltungen verdeutlicht Asbrand (2006) anhand der Erfahrung aus einem Projekt im Bereich des Globalen Lernens: Hier wurden u.a. Gruppendiskussionen mit Schülerinnen und Schülern durchgeführt. Auswahlkriterium für die Gruppen war, dass die Schülerinnen und Schüler sich im Unterricht oder in Schulprojekten mit globalen oder entwicklungspolitischen Fragen beschäftigt haben sollten. Häufig wurde seitens der Lehrerkräfte im Rahmen der Kontaktaufnahme sinngemäß geäußert: Die Forscherin könne gerne mit den Schülern und Schülerinnen der Klasse X eine Gruppendiskussion durchführen, man habe im Unterricht auch dieses oder jenes Thema des Globalen Lernens behandelt, aber man wolle dennoch vor zu großen Erwartungen warnen, denn bei den Jugendlichen sei nicht viel „hängen geblieben". Die Bewertung des Lernerfolgs durch die Lehrkräfte fällt negativ aus. Sie orientiert sich am expliziten Wissen der Schülerinnen und Schüler, d.h. an dem, was diese an Wissen und Einstellungen über globale Fragen äußern oder an beobachtbarem Verhalten. Die Enttäuschung einiger Lehrkräfte gründete sich bspw. in der Beobachtung, dass die Jugendlichen ihr Engagement für die Schulpartnerschaft oder die Schülerfirma Weltladen eingestellt hätten. Die im Rahmen des Evaluationsprojekts durchgeführten Gruppendiskussionen mit den Schülerinnen und Schülern wurden dokumentarisch interpretiert und u.a. ihre kollektiven, impliziten Orientierungen rekonstruiert. Die Rekonstruktion der Werthaltungen der Jugendlichen zu globalen Fragen und ihrer Genese zeigt in allen Fällen, dass die Schülerinnen und Schüler wirksame Lernprozesse erfahren haben (vgl. z.B. Asbrand 2008), die aber erst sichtbar werden, wenn das implizite Wissen durch die Evaluatorin expliziert wird.

7. Schlussbemerkungen

Der Stellenwert von Gruppendiskussionen im Kontext von Evaluationen hat sowohl international als auch in Deutschland zugenommen. Wie ausgeführt, liegt der Vorteil in Gruppendiskussionen, dass hierbei nicht nur Meinungen und Bewertungen von Gruppen erhoben werden können, sondern auch kollektive Orientierungen und das zugrunde liegende implizite Wissen. Dies hat für Evaluationen den Vorteil, Wirkungen und Erfolge von Interventionen überprüfen zu können, die nicht nur auf der theoretischen Wissensebene liegen, sondern auch auf der Ebene von konjunktiven Einstellungsänderungen. Mittels der Analysemethode der dokumentarischen Interpretation können anhand von Gruppendiskussionen sowohl Prozesse als auch Änderungen von Einstellungen und Werthaltungen auf einer nicht reflexiven, atheoretischen Ebene, die den Befragten eben nicht immer reflexiv zugänglich ist, rekonstruiert werden. Prozessrekonstruktionen sind für die Weiterentwicklung pädagogischer Programme hilfreich, denn hierbei zeigt sich, welche Arten von Interventionen und Projektansätzen zu einer vertieften Auseinandersetzung mit der Thematik bei den Zielgruppen führen. Wirkungen von Interventionen werden nicht nur auf der theoretischen Ebene erfasst, sondern auf der Ebene der latenten Werthaltungen, die die nicht reflexive Handlungspraxis prägen. So kann untersucht werden, ob und wie eine Maßnahme wie bspw. der oben genannte Ansatz zur Arbeitsmarktintegration wirkt, z. B. indem Zielgruppen von Interventionen tatsächlich ihr Verhalten ändern oder ob es beim sozial erwünschten Lippenbekenntnis bleibt.

Zusätzlich vermittelt das Verständnis eines konjunktiven Wissens, dass das Verstehen sowohl der Stakeholder untereinander als auch der Austausch von Stakeholdern und Evaluierenden beständige Aushandlungsprozesse beinhaltet. Bereits zu Beginn einer Evaluation, bei der Verständigung über den Evaluationsgegenstand, erfolgt eine Intervention, die die Handlungspraxis der Evaluierten verändert. Denn diese sind gezwungen implizite Wissensbestände zu explizieren, um diese den Evaluierenden zu vermitteln. Gleichzeitig müssen die Evaluierenden eigenes implizites Wissen formulieren, um sich den Stakeholdern verständlich zu machen. Somit sind Evaluationen nicht nur auf die Vermittlung von → **Evaluationsergebnissen** zu reduzieren, sondern als ein organisationsverändernder und -entwickelnder Prozess zu verstehen.

Literatur

Asbrand, Barbara/Schröder, Ute B. (2008): Evaluation zwischen Praxis und Wissenschaft. ZEP, 31. Jg., 02/2008, S. 8–14.
Asbrand, Barbara (2008): Cultures of Learning in Grammar Schools. In: International Journal of Development Education and Global Learning. Vol 1.
Asbrand, Barbara (2006): Orientierungen in der Weltgesellschaft. Eine qualitativrekonstruktive Studie zur Konstruktion von Wissen und Handlungsorientierung von Jugendlichen in schulischen Lernarrangements und in der außerschulischen Jugendarbeit. Habilitationsschrift. Universität Erlangen-Nürnberg.
Bohnsack, Ralf (2014): Rekonstruktive Sozialforschung. Einführung in qualitative Methoden. Opladen & Farmington Hills: Barbara Budrich.
Bohnsack, Ralf (2012): Dokumentarische Methode und die Logik der Praxis. In: Lenger, Alexander/Schneickert, Christian/Schumacher, Florian (Hrsg.): Pierre Bourdieus Konzeption des Habitus. Grundlagen, Zugänge, Forschungsperspektive. Wiesbaden: VS-Verlag.

Bohnsack, Ralf (2007): Rekonstruktive Sozialforschung. Einführung in qualitative Methoden. Opladen & Farmington Hills: Barbara Budrich.

Bohnsack, Ralf/Nentwig-Gesemann, Iris (2006): Dokumentarische Evaluationsforschung und Gruppendiskussionsverfahren. Am Beispiel einer Evaluationsstudie zu Peer-Mediation an Schulen. In: Bohnsack, Ralf/Przyborski, Aglaja/Schäffer, Burkhard (Hrsg.): Das Gruppendiskussionsverfahren in der Forschungspraxis. Opladen & Farmington Hills: Barbara Budrich, S. 267–283.

Bohnsack, Ralf/Przyborski, Aglaja/Schäffer, Burkhard (2006): Einleitung: Gruppendiskussion als Methode rekonstruktiver Sozialforschung. In: Bohnsack, Ralf/Przyborski, Aglaja/Schäffer, Burkhard (Hrsg.): Das Gruppendiskussionsverfahren in der Forschungspraxis. Opladen & Farmington Hills: Barbara Budrich, S. 7–22.

Bohnsack, Ralf (2006): Qualitative Evaluation und Handlungspraxis – Grundlagen dokumentarischer Evaluationsforschung. In: Flick, Uwe (Hrsg.): Qualitative Evaluationsforschung. Reinbek: Rowohlt, S. 135–155.

Bohnsack, Ralf (2004): Gruppendiskussionsverfahren. In: Flick, Uwe/Kardorff, Ernst v./Steinke, Ines (Hrsg.): Qualitative Forschung – Ein Handbuch. Reinbek: Rowohlt, S. 369–384.

Bortz, Jürgen/Döring, Nicola (2005): Forschungsmethoden und Evaluation für Human- und Sozialwissenschaftler. Berlin: Springer, S. 308.

Bourdieu, Pierre (1993) Sozialer Sinn. Kritik der theoretischen Vernunft. Frankfurt a. M.: Suhrkamp.

Flick, Uwe (2010): Qualitative Sozialforschung. Eine Einführung. Reinbek: Rowohlt, S. 222 ff.

Garfinkel, Harold (1967): Studies in Ethnomethodology. Cambridge: Polity Press.

Gerull, Susanne/Rosenberg von, Florian/Schröder, Ute B. (2006): Sommercamp futOUR – Spannungsfeld zwischen jugendlichen Entwicklungsphasen, Berufsorientierung und Abenteuer. Eine Evaluationsstudie im Auftrag der Unternehmensgruppe Gegenbauer, der Senatsverwaltung für Bildung, Jugend und Sport und der Deutschen Kinder- und Jugendstiftung.

Krueger, Richard A. (1994): Focus Groups. A Practical Guide for Applied Research. Thousands Oakes: Sage.

Kubisch, Sonja/Lamprecht, Juliane (2013): Rekonstruktive Responsivität – Zum Begriff des Wissens in der dokumentarischen Evaluationsforschung. In: Loos, P./Nohl, A.-M./Przyborski, A./Schäffer, B. (2013): Dokumentarische Methode. Grundlagen-Entwicklungen-Anwendungen. Opladen & Farmington Hills: Barbara Budrich Verlag, S. 301–319.

Lamnek, Siegfried (2005): Gruppendiskussion. Theorie und Praxis. Weinheim: Beltz.

Loos, Peter/Schäffer, Burkhard (2001): Das Gruppendiskussionsverfahren. Opladen: Leske + Budrich.

Mäder, Susanne (2013): Die Gruppendiskussion als Evaluationsmethode – Entwicklungsgeschichte, Potenziale und Formen. In: Zeitschrift für Evaluation, 1/2013, S. 23–51.

Mangold, Werner (1960): Gegenstand und Methode des Gruppendiskussionsverfahrens. Aus der Arbeit des Instituts für Sozialforschung. Frankfurt a. M.: Europäische Verlagsanstalt.

Mannheim, Karl (1980): Strukturen des Denkens. Frankfurt a. M.: Suhrkamp.

Mannheim, Karl (1964): Beiträge zur Theorie der Weltanschauungsinterpretation. In: Wolff, Kurt (Hrsg.): Wissenssoziologie. Berlin/Neuwied: Luchterhand, S. 91–154.

Morgan, David L. (1988): Focus Groups as Qualitative Research. Newberry Park/London/New Delhi: Sage.

Morley, David (1996): Medienpublika aus der Sicht der Cultural Studies. In: Hasenbrink, Uwe/Krotz, Friedrich (Hrsg.): Die Zuschauer als Fernsehregisseure – Zum Verständnis individueller Nutzungs- und Rezeptionsmuster. Baden-Baden/Hamburg: Nomos, S. 37–51.

Morley, David (1992): Television. Audiences and Cultural Studies. London/New York: Routledge.

Morley, David (1980): The Nationwide Audience. Structure and Decoding. London: BFI.

Nentwig-Gesemann, Iris (2010): Dokumentarische Evaluationsforschung, rekonstruktive Qualitätsforschung und Perspektiven für die Qualitätsentwicklung. In: Bohnsack, Ralf/Nentwig-Gesemann, Iris (Hrsg.): Dokumentarische Evaluationsforschung. Theoretische Grundlagen und Beispiele aus der Praxis. Opladen & Farmington Hills: Barbara Budrich, S. 23–62.

Schäffer, Burkhard (2003). Gruppendiskussion. In: Bohnsack, Ralf/Marotzki, Winfried/Meuser, Michael (Hrsg.): Hauptbegriffe qualitativer Sozialforschung. Opladen & Farmington Hills: Barbara Budrich, S. 75–80.

Schondelmayer, Anne-Christin/Schröder, Ute B./Streblow, Claudia (2013): Theorie und Praxis – Zum Verhältnis von theoretischem und praktischem Wissen in beruflichem Alltagshandeln. In: Loos, Peter/Nohl, Arnd-Michael/Przyborski, Aglaja/Schäffer, Burkhard (Hrsg.): Dokumentarische Methode. Grundlagen-Entwicklungen-Anwendungen. Opladen & Farmington Hills: Barbara Budrich, S. 287–300.

Schröder, Ute B. (2010): Responsivität und Triangulation in einer dokumentarischen Evaluationsstudie zu Schülerfirmen. In: Bohnsack, Ralf/Nentwig-Gesemann, Iris (Hrsg.): Dokumentarische Evaluationsforschung. Theoretische Grundlagen und Beispiele aus der Praxis. Opladen & Farmington Hills: Barbara Budrich, S. 181–201.

Schröder, Ute B. (2009): Evaluationsbericht zum Projekt „Wegbereiter". Im Auftrag eines berufsvorbereitenden Trägers. (nicht veröffentlicht)

Schütz, Alfred (1971): Gesammelte Aufsätze. Bd. 1. Das Problem der sozialen Wirklichkeit. Den Haag: Nijhoff.

Schwandt, Thomas A. (1997): Evaluation as Practical Hermeneutics. In: Evaluation. Vol. 3, (1), S. 69–83.

Die Anwendung der Grounded Theory in Evaluationen

Marianne Lück-Filsinger

Evaluation ist in einer allgemeinen Bestimmung als eine professionelle Dienstleistung zu verstehen, die auf der Grundlage empirischen Wissens jeweils zu bestimmende Gegenstände wie Politiken, → **Programme**, → **Projekte**, → **Maßnahmen**, institutionelle Praxen u. a. systematisch und transparent beschreibt, analysiert und bewertet, um Entscheidungen zu ermöglichen (Widmer/Beywl/Fabian 2009; Stockmann/Meyer 2010). Die Zentralität empirischen Wissens verweist auf eine deutliche Nähe von Evaluation zur Sozialforschung, wenngleich die Schwierigkeiten zu beachten sind, empirisch gestützte → **Bewertungen** mit intersubjektivem Geltungsanspruch zu gewinnen (Kromrey 2008). Bohnsack (2006) begreift Evaluation als einen eigenständigen Typ sozialwissenschaftlicher Forschung, schlägt aber mit Blick auf die Bewertungsproblematik eine Erweiterung der Verfahren der qualitativen Sozialforschung um eine Methodik der Moderation vor (Bohnsack/Nentwig-Gesemann 2010). Evaluation ist folglich eng mit der empirischen Sozialforschung in ihrer quantitativen und qualitativen Variante verknüpft oder anders formuliert, es geht um „Evaluation durch Forschung" (Kromrey 2008).

Dieser Beitrag knüpft an die qualitative Sozialforschung an und ist fokussiert auf die qualitative Analyse empirischen Materials mit dem Verfahren der Grounded Theory.

Die qualitative Sozialforschung kennt eine Fülle von Forschungsstilen bzw. Auswertungsverfahren (für einen Überblick vgl. etwa Flick 2011; Bohnsack 2014). Im Evaluationskontext ist die Inhaltsanalyse (Mayring 2003) am weitesten verbreitet. In den letzten Jahren haben Ralf Bohnsack und seine Kolleginnen und Kollegen die Dokumentarische Methode der Interpretation im Zusammenhang mit der Methode der Gruppendiskussion fruchtbar gemacht (vgl. Bohnsack/Nentwig-Gesemann 2010; Lamprecht 2012 oder auch den Beitrag von Schröder in diesem Band). Susanne Giel hat jüngst Hinweise zu den Nutzungspotenzialen der Grounded Theory gegeben (2013, S. 200 ff.).

Im Folgenden soll vor dem Hintergrund eigener Evaluationserfahrungen die Produktivität dieses Forschungsstils und seiner Kodierverfahren für das qualitativ-methodische Vorgehen im Evaluationszusammenhang gezeigt werden. Im Übrigen betonen Strauss/Corbin (1996) hinsichtlich der praktischen Relevanz dieses Forschungsstils selbst, dass es in der Grounded Theory nicht nur um die „Erklärung von Wirklichkeit" geht, sondern dass sich diese darüber hinaus auch „zur Handlungskontrolle eignet" (ebd., S. 8). Die Ausführungen basieren auf eigenen Erfahrungen im Rahmen der Evaluation einer mehrjährigen Pilotphase der Übergangsgestaltung zwischen Kindergarten und Grundschule.[1]

Zunächst werden die Grounded Theory und ihr methodisches Vorgehen grob umrissen. Nach der Vorstellung der Beispielevaluation wird anhand dessen das Theoretical Sampling erläutert. Daran anschließend werden vor allem die verschiedenen Kodier-Verfahren in ihrer Anwendung dargestellt und reflektiert.

1. Grundlagen der Grounded Theory

Die Grounded Theory wurde von Glaser/Strauss (eng. 1967/deutsch 2010) begründet und von Strauss/Corbin (dt. 1996) weiterentwickelt bzw. modifiziert. Mittlerweile liegen eine Vielzahl von Rezeptionen vor (vgl. etwa Böhm 2008; Mey/Mruck 2011; Strübing 2008; Przyborski/Wohlrab-Sahr 2008).

Zentrales gemeinsames Anliegen der Begründer war es, einen Forschungsstil zu entwickeln, der durch die Verschränkung von empirischer Forschung und Theoriebildung die Generierung von gegenstandsbezogenen, d. h. in den → **Daten** verankerten Theorien (mittlerer Reichweite) im Sinne einer Strukturgeneralisierung, erlaubt.

Strauss und Corbin (1996) betonen die Möglichkeit der Veränderung und die Prozesshaftigkeit der sozialen Welt und stellen die akteurs- bzw. handlungstheoretische Orientierung heraus, welche Fälle im Zusammenhang mit Strukturen und interaktiven Bedingungen untersucht. Das forschungsmethodische Vorgehen ist gekennzeichnet durch einen sukzessiven Wechselprozess von → **Datenerhebung** und → **Datenauswertung**, durch eine kontinuierliche Abfolge von induktiven und deduktiven Schritten bis hin zu einer „theoretischen Sättigung", die durch ständiges Vergleichen (komparative Analyse) erreicht werden soll. Vorgeschlagen werden in diesem Zusammenhang verschiedene Schritte des *Kodierens*: Offenes Kodieren, Axiales Kodieren und Selektives (Theoretisches) Kodieren.

Kodieren als zentrales Verfahren in der Grounded Theory

Kodieren ist das „Herzstück" der Grounded Theory (Strauss/Corbin 1996, S. 39). Im Kern geht es darum, „die Daten aufzubrechen, zu konzeptualisieren und auf neue Art wieder zusammenzusetzen. Es ist der zentrale Prozess, durch den aus den Daten Theorien entwickelt werden" (ebd.). Kodieren bezeichnet somit die Überführung empirischer Daten in Konzepte und Kategorien, aus denen schließlich die Theorie entwickelt wird. Aus Konzepten können Kategorien werden, aber nicht jedes Konzept eignet sich dafür. Kodieren bedeutet, „dass man über Kategorien und deren

---

[1] Wissenschaftliche Begleitung und Evaluation des Kooperationsjahres Kindergarten-Grundschulen, im Auftrag des saarländischen Ministerium für Bildung und Kultur (2010 bis 2014; Prof. Dr. Charis Förster, Prof. Dr. Dieter Filsinger, Dr. Marianne Lück-Filsinger).

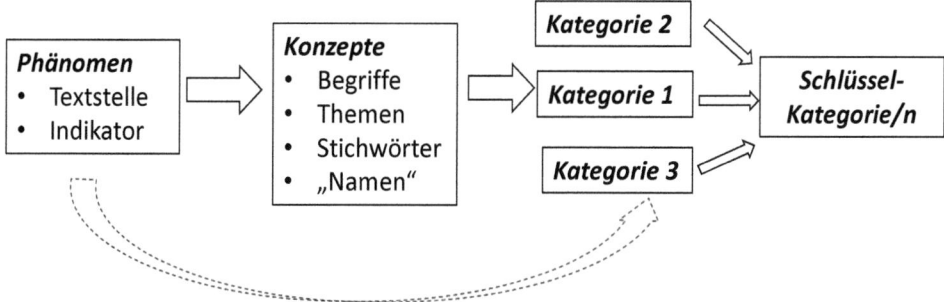

Abbildung 1: Das Offene Kodieren als erster Schritt im Prozess der Datenauswertung

Zusammenhänge Fragen stellt und vorläufige Antworten (Hypothesen) darauf gibt (…)" (Strauss 1998, S. 48).

Schritte des Forschungsstils sind ein systematisches theorieorientiertes Offenes, Axiales und Theoretisches (Selektives) Kodieren, wobei im Sinne einer *komparativen Analyse* ständig Fallvergleiche vorgenommen werden. Zwar wird eine schrittweise Abfolge vom Offenen bis zum Selektiven Kodieren vorgeschlagen (vgl. Abb. 1), aber keineswegs ist damit ein „rigides Festhalten" an dieser Reihenfolge gemeint (Strauss/Corbin 1996, S. 41.). Vielmehr geht es darum, eine *„theoretische Sensibilität"* zu entwickeln, die es erlaubt, die Daten zu verstehen, ihnen Bedeutung zu verleihen und das Wichtige vom Unwichtigen zu trennen (ebd., S. 25 ff.).

Im Analyseprozess wird mit dem *Offenen Kodieren* begonnen. Das Datenmaterial (Rohdaten, z. B. Beobachtungsprotokolle, Interviewtransskripte, Dokumente) wird zunächst systematisch durchgearbeitet, um die relevanten Phänomene im Untersuchungsfeld entdecken zu können. Ausgehend von Textstellen, die bestimmte Phänomene darstellen, werden *Konzepte* generiert. Diese werden in der Grounded Theory verstanden als „konzeptuelle Bezeichnungen oder Begriffe, die einzelnen Ereignissen, Vorkommnissen oder anderen Beispielen für Phänomene zugeordnet werden" können (Strauss/Corbin 1996, S. 43). Das heißt, es werden „Namen" vergeben (ebd., S. 45), die als Antwort verstanden werden können auf Fragen, welche an die Textstelle gerichtet werden: was, um was geht es, welches Phänomen wird hier angesprochen; weitere Fragen sind wer, wie, wie viel, wozu, womit usw. In einem nächsten Schritt werden weitere Textstellen gesucht, die ähnliche bzw. gleiche Phänomene repräsentieren.

Im weiteren Verlauf werden diese Konzepte sukzessive in (theoretische) Kategorien und abschließend in *Schlüsselkategorien* übergeführt. „Kategorien sind höherstufige, abstraktere Konzepte (…) und erfassen Zusammenhänge zwischen dem, was in Konzepten kodiert wurde. (…) die darin erfassten *Sinnzusammenhänge* lassen sich im Hinblick auf ihre Bedingungen und Konsequenzen, ihren aktiven und interaktiven Ausdruck in verschiedenen Kontexten, ihren Eigenschaften und deren Dimensionen entfalten" (Przyborski/Wohlrab-Sahr 2008, S. 198).

Um zu Schlüsselkategorien gelangen zu können, folgt dem Offenen das *Axiale Kodieren*. Durch das weitere Kodieren und den fortlaufenden Vergleich der Daten wird ein Netzwerk von Kategorien gewonnen. In dieser Phase werden die Kategorien genauer ausgearbeitet und zueinander in Beziehung gesetzt. Ziel ist es, Zusammenhänge zu erkennen, zwischen den ‚ursächlichen Bedingungen' für bestimmte Phänomene, über ‚Handlungs- und interaktionale Strategien' der in das Untersuchungsfeld involvierten Akteure, bis hin zu den beobachteten ‚Konsequenzen'.

Das *Selektive Kodieren* dient der Absicherung der gefundenen Schlüsselkategorie/ -kategorien und damit der Integration der Theorie.

Mit der Grounded Theory untrennbar verbunden ist das *Theoretical Sampling*, das sowohl bei der Fallausauswahl zur Geltung kommt, als auch in der Datenauswertung. Beide Perspektiven sind eng miteinander verknüpft (Strauss/Corbin 1996). Die Datenerhebung erfolgt sukzessive. Die ersten Fälle bzw. Daten werden einer intensiven Analyse unterzogen, woraus sich erste theoretische Hinweise (Hypothesen) und solche für die weitere Fallauswahl ergeben; die Fallauswahl erfolgt zunächst in Orientierung an klassische → Untersuchungseinheiten, die weitere Datenerhebung und Datenauswertung erfolgen dann theoriegeleitet bis hin zu einer „Sättigung" der Theorie (Przyborski/Wohlrab-Sahr 2008, S. 205). Dieses Vorgehen ist ausgesprochen voraussetzungsvoll und in zeitlich eng gefassten Vorhaben (wie vielen Evaluationen) zumeist nicht im strengen Sinne realisierbar. Gleichwohl erscheint es ausgesprochen geeignet zur Reduktion von Komplexität und ermöglicht eine begründete und für → Auftraggebende/Förderer nachvollziehbare Fallauswahl, vor allem dann, wenn eine Vielzahl von Akteursgruppen [→ Stakeholder] zu berücksichtigen ist.

In Evaluationen geht es, anders als in klassischen Forschungsprojekten, nicht vorrangig um eine Theorieentwicklung, sondern in der Regel um Erkenntnisgewinnung zum Zweck der Fundierung praktischer Entscheidungen im Einzelfall. Insofern über ausgewählte Evaluationen bzw. durch → Evaluationsforschung übertragbare Erkenntnisse gewonnen werden sollen, erscheinen Theorien mittlerer Reichweite unverzichtbar.

Dies gilt beispielsweise für die Rekonstruktion und Analyse von Prozessstrukturen in Programm- und Projektevaluationen, die Hinweise für die künftige Ausgestaltung vergleichbarer Programme und Projekte liefern sollen. Demgemäß erscheint die Grounded Theory im Evaluationszusammenhang perspektivenreich, zumal sie auch Hinweise für das sich regelmäßig stellende Problem der Fallauswahl gibt.

2. Die Grounded Theory in Anwendung: eine Evaluationsstudie

2.1 Evaluation der Übergangsgestaltung vom Kindergarten in die Grundschule: Kontext und Gegenstand des Auftrags

Der Auftrag der als Beispiel dienenden Evaluationsstudie war es, die vierjährige Pilotphase einer Maßnahme zur Übergangsgestaltung vom Kindergarten in die Grundschule („Kooperationsjahr") wissenschaftlich zu begleiten und zu evaluieren. Vereinbart war eine sowohl → formative als auch → summative Evaluation mit einem Methodenmix. In einer ersten Konzeption der Maßnahme wies das auftraggebende Ministerium ausdrücklich darauf hin, dass diese *„als offener Entwurf"* zu verstehen ist und *„Anregungen und Ergänzungen von Erfahrungswerten in seine Weiterentwicklung einfließen. (...) Die fachliche Erprobung und Weiterentwicklung sind ausdrückliche Ziele"* (Ministerium *für Bildung und Kultur* 2011, S. 4). Insofern kam der formativen Evaluation eine besondere Bedeutung zu. Zentraler Gegenstand der begleitenden Evaluation war die *Kooperation zwischen den pädagogischen Mitarbeitenden der Kindertagesstätten und Grundschulen*. Eine solche Kooperation ist als Teil eines komplexen Interaktionszusammenhangs mit einer Vielzahl von Akteuren bzw. Akteursgruppen zu verstehen (Kinder und deren Eltern sowie Schul- und Kindergartenleitung, Lehrkräfte, Erzieherinnen und Erzieher, die Träger der Kindergärten, das zuständige Ministerium). Zur Untersuchung dieses Interaktionszusammenhangs erschien eine qualitativ-rekonstruktive Vorgehensweise in Form von Fallstudien angebracht (Bude 2003; Kannonier-Finster u. a. 2000). Auf diese Weise können Hinweise auf Akteursperspektiven, relevante Kontextbedingungen, typische Problemkonstellationen und Handlungsstrategien der Akteure, auf Entwicklungsdynamiken sowie auf Entwicklungspotenziale gewonnen werden. Dem avisierten Methodenmix folgend wurden ferner zu vier Erhebungszeitpunkten (standardisierte) Erhebungen bei Eltern, bei pädagogischen Fachkräften und bei den Leitungen von Schulen und Kindertagesstätten durchgeführt. Überdies wurden im dritten Erhebungsjahr mit Hilfe standardisierter Testverfahren *motivationale, sozial-emotionale Aspekte im Schulsetting* und die Entwicklung der *kognitiven Fähigkeiten bzw. Kompetenzen* bei allen Kindern aus dem zweiten Schuljahr an drei Standorten ermittelt. (Die Ergebnisse dieser Erhebungen finden in diesem Beitrag allerdings keine Berücksichtigung.)

Die folgenden Ausführungen sind auf die *Fallstudien zur Kooperationspraxis* zwischen den (sozial-)pädagogischen Berufsgruppen (Lehrkräfte sowie Erzieherinnen und Erzieher) konzentriert[2], die auf Dokumentenanalysen, Experteninterviews und Gruppeninterviews beruhen. Die Ergebnisse der Auswertungen der Experteninterviews (Meuser/Nagel 1991; 2003) mit Lehrkräften, Erzieherinnen und Erziehern konzentrieren sich auf Strukturen, die sich in der Anfangsphase der Übergangsgestaltung gebildet haben (1), auf die Rekonstruktion der Kooperation im Verlauf der ersten beiden Jahre (2) und auf erste Erkenntnisse über die *„Entwicklung von Bildungs- und Erziehungspartnerschaften bzw. einer gemeinsamen Bildungsphilosophie"* (3) (Ministerium für Bildung und Kultur 2011, S. 5). Im Fokus steht der Analyseprozess, mit Hilfe dessen durch das mehrstufige Kodierverfahren der Grounded Theory Kategorien für die Entwicklung der Kooperation im Verlauf gefunden und Hinweise auf eine Schlüsselkategorie gewonnen werden konnten.

---

2   Nachdem in den ersten beiden Jahren die Kooperationspraxis im Fokus stand, wurden im dritten Jahr der Pilotphase die Perspektiven der Eltern, deren Kinder an der Maßnahme teilgenommen haben, erhoben. Im vierten Jahr sind bilanzierende Experteninterviews mit den Leitungen der Schulen bzw. Kindertagesstätten geplant.

2.2 Theoretical Sampling

Im Rahmen dieser Fallstudie wurde in den beteiligten Kindergärten bzw. Grundschulen eine erste Datenerhebungsphase durchgeführt. Die Kriterien für das Sampling wurden aus dem der Evaluation zur Verfügung gestellten Datenmaterial über die Zusammensetzung der beteiligten Kindergärten und Schulen gewonnen. Zusammengestellt wurde ein Sampling „typischer Fälle" (Merkens 2012, S. 291 mit Verweis auf Patton 1990, aber auch Flick 2011, S. 154–171):

- Grundschulen mit nur einem kooperierenden Kindergarten;
- Grundschulen mit mehreren kooperierenden (bis zu fünf) Kindergärten;
- Bereits bestehende Kooperationen zwischen Schule und Kindergarten;
- Räumliche Nähe zwischen Kindergarten und Grundschule (fußläufig) bzw. größere Distanz;
- Grundschule im städtischen und ländlichen Raum;
- Kindergärten mit bilingualem Konzept.[3]

Im ersten Jahr der Pilotphase haben insgesamt 20 Schulstandorte und 46 Kindertagesstätten am ‚Kooperationsjahr' teilgenommen. Auf der Grundlage des Samplings wurden aus dieser → **Grundgesamtheit** zum ersten Erhebungszeitpunkt an insgesamt acht Schulen und 21 Kindergärten Interviews mit Lehrerinnen und Lehrern bzw. Erzieherinnen und Erziehern und damit 29 leitfadengestützte Experteninterviews durchgeführt. Der Leitfaden begann mit einer offenen, erzählgenerierenden Frage, der sich im Sinne einer trichterförmigen Verengung detailliertere Fragen anschlossen. Eine abschließende Frage, ob etwas noch nicht angesprochen worden sei, eröffnete erneut die Möglichkeit, noch nicht Erwähntes zu erzählen.

An allen Standorten war die Bereitschaft zu Interviews ausgesprochen hoch, was sich u. a. darin zeigte, dass zu den verabredeten Interviewterminen nicht nur eine sondern bis zu drei Interviewpartnerinnen und -partner erschienen, ein Sachverhalt, der die Auftraggebenden (zusätzlich) von der Sinnhaftigkeit einer qualitativen Vorgehensweise überzeugte. Mit den Einzel- und Gruppeninterviews konnte somit die Sicht von 16 Lehr- und 34 Kita-Fachkräften in die Analyse einbezogen werden (N=50 Interviewpartnerinnen und -partner).

Für die Datenerhebung im zweiten Jahr der Pilotphase wurde das Prinzip der ‚Maximalen Kontrastierung' angewendet (für einen Überblick zu Strategien der Fallauswahl vgl. Flick 2011). Ausgewählt wurden der am weitesten entwickelte sowie der entwicklungsbedürftigste Fall. Außerdem kamen weitere Kriterien aus dem empirischen Material, d. h. aus den Experteninterviews und weiteren Dokumenten *rekonstruierte* Kategorien, für die Fallauswahl zum Tragen:

---

3 Dieses Kriterium wurde aufgrund einer Anregung aus der Gruppe der Auftraggebenden aufgenommen.

- Standorte, die sich bereits an der im Laufe des ersten Maßnahmejahres weiterentwickelten Konzeption orientieren (d. h., dass Erzieherinnen und Erzieher die Kinder der ersten Klasse die ersten Monate in der Schule begleiten);
- Lehrerinnen und Lehrer der ersten Klassen, in denen wenige Kinder aus der Übergangsgestaltung im Klassenverband waren;
- Lehrerinnen und Lehrer der ersten Klassen, in denen überwiegend Kinder aus der Übergangsgestaltung im Klassenverband waren.

Insgesamt wurden zum zweiten Erhebungszeitpunkt an vier Schulstandorten und in zehn Kindergärten 14 Experteninterviews (Einzel- und Gruppeninterviews) durchgeführt. Dabei kamen acht Lehrerinnen und 16 Erzieherinnen zu Wort.

Entgegen der zuweilen akzeptierten Praxis in der Evaluation, Interviewmaterial nicht oder nur auszugsweise zu transkribieren, orientierte sich das Evaluationsteam[4] an der Empfehlung von Strauss/Corbin (1996). Sie weisen ausdrücklich darauf hin, dass es zumindest am Anfang einer Forschungsphase sinnvoll ist, alle „Interviews und Feldnotizen" (ebd. S. 14) zu verschriftlichen. Insofern lagen zu Beginn des Analyseprozesses alle Interviews transkribiert vor. Im Hinblick auf die Transkriptionsregeln wurde – wie bei Experteninterviews üblich – sparsam verfahren (Meuser/Nagel 1991; 2003). Dem Evaluationsteam waren dabei vor allem die Anonymisierung aller Angaben (Namen, Orte etc.), die Angabe von Pausen, die länger als 1 Sekunde dauern [z. B. (5)] ebenso wie Störungen, [z. B. Telefon klingelt, (5)] wichtig. Darüber hinaus werden Lautäußerungen in Klammern notiert, z. B. Lachen *[(lachen)]* und abgebrochene Wörter oder Sätze mit … gekennzeichnet. Ferner wird wörtlich transkribiert, jedoch kein Dialekt sondern hochdeutsch. Wenn etwas unverständlich ist, wird der Aufnahmezeitpunkt angegeben [z. B. 14:54; 10]. Schlussendlich werden fortlaufende Zeilennummern und Seitenzahlen eingefügt.

3 Kodieren in der Praxis einer Evaluation

3.1 Das Offene Kodieren: Finden von Konzepten und erste Ideen für Kategorien

Bei dem in Rede stehenden Textmaterial, bestehend aus 29 transkribierten Interviews, wurden in einem ersten Schritt, mit Hilfe der sogenannten W-Fragen (was, wer, um was geht es usw.) eine große Anzahl von *Phänomenen* identifiziert und als *Konzepte* klassifiziert. Sequenzen mit gleichen oder ähnlichen Begriffen wurden zusammengestellt. Dies konnten sowohl Sequenzen aus demselben Interview als auch Sequenzen aus anderen Interviews der beiden Berufsgruppen sein.[5] Wichtig bei die-

---

[4] Neben der Autorin waren das neben studentischen Hilfskräften vor allem die wissenschaftlichen Mitarbeiterinnen Jessica Prigge und Sarah Räsch.
[5] Die von Meuser/Nagel (1991; 2003) vorgeschlagene Auswertungsstrategie für Experteninterviews zeigt hier eine deutliche Nähe zur Grounded Theory.

sem Vorgehen ist, sich zu vergewissern und zu prüfen, dass für ähnliche Ereignisse dieselben Begriffe verwendet werden, damit das Material aufgebrochen wird, aber gleichzeitig auch eine Verdichtung erfährt.

Bei leitfadengestützten Interviews sind die im Interview gestellten Fragen eine erste Orientierungshilfe. Allerdings wurde sehr schnell deutlich, dass einige der dadurch erhaltenen Segmente noch einmal in einer Feinanalyse in Sequenzen eingeteilt werden mussten, um so einzelne Phänomene genauer identifizieren und benennen zu können. Nicht immer antworteten die Interviewten auf die Fragen der Interviewerinnen und Interviewer, sondern folgten in ihren Erzählungen über die Ereignisse einem eigenen Regiebuch. So haben einige Interviewpartnerinnen und -partner auf die Frage nach dem ersten Kontakt zwischen den Berufsgruppen erst einmal ausführlich über Ereignisse, die vor diesem ersten Kontakt lagen, berichtet und sind dann erst auf die Frage eingegangen.

Die ersten Konzepte, die während des Offenen Kodierens in unserem Fall gefunden wurden, waren noch sehr nah am Text und offen formuliert. Bei einigen dieser Konzepte konnten bereits unmittelbar erste Kategorien generiert werden, die im weiteren Verlauf noch einer Überprüfung unterzogen wurden. Bei dieser zeigte sich, dass sie auch im weiteren Verfahren Bestand hatten. Sehr hilfreich waren die in der Grounded Theory eingeführten Memos (Strauss/Corbin 1996, S. 169, vgl. Tab. 1). Dabei handelt es sich um im Auswertungsprozess angelegte schriftliche Notizen. Wir zählten dazu auch Diagramme, die im Verlauf der Analyse erstellt wurden und zum Teil auch Eingang in die → **Berichterstattung** fanden.[6]

Strauss und Corbin betonen, dass der Name einer Kategorie anschaulich sein und an dem Konzept gedanklich anknüpfen muss, so dass dieses während des weiteren Vorgehens präsent bleibt. Der Anspruch ist jedoch, dass „ein abstrakteres Konzept als die Ausgangskonzepte" generiert wird (Strauss/Corbin 1996, S. 49). Die Begriffe können aus dem eigenen, dem wissenschaftlichen oder fachlichen Begriffsrepertoire stammen. Darüber hinaus können aber auch Begriffe aus dem Material als sogenannte In-vivo-Kodes verwendet werden (Strauss/Corbin 1996, S. 50).

In der Analyse konnte die Kategorie *Top down* bereits im ersten Interview in den ersten Sequenzen generiert werden. Sie repräsentiert aus der Perspektive der Interviewten die Einführung der Maßnahme durch Ministerium und Träger *von oben herab* in die Schulen und Kindergärten, ohne dass diese eingebunden waren. Diese Kategorie konnte in einer weiteren Analyse des Materials bestätigt werden.

Diese korrespondiert mit einer weiteren Kategorie. Zwar wurde die Maßnahme *Top down* eingeführt, die konkrete und konzeptionelle Umsetzung lag jedoch *Bottom up* in den Händen der beteiligten Fachkräfte. Diese Begriffe sind den wissenschaftlich-fachlichen Termini zuzuordnen (vgl. Tab. 1).

---

6 Genannt und definiert werden Memos, Kode-, Planungs- und theoretische Notizen aber auch Diagramme sowie logische und integrative Diagramme (Strauss/Corbin 1996, S. 169).

Tabelle 1: Ergebnis des Offenen Kodierens: Konzepte und erste Ideen für Kategorien

Konzepte (Auswahl)	Erste Ideen für Kategorien	Memo
Beginn der Maßnahme	Top down	In-vivo-Kode: „Es kam überraschend" (Erzieher/Erzieherin) „… keiner wusste, dass wir kommen" (Lehrkraft)
Konzeptarbeit, es gab kein Konzept	Bottom up	In-vivo-Kode: „wir konnten selbst gestalten" Wunsch nach „Handreichungen"
Ausgangssituation am Beginn der Maßnahme	Heterogenität in den Ausgangsbedingungen	Es gibt unterschiedliche „Typen": Unterscheidung der Typen?
Pädagogischer Ansatz im Kindergarten	„vom Kinde aus" (In-vivo-Kode)/Entwicklungsorientierung/ Übergangsgestaltung als ureigene Aufgabe des Kindergartens	
Erziehungs-/Bildungspartnerschaft	„Erst am Anfang" (In-vivo-Kode)	Es gibt unterschiedliche „Typen": Unterscheidung der Typen?
Hospitationsphase der Lehrkräfte	Fremdheitserfahrung Neue Sichtweisen auf das Kind	

Andere Kategorien wurden präzisiert: Die Kategorie für den pädagogischen Ansatz, *vom Kinde aus*, ein In-vivo-Kode, wurde im weiteren Verlauf der Analysen begrifflich präziser als *Entwicklungsorientierung* gefasst. In einer komparativen Analyse wurden nochmals die Zuordnung der Sequenzen zu bestimmten Konzepten sowie die Zusammengehörigkeit ausgewählter Ereignisse bzw. Phänomene überprüft.

Mit diesem Vorgehen wird das ursprüngliche Textmaterial, in unserem Fall eine Vielzahl transkribierter Interviews, aufgebrochen, gewissermaßen auseinandergeschnitten und neu in Stapel von Sequenzen sortiert, in denen ähnliche bzw. gleiche Phänomene beschrieben werden. Der Kode bzw. die Kategorie ist die gemeinsame Verknüpfung.

Am Ende des Offenen Kodierens wurde jedes Konzept noch einmal auf seine Stimmigkeit überprüft. Dort wo die Begriffe noch sehr nah am Text waren, wurden diese in theoretische Kategorien überführt; dabei wurden sie im Hinblick auf ihre Eigenschaften und Dimensionen (weiter-)entwickelt.

In der Analyse der Sequenzen konnten vor Beginn der Maßnahme je nach Standort unterschiedliche Formen von Kontakten bzw. Kooperationen rekonstruiert und somit dem Konzept *Maßnahmenbeginn* unterschiedliche Eigenschaften zugeordnet werden. Damit war es im weiteren Verlauf der Analyse bspw. möglich, das Konzept *Maßnahmenbeginn* in die Kategorie *Heterogenität in den Ausgangsbedingungen* zu überführen. Aus diesen unterschiedlichen Eigenschaften konnte ein „einzigartiges

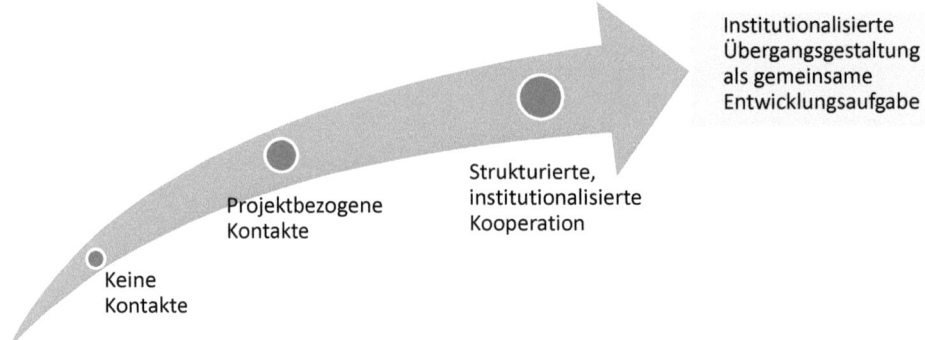

Abbildung 2: Eigenschaften und Dimensionen der Kategorie: Heterogenität in den Ausgangsbedingungen

dimensionales Profil" (Strauss/Corbin 1996, S. 51) für den Beginn der Maßnahme generiert werden (vgl. Abb. 2). Auch hier war wieder der Einsatz von Feldnotizen (Memos) hilfreich.

Insbesondere wurde die Dimension der Intensität der Kooperation vor Beginn der Pilotphase betrachtet. Der Grad der Kooperation fand sich in den Ausprägungen von *keinen Kontakten* zwischen den Bildungsinstitutionen über *projektbezogene Kontakte* bis hin zu einer *strukturierten, institutionalisierten Kooperation*. Dieses Profil, so war zu vermuten, dürfte folgenreich für den weiteren Aufbau der Kooperationsbeziehungen sein. In welcher Weise sollten weitere Analysen des Materials zeigen. Unabhängig von dem bisherigen Grad der Kontakte bzw. der Intensität der Kooperation hatten alle Institutionen die Aufgabe einer Institutionalisierung der gemeinsamen Übergangsgestaltung.

3.2 Das Axiale Kodieren zur Herstellung von Verbindungen zwischen den Kategorien

Mit Hilfe des Axialen Kodierens werden die durch das Offene Kodieren aufgebrochenen Daten wieder in neuer Weise zusammengesetzt, „(…) indem Verbindungen zwischen einer Kategorie und ihren Subkategorien ermittelt werden" (Strauss/Corbin 1996, S. 78). Diese Analysephase kann verstanden werden als ein Zwischenschritt, in dem die Entwicklung von Kategorien weiter vorangetrieben wird, um danach in einem letzten Schritt eine „umfassende theoretische Formulierung" zu generieren.[7]

Herauszufinden war, welche Bedingungen die Ereignisse und Vorfälle, die im Material aufgefunden wurden, bestimmen und welche Arten von Interaktionen zwischen den Akteuren zu identifizieren sind. Ferner geht es um die Fragen, welche

---

[7] Zu beachten ist, dass Offenes und Axiales Kodieren zwar analytisch getrennte Verfahren sind, diese jedoch im Forschungsprozess immer wieder abwechselnd bzw. zeitgleich zum Einsatz kommen (Strauss/Corbin 1996, S. 77).

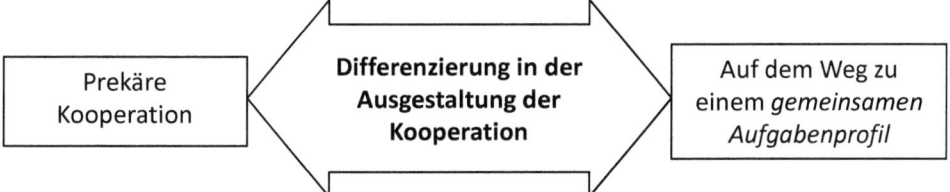

Abbildung 3:   Offenes Kodieren: „Eigenschaften und Dimensionen" von Kooperationen

Strategien der Akteure zur Anwendung kommen und welche Konsequenzen sich daraus ergeben.

Bereits in der ersten Phase des Offenen Kodierens wurden im Textmaterial *Konzepte zur konkreten Zusammenarbeit* identifiziert. Die Hinweise im Material erlaubten es, im weiteren Analyseprozess die Ausgestaltung der Kooperation differenziert zu rekonstruieren. Gefunden wurden Fälle, die durch eine *prekäre Kooperation* gekennzeichnet sind, d. h. es ist noch nicht zu produktiven Kooperationsbeziehungen gekommen; aber es konnten auch Fälle identifiziert werden, in denen ein Prozess in Gang gekommen ist, in dem sich die Akteure auf den *Weg zu einem neuen Aufgabenprofil für die Übergangsgestaltung* gemacht haben, welches sie gemeinsam entwickeln und umsetzen (vgl. Abb. 3).

Am Beispiel der *prekären Kooperation* lässt sich der Prozess des Axialen Kodierens verdeutlichen. Dem ‚paradigmatischen Modell' folgend, wird für das Phänomen der prekären Kooperation zum einen nach den ursächlichen Bedingungen gesucht und zum anderen werden der Kontext und die intervenierenden Bedingungen genauer bestimmt. Überdies werden die Handlungs- und Interaktionalen Strategien der Akteure erkannt, die bestimmte Konsequenzen zur Folge haben (Strauss/Corbin 1996, S. 78). Diese Analyse erlaubt es, Fälle von prekärer Kooperation verstehend zu erklären:

Als Ursache der *prekären Kooperation* konnte das Zusammentreffen von zwei unterschiedlichen Systemen, die jeweils eine Domäne (beanspruchte Zuständigkeit) für die beiden Berufsgruppen darstellen, rekonstruiert werden. Aus der Perspektive der Erzieherinnen/Erzieher stellt die Übergangsgestaltung eine *originäre Aufgabe des Kindergartens* dar; aus ihrer Sicht dringt die Schule in die *Domäne der Elementarpädagogik* mit fremden Konzepten ein. Überdies verweisen sie auf Erfahrungen einer *strukturellen Dominanz* der Schulen bei der Organisation der Zusammenarbeit im Hinblick auf Raum- und Zeitgestaltung. Die Lehrkräfte, als Fachkräfte der Primarpädagogik, erfahren sich in einer ihnen *fremden Domäne,* die aus ihrer Sicht von einer *Dominanz der Elementarpädagogik* bestimmt ist. Ihre Einflussmöglichkeiten nehmen sie zu Beginn der Maßnahme als relativ gering wahr. Von Bedeutung sind darüber hinaus der → **Kontext** und andere intervenierenden → **Bedingungen**, welche die Kooperation beeinflussen. Im Fall der *prekären Kooperation* sieht sich der Kindergarten aufgrund der *Top down-Strategie* bei der Einführung des ‚Kooperationsjahrs' zu einer Kooperation verpflichtet, kann sich aber bei der inhaltlichen Ausgestaltung, in der eine Bottom up-Strategie zum Tragen kommt, gegenüber der

Schule profilieren. Die beteiligten Kindergärten und Schulen gehören überdies zu jenen, die vor der Einführung der Maßnahme keinen oder nur sehr geringen Kontakt hatten (siehe *Heterogenität in den Ausgangsbedingungen*).

Ein Blick auf die ‚Handlungsstrategien und interaktionalen Bedingungen' zeigt sowohl bei den Erzieherinnen/Erziehern als auch bei den Lehrkräften ein deutliches *Beharren auf den jeweils eigenen Arbeitsansatz* der Elementar- bzw. der Primarpädagogik. Die Verteidigung des eigenen Ansatzes ist verknüpft mit einer *Abwehr der jeweils anderen Lern- bzw. Bildungsstrategien*. Die/der weniger dominante Kooperationspartnerin bzw. -partner hingegen zieht sich auf die Rolle als Beobachterin/Beobachter zurück bzw. wird auf diese Rolle verwiesen.

Die Konsequenzen sind allerdings unterschiedlich. Es konnten hierzu zwei Dimensionen rekonstruiert werden. Zum einen eine *wechselseitig unversöhnliche Haltung*, zum anderen eine Haltung der *friedlichen Koexistenz*. Gemeinsam ist beiden, dass ein gemeinsames Arbeiten auf Augenhöhe kaum möglich war; standortspezifisch war jeweils die eine oder die andere Seite konzeptionell und didaktisch bestimmend.

Schließlich kann der Zusammenhang zwischen der Kategorie *prekäre Kooperation* und ihren Subkategorien entlang des durch Böhm (2008) leicht modifizierten Kodierparadigmas, wie folgt, verdeutlicht werden (vgl. Abb. 4).

Im Fallvergleich konnten Fälle gefunden werden, in denen unter den gleichen Bedingungen Anstrengungen zu einer (zunehmend gelingenden) kooperativen Praxis unternommen wurden, wobei sich Vorerfahrungen in der Zusammenarbeit als förderlich erwiesen haben. Aber es gibt auch Fälle ohne entsprechende Vorerfahrungen, in denen der Weg zu einer kooperativen Praxis beschritten wurde. Diese wurden insbesondere im Blick auf die Handlungs- und Interaktionalen Strategien analysiert (vgl. Kapitel 4.3).

Die Kooperationsbeziehungen haben demnach zwei Ausprägungen (*Prekäre Kooperation* vs. *Auf dem Weg zu einem neuen gemeinsamen Aufgabenprofil für die Übergangsgestaltung*), wobei insbesondere für die formative Evaluation die Hinweise auf eine zunehmend gelingende Praxis von besonderer Bedeutung sind.

3.3 Selektives Kodieren: die Generierung einer gegenstandsbezogenen Theorie

Das Ziel des Selektiven Kodierens besteht darin, die gefundenen Kategorien zu einer Grounded Theory zu integrieren (Strauss/Corbin 1996, S. 94). Die zentralen Befunde werden in einem Diagramm dargestellt (vgl. Abb. 5).

Ausgangspunkt bildet die Analyse der Struktur, welche die evaluierte Maßnahme bestimmt: Zwei eigenständige Systeme im Bildungsbereich werden verpflichtet miteinander zu kooperieren und sollen eine Maßnahme gemeinsam konzipieren und umsetzen.

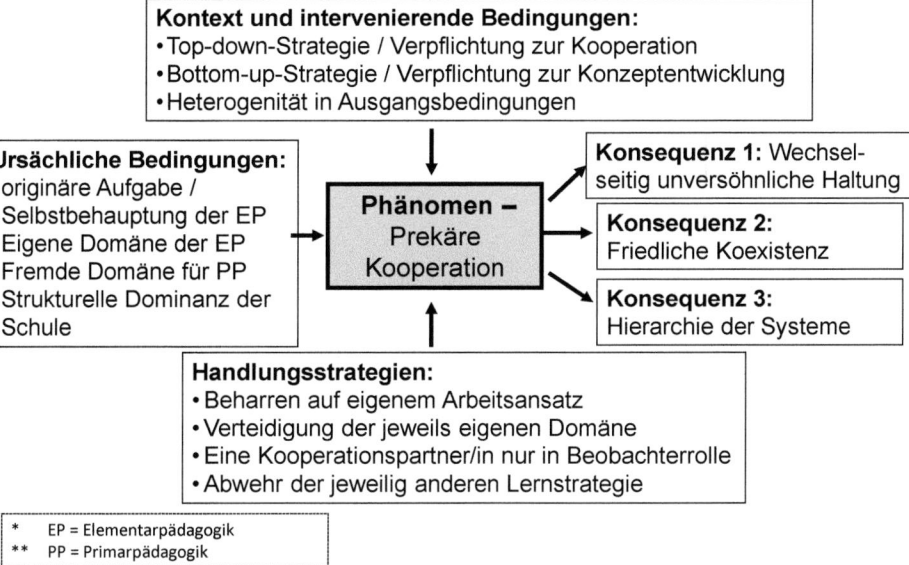

Abbildung 4: Das Axiale Kodieren mit Hilfe des Kodierparadigmas

Beide Systeme weisen eine je spezifische soziale und politische Einbettung auf. Sie verwalten nicht nur unterschiedliche Domänen, sondern im Hinblick auf die Berufsgruppen ist darüber hinaus eine erhebliche Statusdifferenz gegeben.

Die beiden Domänen sind im Kern durch eine *Curriculumsorientierung* (Schule) bzw. *Entwicklungsorientierung* (Kindergarten) bestimmt, die zu Beginn der Maßnahme zu einer wechselseitigen *(Stereo-)Typisierung* führte. Diese (Kontext-)Bedingungen führten aber zu unterschiedlichen Konsequenzen. Zum einen finden wir Fälle mit *prekären Kooperationsbeziehungen*, zum anderen aber solche, in denen die Akteure durch die *gemeinsame Praxis („doing cooperation")* zu einem produktiven Kooperationsarrangement gelangen. In letzteren Fällen machen sich die Kooperationsteams auf den Weg zu einer *neuen pädagogischen Domäne*, die Übergangsgestaltung. Erkennbar sind ein *berufsgruppenübergreifendes Aufgabenprofil*, ein *Austausch der (unterschiedlichen) Sichtweisen* auf die Kinder, eine *Perspektivenverschränkung* und damit eine Erweiterung der *Handlungsräume*.

Diese Fälle können als Vorreiter (am weitesten entwickelte Fälle) analysiert werden, die zeigen, was unter den gegebenen Bedingungen möglich erscheint. Die Ergebnisse zum zweiten Erhebungszeitpunkt bestätigen dann auch eine *wechselseitige Öffnung der Systeme* mit positiven Auswirkungen auf die professionelle und institutionelle Zusammenarbeit. Rekonstruiert werden konnte eine Weiterentwicklung des Konzepts durch *Reflexion der Erfahrungen* im ersten Jahr. Deutlich erkennbar waren sowohl die Auflösung von sehr verhärteten Fronten und die *Steigerung* der *wechselseitigen Wertschätzung* als auch Prozesse der Entwicklung eines *Teamverständnisses* unter den Berufsgruppen. Verstärkt wurde diese Entwicklung durch eine kontinuierliche *gemeinsame Praxis* der Planung und Reflexion.

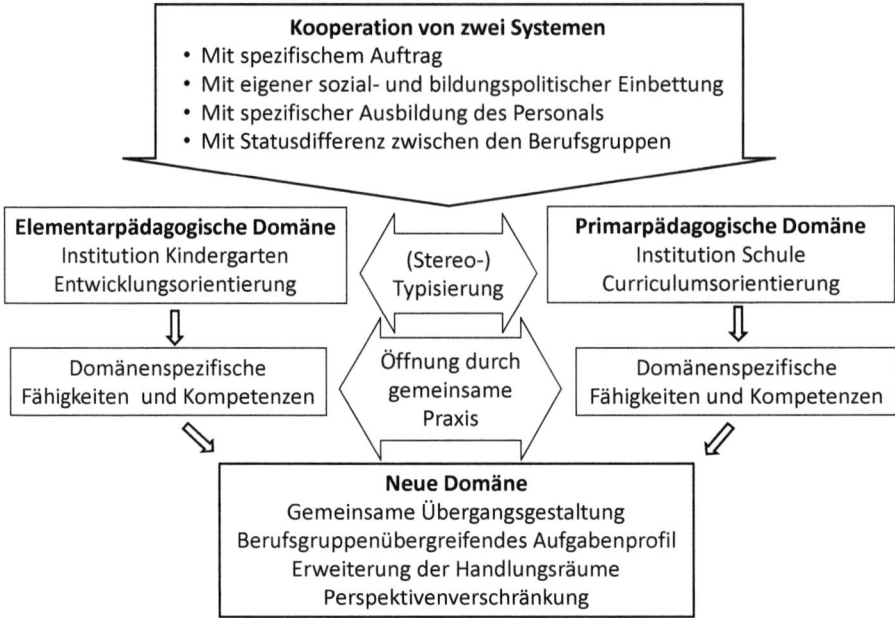

Abbildung 5: Generierung einer Schlüsselkategorie: eine neue Domäne

Diese Schlüsselkategorie (*neue Domäne*) wäre durch weitere Kodierprozesse und ggf. neue Datenerhebungen noch weiter zu fundieren und zu einer Grounded Theory auszubauen, was aber im Rahmen der Evaluationsstudie nicht mehr zu leisten ist.

4. Fazit

In diesem Beitrag wurde der Versuch unternommen, exemplarisch zu zeigen, wie die Grounded Theory in einer Evaluation Anwendung finden und wie es gelingen kann, zumindest in Ansätzen zu einer „gut konstruierten Grounded Theory" zu gelangen (Strauss/Corbin 1996, S. 8 f.). Dabei nennen Strauss/Corbin Kriterien, die erfüllt sein müssen, damit diese Theorie dem Gegenstandsbereich (einer Evaluation) gerecht wird und diesen erhellt. Um den Ansprüchen einer Grounded Theory zu genügen, bedarf es unabdingbar zum einen einer *Übereinstimmung* der konstruierten Theorie mit dem Gegenstandsbereich, deren „Allgemeingültigkeit" zum anderen durch ihren Abstraktionsgrad eine Anwendung in einer Vielzahl von Kontexten ermöglicht. Überdies ist die „Verständlichkeit" der Theorie für „untersuchte Personen und Praktiker" unabdingbar. Ferner muss sich diese als „Handlungskontrolle" eignen und schließlich sind die „Bedingungen", auf die sich die Theorie bezieht, offen zu legen (ebd., S. 8). Bedeutsam erscheint in diesem Zusammenhang die deutliche Nähe der hier formulierten Kriterien zu den Standards für Evaluation der DeGEval: *Nützlichkeit, Durchführbarkeit, Fairness und Genauigkeit* (DeGEval 2002).

Wenn die Erhebung bzw. Auswertung qualitativer Daten in einer Evaluation weder auf ein exploratives Vorgehen für die Konstruktion einer standardisierten

Befragung noch auf eine illustrierende Funktion reduziert werden soll, ist für eine begründete Fallauswahl ein Theoretical Sampling konstitutiv. Es dient vor allem bei Beteiligung einer Vielzahl von unterschiedlichen Akteursgruppen der Komplexitätsreduktion, deren Nachvollziehbarkeit für die Adressaten der Berichterstattung zentral ist. Diese Vorgehensweise wurde in unserem Fall von den Auftraggebenden ausdrücklich akzeptiert.

Im Rahmen des Offenen Kodierens war es möglich, eine Vielzahl von Erzählungen über Geschichten (Phänomene), welche die Stakeholder während der Umsetzung der Maßnahme erlebt haben, in „Kategorien" zu *überführen*, die anschaulich sind und gedanklich an das konzeptualisierte Phänomen anknüpfen. Gezeigt werden konnte, dass es im Kern um die Überführung in „abstraktere Konzepte als die Ausgangskonzepte" geht (Strauss/Corbin, 1996, S. 50), wobei es durch die Rekonstruktion der Eigenschaften und Dimensionen der Beispielkategorien *Heterogenität in den Ausgangsbedingungen* bzw. *Differenzierung in der Ausgestaltung der Kooperation* möglich war, Sinnzusammenhänge zu erfassen, die wiederum dazu beigetragen haben, die Entwicklung dieser Maßnahme (besser) zu verstehen. Den Auftraggebenden konnten somit Hinweise zu den zu beachtenden Bedingungen bei der Implementation einer Maßnahme gegeben werden. In diesem Zusammenhang konnte gezeigt werden, dass „frühe Entscheidungen (…) spätere Entwicklungen in deutlich erkennbarer Weise präformieren" aber dennoch unterschiedliche Entwicklungspfade möglich sind (Kaufmann 2002, S. 132).

Bereits im Rahmen des Offenen Kodierens konnte die Kategorie *unterschiedliche Realisierung der Kooperation* herausgearbeitet werden: Mit Hilfe des paradigmatischen Modells war es möglich, Zusammenhänge zwischen ursächlichen Bedingungen, kontextuellen und intervenierenden Bedingungen und den Handlungs-/interaktionalen Strategien der Akteure sowie den Konsequenzen für das Muster der *prekären Kooperation* herzustellen. Durch den Fallvergleich mit dem Muster *auf dem Weg zu einer kooperativen Praxis* konnte – mit besonderem der Blick auf die Handlungsstrategien der Akteure – auf Entwicklungspotenziale aufmerksam gemacht werden und es konnten Hinweise für die Weiterentwicklung der Konzeption und für die Qualifizierung und Beratung des Personals gegeben werden.

Durch das Selektive Kodieren wurden die gewonnenen Erkenntnisse zu einer (vorläufigen) Schlüsselkategorie verdichtet. Vor dem Hintergrund der Analyse der am weitesten entwickelten Fälle konnten erste Ansätze zur Herausbildung einer *neuen Domäne* durch eine gemeinsame Praxis (*doing cooperation*) rekonstruiert werden. Es kommt zu einer *wechselseitigen Öffnung* der angestammten Domänen. Die Übergangsgestaltung wird von den beteiligten Berufsgruppen als *gemeinsame Aufgabe* begriffen, die ein *berufsgruppenübergreifendes Aufgabenprofil*, eine *Perspektivenverschränkung* und eine *Erweiterung der Handlungsräume* verlangt, aber auch ermöglicht.

Mit dieser (vorläufigen) Schlüsselkategorie konnte nun auf der Grundlage einer detaillierten Prozessrekonstruktion ein empirisch fundiertes Entwicklungsmuster gefunden werden, das zeigt, dass und wie unter schwierigen (Kontext-)Bedingungen eine system- (domänen-) und berufsgruppenübergreifende Kooperation möglich ist, nämlich durch eine gemeinsame (reflektierte) Praxis. Diese Erkenntnisse eröffnen die Möglichkeit zur Entwicklung einer Theorie mittlerer Reichweite, die auf Konstellationen übertragbar erscheint, in denen unterschiedliche Bildungsinstitutionen und Berufsgruppen zur Kooperation gebracht werden sollen (fallübergreifende Erkenntnisfunktion). Vergleichbare Befunde konnten bereits im Rahmen einer früheren Evaluationsstudie gefunden werden (Filsinger/Lück-Filsinger 2007). Für die Auftraggebenden der Evaluation bedeuten die Erkenntnisse zum einen eine Bestätigung für die Maßnahmen, zum anderen eröffnen sie Lernchancen für die Weiterentwicklung und dauerhafte Implementation der Maßnahme, die im Untersuchungszeitraum auch genutzt wurden.

Literatur

Beywl, Wolfgang/Widmer, Thomas/Fabian, Carlo (Hrsg.) (2009): Evaluation. Ein systematisches Handbuch. Wiesbaden: VS, Verlag für Sozialwissenschaften.
Böhm, Andreas (2008): Theoretisches Codieren. In: Flick, Uwe/Kardorff, Ernst v./Steinke, Ines (Hrsg.): Qualitative Forschung. Ein Handbuch. Reinbek bei Hamburg: Rowohlt. S. 475–485.
Bohnsack, Ralf (2006): Qualitative Evaluation und Handlungspraxis – Grundlagen dokumentarischer Evaluationsforschung. In: Flick, Uwe (Hrsg.): Qualitative Evaluationsforschung. Reinbek bei Hamburg: rowohlts enzyklopädie. S. 135–158.
Bohnsack, Ralf (2014): Rekonstruktive Sozialforschung. Einführung in Qualitative Methoden. Opladen: Barbara Budrich.
Bohnsack, Ralf/Nentwig-Gesemann, Iris (2010): Dokumentarische Evaluationsforschung. Opladen: Barbara Budrich.
Bude, Heinz (2003): Fallrekonstruktion. In: Bohnsack, Ralf/Marotzki, Winfried/Meuser, Michael (Hrsg.): Hauptbegriffe Qualitativer Sozialforschung. Opladen: Leske + Budrich. S. 6061.
Deutsche Gesellschaft für Evaluation e. V. (DeGEval) (2002): Standards für Evaluation. Köln.
Filsinger, Dieter/Lück-Filsinger, Marianne (2007): Modellversuch „Qualifizierungsbausteine und Ganztagsbetreuung in der Ausbildungsvorbereitung" (QGA) des Ministeriums für Bildung, Kultur und Wissenschaft des Saarlandes. Abschlussbericht der wissenschaftlichen Begleitung. Saarbrücken.
Flick, Uwe (2011): Qualitative Forschung. Eine Einführung. Reinbek bei Hamburg: Rowohlt Taschenbuch Verlag.
Glaser, Barney/Strauss, Anselm (1967): The discovery of grounded theory. Chicago: Aldine.
Glaser, Barney/Strauss, Anselm (2010): Grounded Theory. Strategien qualitativer Sozialforschung. Bern: Huber.
Giel, Susanne (2013): Theoriebasierte Evaluation. Konzepte und methodische Umsetzungen. Münster/New York/München/Berlin: Waxmann.
Kannonier-Finster, Waltraud/Nigsch, Otto/Ziegler, Meinrad (2000): Über die Verknüpfung von theoretischer und empirischer Arbeit in soziologischen Fallstudien. Österreichische Zeitschrift für Soziologie, 25. Jg., H. 3. S. 3–25.

Kaufmann, Franz-Xaver (2002): Sozialpolitik und Sozialstaat: Soziologische Analysen. Reihe Sozialpolitik und Sozialstaat, Bd. 1. Opladen: Leske + Budrich.

Kromrey, Helmut (2008): Wissenschaftstheoretische Anforderungen an empirische Forschung und die Problematik ihrer Beachtung in der Evaluation. In: Rehberg, Karl-Siegbert (Hrsg.): Die Natur der Gesellschaft. Verhandlungen des 33. Kongresses der Deutschen Gesellschaft für Soziologie in Kassel 2006. Frankfurt/New York: Campus.

Lamprecht, Juliane (2012): Rekonstruktiv-responsive Evaluation in der Praxis. Neue Perspektiven dokumentarischer Evaluationsforschung. Wiesbaden: VS Verlag für Sozialwissenschaften.

Mayring, Philipp (2003): Qualitative Inhaltsanalyse. Grundlagen und Techniken. Weinheim: Beltz.

Merkens, Hans (2012): Auswahlverfahren, Sampling, Fallkonstruktion. In: Flick, Uwe/Kardorff, Ernst v./Steinke, Ines (Hrsg.): Qualitative Forschung. Ein Handbuch. Reinbek bei Hamburg: Rowohlt Taschenbuch Verlag. S. 286–299.

Meuser, Michael/Nagel, Ulrike (1991): Experteninterviews – vielfach erprobt, wenig bedacht. Ein Beitrag zur qualitativen Methodendiskussion. In: Garz, Detlef/Kraimer, Klaus (Hrsg.): Qualitativ-empirische Sozialforschung, Konzepte, Methoden, Analysen. Opladen: Westdeutscher Verlag. S. 441–471.

Meuser, Michael/Nagel, Ulrike (2003): Experteninterview. In: Bohnsack, Ralf/Marotzki, Winfried/Meuser, Michael (Hrsg.): Hauptbegriffe Qualitativer Sozialforschung. Opladen: Leske + Budrich. S. 57–58.

Mey, Günther/Mruck, Katja (Hrsg.) (2011): Grounded Theory Reader. Wiesbaden: VS Verlag für Sozialwissenschaften.

Ministerium für Bildung des Saarlandes (Hrsg.) (2011): Gemeinsam bilden. Gemeinsam erziehen. Gemeinsam Übergänge gestalten. Kooperationsjahr Kindergarten-Grundschule. Saarbrücken.

Patton, Michael, Q. (1990): Qualitative Evaluation and Research Methods. Newbury Park, London, New Delhi: Sage.

Przyborski, Aglaja/Wohlrab-Sahr Monika (2008): Qualitative Sozialforschung. Ein Arbeitsbuch. München: Oldenbourg.

Stockmann, Reinhard/Meyer, Wolfgang (2010): Evaluation – eine Einführung. Opladen: Barbara Budrich.

Strauss, Anselm (1998): Grundlagen Qualitativer Sozialforschung. Paderborn: W. Fink UTB.

Strauss, Anselm/Corbin, Juliet (1996): Grounded Theory: Grundlagen Qualitativer Sozialforschung. Weinheim: Verlags Union.

Strübing, Jörg (2008): Grounded Theory. Zur sozialtheoretischen und epistemologischen Fundierung des Verfahrens der empirisch begründeten Theoriebildung. Wiesbaden: VS Verlag für Sozialwissenschaften.

Evaluation und das Web

Elitsa Uzunova

Die Entwicklung von Web-Technologien ist rasant und passiert teilweise unbemerkt. Dies wirkt sich nicht nur auf unser Privatleben aus, sondern auch auf die Art und Weise, wie Menschen arbeiten. Die neuen Technologien sind intuitiv und effizient, und eröffnen ihrerseits zahlreiche Möglichkeiten zur Entwicklung neuer und zur Überarbeitung bestehender Geschäftsprozesse. Ihre rechtzeitige Anwendung kann den Wettbewerb in ganzen Wirtschaftsbereichen schnell verändern. Neue technologische Möglichkeiten können auch bei der Durchführung von Evaluationen dienlich sein und den → Evaluationsprozess in sinnvoller Weise erweitern. Bislang ist ihre Auswirkung am deutlichsten im Bereich der → Datenerhebung und → -auswertung spürbar, auch wenn heutzutage noch nicht die ganze Palette von möglichen Technologien ausgenutzt wird. Fragen Sie Sich jedoch: Wann haben Sie zum letzten Mal einen Fragebogen per Post zugeschickt? Wie haben Sie die letzte → Fokusgruppe dokumentiert? Mit einem Papier-und-Bleistift-Protokoll? Die neuen Entwicklungen bringen selbstverständlich nicht nur Vorteile, sondern auch neue Herausforderungen mit sich. Im Bereich → Evaluation (und nicht nur) stellt der adäquate Schutz personenbezogener → Daten (vgl. Jelitto in diesem Band) vielleicht die größte Herausforderung dar. Eine andere Herausforderung (und gleichzeitig Grund für eine schnellere Einführung von Web-Technologien) stellt die sich verändernde Welt der zu evaluierenden → Programme (oder Organisationen) dar – sie sind nämlich schon online. Sie verbreiten ihre Erfolge als Videos im Netz, sie bieten Online-Kurse an, oder haben sogar ihre eigene App. In diesem Artikel wird ein Überblick über verschiedene Tools angeboten, die im Bereich Evaluation zum Einsatz kommen und den Nutzen für alle an einer Evaluation → Beteiligten erhöhen können. Durch das Internet haben sich Prozesse der Datenerhebung und Datenauswertung in den letzten Jahren spürbar verändert. Das Web bietet neue Möglichkeiten zur Datengenerierung, und bestehende Methoden und Vorgehensweisen lassen sich für das Web optimieren. → Evaluierenden sollen diese Möglichkeiten in diesem Artikel nähergebracht werden. Der Text ist nach Anwendungsbereichen gegliedert – zunächst werden webtechnologische Möglichkeiten im Bereich Datenerhebung behandelt, dann in den Bereichen der Auswertung und der Ergebnispräsentation. Es werden jeweils die Vor- und Nachteile, die mit jeder technologischen Lösung verbunden sind, diskutiert. Auch werden Technologien kommentiert, die nicht direkt im Evaluationsprozess eingesetzt werden, sondern für den Wissenstransfer in der Evaluationscommunity förderlich sein können.

1. Wie das Web die (Evaluations-)Welt verändert

Die Entwicklung neuer Web-Technologien schreitet stetig fort und verändert massiv unseren (beruflichen) Alltag. Während sich Internetnutzende in den letzten Jahren des 20. Jahrhunderts über einfache Hyperlinks innerhalb und zwischen Webdokumenten gefreut haben, bietet das Web heute eine umfangreiche Vernetzung von Menschen und Dienstleistungen. Dank der Standards, die während der Ära Web 2.0 eingeführt worden sind, können wir heute nicht nur einfach isolierte Online-Produkte benutzen, sondern ganze Bündel von Anwendungen, die unbegrenzt untereinander kommunizieren (siehe Abbildung 1). Professionelle nennen dies Web 3.0 und schwärmen schon von der nächsten Generation des Webs. Ausführliche Erläuterungen zu den Generationen des Webs sowie Abgrenzungen zwischen ihnen, auf die an dieser Stelle nicht näher eingegangen werden kann, bieten Fuchs u. a. (2010).

Bis auf einen Kern von sogenannten Offlinern (Initiative D21 2013) nutzen die Menschen in Deutschland und weltweit immer mehr das Internet sowie Endgeräte, die die Internetnutzung nicht nur auf einen eigenen stationären Arbeitsplatz begrenzen, sondern tatsächlich eine omnipräsente, mobile Nutzung, unabhängig vom Standort, ermöglichen. Die Nutzung mobiler Endgeräte hat sich gemäß einer anderen Studie von Initiative D21 (2013a, S. 12) im Jahresvergleich 2012 bis 2013 stark erhöht: von 24 auf etwa 37 Prozent der Befragten ab einem Alter von 14 Jahren. Bei den Tablet-PCs ist das Wachstum sogar noch höher: 2012 geben fünf Prozent an, solch ein Endgerät zu besitzen, 2013 sind es bereits 13 Prozent – das entspricht einem Wachstum von 160 Prozent. Hinzu kommt noch der Fakt, dass Geräte auch parallel genutzt werden. Etwa beim Fernsehen oder während der Arbeit am stationären PC wird ein second screen in Form eines Laptops, eines Smartphones oder eines Tablets eingesetzt.[1] Neben diversen (Freizeit-)Aktivitäten geben die Befragten an, diesen second screen für E-Mails (48%) oder für Arbeitstätigkeiten (17%) zu nutzen. Die berichteten Zahlen sind repräsentativ für die deutsche Bevölkerung. Es darf also angenommen werden, dass sie in ähnlichem Verhältnis bei Evaluierenden sowie bei → **Auftraggebenden** und → **Adressierten** vorzufinden sind. Bspw. heißt das, dass Auftraggebende neben einer anderen Tätigkeit einen schnellen Blick auf die Echtzeitdaten der Evaluationserhebungen werfen können; dass für Lernende die Auseinandersetzung mit den neulich gelernten Inhalten nicht mit dem Unterrichtsschluss endet, sondern im Netz fortgeführt wird (als Recherchen, Diskussionen usw.); dass Präsentationen der → **Evaluationsergebnisse** als interaktive Grafiken im Internet veröffentlicht werden können, die durch die Nutzenden auf Inhalte fokussiert werden können, die sie am meisten interessieren und jederzeit abgerufen werden können.

Entscheidungen über Investitionen in neue technologische Lösungen werden von Geschäftsführenden im individuellen Kontext ihres Unternehmens getroffen.

---

1 http://www.w3b.org/nutzungsverhalten/second-screen-beim-fernsehen-von-mehrheit-eingesetzt.html [Stand: 30.03.2016]

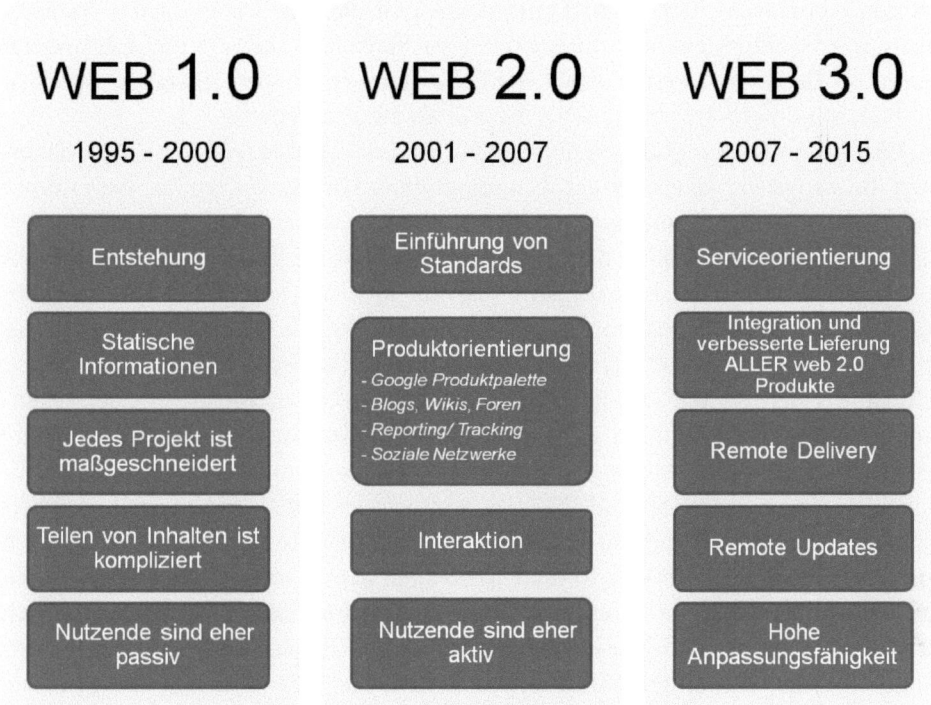

Abbildung 1: Generationen des Webs (Quelle: eigene Darstellung)

Neue Technologien und damit verbundene Veränderungen in den Arbeitsprozessen müssen gewiss nicht um jeden Preis eingeführt werden, sondern immer einem genau definierten Zweck dienen und der Organisationskultur im Unternehmen entsprechen, um zielführend und nutzbringend zu sein. Im Folgenden wird ausgeführt, welche technologischen Investitionen im Bereich von Evaluation lohnend sein können, und wie dadurch der Wert von Evaluationen und der → **Evaluationsnutzen** für alle Beteiligten steigen können. Hinzu kommt, dass Evaluierende nicht nur Programmen und Organisationen Rezepte für besseres → **Wissensmanagement** vorschlagen, sondern diese selbst innerhalb *ihrer* Organisationen anwenden sollten.

Die finanziellen Anreize für die Erbringung von Evaluations- und Beratungsdienstleistungen sind aktuell durchaus hoch: Um die Übernahme von Aufträgen der Bundesregierung und ihrer Organe bspw. bemühen sich neben Evaluationseinrichtungen und -instituten auch die größten Beratungsunternehmen in Deutschland, weltweit agierende Konzerne (Deloitte, KPMG, Ernst & Young, McKinsey usw.), zahlreiche kleinere private und öffentliche Beratungsfirmen sowie Einzelpersonen (BT-Drucks. 17/14647 2013). Die ‚Giganten' haben bedingt durch ihre For-Profit-Ausrichtung den Vorteil, dass sie über größere Budgets für technologische Investitionen verfügen. Universitäre Evaluationseinrichtungen können Innovationen von ihren zahlreichen Ablegern transferieren. Um hier konkurrieren zu können, müssen auch die anderen Evaluationsakteure (kleinere Unternehmen, Selbstständige etc.)

bei den technologischen Entwicklungen am Ball bleiben. Dabei ist die Nutzung bestimmter technologischer Innovationen im Bereich Evaluation nicht unbedingt teuer. Um die (finanziellen) Vorteile der Entwicklung besonders gut ausschöpfen zu können, ist es hier wichtig, schneller zu sein als die anderen.

Web-Technologien sind effizient und dies auf verschiedene Arten. Zunächst trägt die stetige Verbesserung der technologischen Lösungen dazu bei, dass immer mehr Informationen immer genauer zu immer mehr verschiedenen Zwecken übermittelt werden können. So ist bspw. die globale technische Kapazität, Informationen zu speichern, von 2,6 Exabyte im Jahre 1986 auf 295 Exabyte im Jahre 2007 gewachsen. Dies ist das Äquivalent von 404 Milliarden CD-ROMs für 2007 (Hilbert/Lopez 2011). Außerdem sind die Investitionen in webtechnologische Innovationen gering und zahlen sich schnell aus. Es steht ein breites Spektrum von freier oder Open-Source-Software zur Verfügung, die einen funktionellen Ersatz für teure proprietäre Software darstellt. Die Nutzung solcher Software ist kostenlos, es muss lediglich für Installation, Konfiguration und Pflege gezahlt werden, falls das Unternehmen dies nicht selbst bewerkstelligen kann. Die Investitionen in neue Hardwarekomponenten sind ebenfalls nicht hoch und in manchen Fällen gar unnötig: Viele Unternehmen mieten heutzutage ihren Cloud-Space auf sog. Share-Hosting-Servern, wodurch die Kosten deutlich niedriger ausfallen als über den Betrieb eines eigenen Servers (was jedoch in bestimmten Fällen empfehlenswert ist, bspw. um über eine bessere Kontrolle der gespeicherten Daten zu verfügen). Dass sich diese Investitionen lohnen, zeigen mehrere Berichte, u. a. die der Europäischen Kommission.[2] Demnach sind Informations- und Kommunikationstechnologien (IKT) omnipräsent, und Schätzungen zufolge ist rund die Hälfte des Produktivitätswachstums der EU in den letzten Jahren auf Investitionen in IKT zurückzuführen. IKT erhöhen sogar nach Angaben der Kommission maßgeblich die Wettbewerbsfähigkeit von Unternehmen und spielen eine wichtige Rolle für das Wirtschaftswachstum, u. a. weil:

- Investitionen in IKT zu einer Verbesserung der Arbeitsproduktivität beitragen;
- die Nutzung von IKT Unternehmen ermöglicht, ihre Leistungsfähigkeit insgesamt zu erhöhen und sie wettbewerbsfähiger zu machen.[3]

Da Web-Technologien selbst effizient sind und zur Verbesserung der Effizienz der Unternehmen beitragen, geht es hier also nicht um die Höhe finanzieller Investitionen, sondern um die Schnelligkeit der Einführung neuer Technologien, weil sich hieraus offensichtlich ein großer Wettbewerbsvorteil ergibt.

---

2 http://web.archive.org/web/20141230061704/http://ec.europa.eu/enterprise/sectors/ict/index_de.htm [Stand: 30.03.2016]
3 http://web.archive.org/web/20141028224439/http://ec.europa.eu/enterprise/sectors/ict/competitiveness/index_de.htm [Stand: 30.03.2016]

2. Neue Optionen für Evaluationen

Im vorherigen Abschnitt wurde bereits angemerkt, dass sich nicht nur der Prozess der Evaluationsdurchführung durch die Weiterentwicklung von Technologien verändert, sondern auch die zu evaluierenden Programme oder Organisationen. Bevor näher auf die einzelnen Vor- und Nachteile, die durch neue Web-Technologien für Evaluation entstehen, eingegangen wird, lohnt es sich, einen Blick darauf zu werfen, wie sich diese mit der Entwicklung des Webs verändern. Dies ist aus rein ökonomischer Sicht sinnvoll, denn, wenn sich die Nachfrage an Evaluationen verändert, muss das Evaluationsangebot dieser veränderten Nachfrage entsprechen können.

Es würde die Grenzen dieses Artikels sprengen, all diese Veränderungen zu diskutieren. Die wichtigsten Tendenzen sollen anhand einiger Beispiele skizziert werden. Ein Haupttätigkeitsbereich für Evaluationen ist Bildung; und dieser Bereich wird massiv durch Technologien verändert. Das Lernen findet inzwischen nicht mehr nur in den gewohnten Klassenzimmern und Hörsälen statt, sondern zunehmend häufiger online. Einerseits entstehen immer mehr Online-Lernplattformen, die auf Stand-Alone[4]-Lösungen wie der Moodle-Software[5] basieren oder umfangreiche bestehende Lernumgebungen wie Coursera[6], Blackboard[7], EdX[8] u. ä. nutzen. Zu den neuen Lernwelten gehört auch, dass Lernende sog. Wikis nutzen oder selbst erstellen. In manchen Fällen werden sie beauftragt, anstatt Haus- oder Semesterarbeiten Wikipedia-Artikel zu erstellen oder zu bearbeiten. Diese Form der öffentlichen Wissensgenerierung und -verbreitung hat enorme Bedeutung für den Wissenstransfer weltweit, trägt zum Kapazitätsaufbau in zahlreichen professionellen Bereichen bei, inklusive dem der Evaluation (siehe Kapitel 3). Des Weiteren gehört zu den neuen Lehr- und Lernmethoden die Beteiligung an Online-Diskussionen, die innerhalb der oben erwähnten Lernplattformen, in externen Foren oder direkt in den sozialen Netzwerken stattfinden.

In diesem Kontext müssen auch die sog. ‚seriösen' Spiele (bspw. klassische Lernspiele innerhalb der Einrichtungen der primären, sekundären und tertiären Bildung) und die Ansätze zu gamification[9] des Lernens erwähnt werden. Hierbei kann es sich um partielle spielerische Elemente (bspw. Auszeichnungen für Erfolge der Lernenden) handeln, bei denen es darum geht, Lerninhalte besser zu verarbeiten oder bestimmte Kompetenzen zu erwerben. In Zeiten, in denen fast jede bzw.

---

4   Hiermit werden Geräte, Hardware oder Software bezeichnet, die eigenständig, ohne weitere Zusatzgeräte, ihre Funktion erfüllen können, http://de.wikipedia.org/wiki/Stand-Alone [Stand: 30.03.2016]
5   https://moodle.org/[Stand: 30.03.2016]
6   https://www.coursera.org/[Stand: 30.03.2016]
7   http://uki.blackboard.com [Stand: 30.03.2016]
8   https://www.edx.org/[Stand: 30.03.2016]
9   Mit diesem Begriff wird der Transfer spieltypischer Elemente und Prozesse in spielfremdem Kontext bezeichnet (Detering u. a. 2011).

jeder Lernende ein Smart-Gerät[10] besitzt, kommen Techniken ins Spiel, wie z. B. in Unterrichtseinheiten oder -inhalte integrierte Quizze (administriert per App, SMS, Chat oder im Browser), die erlauben, während des Unterrichts zu prüfen, inwieweit der Lernstoff verstanden wurde. Hinzu kommt, dass solche Techniken die Motivation der Lernenden erhöhen können, wenn sie als spielerische Wettbewerbe durchgeführt werden, indem die Ergebnisse in Echtzeit ausgewertet und präsentiert werden. Darüber hinaus gibt es ebenfalls Apps, die es ermöglichen, während Lernsitzungen anonym Fragen zu stellen, auf die die Lehrperson direkt eingehen kann.

Spiele oder spielerische Elemente können jedoch auch mit dem Zweck eingesetzt werden, die Lebensstile von bestimmten → **Zielgruppen** zu verändern, bspw. um junge Diabetiker zu animieren, gesünder zu essen, oder um Jugendlichen zu motivieren, mehr Sport zu treiben. Ein Beispiel für eine solche Verhaltensmodellierung ist das Projekt TARGET,[11] das Methoden und Instrumente für eine kosteneffiziente und dynamische Kompetenzentwicklung erarbeitet. Die Lernenden werden in eine virtuelle Umgebung versetzt,[12] nehmen eine Rolle an (sie können derzeit aus drei Hauptszenarios auswählen, bspw. Projekt Manager) und interagieren mit computergenerierten Personen, die ihr Verhalten dynamisch verändern, um die Spielenden herauszufordern (sie machen Aussagen, die sich durch hohes Konfliktpotenzial auszeichnen oder verzögern absichtlich gestellte Aufgaben usw.).

Nicht nur die Interventionen verändern sich zunehmend zum Digitalen, häufig zeigen sich auch die → **Outputs** von Bildung digital. Die genannten Spiele und Lernanwendungen können also für Evaluierende eine besonders wertvolle Datenquelle darstellen. Die Scores der Spiele und Lernprogramme (sowie weitere Metadaten des Lernprozesses), die Anzahl und Inhalte von Wiki-Einträgen und sonstige digital erstellte Erzeugnisse können für die Bewertung der zu evaluierenden Programme herangezogen werden. Mit ihrer Hilfe kann die → **Effektivität** eines Programms/ einer Lerneinheit eingeschätzt werden, indem die vorliegenden Ergebnisdaten mit vorher festgelegten → **Zielen** verglichen werden.

Heutzutage werden viel seltener Broschüren oder Flyer gedruckt. Stattdessen werden Webseiten und Profile in sozialen Netzwerken erstellt, die es ermöglichen, nicht nur die Anzahl der erreichten Personen zu ermitteln, sondern auch die tatsächlich erfolgten Interaktionen mit den Zielgruppen (Kommentare, Ansichten, Zeitverbleib, Aktionen, PTAT[13] usw.). Gleichzeitig dienen sie als Schaufenster des Projekt- oder Programmgeschehens, in welchen die erstellten Produkte veröffent-

---

10 Aus dem Englischen „smart", (often in combination) equipped with intelligent behaviour (smartcard, smartphone etc.), http://en.wiktionary.org/wiki/smart [Stand: 30.06.2016]
11 http://www.reachyourtarget.org/main/[Stand: 30.03.2016]
12 ähnlich der Second Life-Plattform, welche übrigens u. a. auch für Lernkurse genutzt wird. http://secondlife.com [Stand: 30.06.2016]
13 Eine Statistik, die für Facebook spezifisch ist (aus dem Englischen „people talking about this"), die den maximalen Umfang der Verbreitung einer Information markiert. Diese Statistik findet sich in anderen Formen auch in den restlichen sozialen Netzwerken, bspw. Ripples oder Views bei Google etc.

licht werden, die wiederum interpretierbare Daten darstellen und bei Nutzung zu Verhaltensspuren führen. All diese Beispiele sprechen dafür, dass Evaluationen technologisch an den → Kontext der evaluierten Projekte, Programme und dazugehörige Interventionen angepasst werden sollten.

2.1 Bei der Datenerhebung

Ein weiterer Motivator für die Ausweitung des technologischen Portfolios von Evaluationsanbietenden (neben der intensiven Konkurrenz um Evaluationsaufträge und der technologisch veränderten Umwelt, in der Evaluierende und Evaluierte existieren) ergibt sich durch den Ursprung von → Evaluationsmethoden aus der empirischen Sozialforschung. Obwohl der theoretische Kern von → Beobachtung, → Befragung und → Erfassung → vorhandener → Erzeugnisse und Verhaltensspuren stabil geblieben ist, haben sich die Prozesse der Datenerhebung (und Datenauswertung, siehe unten) in den letzten Jahren mit der Einführung neuer Web-Technologien spürbar verändert. Das Web bietet neue Möglichkeiten zur Datengenerierung (bspw. Online- und mobile Umfragen sowie Gruppendiskussionen u. v. m.), und bestehende Methoden und Vorgehensweisen lassen sich für das Web optimieren (bspw. elektronische Tagebuchführung u. v. m.). Hiermit entstehen jedoch auch neue Herausforderungen für die Datensammelnden, welche nicht vernachlässigt werden dürfen, damit die professionelle Anwendung der → Evaluationsstandards[14] – vor allem Fairness – gewährleistet werden kann.

2.1.1 Neue Chancen zur Datengenerierung

Die Nutzung von Internet-Technologie im Kontext von Evaluationen und die damit verbundenen Vor- und Nachteile werden systematisch seit mehr als zehn Jahren diskutiert (bspw. Watt 1999, Rieger/Sturgill 1999). Die Spanne entstehender Möglichkeiten ist breit: von der Recherche von Kontextinformationen über Befragungsmethoden bis zur Erfassung von Daten direkt aus dem Internet.

Immer seltener wird infrage gestellt, ob im Rahmen von Evaluationen Online- oder Papier-und-Bleistift-Befragungen verwendet werden sollten. Die Vorteile von Online-Befragungen sind zahlreich: Fragebogen lassen sich besser strukturieren und präsentieren, die Filterung von Fragen aufgrund vorheriger Antworten ist einfacher und erfolgt unsichtbar für die → Datengebenden, die Dokumentation von → Fragen und Antworten erfolgt direkt in elektronischer Form, bei offenen Befragungen sind viel höhere Fallzahlen möglich als bei postalischen Befragungen, und die benötigte Fallzahlen können in den meisten Fällen schneller generiert werden als bei alternativen Befragungsmethoden (selbst wenn zwei oder mehrere Erinnerungsschreiben herausgeschickt werden müssen). Zudem wird eine beachtliche

---

14 http://www.degeval.de/degeval-standards/standards [Stand: 30.06.2016]

Menge Papier gespart. Nicht nur knappe Fragebogen, sondern auch umfangreichere Untersuchungen, die bspw. Dokumentierung in einem Tagebuch verlangen, lassen sich in elektronischer Form durchführen. Die Teilnehmenden melden sich auf einer speziell hierzu entwickelten Webseite an oder installieren über die Dauer der Studie eine App auf ihrem mobilen Endgerät, auf/in der sie Erfahrungen, Messwerte, Tätigkeiten etc. eingeben.

Die genannten Vorteile lassen es als unwahrscheinlich erscheinen, dass Evaluierende zukünftig wieder häufiger Papier-Bleistift-Befragungen ins → **Evaluationsdesign** einbauen. Vielmehr stellt sich heute die Frage, in welcher Weise die bestehenden Online-Befragungstools für die mobile Nutzung optimiert werden können. Laut Angaben der Deutschen Gesellschaft für Online-Forschung (2012, S. 4) hat sich der Anteil der Befragten, die über mobile Endgeräte (Smartphones oder Tablets) auf CAWI[15]-Befragungen zugreifen, von 2011 auf 2012 vervierfacht (von 1,2% auf 4,9%). Eine Kurzstudie von Questback berichtet ein Jahr später viel höhere Zahlen: Im Juli 2013 beträgt der Anteil der mobilen Zugriffe auf Online-Befragungen des Rechenzentrums von Questback 14% – mit steigender Tendenz.[16] Selbst wenn die Zahlen noch klein ausfallen, wird dieser steigende Trend auch von anderen Forschungsgemeinschaften als nachhaltig bewertet.

Am zweithäufigsten nach dem Fragebogen finden in der Evaluation Interviews statt, individuelle wie auch solche in Gruppensituationen (Spaulding 2008). Ähnlich wie die Einzelinterviews immer häufiger telefonisch durchgeführt werden, werden Fokusgruppen zunehmend im Internet durchgeführt, unter Verwendung von speziell zu diesem Zweck entwickelter Software oder aber auch in gut bekannten öffentlichen Chat-Services (Galloway 2011). Die Online-Fokusgruppen werden überwiegend in zwei Varianten durchgeführt: als Online-Chats, bei denen die Teilnehmenden ihre Meinungen schriftlich äußern, oder als Gruppen-Video-Sitzungen, bei denen das Gespräch ähnlich wie bei Face-to-face-Sitzungen verläuft, nur befinden sich die Teilnehmenden geografisch nicht im gleichen Raum. Des Weiteren sind hinsichtlich der technologischen Durchführung zwei Möglichkeiten gegeben: Es wird entweder speziell hierfür entwickelte Software benutzt oder bestehende Online-Services kommen zum Einsatz. Die erste Variante hat die Vorteile, dass das Gesprächs-Setting je nach Zweck verändert werden kann (siehe Abbildung 2). Die Teilnehmenden werden nicht durch authentische Abbildungen, sondern durch virtuelle Figuren (Avatare) dargestellt, deren Merkmale sie selbst gestalten können. Solch eine Personalisierung unterstützt die Partizipation und motiviert zusätzlich die Teilnehmenden, ihre tatsächlichen Meinungen mitzuteilen. Ein weiterer Vorteil besteht darin, dass die eingeholten Daten nur für die Evaluierenden und die Dienstanbietenden zugänglich sind. Dies ist bei Nutzung von bestehenden Chat-Angeboten wie Skype, Facebook, Google Hangouts usw. prinzipiell ebenfalls so, je-

---

15 Abkürzung für Computer Assisted Web Interview
16 http://web.archive.org/web/20130905033105/http://blog.questback.de/mobile-research-studie-smartphone-einsatz-in-der-marktforschung/[Stand: 30.03.2016]

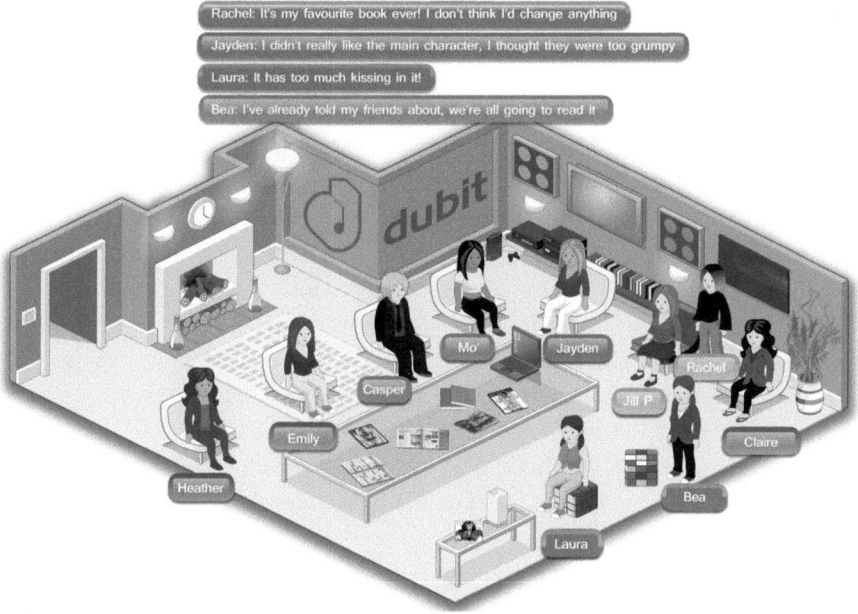

Abbildung 2: Vorschau eines virtuellen Diskussionsraums von Dubit Research (Quelle: theclickroom, http://www.theclickroom.com/ [Stand: 30.03.2016])

doch haben diese ‚größeren' Anbieter teilweise Datenschutzrichtlinien, die mit den aktuellen Standards für Evaluation nicht vereinbar sind. Diese bekannten Anbieter haben jedoch auch Vorteile: So müssen Teilnehmende keine zusätzliche Software installieren oder neue Accounts erstellen, um an der Diskussion teilzunehmen. Sie werden also dort abgeholt, wo sie bereits sind. Der Umgang mit der Software fällt ihnen wahrscheinlich leichter, weil sie sie aus dem privaten Gebrauch bereits kennen.

Neben den Fokusgruppen werden immer häufiger im Rahmen der empirischen Sozialforschung, aber auch bei Evaluationen, Daten oder Verhaltensspuren aus öffentlich zugänglichen Publikationen im Internet (darunter soziale Netzwerke, Blogs, Kommentare in verschiedenen Internetseiten und -portalen) erhoben und ausgewertet. Diese sind vor allem nützlich, um → Kontext, → Outcomes und → Impacts von Programminterventionen einzuschätzen. So können als → Indikatoren für die Outcomes und Impacts von großflächigen Kommunikationskampagnen die Anzahl und die Inhalte von Tweets, Facebook-Status-Updates, Blog-Posts, Hashtags[17] oder Video-Shares dienen. Eine Vorabanalyse dieser Inhalte ermöglicht eine Orientie-

---

17 Schlagwörter mit vorangestelltem Doppelkreuz („#") im Fließtext von Texten in den sozialen Netzwerken, http://de.wikipedia.org/wiki/Hashtag [Stand: 30.03.2016].

rung im Kontext des jeweiligen Projekts/Programms und erlaubt ggf. Vorher-/
Nachher-Vergleiche. Es gibt bereits statistische Softwarepakete, die diese Informationen direkt aus dem Netz einholen und für qualitative wie quantitative Analysen zugänglich machen (bspw. das Zusatzmodul für Erstellung von Wortwolken für die Statistiksoftware R[18]).

2.1.2 Neue Herausforderungen in der Datengenerierung

Mit den neuen Möglichkeiten, die sich durch die Entwicklung von Web-Technologien ergeben, kommen auf Evaluierende auch neue Herausforderungen hinzu. Selbstverständlich gibt es immer noch Zielgruppen, die nur begrenzt ausschließlich übers Internet erreicht werden können (typischerweise sind dies ältere Personen oder Personen, welche in ländlichen oder sonstigen Regionen mit eher schlechter Internet-Konnektivität angesiedelt sind). Im diesem Fall ist es immer noch ratsam, Papierversionen der Fragebogen als Ergänzung der Online-Befragungstools ins Evaluationsdesign aufzunehmen.

Zielgruppen, die aktiv im Internet sind und gerne an Online-Umfragen teilnehmen, bringen jedoch auch spezifische Herausforderungen mit sich. Bei besonders internetaffinen Nutzenden kann bspw. automatisiertes Antwortverhalten vorkommen (verursacht durch Langweile, mangelnde Konzentration oder Ablenkung). Diesem können Evaluierende entgegenwirken, indem in Fragebogen die Antworten randomisiert, Kontrollitems gezielt eingesetzt und die Pole der Fragen systematisch vertauscht werden. Diese Kontrollmaßnahmen können auch bei klassischen Papier-Bleistift-Befragungen eingesetzt werden. Bei Online-Umfragetools lassen sie sich jedoch mit ein paar Klicks so programmieren, dass jeder und jede Befragte eine individuelle Version des Fragebogens zur Bearbeitung bekommt. Dies ist deutlich weniger aufwändig als die gleiche Anzahl an Print-Varianten anzufertigen.

Typisch für Online-Umfragen sind aber auch die relativ hohen Drop-out-Raten. Diese lassen sich etwas durch gezielte Erinnerungen, deutlicher jedoch durch den Einsatz von surveytainment-Techniken[19] (siehe Abbildung 3) reduzieren, die die Beteiligung an der Umfrage interaktiv, angenehm und amüsant machen. In den letzten Jahren (seit ca. 2010) ergibt sich noch eine weitere Option, die Motivation der Befragungsteilnehmenden zu erhöhen: gamification. Damit wird die Teilnahme an einer Umfrage zu einer Art spielerischer Herausforderung und somit viel interessanter für die Studienteilnehmenden. Surveytainment und gamification werden jedoch immer noch überwiegend im Bereich Marktforschung eingesetzt und müssen noch ihren Weg in → **Datenerhebungen** im Rahmen von Evaluationen finden. Dies mag daran liegen, dass es bei ‚einfachen' Produkten natürlicher erscheint, sie auf eine unterhaltsame Art und Weise zur Bewertung anzubieten, während in Evaluationen häufig

---

18 http://www.r-project.org/[Stand: 30.03.2016]
19 Diese zeichnen sich durch ein hohes Maß Benutzerfreundlichkeit aus und sind optisch ansprechend gestaltet.

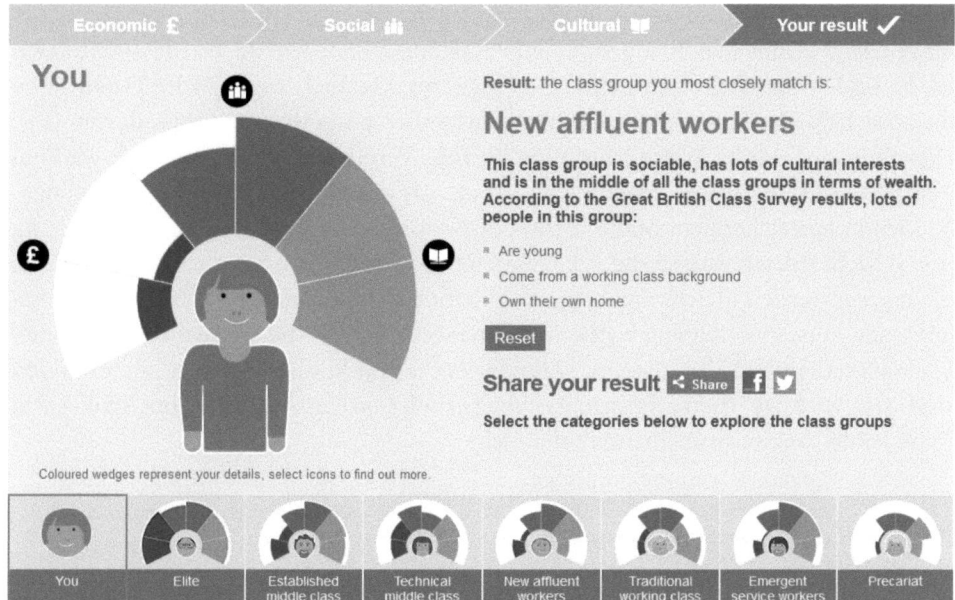

Abbildung 3: Beispiel für surveytainment von BBC, The Great British Class Calculator (Quelle: BBC, http://www.bbc.com/news/magazine-22000973 [Stand: 30.03.2016])

abstrakte und komplizierte Konstrukte operationalisiert werden müssen. Vielleicht ist es aber deswegen umso mehr zu empfehlen, geeignete Techniken zu benutzen, welche die Bewertung solcher Konstrukte attraktiver machen.

Eine weitere Herausforderung in Verbindung mit Online-Befragungen stellen mobile Endgeräte dar. Mit dem breiteren Einsatz mobiler Befragungen lassen sich einerseits Zielgruppen fast überall erreichen und dadurch zusätzlich motivieren, an Untersuchungen teilzunehmen. Andererseits zeigen sich hier auch Grenzen. Die oben genannte Studie von Questback (Fußnote 16, S. 6) nennt instabile Internetverbindungen, schlechte Usability und Ablenkung als größte Probleme bei mobilen Befragungen. Von diesen lässt sich alleine die Usability durch entsprechendes Design des → **Datenerhebungsinstruments** von den Untersuchungsdurchführenden gut beheben.

Neben den Herausforderungen, die für geplante Befragungen relevant sind, müssen an dieser Stelle die Schwierigkeiten angesprochen werden, die durch die Datengenerierung aus bestehenden Online-Quellen entstehen. Die wachsenden Mengen von Daten oder vielmehr Verhaltensspuren, die in zahlreichen sozialen Netzwerken generiert werden (wovon ein beachtlicher Teil öffentlich zugänglich ist), verlangen große Vorsicht auf Seiten der Datensammelnden. Die Herausforderungen (die gleichzeitig die anschließende Datenauswertung betreffen) bestehen v. a. darin, die Privatsphäre der Untersuchungsteilnehmenden ausreichend zu schützen, sie über den Zweck der laufenden Evaluation zu informieren, ihr Einverständnis für das Sammeln ihrer Daten einzuholen sowie ihnen einen adäquaten Zugang zu den Evaluationsergebnissen zu ermöglichen. Bei jeder Evaluation müssen natürlich möglichst alle Evaluationsstandards hinreichend erfüllt sein, hier geht es jedoch hauptsächlich um die Fairness-Standards F1, F2 und F5. So stellt sich bspw. die Frage, ob öffentlich zugängliche Daten ohne die ausdrückliche Zustimmung der Datengebenden ausgewertet werden dürfen (F1). Falls nein, auf welche Weise kann eine formale Vereinbarung ausgehandelt werden; und falls ja, ob die anschließende Auswertung die individuellen Rechte der Datengebenden in ausreichendem Maße schützt (z. B. durch Anonymisierung, Aggregierung usw.). Nicht zuletzt müssen die → **Ergebnisse der Evaluation** für die Datengebenden offengelegt werden. Reicht dazu eine Publikation auf der eigenen Webseite aus? Evaluierende müssen sich folglich stets im Klaren sein, auf welche Weise die bestehenden Evaluationsstandards in diesem veränderten → **Evaluationskontext** anzuwenden sind. Das wichtige Thema Informationssicherheit wird ausführlicher im Artikel von Marc Jelitto dieses Sammelbands behandelt.

2.2 Bei der Datenauswertung

Nicht nur die übliche Praxis der Datenerhebung verändert sich mit der Weiterentwicklung der Web-Technologien, sondern auch die damit verbundene Datenauswertung. Die neuen Erhebungsmethoden liefern die Daten direkt in digitaler Form an den Schreibtisch der Evaluierenden. So ist es absehbar, dass mühsame und zeitraubende Prozesse wie die Kodierung von ausgefüllten Fragebogen und die Transkription von Audio- oder Videoaufnahmen, die bei der Durchführung von mündlichen Befragungen generiert werden, bald endgültig der Vergangenheit angehören werden.

2.2.1 Neue Möglichkeiten der Datenauswertung

Einer der wichtigsten Gründe für den Durchbruch von Online- und mobilen Befragungen ist – neben dem Komfort für die Studienteilnehmenden – die Lieferung der Daten direkt in digitaler Form für die anschließende Auswertung. Die Kodierung der Daten erfolgt bereits bei der Erstellung des Befragungsinstruments: Neben den Fragen und Antwortmöglichkeiten können das Skalenniveau der Daten und entsprechende erwünschte Statistiken definiert werden. Somit kann eine deskriptive Auswertung der eingeholten Daten in Sekunden zu jedem Zeitpunkt der Datenerhebung erfolgen. Als Pluspunkte kommen darüber hinaus automatisierte Vollständigkeitskontrollen und Qualitätsvalidierung hinzu, die in der Offline-Variante meist nur stichprobenartig erfolgen können, weil sie durchaus mühsam sind und sehr hohe Aufmerksamkeit verlangen. Webbasierte Befragungssoftware erkennt hingegen anhand der eingebauten Algorithmen sofort, ob ein Fragebogen vollständig und gemäß geplanter Filterungen ausgefüllt ist, und wie das Antwortverhalten der Personen bei Kontrollfragen ausfällt.

Eine weitere relevante Entwicklung im Bereich der Auswertung ergibt sich bezüglich qualitativer Daten und begründet sich in der veränderten Hardware für die

Dokumentation von Einzel- und Gruppeninterviews. Während es bis vor kurzem nur mithilfe von Aufnahmegeräten möglich war, qualitativ hochwertige Audioaufnahmen zu machen, bietet inzwischen fast jedes Smartphone diese Funktionalität. Mehr sogar, Apps wie bspw. Recordense[20] lassen es zu, Zeitmarken an interessanten Stellen des Gesprächs zu speichern und ggf. Notizen hinzuzufügen. Die Aufnahmen lassen sich per Knopfdruck in eine Cloud von Recordense für die weitere Bearbeitung hochladen. Derzeit arbeitet das Team dieser App an der Integration eines Transkriptionsservices, damit die Aufnahmen in Kürze auch als Texte vorliegen. Es stellt sich nur die Frage, inwieweit es zukünftig sinnvoll sein wird, dass sich Evaluierende auf die Nutzung von Audioaufnahmen der Diskussionen begrenzen, wenn sich derzeit genauso leicht hochwertige Videoaufnahmen erstellen lassen, die – sollte es nötig sein – jederzeit auf Audio reduziert werden können, aber viele zusätzliche Informationen enthalten (z. B. die Aufnahme des nonverbalen Verhaltens der Teilnehmenden).

Durch die Integration von Web-Technologien kann nun die Auswertung von Texten innerhalb von Evaluationen zeitversetzt oder zeitgleich erfolgen, je nachdem wie es für das → **Evaluationsteam** passend ist. Einfache Textbearbeitungssoftware (z. B. gängige Office-Softwarepakete, online und offline) wie umfangreiche Textauswertungstools[21] erlauben es heutzutage, dass mehrere Personen gleichzeitig ein Dokument bearbeiten, und sie können sich bei Bedarf bequem zeitgleich per (Video-) Chat über die laufende Auswertung austauschen.

2.2.2 Neue Herausforderungen in der Auswertung

Genau wie bei der Datengenerierung gibt es im Bereich Datenauswertung nicht nur Vorteile, sondern auch Herausforderungen durch die Nutzung neuster Web-Technologien.

Weiter oben wurde angesprochen, dass online, meistens in den sozialen Netzwerken, qualitative Informationen in enormen Mengen vorliegen. Für Evaluierende erzeugt dies ein großes Volumen an Daten und damit die Notwendigkeit, Entscheidungen zu treffen (bspw. welche der verfügbaren Variablen tatsächlich relevant sind, welche Personen für die jeweiligen Zielgruppen der Evaluation repräsentativ wären usw.). Dies bringt Herausforderungen hinsichtlich der Kompetenz, diese Daten zu verwalten, zu filtern und nicht zuletzt auszuwerten mit sich, um die darin steckenden Geschichten aufzudecken (Kistler 2011). Ein Beispiel von Kistlers Artikel veranschaulicht dies sehr treffend: Eine klassische Fokusgruppen-Diskussion, aufgenommen auf Tonband und moderiert von einer oder mehreren Personen, resultiert in einer ca. 20-seitigen Transkription, die vergleichsweise leicht von einer Person oder von einem Team von Kodierenden ausgewertet werden kann. Eine Online-Diskussion hingegen kann mehrere Tage oder gar Wochen und Monate dauern, sich über mehrere Webseiten erstrecken und Hunderte oder Tausende Teilnehmende aus mehreren Ländern

---

20 http://recordense.com/[Stand: 30.03.2016]
21 z. B. MAXQDA, http://www.maxqda.com/[Stand: 30.03.2016]

einschließen. Deswegen, meint Kistler, kann sich bestehende → **Evaluationskompetenz** schnell als unzureichend erweisen, um diese Aufgaben zu bewältigen (alleine weil Datensätze in solchen Volumen bislang nicht genutzt wurden und daher der Umgang damit nicht zum klassischen Set der Kompetenzen von Evaluierenden gehört).

Hinzu kommt die Tatsache, dass bei einer Datenerhebung im Web die Evaluierenden sehr wenig Kontrolle über die Erhebungssituation haben, d. h. ihnen stehen wenige oder keinerlei Kontextinformationen zur Verfügung. Sie können im schlimmsten Fall nicht einmal garantieren, welche Person tatsächlich hinter dem Bildschirm sitzt und die Fragen des Evaluationsteams beantwortet. Dieser Nachteil wird jedoch durch etwas anderes kompensiert, was bereits als große Herausforderung angesprochen wurde – die fast nicht bewältigbare Menge an Daten in Web. So können Evaluierende durch eine Analyse persönlicher Sozialprofile (oder einfache Suche in einer Suchmaschine) erheblich mehr zum persönlichen Kontext einer an einer Evaluationserhebung teilnehmenden Person erfahren, als dies durch Offline-Recherche möglich wäre. Hierzu können für die Öffentlichkeit zugängliche Informationen frei ausgewertet werden, ohne dass dies eine Datenschutzverletzung darstellt, weil diese Öffentlichkeit die Evaluierenden einschließt. Allein die Tatsache, in welchen sozialen Netzwerken eine Person Profile erstellt hat, kann viel über eine Person offenlegen. Frühere Publikationen, Statusnachrichten, Profilbilder und die Zugehörigkeit zu Gruppen können ebenfalls viel über den persönlichen Kontext aussagen. Sie können einerseits bei der Auswahl von relevanten Personen für die Evaluationsuntersuchungen helfen sowie andererseits bei der anschließenden Auswertung eingeholter Ergebnisse.

Dies sind wahrscheinlich die größten Herausforderungen, die sich durch die neuen Möglichkeiten zur Datengenerierung im Web für die anschließende Auswertung ergeben. Es stellt sich die Frage: Wenn Daten so leicht produzierbar bzw. zugänglich sind, welche Instrumente und Kompetenzen benötigen Evaluierende, über Relevanz und Güte der Daten zu entscheiden? Sie müssen gezielte Schritte unternehmen, um die notwendige Expertise zu erlangen, damit sie diese wertvollen Informationsquellen in vollem Umfang, korrekt und fair, nutzen können.

2.3 Bei der Präsentation von Ergebnissen

Die Tools, die in diesem Abschnitt vorgestellt werden, weisen eine sehr starke Verbindung zum Web auf. Präsentationen von Evaluationsergebnissen werden zwar teilweise offline produziert, aber sie werden zunehmend häufiger online publiziert. Somit kann die Sichtbarkeit von Evaluationsergebnissen erheblich erhöht und ihre Nutzung intensiviert werden. Um dies an einem Beispiel zu veranschaulichen: Wenn die Hauptergebnisse eines Berichts als Infografik zur Verfügung gestellt werden, kann erwartet werden, dass mehr Beteiligte sich damit auseinandersetzen als wenn sie durch einen 100-seitigen Bericht blättern müssten. Adäquate visuelle Darstellungen, die für Online-Publikationen optimiert sind, machen Stärken, Schwächen und Optimierungsbedarfe der evaluierten → **Interventionen** viel besser erkennbar.

Somit wird auch die Transparenz für die breite Öffentlichkeit erhöht. Interaktive Grafiken sind ideal geeignet, um Ergebnisse von Zeitreihenuntersuchungen (wie bspw. eines → **Bedingungsmonitorings** (vgl. Klockgether zu Monitoring in diesem Band)) darzustellen. Über eingebaute Schieberegler können die Ergebnisse auf verschiedene Zeitspannen begrenzt, Veränderung vom ersten bis zum letzten Erhebungszeitpunkt verfolgt oder als Animation dargestellt werden. Auch können die Ergebnisse nach eigenem Interesse fokussiert und detaillierte Informationen über einzelne Datenpunkte mit wenigen Klicks visualisiert werden.

2.3.1 Neue Möglichkeiten bei der Präsentation von Evaluationsergebnissen

Das Stichwort bei allen oben genannten Beispielen ist Transparenz. Die wachsende Bedeutung von Transparenz wird von Azzam u. a. (2013) betont, die in ihrem Artikel eine hervorragende Darstellung der Geschichte der Datenvisualisierung von der ersten Karte der Welt, die ca. im Jahr 150 n. Chr. erstellt wurde, bis zur Erstellung der ersten interaktiven Datenvisualisierung in 2007, bieten. Institutionen, aber auch Programme und Projekte, agieren und kommunizieren sichtbar mit ihren Zielgruppen und der Öffentlichkeit, was technologisch und methodologisch gesehen dazu führt, dass immer mehr Rohdaten öffentlich zugänglich gemacht werden. Für Evaluierende entwickelt sich diese Tendenz in zwei Richtungen. Sie können einerseits auf viele Datensätze und Datenbanken zugreifen sowie Daten über relevante Indikatoren auswählen und exportieren. Solche Daten werden in der Regel von größeren statistischen Instituten oder Archiven zur Verfügung gestellt (bspw. Eurostat, Destatis, GESIS[22]) oder aber auch von Institutionen wie der Weltbank[23] oder den Vereinten Nationen[24]. Manche dieser Institute und Institutionen haben eigene Instrumente zur Erstellung interaktiver grafischer Visualisierungen, andere können durch Drittanbieter (wie bspw. Google[25] oder Quandl[26]) abgerufen und direkt grafisch bearbeitet werden. Auftraggebende von Evaluationen verlangen ihrerseits ebenfalls höhere Transparenz, was für Evaluierende bedeutet: Sie müssen einen (Echtzeit-)Zugriff auf die Rohdaten laufender Erhebungen für ihre Auftraggebenden (manchmal auch für die Datengebenden) ermöglichen, bspw. durch den Einsatz von Dashboards. Dashboard meint eine Zugriffsmöglichkeit auf die Datenerhebungssoftware, die lediglich die Ansicht (ohne Bearbeitungsmöglichkeiten) der eingeholten Ergebnisse in Echtzeit erlaubt. Häufig handelt es sich hierbei um speziell entwickelte Softwarelösungen, die für die Desktop- aber auch für die mobile Nutzung geeignet sind.[27]

---

22 http://www.gesis.org [Stand, 30.03.2016]
23 http://data.worldbank.org/ [Stand: 30.03.2016]
24 http://data.un.org/ [Stand: 30.03.2016]
25 http://www.google.de/publicdata/directory [Stand: 30.03.2016]
26 http://www.quandl.com/ [Stand: 30.03.2016]
27 http://www.exceldashboardwidgets.com/what-is-dashboard/what-is-dashboard.html [Stand 30.03.2016]

Datenvisualisierungstools, die bei Evaluationen zum Einsatz kommen können, lassen sich nur schwer klassifizieren. Kistler, Evergreen und Azzam (2013) bieten eine Übersicht, welche folgende Kategorien auflistet: Datenvisualisierungs-, kartografische, qualitative, Wort-Wolken-, Präsentations-Softwarepakete sowie Softwarepakete für die Analyse von sozialen Netzwerken (bspw. Immersion von MIT[28] u. v. m.). Lysy (2013) sowie Henderson und Segal (2013) diskutieren jeweils Möglichkeiten der Visualisierung von quantitativen und qualitativen Daten im Rahmen von Evaluationen. Sie sehen es als hervorragende Chance für Evaluierende, dass Berichte nicht mehr als statische Seiten verfasst werden müssen, sondern Interaktivität bei der Kommunikation mit den → **Nutzenden** erlauben. Sie warnen jedoch, dass die Nutzung bestimmter Softwarepakete nicht immer mit den → **Datenschutz**-Standards von Evaluationen vereinbar ist.

An einigen Stellen wurde bereits der Begriff interaktive Grafik verwendet. Warum ist Interaktivität für die Datenpräsentation so wichtig? Interaktive Datenvisualisierung bedeutet nach Few (2005) eine Visualisierung, die von den Nutzenden verändert werden kann (anstatt nur statisch betrachtet zu werden), indem die Daten gefiltert werden (bspw. nach Zeiten oder Themen), oder aber auch bestimmte Datendetails gezielt aufgezeigt werden können (z. B. wird beim Auswählen eines bestimmten Datenpunkts der entsprechende Wert ggf. mit Kontextinformationen angezeigt, bspw. in Google Trends[29]). Interaktivität kann jedoch auch erzielt werden, indem Evaluierende alternative Formen der Präsentation wählen, die das Verstehen der zu präsentierenden Informationen erheblich erleichtern können. PowerPoint bietet zwar viele Möglichkeiten – Software-Pakete wie Prezi[30] erlauben jedoch echte dynamische Reisen in den zu präsentierenden Inhalten.

Eine weitere (web-)technologische Tendenz, die Evaluierende beachten sollten, ist die zunehmende Benutzung von sogenannten Infografiken[31]. Infografiken sind selbst nicht interaktiv, können jedoch die Nutzung von Evaluationsergebnissen stimulieren, weil die Daten optisch so aufgearbeitet werden, dass komplexe Inhalte leicht zu verstehen und auf das Wichtigste zugespitzt sind, verglichen mit trockenen Tabellen oder Balken-Diagrammen. Die Treffer nach der Stichwortsuche ‚infographics' in der populärsten Suchmaschine Google erhöhten sich in nur zwei Jahren zwischen 2011 und 2013 um etwa 800 %[32], und die Tendenz ist weiter steigend, was einen Indikator für das große Interesse an genau dieser Form von Wissenspräsentation darstellt. Es gibt zahlreiche Online-Tools für die Erstellung solcher Infografiken (bspw. Visual.ly[33] mit dem Slogan „Daten, die Geschichten erzählen").

---

28 https://immersion.media.mit.edu/[Stand: 30.03.2016]
29 http://www.google.com/trends/[Stand: 30.03.2016]
30 http://prezi.com/[Stand: 30.03.2016]
31 Aus dem Englischen „information graphics".
32 http://www.google.com/trends/explore#q=infographics [Stand: 30.03.2016]
33 http://visual.ly/[Stand: 30.03.2016]

2.3.2 Neue Herausforderungen bei der Präsentation von Evaluationsergebnissen

Hinsichtlich der Präsentation der Evaluationsergebnisse können nur wenige Herausforderungen genannt werden. V. a. geht es hier – ähnlich wie bei der Datenerhebung und -auswertung – darum, den adäquaten Schutz der eingeholten Daten zu gewährleisten. Viele Services, welche die Erstellung von Infografiken anbieten, verlangen, dass die zu visualisierenden Daten auf den fremden Server hochgeladen werden und dort gespeichert bleiben. Selbstverständlich haben diese Services Datenschutzrichtlinien, können jedoch die gespeicherten Daten zumindest für ihre eigenen internen Auswertungen benutzen (wozu die Datengebenden und/oder die Auftraggebenden von Evaluationen wahrscheinlich nicht ihr ausdrückliches Einverständnis gegeben haben). Das Web bietet jedoch zahlreiche alternative Lösungen, so dass bspw. für die Erstellung von Wortwolken nicht unbedingt die populärste Software Wordle[34] benutzt werden muss, bei der die auszuwertenden Daten zwangsweise auf deren Server gespeichert bleiben, sondern etwa auch Softwarepakete, die vom Evaluationsunternehmen auf eigene Rechner installiert werden können, womit nur die Evaluierenden und ggf. die Auftraggebenden Zugang zum konkreten Datensatz haben (bspw. Wordaizer[35]). Für die Erstellung von Infografiken empfiehlt sich ebenfalls die Nutzung eigener Lösungen (d. h. die Beschäftigung eines Designers/einer Designerin, die mit einer Vektorgrafik-Software arbeitet), womit die Übermittlung von Daten an Drittanbieter eliminiert wird.

Die größte Herausforderung verbunden mit der Präsentation von Evaluationsergebnissen ist jedoch, dass es bei der Nutzung von Web-Instrumenten manchmal schwer ist, Auswertung und Präsentation der Ergebnisse voneinander zu trennen. An dieser Stelle muss eine Warnung ausgesprochen werden. Diese folgt den Ausführungen von Coffey, Holbrook und Atkinson (1996), dass manchmal die Nutzung bestimmter Präsentationsinstrumente sehr verführend sein kann (sei es wegen der Leichtigkeit der Handhabung oder der Attraktivität der erzeugten Präsentationen). In solchen Fällen kann der Wunsch der Nutzung einer bestimmten Software die Evaluierenden zu einer bestimmten Auswertungsstrategie verleiten. Solche unerwünschte Effekte können vermieden werden, indem die verschiedenen Instrumente für Auswertung und Ergebnispräsentation schon bei der Erstellung des Evaluationsdesigns unter die Lupe genommen werden, und nur diejenigen ausgewählt werden, die dem → Evaluationszweck und den → Evaluationsfragestellungen am besten dienen, und dem Bedarf von Auftraggebenden und weiteren → Evaluationsinteressierten am meisten entsprechen.

---

34 http://www.wordle.net/ [Stand: 30.03.2016]
35 http://www.mosaizer.com/Wordaizer/ [Stand: 30.03.2016]

3. Konsequenzen der Web-Technologien für die Professionalisierung von Evaluierenden

Evaluierende werden nicht alleine in der Durchführung von Evaluationen von der Entwicklung von Web-Technologien beeinflusst. Wie für alle anderen Menschen erschließen sich für Evaluierende – wie weiter oben angemerkt – durch das Internet zahlreiche Möglichkeiten für die persönliche und professionelle Weiterentwicklung. Beim → **Aufbau von Evaluationsvermögen** werden diese Möglichkeiten bereits intensiv seit der ersten Generation des Webs genutzt. V. a. der Austausch zwischen Fachpersonen ist durch die elektronischen Kommunikationskanäle massiv erleichtert. In den letzten Jahren erhält dieser Austausch jedoch neue Dimensionen: die Organisation von Evaluationsexperten und Evaluationsexpertinnen in zahlreichen und themenspezifischen Fachgruppen ist viel einfacher geworden, wobei sich nicht nur Meinungen, sondern auch zusammenhängende Ressourcen viel einfacher teilen lassen. Die neuen Web-Kooperationsformen bieten darüber hinaus die Möglichkeit, gemeinsam (wenn auch geografisch getrennt) die bestehenden Wissensbestände zu bearbeiten und weiter auszubauen.

3.1 Neue Vernetzungs-/Wissenstransferoptionen für die Evaluationscommunity

In den ersten Jahren des 21. Jahrhunderts stand für Evaluatorinnen und Evaluatoren sowie Evaluationsinteressierte häufig die Frage nach der Nutzung von Ressourcen, die über das World-Wide-Web zugänglich sind, zur Debatte. Dabei ging es um die Identifizierung solcher Ressourcen (v. a. Literaturdatenbanken) und ihre Verbreitung in der Gemeinschaft der Evaluierenden. Online zugängliche Ressourcen haben den Vorteil (ggü. klassischer Papier-Literatur), dass sie von überall zugänglich sind, leichter ausgetauscht und in Arbeiten integriert werden können. Bspw. lassen sich in elektronischen Dokumenten Vermerke nach Belieben einfügen und wieder entfernen, ohne dass der Träger beschädigt wird. Relevante Zitate oder ganze Dokumentensammlungen können mit Kolleginnen und Kollegen aus dem Evaluationsteam geteilt werden u. v. m. Aus dieser Zeit (ca. 2006) stammt eines der ersten deutsch- bzw. mehrsprachigen Evaluationsportale (http://www.evaluation.lars-balzer.name), das – neben den Webseiten der nationalen und internationalen Evaluationsgesellschaften – seit vielen Jahren eine nützliche Sammlung von aktuellen Evaluationsressourcen anbietet. Ein weiteres Portal, das in den letzten Jahren Popularität gewinnt, ist http://www.selbstevaluation.de. Dieses unterliegt jedoch zwei Begrenzungen, die seine Reichweite erheblich beeinflussen: Die angebotenen Ressourcen sind in deutscher Sprache verfasst, wodurch sie nur für deutschsprachige Nutzenden relevant sind und beschäftigen sich ausschließlich mit dem Thema Selbstevaluation. Auf internationaler Ebene muss noch das Portal My M&E[36] erwähnt werden, das nicht nur zahlreiche Ressourcen rund um die Themen → **Monitoring** und Evaluation anbietet, sondern auch Online-Kurse, die das Ziel haben, die Aus- und Weiterbildung im Bereich Evaluation weltweit zu unterstützen.

Die Portale bieten jedoch – selbst wenn sie interaktiv wie My M&E angelegt sind – eine eher passive Form des Wissensaustauschs. Die Anbietenden stellen Ressourcen zur Verfügung, die Nutzenden nehmen diese wahr. Heutzutage werden jedoch aktivierendere Formen bevorzugt, bei denen das Wissen oder die Erfahrung direkt von Person zu Person übertragen wird oder vielmehr gemeinsam hergestellt wird. Diese Tendenz führte über die Jahre zur Bildung von sog. Communities, die in verschiedenem Ausmaß auf ein oder mehrere Evaluationsthemen spezialisiert sind. An erster Stelle sollen hier die gut bekannten Mailinglisten wie EVALTALK[37], forum-evaluation[38] und XCeval[39] erwähnt werden. Obwohl Mailinglisten technologisch zum inzwischen veralteten Web1.0 gehören, sind EVALTALK und forum-evaluation (gegründet entsprechend in 1995 und 1997) primäre Anlaufstellen bei der Suche nach evaluationsspezifischem Expertenwissen. Warum sie sich so lange in Zeiten von intensiver technologischer Konkurrenz bewährt haben, ist eine interessante Frage. Technologisch können sie als Dinosaurier bezeichnet werden. Sie bieten keine Rich-Media-Inhalte und der Prozess der Einschreibung und Nutzung ist definitiv nicht intuitiv, und das in Zeiten, in denen mehrere Alternativen vorhanden sind, die sich durch wesentlich größere Benutzerfreundlichkeit auszeichnen. Trotz allem benutzen zahlreiche Evaluierende diese Mailinglisten, und tun dies gern. Wahrscheinlich liegt das am benutzten Medium, der E-Mail, die keinerlei Rich-Media-Inhalte bietet. Sie lässt die Aufmerksamkeit auf den Gesprächsinhalt fokussieren und ermöglicht somit tatsächlich intensiven fachlichen Erfahrungsaustausch.

Welche sind aber die erwähnten Alternativen, die Evaluationswissen an die Evaluationsexpertinnen und -experten herantragen könnten? Derzeit werden von Evaluierenden primär die sog. professionellen Netzwerke (wie LinkedIn[40], XING[41] und Mendeley[42]) genutzt. Anfangs verstanden sich LinkedIn und XING als Plattformen für die gezielte Job- bzw. Personalsuche. Seitdem erweiterten sie ihr Angebot und ermöglichen nun fachspezifischen Erfahrungsaustausch individuell oder in Gruppen. Mendeley startete als Plattform mit dem Ziel, die Organisation von wissenschaftlichen Referenzen für Forschende aus allen Bereichen zu vereinfachen. Inzwischen bietet sie ebenfalls soziale Funktionen, die erlauben, ausgewählte Ressourcen mit relevanten Kontaktpersonen zu teilen. Ursprünglich als Plattformen für den privaten Erfahrungsaustausch konzipiert, richten sich inzwischen die ‚klassischen' sozialen

---

36 http://www.mymande.org [Stand: 30.03.2016]
37 http://bama.ua.edu/archives/evaltalk.html [Stand: 30.03.2016]
38 http://univation.org/forum-evaluation [Stand: 30.03.2016]
39 https://groups.yahoo.com/neo/groups/XCeval/info [Stand: 30.03.2016]
40 https://www.linkedin.com/[Stand: 30.03.2016]
41 http://www.xing.com/[Stand: 30.03.2016]
42 http://www.mendeley.com/[Stand: 30.03.2016]

Netzwerke (Facebook, Twitter und Google Plus) verstärkt an professionelle Nutzende. Um dies zu erreichen, bieten sie einfachere Instrumente, um Privates von Geschäftlichem zu trennen (in Form von Kontaktorganisation, Möglichkeiten zur Erstellung von privaten und öffentlichen Profilen, verbesserte Steuerung von Onlinegruppen und -gemeinschaften).

Ein starker Vorteil der sozialen Online-Gemeinschaften ist die leichte Auffindbarkeit von relevanten Inhalten und die Möglichkeit, Verknüpfungen zwischen ihnen zu finden und zu dokumentieren. Während die Suche in den Archiven von Mailinglisten als eher mühsam eingeschätzt werden kann, bieten soziale Netzwerke intelligente Suchalgorithmen, die ebenfalls wörtliche Suche erlauben, aber auch Inhalte aus ähnlichen Suchen vorschlagen – eine Funktion die für angehende Expertinnen und Experten besonders nützlich ist.

Eine besondere Form des Wissensaustauschs und Wissensmanagements im Internet ist die Nutzung von Wikis. Wikis gehören technologisch zum Web 2.0 und genießen ausgesprochen hohe Popularität. In 2013 zählte Wikipedia zu den zehn meist besuchten Webseiten.[43] MediaWiki, die Software, die dieses Projekt ermöglicht, wird von weiteren hunderttausenden Wiki-Projekten genutzt.[44] Technisch verfügen Wikis über die gleiche Interaktivität wie die sozialen Netzwerke, nur ist bei ihnen die persönliche soziale Komponente reduziert und der Fokus auf die Organisation von Inhalten gelegt. Vernetzte Terminologiearbeit kann verschiedenen Zwecken dienen. Sie kann rein informativ sein, indem der Zugang zu Terminologiebeständen internen oder externen Interessierten ermöglicht wird. Sie kann aber auch für den aktiven Austausch angelegt sein, bei dem bestehende Terminologiebestände zusammengelegt und ausgeweitet werden (Moos u. a. 2005). Laut Moos u. a. bringt die aktive Terminologiearbeit viele Vorteile mit sich. So kann die eigene Arbeit auf diejenigen Sachgebiete beschränkt werden, in denen Fachkompetenz tatsächlich vorhanden ist. Durch die vernetzte Terminologiearbeit haben die Begriffsdefinitionen eine hohe Qualität und die Harmonisierung der Terminologie in dem jeweiligen Bereich wird begünstigt. Ein nicht zu vernachlässigender positiver Effekt ist die Tatsache, dass der Erfahrungsaustausch im Rahmen der vernetzten Terminologiearbeit als ständige Weiterbildung der Beteiligten wirkt und die Verbesserung der eigenen Arbeitsmethoden unterstützt.

Wikis werden im Bereich Evaluation immer häufiger genutzt. Das erste Evaluationswiki wurde durch die Western Michigan Universität bereitgestellt,[45] ist inzwischen leider nicht mehr zugänglich. Das Evaluationsportal von Lars Balzer (siehe oben) berichtet von 25 Glossaren oder Wörterbüchern über Evaluation (in verschiedenen Sprachen und mit verschiedener Themenausrichtung innerhalb des übergreifenden Themas Evaluation, darunter das erste Glossar für die mobile Nutzung[46]).

---

43 Rang 6, http://www.alexa.com/topsites [Stand: 03.11.2013]

44 Eine Liste der größten Wikis mit über 1000 Artikeln: http://s23.org/wikistats/largest_html.php [Stand: 03.11.2013]

45 http://wiki.eval.wmich.edu/Wiki nicht mehr verfügbar.

46 http://communitysolutions.ca/web/evaluation-glossary/[Stand: 30.03.2016]

In deutscher Sprache sind drei dieser Glossare verfasst. Das umfangreichste davon ist Eval-Wiki: Glossar der Evaluation.[47] Seit seinem Start in 2010 wird das Glossar intensiv als Referenzquelle genutzt. Die Zahl der Besuche wächst ständig. In 2011 wurden durchschnittlich ca. 720 monatliche Besuche registriert, in 2013 sind es ca. 950. Das Interesse an diesem Glossar ist also nachhaltig (es wird täglich genutzt) und die Tendenz dieser Nutzung ist steigend.

Um das Thema Wikis abzuschließen, werden hier zwei weitere Beispiele aufgeführt, die mögliche Nutzungen der Wiki-Technologie für Evaluierende aufzeigen. Das „Netzwerk IQ Evaluationsglossar"[48] wird als Kommunikationstool zwischen Evaluierenden und den verschiedenen Akteuren des Förderprogramms IQ[49] eingesetzt. Das Wiki ist öffentlich zugänglich, diskutieren und bearbeiten können jedoch nur Vertretende des Evaluationsteams und des zu evaluierenden Programms. Das zweite Beispiel – „Lernen sichtbar machen"[50] – ist ebenfalls ein Wiki-Projekt, bei dem eine Diskussion zwischen Lehrpersonen aus verschiedenen Ländern und Themenbereichen angestoßen wird. Thematisch orientiert sich das Wiki am Buch „Visible Learning" von John Hattie, der sich mit Evaluation von Lernprozessen in der Schule auseinandersetzt. Sein Buch ist das Ergebnis einer über 15-jährigen Untersuchung zu Einflussfaktoren auf den Lernerfolg. Mit ca. 800 ausgewerteten Meta-Analysen ist das Werk die umfangreichste evidenzbasierte Studie zu diesem Thema und eine hervorragende Ressource für Evaluierende im Bereich schulischer Bildung. Im Wiki werden die Faktoren diskutiert und mit den eigenen Erfahrungen und Beobachtungen von Lernpersonen konfrontiert.

3.2 Neue Herausforderungen für die Evaluationscommunity

Die Herausforderungen, die mit dem Wissensaustausch im Internet verbunden sind, sind wieder mit dem ausreichenden Schutz der Privatsphäre bzw. mit der Trennung von Persönlichem und Privatem verbunden. Hinsichtlich aller Angebote des World Wide Web bestehen (gerechtfertigte) Sicherheitsbedenken. Für die Mehrheit der Menschheit überwiegt jedoch (zumindest zu diesem Zeitpunkt) subjektiv der Nutzen, der durch Online-Austausch entsteht. So sind die Internet-User bereit, bestimmte Risiken in Kauf zu nehmen, um diesen Nutzen zu erweitern. So wie ein soziales Profil ‚gehackt' werden kann, können E-Mail-Adressen ‚geklaut' werden. Moderierende von Mailinglisten haben zudem ähnliche Schwierigkeiten wie Moderierende von sozialen Gruppen oder Communities bei der Bekämpfung von Spam oder sonstigen unerwünschten Inhalten.

Eine weitere Herausforderung stellt der adäquate Schutz von geistigem Eigentum dar. Wissen auszutauschen ist gut, das heißt jedoch bei Weitem nicht, dass Informa-

---

47 http://www.eval-wiki.org/glossar/Eval-Wiki:_Glossar_der_Evaluation [Stand: 30.03.2016]
48 http://eval-wiki.org/netzwerk-iq/[Stand: 30.03.2016]
49 http://www.netzwerk-iq.de/[Stand: 30.03.2016]
50 http://lernensichtbarmachen.net [Stand: 30.03.2016]

tionen aus dem Internet nach Belieben verwendet werden können. Das Problem ist groß, weil die Gesetzeslage diesbezüglich von Land zu Land unterschiedlich ist. Eine Entwicklung aus dem letzten Jahrzehnt, welche die Situation erleichtert, ist die Einführung der sog. Creative-Commons-Lizenz, welche aus dem Bereich Kunst hervorgegangen ist, inzwischen aber häufig auch in der Wissenschaft verwendet wird.[51] Für die Evaluationscommunity ist diese Problematik weniger relevant, weil Evaluierende in der Regel werteorientierte Menschen sind, die ihre Informationsquellen gezielt und sorgsam auswählen, und sich konform zu den Professionsstandards verhalten.

Eine Grenze für die noch intensivere Nutzung von Onlinequellen wie Wikis etc. stellt die Redaktionspolitik der verfassenden Organisationen dar. In den oben berichteten Beispielen können externe Nutzende sich lediglich an Diskussionen zu bestehenden oder vorgeschlagenen Begriffen beteiligen, sie können jedoch keine direkten Veränderungen vornehmen, wie das für offene Wikis üblich ist. Eine solche eher restriktive Redaktionspolitik ermöglicht tatsächlich, eine hohe Qualität der Begriffsdefinitionen zu erhalten, unterstützt jedoch langfristig nicht die kollegiale Zusammenarbeit. Die genannten Projekte sind keine Ausnahme. Viele Wiki-Projekte sind komplett für Redaktion durch Externe geschlossen, weil eine Offenheit diesbezüglich extrem ressourcenraubend ist. Solche Wikis verlangen eine Rundum-die-Uhr Überwachung durch Moderierende, die die Qualität jedes veränderten Eintrags überprüfen müssen. Um das Interesse der Community aber langfristig zu erhalten, müssen mehr Beteiligungsmöglichkeiten gegeben werden. Ein Wiki als Austauschtool zu nutzen muss leicht und komfortabel sein.

4. Fazit – Ausblick

Es ist deutlich geworden: Das Netz bietet viele technologische Möglichkeiten. Es bleibt die Frage offen, inwieweit sie von Evaluierenden genutzt werden. Woran scheitert eigentlich die intensivere Nutzung von Technologien im Rahmen von Evaluationen? Einer der Gründe ist wahrscheinlich die mangelnde Einsicht, dass Veränderung notwendig ist. Dies ist bei Individuen so, dies ist aber auch für Unternehmen zutreffend (und das nicht nur im Bereich Evaluation). Die Überwindung der digitalen Kluft mag schwer sein, sie ist jedoch sehr wichtig, weil die mangelnde Anpassung an die Realität der Wissensökonomie schwerwiegende Folgen haben kann. Die Überwindung dieser Wissenskluft kann demgegenüber ein großer Schritt in Richtung erfolgreiche Zukunft sein. Tatsächlich mangelt es in manchen evaluationsdurchführenden Einrichtungen an technischer Kapazität, so dass die Pflege einer statischen Webseite, die zur ersten Generation des World-Wide-Webs gehört, zur Herausforderung wird. Evaluierende haben am häufigsten einen sozialwissenschaftlichen Hintergrund und dies ist gut so. Sie müssen keine Informationswissenschaftlerinnen oder Informationswissenschaftler sein, aber inzwischen müssen sie min-

---

51 http://creativecommons.org/science [Stand: 30.03.2016]

destens eine/n in ihrem Unternehmen/Team haben. Die notwendigen Investitionen sind durchaus überschaubar, da neue Technologien ökonomisch und effizient sind. Ein enormes Volumen von relevanter Software wird durch offene Lizenzen kostenfrei zur Verfügung gestellt, die notwendigen Hardware-Investitionen sind ebenfalls nicht hoch. Entscheidend ist also das Erkennen der Notwendigkeit, kontinuierlich in technologische Entwicklung zu investieren und das passend ausgebildete Personal zu rekrutieren. Viele Evaluationsunternehmen verstehen sich als lernende Organisationen, so dass für Evaluierende das Konzept des lebenslangen Lernens kein Fremdwort ist. Die Aneignung bestimmter Kompetenzen, um dem technologischen Fortschritt gerecht zu werden, dürfte also keine unbewältigbare Hürde darstellen. Wenn Evaluierende dazu angeleitet werden, ihre Ergebnisse als Gedichte zu präsentieren (Johnson u. a. 2013), so können sie es auch in Betracht ziehen, neue technologische Wege einzugehen, um ihren Zielgruppen näher zu kommen oder um die Nutzung der Evaluationsergebnisse zu intensivieren. Deswegen ist es empfehlenswert, dass jedes Evaluationsunternehmen eine „digitale" Strategie ausarbeitet. Diese soll die verfügbaren und notwendigen Ressourcen berücksichtigen, und festhalten, in welcher Richtung sie ausgebaut werden müssen, damit die Zielerreichung des Unternehmens durch angemessene digitale Maßnahmen unterstützt wird.

Die größten Herausforderungen auf dem Weg der Digitalisierung sind folgende: Eine liegt darin, in jedem Einzelfall aus dem technologischen Dschungel diejenigen Lösungen auszuwählen, die tatsächlich zielführend sind. Die andere große Herausforderung, die mit neuen Technologien assoziiert wird, ist der angemessene Schutz vertraulicher Daten bzw. die Einhaltung bestehender Datenschutzrichtlinien. Letzteres ist maßgeblich für das Vertrauen zwischen Evaluierenden, Auftrag- und Datengebenden, das wiederum vielleicht den wichtigsten Baustein erfolgreicher Kooperationen darstellt.

Das Web und die daraus entstehenden Möglichkeiten und Herausforderungen für Evaluationen sind Themen, die jetzt schon aktuell sind, in Zukunft jedoch noch mehr an Bedeutung gewinnen werden. Die angesprochenen Möglichkeiten und Probleme sollten nicht als Selbstverständlichkeit behandelt werden. Sie sind von Bedeutung nicht nur für einzelne Evaluationsunternehmen, sondern für die gesamte Evaluationscommunity. Deswegen wäre es empfehlenswert, sie gezielt auf Fachforen (wie bspw. auf Jahrestagungen der DeGEval) anzusprechen und eine gemeinsame Position auszuarbeiten, die, ähnlich wie die Evaluationsstandards, für die Evaluationscommunity bindend ist.

Literatur

Azzam, Tarek/Evergreen, Stephanie/Germuth, Amy/Kistler, Susan (2013): Data visualization and evaluation. In T. Azzam & S. Evergreen (Eds.), Data visualization, part 1. New Directions for Evaluation, 139, S. 7–32.

BT-Drucks. 17/14647, (2013): Drucksache des Deutschen Bundestages 17/14647 vom 28. August 2013 (elektronische Vorab-Fassung.) [Stand: 16.10.2013]

Coffey, Amanda/Holbrook, Beverly/Atkinson, Paul (1996): Qualitative Data Analysis: Technologies and Representation. Sociological Research Online, 1996, 1 (1). http://http-server.carleton.ca/~mflynnbu/internet_surveys/coffey.htm [Stand: 07.11.2013]

Detering. Sebastian/Dixon, Dan/Khaled, Rilla/Nacke, Lennart (2011): From Game Design Elements to Gamefulness: Defining „Gamification". In: Mindtrek 2011 Proceedings, ACM Press, Tampere.

Deutsche Gesellschaft für Online-Forschung e. V., 2012: Mobile Befragungen: Was Big Data mit kleinen Geräten zu tun hat. http://www.dgof.de/wp3/wp-content/uploads/2012/10/DGOF-White-Paper-03_2012.pdf [Stand: 29.10.2013]

Few, Stephen (2005): Visual and interactive analytics. http://www.perceptualedge.com/articles/Whitepapers/Visual_Analytics.pdf [Stand: 08.11.2013].

Fuchs, Christian/Hofkirchner, Wolfgang/Schafranek, Matthias/Raffl, Celina/Sandoval, Marisol/Bichler, Robert (2010): Theoretical Foundations of the Web: Cognition, Communication, and Co-Operation. Towards an Understanding of Web 1.0, 2.0, 3.0. Future Internet, 2(1), S. 41–59.

Galloway, Kristin (2011): Focus groups in the virtual world: Implications for the future of evaluation. In S. Mathison (Ed.), Really new directions in evaluation: Young evaluators' perspectives. New Directions for Evaluation, 131, S. 47–51.

Henderson, Stuart/Segal, Eden H. (2013): Visualizing qualitative data in evaluation research. In T. Azzam & S. Evergreen (Eds.), Data visualization, part 1. New Directions for Evaluation, 139, S. 53–71.

Hilbert, Martin/Lopez, Priscila (2011): The World's Technological Capacity to Store, Communicate, and Compute Information. Science, 332(6025), S. 60–65.

Johnson, Jeremiah/Hall, Jori/Greene, Jennifer/Ahn, Jeehae (2013): Exploring Alternative Approaches for Presenting Evaluation Results. American Journal of Evaluation, 34(4), S. 486–503

Initiative D21 (2013): D21 – Digital-Index. http://www.initiatived21.de/wp-content/uploads/2013/05/digialindex_03.pdf [Stand: 19.09.2013].

Initiative D21 (2013a): Mobile Internetnutzung: Entwicklungsschub für die digitale Gesellschaft! http://www.initiatived21.de/wp-content/uploads/2013/02/studie_mobilesinternet_d21_huawei_2013.pdf [Stand: 19.09.2013].

Kistler, Susan (2011): Technology, Social Networking, and the Evaluation Community. In: N. Smith u. a. 2011: Looking Ahead: The Future of Evaluation. American Journal of Evaluation 2011 32: 565.

Kistler, Susan/Evergreen, Susan/Azzam, Tarek (2013): Toolography. In T. Azzam & S. Evergreen (Eds.), Data visualization, part 1. New Directions for Evaluation, 139, S. 73–84.

Lysy, Christopher (2013): Developments in quantitative data display and their implications for evaluation. In T. Azzam & S. Evergreen (Eds.), Data visualization, part 1. New Directions for Evaluation, 139, S. 33–51.

Moos, R./Pulitano, D./Fallgatter, T./Niederhauser, J. (2005): Vernetzte Terminologiearbeit (VTA). http://www.iim2.fh-koeln.de/radt/images/veroeffentlichungen/Arbeitspapier_Vernetzte Terminologierarbeit.pdf [Stand: 04.11.2013]

Rieger, Robert/Sturgill, Amanda (1999): Evaluating On-Line Environments: Tools for Observing Users and Gathering Feedback. New Directions for Evaluation, 84, S. 45–58.

Spaulding, Dean (2008): Program evaluation in practice: Core concepts and examples for discussion and analysis. San Francisco, CA: Jossey-Bass.

Watt, James (1999): Internet Systems for Evaluation Research. New Directions for Evaluation, 84, S. 23–43.

Bewertungsverfahren in der Evaluation

Vorgehensweisen und Praxisbeispiele

Susanne Mäder

1. Bewerten, aber wie?

Einer der zentralen Unterschiede zwischen Sozialforschung und → Evaluation wird häufig darin gesehen, dass Evaluationen angemessene → Bewertungen der beobachteten Praxis bereitstellen sollen. In seinem Beitrag „Qualitative Evaluationsforschung – was heißt hier Forschung?" führt Lüders (2006, S. 51) aus, dass von Evaluationsforschung „eben nicht nur [die] ordentlichen empirischen Analysen und Rekonstruktionen sozialer Sachverhalte [erwartet werden], sondern eben auch eine besonders verlässliche Qualität der Bewertung dessen, was da beobachtet und analysiert worden ist". Auch nach Haubrich u. a. (2005) unterscheidet sich Evaluation „von sonstigen Formen, meist als ‚wertfrei' verstandener sozialwissenschaftlicher Forschung insbesondere durch ihren Bewertungsanspruch" (S. 1).

Schaut man sich die Verständnisweisen von Evaluation in der Literatur an, so weist die Mehrheit der Autorinnen und Autoren eine Bewertung der empirischen → Daten als Aufgabe von Evaluationen aus (Shaw/Greene/Mark 2006; Widmer/Beywl/Fabian 2009; Widmer/de Rocchi 2012, Stockmann/Meyer 2010, Farrokhzad/Mäder 2014). Ebenso ist es in der Gesellschaft für Evaluation Konsens, dass unter Evaluation „die systematische Untersuchung des Nutzens oder Wertes eines Gegenstandes" (DeGEval 2008, S. 15) verstanden wird. In ihren Standards für Evaluation (DeGEval 2008) wird eine Transparenz der Werte gefordert, auf deren Grundlage die Bewertungen vorgenommen werden. In den einleitenden Erläuterungen zu den Standards wird angeführt, dass eine professionelle Evaluation auf eine nachvollziehbare Bewertung ihres → Gegenstands zielt, so dass dessen → Güte und/oder Nutzen möglichst genau bestimmt werden kann (DeGEval 2008, S. 13).

In der Durchführung von Evaluationen ist es somit eine wichtige Aufgabe, zu Bewertungen zu gelangen. Auffällig ist jedoch angesichts der postulierten Wichtigkeit die eher stiefmütterliche Behandlung des Themas in der Evaluationsliteratur und in der Evaluationspraxis. In einschlägigen Werken zur Evaluation (wie bei Bortz/Döring 2006) wird die Frage, wie man zu Bewertungen gelangt, teilweise ausgeklammert. In der Praxis werden teils keine (expliziten) Bewertungen vorgenommen oder ihr Zustandekommen ist nicht nachvollziehbar. Demgemäß fordert Lüders bereits 2006 für die Evaluationsforschung einen methodologischen und methodischen Diskurs bezüglich der Frage, wie Bewertungen systematisch erfolgen können. Auch Kromrey (2007) wundert sich über das Stillschweigen innerhalb der Evaluationscommunity angesichts der aus seiner Sicht bestehenden Problematik einer empirisch gestützten Gewinnung von Wertaussagen, da die „unmittelbare Begründung von Bewertungen durch Forschung (…) nicht möglich" ist (Kromrey 2007, S. 114). Bis heute hat sich an dem offensichtlichen Mangel an theoretischer Unterfütterung der Bewertungsaufgabe wenig geändert.

Im Zusammenhang mit der Anlage des Bewertungsprozesses stellen sich viele Fragen: Wer übernimmt die Bewertung (→ Stakeholder und/oder Evaluierende)? Anhand welcher → Kriterien erfolgt die Bewertung? Wer legt diese Bewertungskriterien fest? Inwieweit sind diese Bewertungskriterien allgemein akzeptiert? Wird der Bewertungsvorgang systematisch und nachvollziehbar angelegt?

Die Frage der Gestaltung der Bewertung in Evaluationen gehört somit zu einem Bereich, in dem dringend weitere (Praxis-)Forschung und Diskussion vonnöten sind. Der vorliegende Artikel möchte hierzu einen Beitrag leisten, indem zwei in der Praxis entwickelte und erprobte Bewertungsverfahren vorgestellt und kritisch reflektiert werden.

2. Umgang mit Bewertung in Theorie und Praxis

Vorab soll ein kurzer Überblick über verschiedene in der Literatur beschriebene Vorgehensweisen zur Realisierung des Bewertungsakts gegeben werden. Lüders (2006) skizziert im Kern zwei Möglichkeiten, Bewertungen vorzunehmen: a) die Bewertung durch die Beteiligten und Betroffenen vornehmen zu lassen, indem deren explizite Bewertungen und impliziten Werthaltungen erhoben werden (vgl. dazu den Beitrag von Schröder in diesem Band), oder b) die Bewertungen durch die Evaluierenden basierend auf mehr oder weniger ausgewiesenen Maßstäben zu realisieren, wobei unterschiedliche Bewertungen nebeneinander gestellt werden könnten. Beywl (2006) unterscheidet im Rahmen seiner entwickelten Typologie der → Evaluationsmodelle vier Formen des Umgangs mit Werten: eine Ausklammerung von Werten (wie bei der → Programmzielgesteuerten Evaluation oder → Quasi-experimentaldesigngesteuerten Evaluation), eine Bevorzugung der Werte bestimmter Gruppen wie bei der → Selbstorganisationsgesteuerten Evaluation, eine Relativierung verschiedener Werte wie bei der → Responsiven Evaluation und einen konsensorientierten Umgang mit Werten wie bei der → Entscheidungsgesteuerten Evaluation oder → Nutzungsgesteuerten Evaluation).

Kromrey (2007) skizziert in seinem Tagungsvortrag mit dem Untertitel „(…) wie sich die Evaluationsforschung um das Evaluieren drückt" Strategien, mittels derer in der Evaluation versucht wird, empirischen Daten einen normativen Charakter zu verleihen und damit einer Geltungsbegründung abgeleiteter Wertaussagen zu entgehen. So beschreibt er als eine übliche Verfahrensweise die Verlagerung der wertimmanenten Aussagen in den ‚Entstehungskontext' der Evaluation, indem die → Programmziele mit ihren inhärenten Wertdimensionen übernommen werden und so scheinbar eine wertneutrale Überprüfung durch die Evaluation möglich wird. Ein anderer Weg ist die Erhebung der Bewertungen bei den Beteiligten und Betroffenen. Dabei erfolgt die Bewertung im Rahmen der → Befragungen durch die Befragten und die Evaluation konzentriert sich auf eine wissenschaftlich gute Durchführung der Befragung. Beide Formen versuchen die explizite Bestimmung von Bewertungskriterien, die darauf abgestimmte Erhebung von Bewertungsdaten sowie die darauf basierende Formulierung von Wertaussagen durch die Evaluation zu umgehen. Scriven (1991) kritisiert ebenfalls die Vermeidung von Bewertung durch die Evaluation und bezeichnet diese Form als ‚pseudoevaluative investigations' (S. 31). Häufig werde hiernach die Position vertreten, dass die Evaluierenden die Fakten bereitstellen und die Stakeholder gemäß ihrer jeweiligen Werte die Bewertung vornehmen.

Stockmann (2006) benennt mögliche Quellen für Bewertungskriterien wie → **Programm** und Umwelt, Planung und Durchführung, Interne Wirkfelder, Externe Wirkfelder sowie Nachhaltigkeit. Für eine Programmbewertung müssten Evaluierende und/oder Programmbeteiligte in der Evaluationspraxis jedoch weiter gehen und aus diesen allgemeinen (Kriterien-)Dimensionen konkrete Bewertungskriterien entwickeln sowie sich für eine überschaubare Anzahl an Kriterien entscheiden.

Patton (1997) sieht die Aufgabe der Evaluierenden in einer nutzenfokussierten Evaluation darin, verschiedene Bewertungsmöglichkeiten offen zu legen und einen Konsens in Bezug auf die nützlichsten Interpretationen zu erarbeiten: „The evaluator initially facilitates elaboration of possibilities, then begins the work of convergence – aiming to reach consensus, if possible, on the most reasonable and useful interpretations supported by data." (S. 316) In diesem Verständnis braucht es hierfür ebenfalls Verfahren und Methoden, um einen Dialog und eine Einigung bezüglich der Bewertung zu erreichen. Im Unterschied hierzu wird bei werterelativistischen Modellen kein Konsens zwischen den Beteiligten angestrebt, vielmehr stehen hier die ggf. verschiedenen Bewertungen gleichwertig nebeneinander (Beywl 2006).

Schwandt und Stake (2006) weisen darauf hin, dass die meisten Evaluierenden versuchen, die Qualität eines Programms über eine kriteriengestützte Bewertung zu belegen. Die Autoren stellen der kriteriengestützten Bewertung die Erfassung von Qualität in Form der persönlichen Erfahrung gegenüber. Ihrer Ansicht nach sind beide Formen wichtig. Die Orientierung anhand von festgelegten Kriterien, → **Standards** oder Vergleichsmaßstäben versucht, den gesamten Bewertungsprozess zu objektivieren. Letztlich beruhten aber auch die so gewonnenen Bewertungen auf der Interpretation der Evaluierenden und der sonstigen Beteiligten.

> „The only way to represent program quality is for people to analyze the information available and interpret it in the prose of merit and worth. This synthesis can be improved by many technical efforts, […] but the final representations of quality will be judgments made by evaluators and others." (Schwandt/Stake 2006, S. 9)

Diese Ergänzung sensibilisiert für die folgenden Aspekte: Wichtig ist, nicht zu übersehen, dass die Gestaltung von Bewertungsprozessen keine rein technische Angelegenheit ist, sondern ein interpretativer Prozess zwischen Evaluierenden und Beteiligten. So benötigt die Ermittlung geeigneter Kriterien oft auch die erfahrungsbasierte Expertise der Evaluierenden (z. B. wenn Evaluierende die → **Zielklärung** unterstützen, bringen sie oft Vorschläge für die Zielbeschreibung ein, die als Basis in Zielklärungsprozessen dienen). Auch die Erhebung aussagekräftiger Bewertungsdaten kommt ohne die persönliche Erfahrung der am Programm beteiligten Personen nicht aus. So basieren die Bewertungsdaten häufig auf Einschätzungen der Beteiligten, zu denen diese auf Basis ihrer subjektiven Erfahrungen gelangen. Zu bedenken ist auch, dass die über einen konsens- und kriterienorientierten Bewertungsprozess ermittelten Ergebnisse durch die Rezipientinnen und Rezipienten nicht in gleicher Weise aufgenommen und verarbeitet werden. Die Bewertungen werden vor dem Hintergrund der Erfahrungen der Rezipientinnen und Rezipienten verstanden und interpretiert. Sie stellen also kein finales, nicht zu hinterfragendes Ergebnis dar, sondern sind vielmehr eine Zwischenstation im kontinuierlichen Interpretationsprozess.

Mit Bezug auf die vorgenommenen Einordnungen lässt sich sagen: Die folgenden im Artikel präsentierten Verfahren zeigen Möglichkeiten auf, eine Bewertung durch die Evaluierenden auf der Basis der Bewertungen der Beteiligten und Betroffenen durchzuführen, womit die beiden durch Lüders (2006) aufgezeigten Formen der Bewertung (durch Beteiligte und Betroffene oder durch Evaluierende) verbunden werden. In Anlehnung an die wertebezogene Typologie von Beywl sind die in diesem Artikel präsentierten Formen der Bewertung vor allem als mögliche Strategien in ‚wertemoderierenden Evaluationen' zu nutzen. Sie helfen Evaluierenden, einen Dialog über die Bewertungsmaßstäbe anzustoßen, geteilte und akzeptierte Bewertungskriterien zu erzeugen und einen möglichst transparenten, partizipativen Bewertungsprozess zu realisieren.

3. Zentrale Schritte und Begriffe von Bewertung

Zur besseren Verständigung empfiehlt es sich, zentrale Schritte und Begriffe im Zusammenhang mit der Bewertung in Evaluationen, die auch für die Einordnung der anschließend beschriebenen Verfahren relevant sind, einzuführen und zu definieren (vgl. Niestroj/Beywl/Schobert in diesem Band). Als generelle Logik bei der Durchführung von Bewertungen in Evaluationen identifiziert Fournier (1995) in Anlehnung an Scriven (1993) die folgenden vier Schritte:

- Bestimmung von Bewertungskriterien
- Festlegung von Standards oder → Kriterienpunkten
- Ermittlung des → Erfolgs des Programms im Vergleich zu den Standards oder Kriterienpunkten
- Synthese und Integration der gesammelten Daten zu einem Urteil

Fournier unterscheidet zwischen einer generellen Logik (general logic) und einer Arbeitslogik (working logic) bei der Durchführung von Bewertungsprozessen, um Evaluierenden bei der Strukturierung ihrer Überlegungen zu Bewertungen zu helfen. Unter der generellen Logik versteht sie die konstitutiven Bestandteile oder

Schritte in einem Bewertungsprozess, die notwendig sind, um von Bewertung sprechen zu können. Diese finden sich ihrer Einschätzung nach in den verschiedensten → Evaluationsansätzen und → -feldern. Die übergreifende allgemeine Logik wird jedoch je nach Ansatz und Bereich unterschiedlich umgesetzt, was sie als Arbeitslogik beschreibt. Die von ihr skizzierte übergreifende Logik wird in diesem Artikel genutzt, um die zwei gewählten praktischen Verfahren zur Bewertung strukturiert und vergleichend darzustellen. Diese beiden praktischen Umsetzungen sind konkrete Umsetzungen dieser allgemeinen Logik, also jeweils Beispiele für eine Arbeitslogik.

In der generellen Logik besteht die erste Phase in der Bestimmung von Leistungs- oder Bewertungskriterien, die angeben, in welchen Bereichen der Evaluationsgegenstand gut oder erfolgreich sein soll. *Bewertungskriterien* sind als Gesichtspunkte zu verstehen, auf welche bei der Bewertung eines Evaluationsgegenstands explizit Bezug genommen wird. Allgemeine, wenig konkrete Kriterien können als → *Kriteriendimensionen* (bspw. Kompetenzniveau, wissenschaftliche Aktualität, Umweltverträglichkeit, Wirtschaftlichkeit etc.) bezeichnet werden.

In der zweiten Phase müssen Kriterienpunkte festgelegt werden, die bestimmen, wie gut der Evaluationsgegenstand in Bezug auf die Bewertungskriterien abschneiden soll. Hierfür sollten die eher allgemein gehaltenen *Kriteriendimensionen* anhand von → Indikatoren → operationalisiert werden. Durch die Operationalisierung entsteht eine Bewertungsskala, auf der → *Erfolgspunkte* festgelegt werden können. Im Falle der Evaluation von beruflichen Ausbildungen wäre dann bspw. festzulegen, wie das Kompetenzniveau bei der Gruppe der Auszubildenden im Durchschnitt ausgeprägt sein sollte oder wie viele Schülerinnen und Schüler ein bestimmtes Kompetenzniveau erreichen sollen. Das Kompetenzniveau kann bspw. in Form einer Punkteskala operationalisiert werden, die dann als Bewertungsskala funktioniert. Für dieses operationalisierte Bewertungskriterium können Erfolgspunkte definiert werden, bei deren Erreichen das Programm (in dieser Dimension) als erfolgreich bewertet wird. So kann zum Beispiel festgelegt werden, dass die Auszubildenden im Durchschnitt mindestens 75 Punkte in diesem Kompetenzbereich erhalten müssen, damit die Ausbildung als erfolgreich eingestuft werden kann. Neben → *Minimal-Erfolgspunkten* wie in diesem Fall (also mindestens 75 Punkte sollen erreicht werden) können auch → *Optimal-Erfolgspunkte* oder → *Erfolgsspannen* festgelegt werden. Bei einem Optimal-Erfolgspunkt würde bezogen auf das obige Beispiel bspw. 75 Punkte als optimales Ergebnis festgelegt. Unter- oder Überschreitungen sind nicht erwünscht. Erfolgsspannen benennen → positive Kriterienzonen, innerhalb derer ein Programm als Erfolg gewertet wird: also bspw. ein Punkteschnitt zwischen 60 und 85.

In der dritten Phase geht es darum, die Resultate des Programms in den definierten Kriterienbereichen zu ermitteln und mit den festgelegten Standards oder Erfolgspunkten zu vergleichen. Der vierte Schritt besteht in der Synthese und Integration der gesammelten Daten zu einem Urteil über die Güte, → Tauglichkeit bzw. → Bedeutsamkeit des Evaluationsgegenstands. Es sind verschiedene Formen der Synthese denkbar (Julnes 2012): So können die Ergebnisse pro Bewertungskriterium a) einfach nebeneinander gestellt werden, die finale Bewertung wird dann den Adressaten oder Stakeholdern überlassen, b) die Synthese wird mehr oder weniger nachvollziehbar durch die Evaluierenden vorgenommen oder aber die Synthese und Urteilsbildung wird c) als sozialer und demokratischer Prozess angelegt (House/Howe 1999, Stake u. a. 1997).

Im Folgenden werden zwei Bewertungsverfahren in Anlehnung an die vier skizzierten Bewertungsschritte vorgestellt und kritisch diskutiert. Dabei wird der Vergleich zwischen den erfassten Resultaten des Programms und den festgelegten Standards oder Kriterienpunkten im vierten Bewertungsschritt beschrieben, da dieser Vorgang in den beiden Bewertungsverfahren die Grundlage für die Bildung eines Werturteils darstellt.

Das erste Verfahren erhebt ausgehend von dem → **Wirkmodell** eines Programms konsensorientiert und partizipativ Daten zu vereinbarten Bewertungskriterien. Bei dem zweiten Zugang werden im Vorhinein Erfolgspunkte in Form von → **zu erzielenden Resultaten** bei den beteiligten Projektakteuren abgefragt, die die Grundlage für die spätere Bewertung des Programms bilden. Auf Basis der Erfahrungen werden Herausforderungen von Bewertungsprozessen in Evaluationen diskutiert.

4. Wirkmodelle als Ausgangspunkt für Bewertungskriterien

Das nachfolgend skizzierte Vorgehen zur Bewertung wurde im Rahmen der Evaluation einer Modellausbildung im Sozial- und Gesundheitsbereich entwickelt und erprobt. Neben dem Geldgeber sowie der programmdurchführenden Institution begleiteten weitere Kooperationspartner wie Einrichtungen aus dem Bereich der Alten- und Behindertenhilfe sowie Krankenhäuser und moderierend auch die Evaluation das Programm in einer Steuerungsgruppe. Die Evaluation war begleitend konzipiert und setzte im Verlauf des ersten Durchgangs der Ausbildung an. Da die ersten beiden Bewertungsschritte im vorliegenden Beispiel nicht getrennt voneinander realisiert wurden, werden sie zusammen dargestellt.

Schritt 1 und Schritt 2: Bestimmung von Bewertungskriterien und Kriterienpunkten

Zunächst wurden die bestehenden Dokumente seitens der Evaluation auf Erfolgsaussagen in Form von Zielen, Handlungsabsichten und bereits beobachteten → **Resultaten** durchgesehen. Auf dieser Grundlage wurde in einem nächsten Schritt ein vorläufiges → **logisches Modell** (Wirkmodell) entwickelt, um die → **Wirkannahmen** des Projekts abzubilden. Ein logisches Modell legt die dem Projekt zu Grunde liegende ‚theory of change' offen (vgl. Giel in diesem Band; Giel 2013). So soll transparent werden, welche Veränderungen wie erreicht werden sollen.

Grundidee der Modellausbildung im Gesundheitsbereich

	Jugendliche (A)	Betriebe im Sozial- und Gesundheitswesen (B)	Gesellschaft/ Bildungssystem/ Politik (C)	
Resultate	*Outcome*	*Impact*		
	III: Beschäftigung auf dem 1. Arbeitsmarkt	III: Erhöhte Wettbewerbsfähigkeit	III: Verstetigung/ Übertragung (auch in andere Dienstleistungsbereiche)	Erhöhung Beschäftigungsquote
	II: Erfolgreicher Einsatz der Fähigkeiten	II: Erhöhte Dienstleistungsqualität	II: Durchlässigkeit zu and. Berufsbildern	Verbesserung Situation öffentliche Haushalte
	I: Erhöhte fachl. und Sozialkompetenzen	I: Zugriff auf qualifizierte Assistenzkräfte	I: Staatl. Anerkennung Ausbildungsgang	Schaffung neuer Arbeitsplätze
Umsetzung	1-jähr. Beschäftigungsphase in Praxiseinrichtungen		Entwicklung und Erprobung Ausbildungskonzept	
	1-jähr. polyvalente Ausbildung: Kombination schulische/ praktische Ausbildung und päd. Begleitung			
	Auswahl geeigneter Jugendlicher			
Ausgangsbedingungen	Schwieriger Zugang zum 1. Arbeitsmarkt bei geringem formalem Bildungsniveau	Bedarf an Hilfstätigkeiten	Bedarf an Neuausrichtung Berufsbildung	

Abbildung 1: Visualisierte Wirklogik des Programms in Form eines logischen Modells (Quelle: Univation)

„Ein Logisches Modell ist ein Bild, das zeigt, wie Ihr Projekt arbeitet – welche Theorie und welche Annahmen Ihrem Projekt zu Grunde liegen. (…) Dieses Modell liefert eine Road Map für Ihr Programm, sie legt offen, welche Wirkung Ihr Projekt entfalten soll, welche Aktivitäten wie durchgeführt werden sollen und wie erwünschte Wirkungen erzielt werden …" (W. K. Kellogg Foundation 2004, S. 1, Übers. durch Autorin)

Das Wirkmodell wurde zunächst seitens des Evaluationsteams ausgehend von Ergebnissen der Dokumentensichtung erstellt und in Rücksprache mit der Projektkoordination verfeinert. Es sollte dazu dienen, ein gemeinsames Verständnis bezüglich der Grundidee des Projekts zu entwickeln und die anvisierten Resultate zu bestimmen. Für die Visualisierung wurde ein eher einfaches logisches Modell gewählt, das im Wesentlichen aus drei Programmelementen besteht (Beywl/Niestroj 2009; vgl. Bartsch/Beywl/Niestroj in diesem Band).

Im gewählten Beispiel der Modellausbildung im Sozial- und Gesundheitsbereich konnten drei Ebenen, auf denen Resultate angestrebt wurden, identifiziert werden: die Ebene der → Zielgruppe, in diesem Fall jugendliche Personen mit niedrigerem Schulabschluss, die Ebene der Betriebe, hier Krankenhäuser oder Altenpflegeeinrichtungen, sowie die Ebene der Gesellschaft. Für diese drei Ebenen wurde die Wirklogik über die Beschreibung der → Ausgangslage, Umsetzung und Resultate in einer rudimentären Form abgebildet (vgl. Abbildung 1).

In einem gemeinsamen Workshop wurden die Mitglieder der Steuerungsgruppe gebeten, ausgehend von den drei im logischen Modell enthaltenen Resultatsbereichen (Jugendliche, Betriebe, Gesellschaft) konkrete anzustrebende Resultate zu bestimmen. Hierzu erhielten sie den Arbeitsauftrag, sich in Kleingruppen konkrete zu beobachtende Zielzustände für die jeweiligen Resultatsbereiche zu überlegen und festzuhalten.

Arbeitsauftrag
Bitte bearbeiten Sie in der Gruppe die folgenden Aufgaben:
Was ist zu beobachten, zu sehen, zu hören, als Zahl oder Text zu lesen, wenn der in der Box (A.I A.II …, B. I., B.II …, C.I., C. II …) beschriebene Zustand erreicht ist? Halten Sie Ihre Beispiele/Ideen auf Kommunikationskärtchen fest und hängen Sie sie auf die vorbereitete Pinnwand.
Bsp. A. I: Erhöhte fachliche und soziale Kompetenzen:
Die Auszubildenden bereiten die Mahlzeiten gemäß der Bedürfnisse der Kundinnen und Kunden zu. Sie kennen und nutzen Wege und Strategien, die Mahlzeiten auch für schwierige Klientinnen und Klienten gut zu gestalten.

Die Arbeitsergebnisse zu dieser Einheit wurden zusammengefasst und als Ausgangspunkt für die Formulierung von konkreten Resultaten bzw. Zielformulierungen (antizipierend ausgedrückt) genutzt.[1] Beispielhaft seien einzelne Zielformulierungen für die Ebene Jugendliche genannt: ‚Die Auszubildenden kommunizieren wertschätzend mit den Patienten/Patientinnen bzw. Bewohnern/Bewohnerinnen.' ‚Die Auszubildenden erledigen ihre Aufgabe zuverlässig.' In den Fällen, in denen sich die Gruppe auf konkrete Erfolgspunkte festgelegt hatte, wurden diese in die Zielformulierung aufgenommen (z. B. ‚60% der Jugendlichen absolvieren erfolgreich die einjährige Ausbildung und die Beschäftigungsphase.').

In einem nächsten Schritt wurden diese Zielformulierungen den Mitgliedern der Steuerungsgruppe in einer Online-Erhebung zur Kommentierung und Priorisierung vorgelegt. Die Projektakteure wurden gebeten einzuschätzen, welche Ziele ihnen besonders wichtig sind. Zweck dieser Priorisierung war es, Ziele zu identifizieren, die für die Mehrheit der beteiligten Personen für die Beurteilung des Erfolgs des Programms relevant sind, um diese im Weiteren als Bewertungskriterien zu nutzen und in der Folge Daten zu ihnen zu erheben. Als relevante Bewertungskriterien wurden solche ausgewählt, die von über 50% der befragten Mitglieder der Steuerungsgruppe (insgesamt 20 Personen) für wichtig erachtet worden waren. Die Beteiligten priorisierten in der Online-Befragung mögliche Bewertungskriterien aus den drei relevanten Zielbereichen: sieben Ziele im Bereich Auszubildende, acht Ziele im Bereich Betriebe und vier Ziele im Bereich Gesellschaft. Tabelle 1 skizziert beispielhaft das Ergebnis der Priorisierungen für den Zielbereich der Jugendlichen. Die grau unterlegten Zeilen kennzeichnen die von über 50% der Befragten als wichtig deklarierten Kriterien.

---

[1] Erläuterungen zu Zielen und zur Zielklärung finden sich im Beitrag von Schmidt in diesem Band.

Tabelle 1:   Ergebnis der Priorisierung von Bewertungskriterien nach Wichtigkeit im Bereich Jugendliche

Anzahl Befragte	Ziel
18	Die Auszubildenden kommunizieren wertschätzend mit den Patientinnen und Patienten bzw. Bewohnerinnen und Bewohnern.
17	Die Auszubildenden erledigen ihre Aufgabe zuverlässig.
15	Die Auszubildenden schätzen ihre Fähigkeiten und Kompetenzen am Ende der Ausbildung realistisch ein.
13	Die Auszubildenden nehmen Kritik an und zeigen, dass sie an einer Veränderung von Verhaltensweisen und Vorgehensweisen arbeiten (z. B. in der Praxisreflexion und bei der Lernerfolgsbewertung).
8	Die Auszubildenden beachten Kommunikationsregeln im Umgang mit den Kollegen/Kolleginnen (z. B. bei der Anrede und bei den Gesprächsinhalten).
4	Nach zwei Dritteln der Ausbildung erledigen die Auszubildenden ihre Aufgabe weitgehend selbständig.
3	In der Schule (und im Betrieb) gehen die Auszubildenden Konflikte lösungsorientiert und verbal an.

Schritt 3: Erhebung von Daten in den bestimmten Kriterienbereichen

Bei der Anlage der Erhebungen wurde darauf geachtet, dass Informationen zu den als Bewertungskriterien festgelegten Zielformulierungen erhoben wurden. Hierfür wurden im Wesentlichen drei Erhebungen durchgeführt:

- eine Befragung der beteiligten Einrichtungen in Form einer schriftlichen Online-Erhebung, die von verschiedenen Projektbeteiligten wie Einrichtungsleitungen, Praxisanleitenden bzw. sonstigen involvierten Mitarbeitenden pro Betrieb gemeinsam bearbeitet wurde,
- telefonische Interviews mit Vertreterinnen der Schule, der Curriculumsgruppe und der pädagogischen Begleitung sowie
- eine strukturierte, schriftliche Befragung der Teilnehmenden an der Modellausbildung (über mehrere Modelldurchgänge).

Schritt 4: Synthese der Daten zu einem Urteil über den Evaluationsgegenstand

Im Abschlussbericht der Evaluation wurden die Ergebnisse aus den Erhebungen zu den jeweiligen Zielsetzungen zusammengetragen. Auf der Basis der vorliegenden Ergebnisse wurde eine Bewertung der Zielerreichung vorgenommen. So wurde bspw. für das Ziel „Die Auszubildenden kommunizieren wertschätzend mit den Patientinnen und Patienten bzw. Bewohnerinnen und Bewohnern" notiert, dass dies aus der Sicht von 90% der betrieblichen Vertreterinnen und Vertreter bei den Auszubildenden festzustellen ist, weswegen das Ziel als erreicht angesehen wurde. Im Folgenden sollen anhand dieser Zielbewertung exemplarisch Anforderungen und Schwierigkeiten herausgearbeitet werden:

- Als Datenquelle für die Überprüfung der Zielerreichung werden hier Aussagen aus einer Befragung der betrieblichen Vertreterinnen und Vertreter, also der Einrichtungsleitungen und Praxisanleitungen, herangezogen. Es handelt sich somit um nur eine von mehreren Perspektiven auf die Auszubildenden. So hätten auch Patientinnen und Patienten bzw. Bewohnerinnen und Bewohnern zu den Leistungen der Auszubildenden befragt werden oder Beobachtungen von Servicehandlungen der Auszubildenden vorgenommen werden können. Es stellt sich somit die Frage, aus welchen und wie vielen Quellen die Daten für die Bewertung kommen und als wie aussagekräftig die verwendeten Quellen eingeschätzt werden.
- Wenn klare Erfolgspunkte – wie in diesem Fall – fehlen, muss das Ergebnis nachträglich bewertet werden. So wurde nicht weiter konkretisiert, wie viele der Auszubildenden wertschätzend kommunizieren sollen und welche spezifische Qualität die Kommunikation mit den Patientinnen und Patienten aufweisen soll, damit die Ausbildung ein Erfolg ist. Hierzu liegen auch durch die Erhebungen keine Daten vor, da die Einschätzung der betrieblichen Akteure auf einer Durchschnittseinschätzung aller in ihren Einrichtungen tätigen Auszubildenden basiert und keine individuelle Einschätzung der Auszubildenden beinhaltet. Ebenso wenig wurde festgelegt, wie viele betriebliche Akteure ein solches Verhalten bestätigen müssen. Insofern musste hier nachträglich bestimmt werden, ob man mit einem Wert von mindestens 90% der betrieblichen Akteure zufrieden ist.

Bei der Synthese der Daten zu einem Urteil wurden die Daten zunächst auf der Ebene des jeweiligen Bewertungskriteriums aus verschiedenen Erhebungen vergleichend betrachtet. Das Evaluationsteam legte auf dieser Basis fest, ob das Programm die gewünschte Leistung in dem Kriterienbereich erbracht hat. Abschließend erfolgte eine summarische Betrachtung der Leistungen des Programms in den verschiedenen Kriterienbereichen durch das Evaluationsteam, die dann zu einem finalen Urteil über den Erfolg des Programms verdichtet wurde.

Im Folgenden wird kurz reflektiert, welche Stärken und Schwächen dieses Verfahren vor dem Hintergrund der vier Bewertungsschritte aufweist.

Bei diesem Verfahren fällt auf, dass die Ermittlung der Bewertungskriterien in hohem Umfang partizipativ angelegt war, und dass eine große Anzahl an Bewertungskriterien festgelegt wurde. Dadurch stützte sich die Bewertung auf viele unterschiedliche Aspekte, und es wurden die sozialen → Werte verschiedener Beteiligtengruppen bei der Ermittlung der Bewertungskriterien berücksichtigt. Die Festlegung von Erfolgspunkten oder Standards wurde hier lediglich für wenige Bewertungskriterien erreicht. Eine weitere Konkretisierung der Bewertungskriterien ist für viele verschiedene Ziele mit einem hohen Aufwand für die Beteiligten und für die Evaluation verbunden. Zum anderen gestaltet es sich für die Beteiligten bei einem noch in der Entwicklung befindlichen Programm häufig als sehr schwierig, konkrete Erfolgspunkte anzugeben (da die Wirkungsweise noch nicht ausreichend bekannt ist und zudem Vergleichswerte aus anderen Projekten fehlen), weswegen Programmbeteiligte eine frühzeitige Festlegung von Erfolgspunkten in diesen Kontexten häufiger ablehnen. Die Beurteilung des Programms ist damit jedoch erschwert bzw. in höherem Maße hinterfragbar.

Bei der Beschaffung von Daten zu den Kriterienbereichen wurde mehrheitlich auf Resultatseinschätzungen von Beteiligtengruppen zurückgegriffen. Bei der Einschätzung von Resultaten eines Programms schätzen Expertinnen und Experten oder Stakeholder im Umfeld des Programms die Resultate auf Basis ihrer Beobachtungen oder geführten Gespräche ein. Streng genommen handelt es sich dabei somit um subjektive Meinungen über Resultate, die durch fachliche Vorlieben, persönliche Interessen, affektive Bezüge zum Programm oder andere Faktoren beeinflusst sein können. Die Belastbarkeit der für die Bewertung herangezogenen Daten ist daher im Vergleich zu anderen aufwändigeren Erhebungen als gering einzuschätzen. Für die unterschiedlichen festgelegten Kriterienbereiche würde es jedoch viele zeitliche und finanzielle Ressourcen erfordern, um methodisch belastbarere Formen der Resultatsfeststellung umzusetzen.

Im Anschluss wird ein Verfahren präsentiert, in dessen Rahmen besonders viele Ressourcen in die Bestimmung von Erfolgspunkten und die Erhebung von Daten zu den Bewertungsbereichen (Schritt 2 und 3) investiert wurden.

5. Ermittlung von Erfolgspunkten zur Resultatsbewertung

Diese Vorgehensweise der Bewertung wurde im Rahmen einer anderen Evaluation einer Modellausbildung im Gesundheitsbereich entwickelt und eingesetzt. Zentraler Zweck der Evaluation war es dabei, eine empirisch abgesicherte Grundlage bereitzustellen, auf deren Basis entschieden werden sollte, inwieweit eine Überführung der Modellausbildung in eine Regelausbildung sinnvoll ist.

Schritt 1 Bestimmung der Bewertungskriterien

Ein Schwerpunkt der Evaluation lag ausgehend von der Ausschreibung und den Absprachen mit den → **Auftraggebenden** auf der Ermittlung des Kompetenzniveaus und der Erfassung der Kompetenzentwicklung der Auszubildenden. In mehreren Gesprächen mit den Auftraggebenden und weiteren Beteiligten kristallisierte sich der Kompetenzerwerb als das zentrale Kriterium für die Bewertung des Programmerfolgs heraus. So sollten die Auszubildenden ein bestimmtes Kompetenzniveau im Vergleich zu bereits bestehenden Ausbildungsgängen erreichen, womit die Passung der Modellausbildung in das bestehende Kompetenzgefüge in diesem speziellen Arbeitsbereich belegt werden sollte. Die Modellausbildung verfügt über ein differenziertes Profil der bei den Auszubildenden zu entwickelnden Kompetenzen, das als Grundlage für die Kriterienentwicklung genutzt wurde.

Schritt 2: Bestimmung von Erfolgspunkten

Um die Ergebnisse der Kompetenzerhebung bewerten zu können, wurde im Anschluss an die erste Kompetenzerhebung und vor der Durchführung der zweiten Messung die Steuerungsgruppe der Modellausbildung um eine Einschätzung der bisher gezeigten Leistungen sowie der zum Ende der Ausbildung erwünschten Kompetenzen gebeten. Zur Steuerungsgruppe gehörten Vertretende der durchführenden Gesundheits- und Krankenpflegeschule sowie Vertretende der beteiligten Praxiseinrichtungen aus dem Bereich der Alten- sowie Gesundheits- und Krankenpflege. Mit dieser Befragung sollte bewertbar werden, ob sich die Kompetenzen der Modellauszubildenden im Vergleich zur ersten Kompetenzerhebung ausreichend weiterentwickelt haben, bzw. ob die Modellschülerinnen und -schüler im Vergleich zu den Auszubildenden der regulären Pflegeausbildungen die gewünschten Kompetenzen aufgebaut haben. Gemäß der Konzeption der Modellausbildung sollten die Modellschülerinnen und Modellschüler im Vergleich zu den zwei regulären Ausbildungen in dem Handlungsfeld (Altenpflege bzw. Gesundheits- und Krankenpflege) eine mittlere Position in Bezug auf das erreichte Kompetenzniveau einnehmen. Im Rahmen der Befragung wurden die Mitglieder der Steuerungsgruppen gebeten anzugeben,

- wie zufrieden sie mit den Ergebnissen der ersten Kompetenzmessung nach einem Jahr sind (durch Vorlage der Ergebnisse der ersten Kompetenzerhebung),
- in welchem Ausmaß die Modellschülerinnen und -schüler bei der zweiten Kompetenzerhebung besser als bei der ersten Messung sein sollen (mit der Bitte die erwünschte Note anzugeben) sowie
- welche Kompetenzen die Modellschülerinnen und -schüler im Vergleich zu den Auszubildenden der regulären Ausbildungsgänge in der Pflege erwerben sollen (konkret: wieviel besser sie als die einjährig ausgebildeten Helferinnen und Helfer in der Alten- und Gesundheits- und Krankenpflege sein sollen und wie viel schlechter sie im Vergleich zu den drei- und mehrjährig ausgebildeten Pflegerinnen und Pflegern in beiden Handlungsfeldern sein dürfen).

Die nachfolgende Tabelle zeigt das Ergebnis der Abfrage zum erwünschten Kompetenzniveau im Bereich der Altenpflege zum Ende der Modellausbildung. Die befragten Schul- und Praxisvertretenden wünschten sich bei drei von fünf Kompetenzfeldern bessere Noten.[2]

---

2 Noten stellen in schulischen Kontexten eine übliche und weitgehend anerkannte zusammenfassende Bewertung für Leistungen oder Kompetenzen dar. Wenn sie in Evaluatio-

Tabelle 2: Erwünschtes Kompetenzniveau zum Ende der Modellausbildung in der Altenpflegesituation

2a.	Die Modellschülerinnen und -schüler haben aus meiner Sicht im Bereich der analytisch-reflexiven Begründungskompetenzen bei der zweiten Erhebung das angezielte Kompetenzniveau erreicht,
	wenn Sie die gleiche Note (2,7)* wie bei der ersten Kompetenzmessung erzielen
5SV** 7BV	wenn Sie eine bessere Note erhalten und zwar mindestens 2,3***
2b.	Die Modellschülerinnen und -schüler haben aus meiner Sicht im Bereich der praktisch-technischen Kompetenzen bei der zweiten Erhebung das angezielte Kompetenzniveau erreicht,
	wenn Sie die gleiche Note (2,9) wie bei der ersten Kompetenzmessung erzielen
5SV 7BV	wenn Sie eine bessere Note erhalten und zwar mindestens 2,3
2c.	Die Modellschülerinnen und -schüler haben aus meiner Sicht im Bereich der interaktiven Kompetenzen bei der zweiten Erhebung das angezielte Kompetenzniveau erreicht,
5SV 7BV	wenn Sie die gleiche Note (2,0) wie bei der ersten Kompetenzmessung erzielen
	wenn Sie eine bessere Note erhalten und zwar mindestens
2d.	Die Modellschülerinnen und -schüler haben aus meiner Sicht im Bereich der ethisch-moralischen Kompetenzen bei der zweiten Erhebung das angezielte Kompetenzniveau erreicht,
5SV 7BV	wenn Sie die gleiche Note (1,9) wie bei der ersten Kompetenzmessung erzielen
	wenn Sie eine bessere Note erhalten und zwar mindestens
2e.	Die Modellschülerinnen und -schüler haben aus meiner Sicht im Bereich Planungs- und Steuerungskompetenzen bei der zweiten Erhebung das angezielte Kompetenzniveau erreicht,
	wenn Sie die gleiche Note (2,9) wie bei der ersten Kompetenzmessung erzielen
5SV 7BV	wenn Sie eine bessere Note erhalten und zwar mindestens 2,5

* Wert aus der ersten Kompetenzerhebung
** Anzahl der Antwortenden: SV meint Schulverantwortliche, BV Betriebsverantwortliche
*** Hierbei handelt es sich jeweils um den aus den Antworten gebildeten Mittelwert.

Der Tabelle 3 ist zu entnehmen, inwieweit die Modellschülergruppe aus Sicht der Befragten über mehr Kompetenzen verfügen sollte als die Gruppe der einjährig

---

nen als Kriterienpunkte genutzt werden, ist es wichtig, sie allein auf Basis von Leistungsmessungen zu bilden, z. B. durch die Umrechnung aus Punkten. Noten, die hingegen die Verteilung der Leistung in der Klasse oder den individuellen Lernfortschritt berücksichtigen, sind als Kriterienpunkte nicht geeignet.

ausgebildeten Altenpflegehelferinnen und -helfer. Mehrheitlich sprechen sich die Befragten dafür aus, dass die Modellschülerinnen und -schüler in allen Kompetenzdimensionen am Ende ein höheres Niveau aufweisen sollen. In jedem Kompetenzbereich finden sich jedoch zwischen einem und drei Befragten, denen es reicht, wenn die Modellschülerinnen und -schüler in diesem Bereich am Ende genauso gut sind wie die Altenpflegehelferinnen und -helfer. Als Erfolgspunkte für die Bewertung der am Ende der Ausbildung erreichten Kompetenzen im Rahmen der zweiten Kompetenzerhebung wurden die mehrheitsfähigen Antworten genutzt (also bspw. bei a. die zweite Antwortkategorie, siehe Tabelle 3). Bezüglich der gewünschten höheren oder niedrigeren Kompetenz wurde ein Mittelwert errechnet.

Schritt 3: Erhebung von Daten in den zuvor bestimmten Kriterienbereichen

Zur Bestimmung des Kompetenzniveaus wurde eine umfängliche Kompetenzerhebung bei den Auszubildenden realisiert. Die Kompetenzerhebung wurde bei den Modellschülerinnen und -schülern zu zwei Zeitpunkten – nach dem ersten Ausbildungsjahr und gegen Ende der Ausbildung – im Bereich der Gesundheits- und Krankenpflege und der Altenpflege durchgeführt. Außerdem wurden zum Vergleich der Kompetenzniveaus zusätzlich zu den Modellschülerinnen und -schülern Auszubildende regulärer Pflegeausbildungen in der Alten- sowie Gesundheits- und Krankenpflege einbezogen (insgesamt vier → **Vergleichsgruppen**). Das Design erlaubt somit einen Vergleich der Kompetenzen der Modellschülerinnen und -schüler zu zwei Zeitpunkten sowie einen Vergleich der Kompetenzen zwischen Modellschülerinnen und -schülern und den Auszubildenden der regulären Pflegeausbildungen.

Die Kompetenzerhebung erfolgte in Form einer nicht teilnehmenden Beobachtung der Modellschülerinnen und -schüler sowie der Vergleichsgruppen in einer weitgehend standardisierten Arbeitssituation in Form von Videoaufzeichnungen. Die Pflegeempfangenden wurden durch Simulationspatientinnen/-patienten dargestellt. Die Kompetenzerhebung wurde an dem für die Modellausbildung entwickelten Kompetenzmodell ausgerichtet. Das Pflegehandeln in den Arbeitssituationen wurde auf Basis der Videoaufzeichnungen von neutralen, fachlich versierten Personen, die die Auszubildenden nicht kannten, bewertet.

Schritt 4: Synthese der Daten zu einem Urteil über den Evaluationsgegenstand

Abschließend wurden die Ergebnisse der zweiten Kompetenzerhebung mit den erfragten Wunschergebnissen verglichen, um den Erfolg der Modellausbildung zu bewerten. So wurde bspw. für den Vergleich zwischen der Modellschülergruppe und den einjährig ausgebildeten Altenpflegehelferinnen und -helfern ermittelt, dass die Modellschülerinnen und -schüler in allen Kompetenzbereichen die erwünschten Kompetenzunterschiede erreichen und diese teilweise sogar übertreffen (vgl. Tabelle 4).

Tabelle 3: Erwünschter Unterschied zwischen Altenpflegehelferinnen und -helfern und Modellschülergruppe

a.	Ich bin mit dem Kompetenzniveau im Bereich der analytisch-reflexive Begründungskompetenzen zufrieden, wenn die Modellschülerinnen und -schüler bei der zweiten Kompetenzerhebung ...
1 SV 1BV	in diesem Kompetenzbereich am Ende genauso gut sind wie Altenpflegehelferinnen und -helfer.
4 SV 6BV	in diesem Kompetenzbereich eine bessere Note als Altenpflegehelferinnen und -helfer erzielen. Sie sollen mindestens 0,6 Note(n) besser sein.
b.	Ich bin mit dem Kompetenzniveau im Bereich der praktisch-technischen Kompetenzen zufrieden, wenn die Modellschülerinnen und -schüler bei der zweiten Kompetenzerhebung ...
2 BV	in diesem Kompetenzbereich am Ende genauso gut sind wie Altenpflegehelferinnen und -helfer.
5 SV 5 BV	in diesem Kompetenzbereich eine bessere Note als Altenpflegehelferinnen und -helfer erzielen. Sie sollen mindestens 0,7 Note(n) besser sein.
c.	Ich bin mit dem Kompetenzniveau im Bereich der interaktiven Kompetenzen zufrieden, wenn die Modellschülerinnen und -schüler bei der zweiten Kompetenzerhebung ...
3 BV	in diesem Kompetenzbereich am Ende genauso gut sind wie Altenpflegehelferinnen und -helfer.
5 SV 4 BV	in diesem Kompetenzbereich eine bessere Note als Altenpflegehelferinnen und -helfer erzielen. Sie sollen mindestens 0,7 Note(n) (0,9 SV, 0,5 BV) besser sein.
d.	Ich bin mit dem Kompetenzniveau im Bereich der ethisch-moralischen Kompetenzen zufrieden, wenn die Modellschülerinnen und -schüler bei der zweiten Kompetenzerhebung ...
1 SV 2BV	in diesem Kompetenzbereich am Ende genauso gut sind wie Altenpflegehelferinnen und -helfer.
4 SV 5BV	in diesem Kompetenzbereich eine bessere Note als Altenpflegehelferinnen und -helfer erzielen. Sie sollen mindestens 0,7 Note(n) (1 SV, 0,5 BV) besser sein.
e.	Ich bin mit dem Kompetenzniveau im Bereich Planungs- und Steuerungskompetenzen zufrieden, wenn die Modellschülerinnen und -schüler bei der zweiten Kompetenzerhebung ...
1 BV	in diesem Kompetenzbereich am Ende genauso gut sind wie Altenpflegehelferinnen und -helfer
5 SV 6 BV	in diesem Kompetenzbereich eine bessere Note als Altenpflegehelferinnen und -helfer erzielen Sie sollen mindestens 0,7 Note(n) besser sein.

Tabelle 4: Vergleich erwünschter und tatsächlicher Unterschied Modellgruppe und Altenpflegehelfer/-helferinnen

	Modellgruppe	Altenpflegehelfer/-innen	Differenz	Erwünschte Differenz*
Begründungskompetenz	2,9	3,8	-0,9	-0,6
Praktisch-technische Kompetenzen	2,9	4,1	-1,2	-0,7
Interaktive Kompetenzen	2,2	3,2	-1,0	-0,7
Ethisch-moralische Kompetenzen	2,2	3,0	-0,8	-0,7
Planungs-/Steuerungskompetenz	3,1	3,8	-0,7	-0,7

Erklärung der Tabelle: die Skala reicht von 1 sehr gut bis 6 ungenügend.
* Mit der erwünschten Differenz ist gemeint, dass sich die Verantwortlichen wünschen, dass die Modellschülerinnen und -schüler kompetenter sind als die Altenpflegehelferinnen und -helfer. Sie erwarten eine bessere Note.

So sollten die Modellschülerinnen und -schüler in allen fünf Kompetenzbereichen besser abschneiden als die Altenpflegehelferinnen und -helfern (erwünschte negative Differenz). Je größer die Differenz mit negativen Vorzeichen, desto höher wird die Kompetenz der Modellgruppe im Verhältnis zur Vergleichsgruppe eingeschätzt. Ausgehend von den Ergebnissen zum Kompetenzniveau wurde im Abschlussbericht seitens des Evaluationsteams geschlussfolgert, dass die Auszubildenden der Modellausbildung befähigt sein werden, in Pflegesituationen, die dem der Modellausbildung zugrunde gelegten Kompetenzprofil entsprechen, pflegerisch eigenverantwortlich zu handeln und die Durchführungsverantwortung für die an sie delegierten Leistungen zu übernehmen.

Im Folgenden soll kurz auch für dieses Vorgehen resümiert werden, welche Stärken und Schwächen in den vier Bewertungsschritten festzustellen sind.

Auffällig ist, dass bei der Bestimmung der Bewertungskriterien keine zusätzlichen partizipativen Elemente umgesetzt wurden. In Anlehnung an die Ausschreibung und die Absprachen mit den Auftraggebenden wird seitens der Evaluation das Kompetenzniveau zum zentralen Bewertungskriterium benannt. So wurden hier andere potenzielle Bewertungskriterien wie die Kosten-Nutzen-Relation oder die Akzeptanz der Modellausbildung in der Praxis nicht weiter berücksichtigt. Die zweite Phase, die Festlegung der Erfolgspunkte, wurde im vorgestellten Beispiel sehr gründlich unter Beteiligung der relevanten Gruppen durchgeführt, so dass eindeutig definierte Erfolgspunkte vorlagen. Hierbei ist zu bedenken, dass das Programm schon eine hohe Programmreife erreicht haben muss, damit die ausgewählten inhaltlichen Bereiche so umfassend operationalisiert und auf dieser Basis konkrete Erfolgsspannen benannt werden können. Eine weitere grundlegende Voraussetzung ist, dass genügend Zeit und Ressourcen für eine Ermittlung von Erfolgspunkten zur Verfügung stehen. Zudem ist hier auffällig, auch im Gegensatz zum vorangegangen Beispiel, dass die Daten zum Kompetenzniveau (Schritt 3) auf einer sehr umfänglichen Datenerhebung beruhen, die in diesem Umfang sicherlich nicht für viele weitere bewertungsrelevante Bereiche zu leisten wäre. Eine solche Erhebung ist auch nur für einen sehr umgrenzten inhaltlichen Bereich in einer solchen Detailtiefe möglich, wie hier für das Kompetenzniveau als ausgewählten Bewertungsbereich. Bei mehreren Zielbereichen wie bei der vorgängig vorgestellten Evaluation ist ein solches Vorgehen sicher kaum praktikabel.

6. Schlussfolgerungen

An den beiden dargestellten Bewertungsprozessen zeigt sich, dass bei der Durchführung von Bewertungen viele Entscheidungen zu treffen sind. So ist zu überlegen, wie die Bewertungskriterien ermittelt werden und wie viele Bewertungskriterien berücksichtigt werden sollen. Weiterhin muss geschaut werden, ob konkrete Erfolgspunkte oder Erfolgsspannen festgelegt werden können und wie die Beteiligten hierbei einbezogen werden. In einem nächsten Schritt gilt es zu bestimmen, welche Erhebungen zur Ermittlung von Daten in den bewertungsrelevanten Bereichen durchgeführt werden können und als wie belastbar und aussagekräftig diese einzuschätzen sind. Darüber hinaus muss entschieden werden, ob die verschiedenen Bewertungen letztlich zu einem zusammenfassenden Urteil verdichtet werden und wenn ja, wie.

Generell zeigt sich bereits an den beiden Bewertungsbeispielen, dass die Anlage des Bewertungsprozesses auch von der Programmreife abhängig ist. So ist es für die Bestimmung von Erfolgspunkten oder Erfolgsspannen erforderlich, dass das Programm umfänglich erprobt ist und aus funktionierenden, zielgerichteten Abläufen besteht. Ist das Programm noch in der Entwicklung und die Evaluation → **formativ** oder gar → **evolutiv** angelegt, liegt eine stärker qualitative Bewertung des Programms nahe, bei welcher der Programmerfolg vor dem Hintergrund eines → **Erfolgsbilds** beschrieben wird. Ein Erfolgsbild enthält die qualitative Beschreibung des Programmerfolgs, z. B. mittels eines Texts oder einer Visualisierung der erwünschten Outcomes oder auch der → **Wirkannahmen** in Form eines Zusammenhangs von Interventionen und Zielen bzw. erwünschten Outcomes.

Bewertungsverfahren, wie sie hier skizziert wurden, beanspruchen von den Programmbeteiligten größere Zeitressourcen (wie Workshop-Teilnahmen, Teilnahme an Online-Erhebungen) und sind auch seitens der Evaluierenden im Angebot zu kalkulieren. So müssen die Methoden und Erhebungen zur Durchführung von partizipativen Bewertungen zusätzlich zu den regulären Datenerhebungen bei den Kosten für die Evaluation berücksichtigt werden. Wenn diese Leistungen im Angebot ausgewiesen werden, erhöht sich der Angebotspreis. Den Auftraggebenden muss somit der Nutzen eines solchen Vorgehens ersichtlich sein. Voraussichtlich ist hier auch weitere Aufklärung zu leisten. So wird mit Evaluation zwar Bewertung assoziiert, welche – teils aufwändigen – Verfahren aber notwendig sind, um eine solche tatsächlich systematisch durchzuführen, ist weniger bekannt.

Literatur

Beywl, Wolfgang (2006): Evaluationsmodelle und der Stellenwert qualitativer Methoden. In: Flick, Uwe (Hrsg.): Qualitative Evaluationsforschung. Konzepte – Methoden – Umsetzung. Reinbek: Rowohlt, S. 92–116.

Beywl, Wolfgang/Niestroj, Melanie (2009): Der Programmbaum. Landmarke wirkungsorientierter Evaluation. In: Beywl, Wolfgang/Niestroj, Melanie: Das A-B-C wirkungsorientierter Evaluation. 2., völlig überarbeitete und erweiterte Auflage. Köln: Univation.

Bortz, Jürgen/Döring, Nicola (2006): Forschungsmethoden und Evaluation für Human- und Sozialwissenschaftler. 4., überarb. Aufl. Berlin: Springer.

Farrokhzad, Schahrzad/Mäder, Susanne (2014): Nutzenorientierte Evaluation. Ein Leitfaden für die Arbeitsfelder Integration, Vielfalt und Toleranz. Münster: Waxmann.

Fournier, Deborah. M. (1995): Establishing evaluative conclusions: A distinction between general and working logic. In: Fournier, Deborah M. (Hrsg.): Reasoning in evaluation: Inferential links and leaps. New Directions for Evaluation, 68, S. 15–32.

Gesellschaft für Evaluation (DeGEval) e. V. (2008) (Hrsg.): Standards für Evaluation, 4. unveränderte Auflage. Mainz.

Giel, Susanne (2013): Theoriebasierte Evaluation. Münster: Waxmann.

Haubrich, Karin/Lüders, Christian/Struhkamp, Gerlinde (2005): Wirksamkeit, Nützlichkeit, Nachaltigkeit – was Evaluationen von Modellprogrammen realistischerweise leisten können. In: Deutsche Kinder- und Jugendstiftung (Hrsg.): Evaluation: Chance oder rotes Tuch? Verschiedene Fremdevaluationsansätze im Kontext von Praxiserfahrungen. Opladen: Verlag Barbara Budrich.

House, Ernest R./Howe, Kenneth R. (1999): Values in evaluation and social research. Thousand Oaks: Sage Publications.

Julnes, George (2012): Managing valuation. In: Julnes, George (Hrsg.): Promoting valuation in the public interest: Informing policies for judging value in evaluation. New Directions for Evaluation, 133, S. 3–5.

Kromrey, Helmut (2007): Wissenschaftstheoretische Anforderungen an empirische Forschung und die Problematik ihrer Beachtung in der Evaluation. – Oder: Wie sich die Evaluationsforschung um das Evaluieren drückt. In: ZfEv Zeitschrift für Evaluation, Jg. 6, H. 1, 2007, S. 113–123.

Lüders, Christian (2006): Qualitative Evaluationsforschung – was heißt hier Forschung? In: Flick, Uwe (Hrsg.): Qualitative Evaluationsforschung. Reinbek: Rowohlt, S. 33–62.

Patton, Michael Quinn (1997): Utilization-focused evaluation. The new century text. 3rd edition. Thousand Oaks: Sage.

Schwandt, Thomas A./Stake, Robert E. (2006): On Discerning Quality In Evaluation. In: Shaw, Ian/Green, Jennifer C./Mark, Melvin M. (Hrsg.): The SAGE Handbook of Evaluation. London: Sage, S. 405–419.

Scriven, Michael (1991): Evaluation Thesaurus. 1. Aufl. Newbury Park u. a.: Sage.

Scriven, Michael (1993): Evaluation and Critical Reasoning: Logic's last frontier? In: Talaska, Richard A. (Hrsg.): Critical Reasoning in Contempory Culture. Albany: State University of New York.

Shaw, Ian/Green, Jennifer C./Mark, Melvin M. (Hrsg.) (2006): The SAGE Handbook of Evaluation. London: Sage.

Stake, Robert. E. et al. (1997): The evolving syntheses of program value. Evaluation Practice, 18, S. 89–109.

Stockmann, Reinhard (2006): Evaluation und Qualitätsentwicklung. Eine Grundlage für wirkungsorientiertes Qualitätsmanagement. Bd. 5 der Reihe Sozialwissenschaftliche Evaluationsforschung. Münster: Waxmann.

Stockmann, Reinhard/Meyer, Wolfgang (2010): Evaluation. Eine Einführung. Opladen: Verlag Barbara Budrich.

W. K. Kellogg Foundation (2004): Using logic models to bring together planning, evaluation & action: Logic model development guide. Battle Creek Michigan: W. K. Kellogg Foundation.

Widmer, Thomas/de Rocchi, Thomas (2012): Kompaktwissen. Evaluation. Grundlagen, Ansätze und Anwendungen. Zürich: Rüegger Verlag.

Widmer, Thomas/Beywl, Wolfgang/Fabian, Carlo (2009) (Hrsg.): Evaluation: Ein systematisches Handbuch. Wiesbaden: VS Verlag.

Autorinnen und Autoren

Samera Bartsch absolvierte das Studium der Politikwissenschaft mit den Schwerpunkten Empirische Sozialforschung, Politikfeldanalyse, Gender und Diversity Studies und Migrationspolitik. Seit 2012 arbeitet sie als wissenschaftliche Mitarbeiterin bei Univation GmbH. Zu ihren Hauptaufgaben gehört die Durchführung von Evaluationen in den Bereichen Bildungs- und Arbeitsförderung, Kinder- und Jugendhilfe, Interkulturelle Öffnung und Antidiskriminierung. E-Mail: samera.bartsch@univation.org

Prof. Dr. Wolfgang Beywl ist Gründer und wissenschaftlicher Leiter von Univation. Er war langjährig Vorstandsmitglied der Gesellschaft für Evaluation. Er leitet die Professur für Bildungsmanagement sowie Schul- und Personalentwicklung an der Pädagogischen Hochschule Nordwestschweiz. Aufbau von Evaluationsvermögen in Organisationen ist sein Forschungs- und Lehrschwerpunkt. Er hat zahlreiche Evaluationsprojekte geleitet und unterhält mehrere Webressourcen. E-Mail: wolfgang.beywl@univation.org

Prof. Dr. Schahrzad Farrokhzad ist Diplompädagogin und Professorin für Interkulturelle Bildung in sozialen Organisationen an der Fachhochschule Köln, Fakultät für Angewandte Sozialwissenschaften. Ihre Arbeitsschwerpunkte sind die Interkulturelle Bildung und Organisationsentwicklung, Diversity Management, Lebenslagen im Kontext von Migration und Geschlechterverhältnissen, Evaluation und empirische Sozialforschung sowie Familienbildung und Jugendarbeit. E-Mail: schahrzad.farrokhzad@univation.org

Dr. Susanne Giel, Diplom-Soziologin, arbeitet seit 2006 als freie Evaluatorin, vorwiegend von arbeitsmarkt- und bildungspolitischen Programmen sowie Programmen zu Rechtsextremismus, Antisemitismus und Rassismusprävention. Seit ihrer Weiterbildung zur Selbstevaluations-Beraterin ist sie außerdem in der Lehre und als Trainerin für Evaluation und Selbstevaluation tätig. Im Rahmen ihrer Dissertation setzte sie sich mit der methodischen Umsetzung von theoriebasierten Evaluationen auseinander. E-Mail: susanne.giel@univation.org

Dr. Maria Gutknecht-Gmeiner war viele Jahre in der Bildungsforschung tätig, seit 2010 ist sie Geschäftsführerin von IMPULSE – Evaluation und Organisationsberatung in Wien. Ihre Arbeitsschwerpunkte sind Evaluation, Qualitätsmanagement, innovative Projekte und internationale Kooperation im Bereich Bildung, Kultur und Arbeitsmarkt sowie Gleichstellungspolitik und Gender Mainstreaming. Die Verbindung ihrer Evaluationstätigkeit mit Forschung über Evaluation ist ihr ein wichtiges Anliegen. www.impulse.at. E-Mail: m.gutknecht-gmeiner@impulse.at

Marc Jelitto (angewandter Kulturwissenschaftler M. A.) ist freiberuflicher Evaluator bei illmeva – Institut zur Begutachtung von Web-Auftritten. Als Trainer hat er zahlreiche Schulungen zur Informationssicherheit durchgeführt. Weiterhin berät und forscht er zu den Themen Evaluation digitaler Medien, E-Learning und Gender-Mainstreaming. Von 2015 bis 2017 entwickelt er ein E-Learning-Angebot für die FUMA Fachstelle Gender NRW. E-Mail: marc.jelitto@evaluieren.de

Katharina Klockgether ist Diplompsychologin und arbeitet seit 2011 als wissenschaftliche Mitarbeiterin bei Univation GmbH. Zu ihren Hauptaufgaben gehört die Durchführung von Evaluationen im Gesundheits-, Arbeitsmarkt- und Bildungsbereich. Des Weiteren betreut sie die Webpräsenz www.selbstevaluation.de, das Translations-Projekt der Evaluations-Checklisten der Western Michigan University und gibt Seminare zu Selbstevaluation. E-Mail: katharina.klockgether@univation.org

Dr. Marianne Lück-Filsinger (Soziologin M. A. und Staatsexamen Sekundarstufe I) ist Leiterin der Forschungsgruppe ‚Bildungs-, Evaluations- und Sozialstudien' (ForBES) an der HTW des Saarlandes. Promoviert hat sie mit einer qualitativ-empirischen Studie ‚Kinder- und Jugendberichterstattung in den Bundesländern'. Seit 1992 ist sie Lehrbeauftragte an verschiedenen Hochschulen in Berlin und Saarbrücken und im Master-Studiengang Evaluation an der Universität des Saarlandes/HTW des Saarlandes. E-Mail: m.lueck-filsinger@htw-saarland.de

Susanne Mäder (Diplom-Pädagogin) ist wissenschaftliche Mitarbeiterin (seit 2001) und Gesellschafterin der Univation GmbH. Seit 2004 leitet sie den Kurs ‚Gruppenmethoden in der Evaluation' im Studiengang »Diploma of Advanced Studies in Evaluation« an der Universität Bern. Ihr methodischer Schwerpunkt liegt im Bereich der qualitativen Evaluations- und Steuerungsmethoden wie Gruppendiskussionen und Workshops sowie der Selbstevaluation. E-Mail: susanne.maeder@univation.org

Melanie Niestroj ist Diplom-Pädagogin, wissenschaftliche Mitarbeiterin (seit 2002) und Gesellschafterin der Univation GmbH. Sie hat vielfältige Erfahrung in der Leitung von und Mitarbeit in Evaluationsprojekten in verschiedenen Feldern, der Evaluationsberatung und Weiterbildung in (Selbst-)Evaluation. Gemeinsam mit dem Univationsteam hat sie u. a. den ‚Programmbaum' weiterentwickelt. Wolfgang Beywl und sie betreuen das Eval-Wiki: Glossar der Evaluation. E-Mail: melanie.niestroj@univation.org

Stefan Schmidt ist seit 2004 auf dem Gebiet der Evaluation selbstständig tätig. Sein Schwerpunkt liegt auf der Durchführung von externen Evaluationen in den Themenfeldern Bildungsnetzwerke, Arbeitsmarkt sowie der Kinder- und Jugendhilfe. Darüber hinaus berät er Organisationen dieser Themenfelder bei internen Qualitätsentwicklungsmaßnahmen, führt Trainings zur Selbstevaluation durch und moderiert Vernetzungsprozesse. Vor seiner aktuellen Tätigkeit war er als Sozialarbeiter und Arbeits- und Organisationspsychologe in der Jugend- und Gemeinwesenarbeit aktiv. Er ist Sprecher des Arbeitskreises Soziale Dienstleistungen der Gesellschaft für Evaluation (DeGEval). www.schmidt-evaluation.de. E-Mail: info@schmidt-evaluation.de

Berthold Schobert arbeitet seit 1997 im Bereich der Evaluation. Er ist Gründer und Geschäftsführer von Univation GmbH. Von 1998 bis 2002 war er am Aufbau der Geschäftsstelle der Deutschen Gesellschaft für Evaluation beteiligt. Seit 2012 ist er Mitglied der Jury des DeGEval-Nachwuchspreises. Als Redakteur betreut er mit zwei weiteren Personen das Portal www.selbstevaluation.de. E-Mail: berthold.schobert@univation.org

Dörte Schott (Dr. phil., Dipl.-Psych.) ist seit 2005 als Freie Evaluatorin schwerpunktmäßig im Bildungsbereich tätig. Außerdem berät sie zu Evaluation und bildet in Selbstevaluation und Evaluation weiter. Sie hat eine der in ihrem Artikel zu Scharm-Evaluation beschriebenen Entwicklunspartnerschaft-Evaluationen (EQUAL) in Kooperation mit Univation GmbH umgesetzt. Dörte Schott ist 2013 für ihre Dissertation zum Einfluss und Nutzen von Programmevaluation mit dem Nachwuchspreis der DeGEval – Gesellschaft für Evaluation e. V. ausgezeichnet worden. E-Mail: info@doerte-schott.de

Ute B. Schröder, Dipl.-Pädagogin mit Qualifizierungen in den Bereichen qualitative Sozialforschung (insb. dokumentarische Methode der Interpretation), Sozialmanagement und Evaluation. Seit 2012 ist sie Wissenschaftlerin und Genossenschaftsmitglied bei der e-fect eG (www.e-fect.de). Von 2005 bis 2012 war sie Geschäftsführerin beim centrum für qualitative evaluations- und sozialforschung e. V. (www.ces-forschung.de). Ihre thematischen Schwerpunkte liegen in den Bereichen Diversity, Bildungsprozesse und Organisationsentwicklung. E-Mail: schroeder@e-fect.de

Matthias Sperling, wissenschaftlicher Mitarbeiter von Univation GmbH, studierte Soziale Arbeit an der Fakultät für Angewandte Sozialwissenschaften der Fachhochschule Köln. Er war mehrere Jahre am Institut für Interkulturelle Kommunikation der Fachhochschule Köln tätig. Seit 2014 ist er Lehrbeauftragter für Methoden der Sozialen Arbeit im Kontext von Schule an der Universität zu Köln. Zu seinen Hauptaufgaben gehört die Durchführung von Evaluationen in den Bereichen Arbeitsmarkt, Integration, Bildung sowie Kinder- und Jugendhilfe. E-Mail: matthias.sperling@univation.org

Elitsa Uzunova ist Diplompsychologin und unterrichtet Marktforschung und Digitales Marketing an der Wirtschaftsuniversität in Varna, Bulgarien. Zwischen 2008 und 2010 war sie wissenschaftliche Mitarbeiterin bei Univation GmbH, nun unterstützt sie Univation als freie Mitarbeiterin. Neben Evaluation und Methoden beschäftigt sie sich mit technologiebasiertem Wissensmanagement. E-Mail: elitsa.uzunova@univation.org

Index

Arbeitsmarkt 58, 59, 66, 73, 77 f., 97, 100, 177, 180, 194, 228
Audioaufzeichnung 210 f., 215
Aus- und Weiterbildung (in der Evaluation/ der Evaluierenden) 24, 26 f., 32, 36, 55, 93, 273 f., 299 f.
Auswahlverfahren 203
Bedarfe 82, 100, 180, 189
Bedeutsamkeit (eines Programms) 31, 90, 110
Bedingungsmonitoring 80, 99, 107, 177, 180 ff., 269
Begutachtung 300
Berufsorientierung 173, 211
Beste Praxis/Best-Practice 136
Bewertung 27, 31 ff., 76, 105 ff., 134 f., 151, 167 ff., 178, 214, 219, 231 f., 260 ff., 279 ff.
Bewertungskriterium 174, 280 ff., 294 f.
Bildung 27, 57, 160, 163, 169, 172, 175, 177, 238, 241, 252, 259, 260, 273, 275, 284
Checklisten 22, 25 f., 29, 31 ff., 80
CIPP-(Modell) 37, 91 f.
Cluster-Evaluation 85
Controlling (eines Programms) 178 f., 190
Datenerhebungsplan 207
Datenlage (für Evaluationen) 124, 126
Datenschutz 43, 47, 66, 84, 190, 195, 199, 212, 270
Datensparsamkeit 189, 191
Detailziele (eines Programms) 96, 161, 164, 167 ff., 174 f., 184 f.
Dokumentenanalyse 122, 148, 241
Dokumentierende Evaluation 178 f.
Durchführbarkeit (einer Evaluation) 56, 250
Effektivität (eines Programms) 78, 260
Effizienz (von Input-Output-Relationen) 73, 78, 85, 105, 179
Einfluss (der Evaluation) 149, 202
Eingebettetes Programm 109
Emergenz (eines Programms) 73 f., 80, 139
Empowerment Evaluation 138
Entscheidungsgesteuerte Evaluation 280
Erfolgsbild 295

Erfolgspunkt 169, 283 f., 288 f., 290, 292, 294 f.
Erfolgsspanne 169, 283, 294, 295
Ergebnisvermittlung 107
Erkenntnisgewinn 128, 240
Europäische Union 77, 194
Evaluationsforschung 24, 240, 279, 280
Evaluationsfunktion 178
Evaluationskompetenz 175, 268
Evaluationskultur 28
Evaluationsnutzen, vorgesehener (durch vorgesehene Nutzende) 257
Evaluationsrolle 136, 146
Evaluationsstandards 23, 25, 33, 37, 69, 108, 153, 261, 266
Evaluationsvermögen 12, 32, 272
Evaluierbarkeit, Abschätzung der 103, 135
Evolutive Evaluation 133
Experimentaldesigngesteuerte Evaluation 105
Experimentalgruppe 105
Experteninterviews 206, 241 ff.
Externe Evaluation 34, 151 f., 174, 179, 181
Fairness (einer Evaluation) 35, 43, 56, 250, 261, 266
Feedback 35, 123, 139, 146, 149, 152, 169, 174, 189
Feedbackinstrument 102
Fokusgruppe 119, 121, 220, 255, 262 f., 267
Formative Evaluation 83, 104, 135, 248
Fremdverstehen 200
Gegenstandsbestimmung 177
gegenstandsbezogene Theorie 238, 248
Gegenstandsfelder (der Evaluation) 29, 55, 91
Genauigkeit (der Evaluation) 56, 250
Gültigkeit 69
Güte (eines Programms) 31, 90, 135, 279, 283
Gütekriterien 33, 37, 129
Handlungsziele (eines Programms) 93
Impacts (eines Programms) 24, 90 ff., 122, 124, 160, 165 ff., 173, 179, 186, 263
Incomes (eines Programms) 23, 92, 95, 98, 100, 124

Indikator 21, 148, 168, 181, 195, 239, 263, 269 f., 283
Informationssicherheit 43, 45 ff., 49, 51 ff., 266
Inputs (eines Programms) 90, 92, 95, 97 f., 100 f., 124
Interaktive Evaluation 178
Interkulturelle Kompetenzen 55, 57 f., 60, 63, 67, 68, 69, 182
Interview 105, 199 ff., 220, 243 f., 262
In-vivo-Kode 244, 245
IT-Grundschutz 44, 53
Jugendliche 60, 96 ff., 118 ff., 159 ff., 177 ff., 199 ff., 224 ff., 260, 285 ff.
K.-o.-Kriterienpunkt 33 f.
Kaskadenprogramm 109, 171, 173
Kausalität 114, 129
Kennzahlen 148, 178, 192
Kinder 127, 159, 171 ff., 241, 243, 249
Klärende Evaluation 178
Kodieren 16, 122, 238, 239, 240, 243 ff., 251
Kodierparadigma 248 f.
Kontext 69, 92 ff., 105, 108, 124, 133, 247, 249, 261, 263
Kontextanalyse 69
Kontrollgruppe 105, 114, 116, 129
Kosten-Leistungs-Analyse 104 f.
Kosten-Wirkungs-Analyse 106
Kriterien, operationalisierte 169, 283
Kriteriendimension 283
Kriterienpunkt 23, 33 f., 168, 169, 282 ff., 291
Kriterienzone, positive 283
Kriterienzone/-bereich 283, 287 ff., 292
Kriterium 37, 169, 242, 289
Legitimation 102
Leitziele (eines Programms) 96, 159 ff., 173, 184
Lernzuwachs 79
Logisches Modell 79, 91 f., 284 f.
Meta-Analyse 275
Meta-Evaluation 32 ff., 46, 89, 107 f.
Migration 55, 63, 65, 67 f., 172
Mikro-Evaluation 14
Minimal-Erfolgspunkt 283
Mittlerziele (eines Programms) 93, 96, 161, 162, 163, 164, 175, 184, 185, 187
Moderationsmethode 205

Monitoring 78 ff., 102 ff., 148, 162 ff., 174, 177 ff., 269, 273
Multiplikatorzielgruppe 109, 171, 173
Nachhaltigkeit (von Programmen) 281
Netzwerk 10, 47, 67, 73 ff., 100, 159 ff., 182, 186, 194, 200 ff., 240, 259 ff.
New Public Management 104
Nichtintendierte Resultate (eines Programms) 97, 106, 114, 118, 123, 164
Nutzen (der Evaluation/der Evaluationsergebnisse) 22, 64, 103, 104, 107, 148, 255, 279
Nutzende (von Evaluationsprozessen oder Evaluationsergebnissen) 103, 149, 185, 186, 189, 190, 270
Nutzerfreundlichkeit 24, 264, 273
Nützlichkeit (einer Evaluation) 35, 38, 40, 56, 73, 79 f., 146, 250
Nutzung (der Evaluation) 135 f., 139, 148, 270, 277
Nutzungsgesteuerte/nutzungsfokussierte Evaluation 36, 280
Operationalisierung 107, 163, 167, 283
Optimal-Erfolgspunkt 283
Optimierung 47, 185, 206
Outcomes (eines Programms) 23 f., 78 f., 90 ff., 114 ff., 160 ff., 180, 184, 186, 263, 295
Outcome-Wirkungen (eines Programms) 106
Outcome-Ziele (eines Programms) 102, 105, 161, 164, 166 f., 170, 173
Outputs (eines Programms) 24, 79, 90, 92 ff., 97 f., 101 ff., 120, 160, 165 ff., 177 ff., 260
Output-Ziele (eines Programms) 101, 109, 166
Parameter 141
Partizipative Evaluation 138
Passwörter 47 ff., 52, 53
personenbezogene Daten 49, 195
Politikevaluation 24
Proaktive Evaluation 178
Programmbaum 24 f., 79, 81, 89 ff., 116, 120, 122, 146, 181
Programmelemente 90, 285
Programmerfolg 100, 109, 170, 289, 295

Programmevaluation 32, 33, 85, 98, 177, 182, 188
Programmnutzen, bilanzierter 106
Programmtheorie 94, 113 ff., 135, 140, 146
Programmtheoriegesteuerte Evaluation 128, 134, 146
Programmziele 93, 99, 129, 164, 280
Programmzielgesteuerte Evaluation 280
Prozessevaluation 136, 179, 182
Prozessnutzen (der Evaluation) 99, 148, 181
Qualität von Evaluationen 69
Qualitätsmanagement 194
Quasi-experimentaldesigngesteuerte Evaluation 105, 180
Rechenschaftslegung 102 f., 136, 144, 152, 174, 177 ff., 206, 215
Responsive Evaluation 83, 280
Schlüsselkategorie 239 ff., 250 f.
Selbstevaluation 29, 36, 272
Selbstorganisationsgesteuerte Evaluation 280
Semantisches Netzwerk 200
Struktur (eines Programms) 60, 73, 92 ff., 100, 108, 124, 146, 160, 178 f., 194,
Struktur-Landkarte 100
Summative Evaluation 134, 135, 240
Tauglichkeit (eines Programms) 31, 90, 93, 108, 110, 135, 283
Theoretical Sampling 117, 238, 240, 242, 251
Theorie mittlerer Reichweite 252
Transkription 199, 210 ff., 266 f.
Triangulation 147
Übertragbarkeit (von Evaluationsergebnissen) 103, 240, 252
Umfassende Evaluation 142
Unerwünschte Resultate (eines Programms) 106
Untersuchungseinheit 240
Validität 40, 69
Variable 48, 267
Verbesserung 36, 50, 78, 107, 135 f., 167, 179, 182 ff., 193 f., 196, 258, 274
Vergleichsgruppe 105, 114, 292, 294

Vertraulichkeit 46
Wert (eines Evaluationsgegenstandes) 105, 257
Wert, statistischer 76, 288, 291
Werterelativistische Evaluationsmodelle 281
Wirkannahmen 109, 116 ff., 129, 284, 295
Wirkmodell 96, 117, 122 ff., 137, 284 f.
Wirksamkeit (eines Programms) 78, 105, 115, 164
Wirkstrang 109, 124, 125
Wirkungen (eines Programms) 15, 101, 103, 113 ff., 136 f., 139, 140, 147, 159, 167, 219, 223, 228, 231 ff., 285
Wirkungseinschätzung 105
Wirkungsfeststellende Evaluation 178
Wirkungsmodellierung 105, 119
Wirkungsnachweis, empirischer 105, 113
Wirkungsorientierte Evaluation 23, 89, 92, 166 f.
Wirtschaftlichkeit (eines Programms) 106, 283
Wissensgenerierung 206, 259
Wissensmanagement 36 f., 206, 257, 274
Wissensmanagement 36 f., 41, 206, 257, 274, 301
Zeitreihenstudie 269
Ziele (eines Programms) 21, 23, 46, 90, 96 ff., 107, 115, 121, 128, 136 f., 152, 159 ff., 189, 286, 289
Zielerreichung 97, 99, 103, 105, 115, 128, 159, 163, 167, 168 f., 174, 183, 189, 195 f., 231, 277, 287 f.
Zielgruppe (eines Programms) 35, 62, 91, 100, 103, 146, 159, 165, 167, 170 ff., 186, 200 ff., 206, 232, 285
Zielgruppen (eines Programms) 58, 60, 65 f., 68, 90, 95, 97, 100 ff., 105, 114 ff., 137, 146, 160 ff., 206, 226, 232, 233, 260, 264, 267, 269, 277
Zielklärung 78 f., 107, 160 f., 164, 170, 174, 180, 183, 281, 286
Zielsystem, dreigliedriges 79, 80, 93, 96, 101, 105, 107, 159 ff., 180, 183 ff., 189

Unsere Buchempfehlung

Vera Hennefeld, Wolfgang Meyer,
Stefan Silvestrini (Hrsg.)

Nachhaltige Evaluation?
Auftragsforschung zwischen
Praxis und Wissenschaft

Festschrift zum 60. Geburtstag
von Reinhard Stockmann

2015, 316 Seiten, br., 34,90 €,
ISBN 978-3-8309-3245-1
E-Book: 30,99 €,
ISBN 978-3-8309-8245-6

Im Fokus dieser Festschrift steht die Entwicklung von Evaluation im Spannungsfeld zwischen Praxis und Wissenschaft. Ist Evaluation nur ein Modetrend oder hat sie sich als eigenständige Fachdisziplin und standardisiertes Steuerungsinstrument dauerhaft etabliert? Dies wird aus verschiedenen Blickwinkeln (Wissenschaft, Politik, Ausbildung und Praxis) betrachtet und dabei insbesondere der Beitrag von Reinhard Stockmann zur Entwicklung und Professionalisierung der Evaluation in Deutschland gewürdigt.

www.waxmann.com

ZEITSCHRIFT FÜR EVALUATION

mehr zum Inhalt der ZfEv und zu den Bestellmöglichkeiten ▶

Jahresabo
print: 32,–€
online: 29,–€

Die Zeitschrift für Evaluation (ZfEv) publiziert sowohl wissenschaftliche Beiträge als auch praxisorientierte Erfahrungsberichte aus verschiedenen Themenfeldern zur Evaluation.

Sie bietet eine Plattform für
- den fachlichen Dialog zwischen Wissenschaft und Praxis
- die interdisziplinäre Bündelung sektoralen Fachwissens
- den internationalen Austausch im deutschsprachigen Raum
- die Vermittlung und Diskussion neuer Entwicklungen
- die Verbreitung von Standards in der Evaluation
- Ausschreibungen, Literatur, Veranstaltungen etc.

www.waxmann.com